Von der Teilung zur Wiedervereinigung

Dokumente zur Deutschen Frage in der Zeit des Kalten Krieges (1945 – 1989/90)

Herausgegeben von
Mathias Friedel

unter Mitarbeit von
Axel Knoblich

ISBN 3-927127-72-8

Inhalt

Vorbemerkung

Der vorliegende Quellenband widmet sich der Deutschen Frage in der Zeit des Kalten Krieges und reicht von den Konferenzen in Jalta und Potsdam bis zur Wiederherstellung der deutschen Einheit 1989/90. Verstanden als „Mechanismus wechselseitiger Fehlwahrnehmungen und Konflikteskalation“[1] konstituierte der Kalte Krieg in seinen zeitlichen ‚Härtegraden‘ die inneren und äußeren Triebkräfte, welche die deutsche Teilung bedingten und deren grundlegender Wandel erst den Weg zur Wiedervereinigung ebnete. Einblicke in jenen Konnex zu eröffnen, ist Ziel des vorliegendes Bandes.

Die *Quellenauswahl* orientiert sich zunächst an den Akteuren: einerseits die Siegermächte des Zweiten Weltkrieges, die, zwischen Konflikt und Kooperation schwebend, die Weichen für Deutschlands Zukunft stellen und sich sukzessive in immer schärfere Gegensätze zueinander rückten. Andererseits sind es die beiden deutschen Staaten, die im Gefolge des Kalten Krieges entstehen. Sie sind als äußerste Peripherie der Machtbereiche und als Staat gewordene Synonyme für die Teilung der Welt im „Brennpunkt des Kalten Krieges“[2] gelegen und somit Ursache und Wirkung der Blockkonfrontation zugleich. Die Dominanz westlicher Quellen erklärt sich zum einen daraus, daß sie die gesellschaftlichen Auseinandersetzungen über die Deutsche Frage illustrieren, wie sie unter den Bedingungen freiheitlicher Demokratien erst möglich sind, und andererseits ist die unterschiedliche Ausprägung der Bindung von Bundesrepublik und DDR in die jeweiligen Blöcke zu berücksichtigen: Während für die DDR bis in das direkte Vorfeld des staatlichen Zusammenbruchs 1989 hinein Moskau unumstößlicher Bezugspunkt blieb, waren die Beziehungen der Bundesrepublik zu den drei Mächten sehr viel komplexer, wie im übrigen auch deren Beziehungen untereinander. – Die wiedergegebenen Quellen konzentrieren sich auf die politische Geschichte, genauer auf das Terrain der Außen- und Sicherheitspolitik, wo die Deutsche Frage nicht selten Funktion und Hebel des Gegensatzes von West und Ost war. Trotz des Systemkonflikts, der eine Lösung der Deutschen Frage verweigerte, erkaltete ihre menschliche Bedeutung jedoch nicht und blieb, bei allen Entfremdungen, die die Jahrzehnte der Teilung unweigerlich bewirkten, den Deutschen präsent. Diesem Umstand wird Rechnung getragen, indem sich die Auswahl nicht zur Gänze auf die zweifelsohne wichtigen politischen und Rechtsquellen beschränkt, sondern auch persönliche und publizistische Zeugnisse sowie Umfrageergebnisse berücksichtigt. Gerade Meinungsumfragen, die nur für Westdeutschland auf repräsentativer Basis vorliegen, gewähren Einblicke in die Wahrnehmung und gewissermaßen ‚Mentalität‘ des Kalten Krieges und bilden, zusammen mit publizistischen und persönlichen Quellen, ein menschliches Pendant zur ‚Großen Politik‘.

Westliche und östliche Quellen werden integrierend wiedergegeben, einerseits weil sie des öfteren charakteristische Gegenstücke bilden und andererseits, weil sie so die Prozeßhaftigkeit der Deutschen Frage abzubilden geeignet sind. Zum Wohle des Letzteren wurde keine thematische, sondern eine ereignisorientierte Gliederung gewählt, die jedoch nicht streng chronologisch erfolgt. Die hier gewählte *Phasen-Einteilung* orientiert sich an dem Werden der Teilung bzw. der deutsch-deutschen Staatlichkeit, auch

---

1 LOTH, Teilung, S. 122f.
2 NOLTE, Deutschland, S. 327.

wenn es sich um eher formale Abschlüsse mittelfristig wirkender Entwicklungen handelt, und an den Beziehungen beider deutscher Staaten zueinander. Das erste Kapitel behandelt die unmittelbare Nachkriegszeit bis zur doppelten Staatsgründung. Daran schließen sich in den zwei folgenden Kapiteln die Phasen der Blockintegration beider deutscher Staaten von 1949 bis 1955 an. Die prägenden Jahre bis 1955, also bis zum Abschluß der politischen, wirtschaftlichen und militärischen Integration der Bundesrepublik und der DDR, machen den Großteil der abgedruckten Quellen aus. Kapitel IV reicht bis zum Mauerbau und in die Endphase der Adenauer-Ära hinein, während das Kapitel V die Konsequenzen beleuchtet, welche die Bonner Politik aus der zementierten Teilung allmählich ziehen mußte und die in die Ostpolitik mündeten. Das mit dem Regierungswechsel von 1974 beginnende und in die 1980er Jahre reichende Kapitel VI bildet insofern eine Zäsur, als Normalität in die abnormale Situation der Teilung einkehrte und zusehends um die gesamtdeutsche Identität fürchten ließ, bis die Ereignisse in der DDR im November 1989 und die Umwälzungen im gesamten Ostblock die Deutsche Frage schlagartig öffneten. Das Kapitel schließt mit einem Blick auf die außenpolitischen Schritte zur Wiedervereinigung, die unter den veränderten internationalen Bedingungen nun getan werden konnten.

Zur Einrichtung des Bandes: Insgesamt wurden 139 Dokumente und statistische Materialien aufgenommen. Es handelt sich ausnahmslos um veröffentlichte Quellen; fremdsprachige werden in Übersetzung abgedruckt. Zu Lasten einer vermehrten Quellenzahl wurde der Einordnung der aufgenommenen Dokumente in den historischen Kontext mehr Raum geboten. Diese Einordnung erfolgt durch Einführungen, die den Hauptkapiteln vorangestellt sind, und durch die Kommentierung im Anmerkungsapparat. Formale Bestandteile von Schriftstücken wie Anrede, Unterschrift, Aktenzeichen etc. werden nicht wiedergegeben. Die Dokumentenköpfe enthalten die Dokumentennummer, Adressat und Empfänger bzw. Titel, den Fundort und in der Regel stichwortartige Inhaltsangaben. Statistiken wurden zur leichteren Auffindbarkeit ebenfalls mit einer Dokumentennummer versehen. Das Personenregister enthält kurzbiographische Angaben, die sich an dem Tätigkeitsschwerpunkt der Personen in den wiedergegebenen Quellen orientieren. Auf ein Sachregister wurde verzichtet und hierfür an Ort und Stelle Querverweise angebracht. Kürzungen im Text sind durch Auslassungszeichen in eckigen Klammern kenntlich gemacht. Weniger gebräuchliche Abkürzungen sind an Ort und Stelle aufgelöst. Stillschweigend korrigiert wurden offensichtliche Schreibfehler in den Vorlagen sowie „ss“ zu „ß“. Abweichende Schreibweisen, etwa von Eigennamen und feststehenden Begriffen, wurden so belassen. Unterstreichungen und sonstige Hervorhebungen in den Vorlagen wurden in der Regel nicht übernommen. Längere Zitate von Schriftstücken, die in den Quellen enthalten sind, werden durch den kleineren Schriftgrad kenntlich gemacht. In den Dokumenten enthaltene Überschriften sind ebenso durch Sperrdruck hervorgehoben wie die im Anmerkungsapparat wiedergegebenen Quellenauszüge. Durch Kursiv- bzw. durch Sperrdruck, so bei Plenarprotokollen, wurden Personennamen hervorgehoben, sofern Wortäußerungen folgen.

I. Wege in die Zweistaatlichkeit (1945 – 1949)

Einführung

Was mit Deutschland nach der Niederwerfung des Hitler-Regimes geschehen solle, war auf den Kriegskonferenzen der ungleichen Allianz gegen Hitler Gegenstand wechselhafter Planungen und vielschichtiger Interessen geworden, die es bis zur bedingungslosen Kapitulation Deutschlands am 8. Mai 1945 auf wenige gemeinsame Nenner brachten. Doch es wurden Abmachungen und Vorentscheidungen getroffen, die die Weichen für die Zukunft Deutschlands stellten und ihre Bedeutung entfalteten, als der unterschwellig längst wirkende Kalte Krieg eskalierte.

Seit der Jahreswende 1942/43 gewannen neben der Definition der Kriegsziele, die seit der *Casablanca-Konferenz* (Januar 1943) auf die bedingungslose Kapitulation der Kriegsgegner zuliefen, Fragen der Nachkriegsordnung an Gewicht. Während sich die Mächte der Anti-Hitler-Koalition rasch darauf geeinigt hatten, den Nationalsozialismus und die Wurzeln des deutschen Militarismus endgültig auslöschen und für die Zukunft bannen zu wollen, blieb die Frage der Einheit Deutschlands diffus. Obschon die Option der wirtschaftlichen Zerstörung und Zerschlagung Deutschlands in Kleinstaaten, wie sie der bekannte *Morgenthau-Plan* (September 1944) vorsah, ein von der großen politischen Agenda wieder verschwindendes Zwischenspiel blieb, wurden die territorialen Streitpunkte unter den Allianzmächten nur einstweilen beigelegt. Denn Stalin hatte schon früh klargemacht, daß er die bis zum deutschen Überfall auf die Sowjetunion im Juni 1941 durch die UdSSR annektierten Gebiete Polens, des Baltikums, Finnlands und Rumäniens als Kompensation für die Hauptlast des Krieges einzufordern gewillt war. Der Sowjetunion wurde so auf der *Teheran-Konferenz* im Dezember 1943 die Konzession gemacht, daß es eine Westverschiebung Polens auf Kosten deutschen Territoriums geben könne.

Da die Sowjetunion zu einem Engagement auf dem pazifischen Kriegsschauplatz gegen Japan gewonnen werden sollte, legten Roosevelt und Churchill auf der *Konferenz von Jalta* (4.–11. Februar 1945) auf der Krim wiederum einige Konzessionsbereitschaft an den Tag. Zwar einigte man sich auf die künftige sowjetisch-polnische Grenze[3], vertagte aber die umstrittene Fixierung der Westgrenze Polens auf die geplante Friedenskonferenz, so daß durch die wenig konkreten Regelungen über Polen, die in die Jalta-Erklärung (Nr. 1) eingegangen waren, den Sowjets mancher Spielraum blieb, zumal Roosevelt und Churchill widerwillig die kommunistisch dominierte provisorische Regierung Polens („Lubliner Komitee") billigten. Ein weiterer Streitpunkt bildeten die Reparationen. Die von den Sowjets vorgeschlagene Gesamtsumme von 20 Milliarden Dollar, die zur Hälfte der UdSSR zukommen sollte, stieß vor allem auf Churchills Widerstand, da ein derart ausgeblutetes Deutschland neue Krisenherde bilden und ein Opfer des Sowjetkommunismus werden könnte, so daß zwar keine konkrete Summe aus-

[3] Entlang der Curzon-Linie; vgl. unten S. 20, Anm. 16 u. die Karte in Nr. 6.

gehandelt, aber die Einrichtung einer Reparationskommission beschlossen wurde. Übereinstimmung wurde darüber erzielt, Deutschland zu entnazifizieren, zu entmilitarisieren, es in vier Besatzungszonen aufzuteilen und einen Alliierten Kontrollrat zur gemeinsamen Verwaltung einzurichten, womit, anknüpfend an frühere Beschlüsse[4], die verwaltungsmäßigen Modalitäten der Besetzung am ausgereiftesten waren. Besondere Bedeutung gewann die Zubilligung einer eigenen, vierten Besatzungszone für Frankreich, das somit in das Konzert der Siegermächte eintrat und fortan seine Ansprüche in der Deutschlandpolitik geltend machte.

Nach der bedingungslosen Kapitulation Deutschlands am 8. Mai – die Siegermächte hatten Anfang Juni die oberste Regierungsgewalt in Deutschland förmlich übernommen und die vier Zonen gebildet – galt es, die künftige alliierte Politik in bezug auf Deutschland auszuloten. Das Ringen der „Großen Drei" Stalin, Truman und Churchill bzw. ab dem 28. Juli Attlee am Konferenztisch von *Potsdam* (17. Juli bis 2. August) leitete eine „neue Phase ‚zwischen Krieg und Frieden'" ein, für die der „Begriff des ‚Kalten Krieges' geprägt worden ist"[5].

Während die Festlegung der politischen Grundsätze des Potsdamer Abkommens (**Nr. 3**) auf die Zielsetzungen der Demilitarisierung, Dezentralisierung und Demokratisierung gelang, blieben, wie schon in Jalta, die *Reparations- und Grenzfragen* strittig. Letztendlich wurde die Kompromißformel gefunden, daß die Festlegung einer Reparationssumme der – nie abgehaltenen – Friedenskonferenz vorbehalten sein würde, die Sowjetunion jedoch durch Demontagen von Industrieanlagen aus ihrer eigenen Zone und den Westzonen sowie durch Rohstofflieferungen entschädigt werden sollte. Die Sowjetunion, sowohl an Material als auch an Menschen die größten Opfer des Zweiten Weltkrieges tragend, bediente sich in ihrer Zone am intensivsten – ein Umstand, der die Wirtschaft der späteren DDR nachhaltig schädigte. Im Gegenzug akzeptierten die Westmächte, daß die Gebiete östlich der *Oder-Neiße-Linie* unter polnische Verwaltung gestellt wurden. Stalin hatte ohnehin vollendete Tatsachen geschaffen und der kommunistisch geführten polnischen Regierung die ostdeutschen Gebiete bis zur Oder und (Lausitzer) Neiße übergeben. Diese Regelung widerwillig anerkennend, hatten die Westmächte die endgültige Fixierung der Grenzfrage einem Friedensvertrag mit Deutschland vorbehalten und zudem erreicht, daß auch Stalin von Deutschland in seinen Grenzen von 1937 (**Nr. 2**) ausging – ein Punkt, an dem später die westdeutschen Bundesregierungen immer wieder anknüpften. Die Oder-Neiße-Grenze wurde künftig zu einem ständigen Zankapfel zwischen den Siegermächten des Zweiten Weltkrieges und auch zwischen den beiden deutschen Teilstaaten. In sowjetischer Lesart hatte das Potsdamer Abkommen die Grenzziehung festgeschrieben, auch ohne einen Friedensvertrag. Dieser Vertrag, der zum Konfliktgegenstand beider deutscher Staaten und der vier Mächte untereinander wurde, kam – zumindest als formaler Friedensschluß – nie zustande und war, als man ihn 1990 hätte schließen können (**Nr. 139**), anachronistisch.

Seit dem Vormarsch der Roten Armee war die Flucht der Deutschen aus dem Osten bereits in vollem Gange. Potsdam legalisierte die nun „ordnungsgemäße Überführung" genannten *Vertreibungen* der deutschen Bevölkerung. Sie erfolgten ganz im Gegensatz

4 Vgl. unten S. 19, Anm. 12 u. 13.
5 Gruchmann, Weltkrieg, S. 498.

zu dem Wortlaut des Potsdamer Abkommens nicht in „humaner Weise" (Nr. 3, Abschnitt XIII). Die sich dabei abspielenden menschlichen Tragödien (Nr. 5) hielten gerade in Westdeutschland, wo etwa 8 Millionen der insgesamt rund 12 Millionen Flüchtlinge und Vertriebenen ankamen, die Grenzfrage wach. Die Parteien und Verbände, in denen sich die Heimatvertriebenen rasch organisierten, wurden eine unüberhörbare Stimme, mit der die Bonner Politik von Adenauer bis zur Brandtschen Ostpolitik rechnen mußte.

Zumindest waren die noch in Jalta aktuellen Planungen, Deutschland in Kleinstaaten zu zerteilen, in Potsdam längst passé. Unterdessen hatte namentlich Stalin die Vorstellung durchsetzen können, *Deutschland als eine Einheit* zu behandeln, wohl vor allem, um die sowjetischen Reparationsforderungen und möglicherweise Ansprüche auf das an Rohstoffen reiche Ruhrgebiet anmelden zu können. Zwar wurde in Potsdam geregelt, daß die wirtschaftliche Einheit Deutschlands gewahrt bleiben sollte, was aber – trotz Kontrollrat – durch die weitestgehende Eigenständigkeit der Besatzungsmächte in ihren Zonen gegenstandslos wurde. Allerdings schrieb das Abkommen die gemeinsame Verantwortung der Siegermächte für Deutschland fest.

Tatsächlich war die Zweckallianz der vier Mächte im Kampf gegen Hitler von Anfang an brüchig. Sie scheiterte in den Jahren 1946/47, und es zog sich der von Churchill schon im Mai 1945 (Nr. 7) und später in seiner berühmtgewordenen Rede in Fulton[6] (1946) beschworene „Eiserne Vorhang" zu. Auf amerikanischer Seite wurden die Überlegungen, die der Diplomat George F. Kennan vor diesem weltpolitischen Hintergrund anstellte, das Fundament der amerikanischen *Strategie der Eindämmung* des sowjetischen Machtbereichs (containment). Kennans Plädoyer gipfelt in der Feststellung, die Sowjetmacht müsse „mit derselben Gründlichkeit und Sorgfalt und nötigenfalls mit demselben Aufwand an Planung behandelt werden wie im Kriege ein großes strategisches Problem" (Nr. 8). Als dringlichste Aufgaben definierte Kennan die Integration der westlichen Gesellschaften im Innern gegen den Kommunismus bei gleichzeitiger politischer und ökonomischer Gesundung im Äußern. Denn der „Weltkommunismus" sei, so Kennan, „wie ein bösartiger Parasit, der sich nur von erkranktem Gewebe nährt. Das ist der Punkt, in dem Innen- und Außenpolitik einander begegnen." (ebd.). Letztere Überlegung betraf im Kern die Zukunft der westlichen Besatzungszonen Deutschlands, denn um zu verhindern, daß eben jenes Gewebe erkranken und damit dem sowjetischen Einfluß zum Opfer fallen könnte, waren Schritte zur wirtschaftlichen und politischen Stabilisierung unumgänglich. – Diesen Gedankengang hatte der Journalist Bernhard Guttmann bereits in einem scharfsinnigen Artikel zu Weihnachten 1945 aufgegriffen und festgestellt: „Die bloße Staatsklugheit könnte es ratsam erscheinen lassen, einen blutenden Rumpf nicht noch brandiger Entzündung zu überliefern, die auf andere Teile Europas übergreifen könnte" (Nr. 4). – Die umfassende Analyse Kennans wirkte in bezug auf die amerikanische Politik gegenüber der Sowjetunion langfristig nach und floß in die *Truman-Doktrin* (Nr. 16) vom März 1947, d. h. bedrohten Ländern durch Wirtschaftshilfe dem kommunistischen Einfluß zu entreißen, ein.

---

6 Vgl. unten S. 28, Anm. 25.

Während in den Jahren 1946/47 Briten und Amerikaner – anders die Franzosen – vorrangig das Ziel verfolgten, den westdeutschen Teilstaat als Vorposten gegen den als expansiv wahrgenommenen Kommunismus auszubauen, konzentrierte sich die *sowjetische Deutschlandpolitik* darauf, Sicherheit vor Deutschland und Entschädigungsleistungen zu erlangen. Angesichts der enormen Verluste an Menschen und Material, die die Sowjetunion im Krieg gegen Hitler davongetragen hatte, war es ein praktisches und vitales Interesse, sich mit Reparationen aus Deutschland zu gesunden. Im strategisch-politischen Sinne kam es ihr jedoch darauf an, das deutsche Kriegspotential ein für allemal zu vernichten und zu verhindern, daß sich die einstigen Verbündeten gegen Hitler und nunmehr offen agierenden ideologischen Gegner dieses Potential selbst einverleiben und gegen die Sowjetunion wenden könnten. Die Furcht vor einer Aggression der kapitalistischen Staaten – auch im ökonomischen Sinne – gegen den als segensreichen Fortschritt empfundenen Kommunismus beseelte die kommunistischen Machthaber, seit westliche Interventionsarmeen in den russischen Bürgerkrieg nach der Oktoberrevolution von 1917 eingegriffen hatten (**Nr. 9**). Diese Befürchtung, die sich 1947 angesichts des Marshall-Planes zu bewahrheiten schien, hatte einen nicht zu unterschätzenden Einfluß auf die Bildung des *westlichen Satellitengürtels* der UdSSR, dessen Entstehen im Zuge des sowjetischen Vormarsches nach Westen ab 1944 durch die Förderung kommunistischer Systeme überall dort begonnen hatte, wo Truppen der Roten Armee standen. Die sich anschließende Frage, ob der sowjetisch besetzte Teil Deutschlands dem neuen Einflußbereich der Sowjetunion einverleibt und sowjetisiert werden oder ob er als neutraler (oder sogar im westlichen Sinne demokratischer) Pufferstaat gegen den westlichen Block fungieren sollte, war Gegenstand lebhafter zeitgenössischer wie moderner Deutungsversuche der sowjetischen Deutschlandpolitik. – Doch letztlich hatten die ehemaligen Kriegsverbündeten aus dem Verlangen heraus, sich gegen den jeweiligen ideologischen Gegner abzusichern und abzugrenzen, in ihren Einflußzonen Maßnahmen getroffen, die die deutsche Zweistaatlichkeit Zug um Zug formierten.

Als erste Besatzungsmacht hatte die Sowjetunion im Juni 1945 die Wiederzulassung von „registrierten" *Parteien und Verbänden* in ihre Zone (**Nr. 10**) und damit auch – zum Erstaunen in West und Ost – die Bildung bürgerlicher Parteien gestattet[7]. Allerdings behielt sich die Besatzungsmacht erhebliche Einfluß- und Kontrollmöglichkeiten vor. Zumindest konnte somit, falls die Bildung eines gesamtdeutschen Staates doch möglich sein würde, von sowjetischer Seite davon ausgegangen werden, daß es an erstarkenden kommunistischen Kräften nicht mangelte. Demzufolge gründete sich am 11. Juni als erste Partei die KPD und trat zunächst mit dem wohlkalkulierten Anspruch an die Öffentlichkeit, Deutschland nicht „das Sowjetsystem aufzuzwingen"[8]. Allerdings war eine Gruppe deutscher Exilkommunisten um Walter Ulbricht noch kurz vor Kriegsende von Moskau nach Berlin ausgeflogen worden („Gruppe Ulbricht"), um mit der Parteiarbeit zu beginnen, was zunächst hieß, die neu zu schaffenden Verwaltungsbehörden und Magistrate kommunistisch zu besetzen[9]. Größte Bedeutung für die Sicherung kommunistischen Einflusses auf die Sozialdemokraten, Christdemokraten (CDUD bzw. CDU)

---

[7] In der amerikanischen und britischen Zone erging die Erlaubnis erst im August/September 1945.

[8] Aufruf des Zentralkomitees der KPD an das deutsche Volk, 11.6.1945; in: DDR-GESCHICHTE, Dok. P2, S. 45.

[9] Zwei weitere Exilgruppen wurden in Mecklenburg und Pommern aktiv.

und Liberalen (LDP) hatte die Gründung des „Antifa-Blocks" im Juli 1945. Das Gremium, in dem sämtliche Parteien vertreten waren, wurde in allen Städten der sowjetischen Zone gebildet. Mit Rückendeckung der Sowjetischen Militäradministration (SMAD) wurde die Vereinigung von SPD und KPD zur *Sozialistischen Einheitspartei Deutschlands* im April 1946 vorangetrieben, ohne eine Urabstimmung darüber zuzulassen[10]. Die Vereinigung vollzog sich unter erheblichem Druck auf sozialdemokratische Politiker von der Führung (**Nr.** 13) bis hinunter auf Gemeindeebene (**Nr.** 12). Politiker standen unter ständiger Überwachung, wurden von den sowjetischen Organen gelenkt, verwarnt oder bedroht. Es war, so resümiert der brandenburgische CDU-Politiker Peter Bloch, „doch immer ein Eiertanz oder besser: Tanz auf dem Vulkan"[11]. Es sehe so aus, vermerkte eine westliche Quelle im Februar 1946, daß „die Russen jetzt ihre Glacéhandschuhe ausziehen" (**Nr.** 13). Daß der Sozialdemokrat Otto Grotewohl zusammen mit dem Kommunisten Wilhelm Pieck den Parteivorsitz der SED stellte, blieb ebenso wie das Parteiemblem mit dem symbolischen Händedruck von KPD und SPD Makulatur. Denn in den ersten Parteisäuberungen ab 1948 wurden jene ehemaligen Sozialdemokraten entfernt, die als Gegner der Vereinigung hervorgetreten waren. – Bei den Gemeinde-, Kreistags- und Landtagswahlen im September/Oktober 1946 nutzte die SMAD dann das Instrument der Registrierung von Parteien (**Nr.** 10), indem sie diese „in sehr vielen Fällen solange verzögert[e], bis die Termine zur Einreichung von Kandidatenlisten verstrichen waren" (**Nr.** 12), so daß die SED insgesamt über 53 % der Stimmen erreichte.

Tatsächlich war die *Sowjetisierung der Ostzone* längst im Gange und entsprach den Interessen der nun in einflußreiche Positionen vorgerückten deutschen Kommunisten: „Ohne Zweifel wäre es falsch", so Erich Mielke im Oktober 1946, „nun hier in der Sowjetzone langsam zu treten" (**Nr.** 14). Bereits im Juli 1945 wurden Verwaltungen der Sowjetischen Militäradministration (SMAD) in den Ländern der Zone geschaffen, die in alle Bereiche des sozialen, wirtschaftlichen und politischen Lebens durch Befehle, Mitteilungen und Kontrollen eingriffen. In der SMAD übte die Informationsverwaltung unter Oberst S. I. Tulpanow maßgeblichen Einfluß auf Kultur, Politik, Ideologie, Presse und Propaganda aus (**Nr.** 22). Längst waren wichtige Verwaltungspositionen mit kommunistischen Funktionären besetzt worden, und parallel wurden erste Sozialisierungsmaßnahmen durch die Bodenreform im September 1945 und die damit einhergehenden Enteignungen von Großgrundbesitzern eingeleitet. Insgesamt wurden in dieser Phase über zwei Millionen Hektar Land an rund eine halbe Million Menschen neu verteilt. Dem schloß sich seit Mitte 1946 eine erste Welle der Verstaatlichung von Industriebetrieben unter dem Schlagwort „Enteignung der Kriegsverbrecher" an.

Parallel zu den Entwicklungen in der sowjetischen Besatzungszone hatten die Amerikaner erste Ansätze der Staatlichkeit geschaffen, indem in der US-Zone im September 1945 Länder gebildet, erste Befugnisse zur Gesetzgebung gestattet und diese schließlich im März 1946 durch die *Gründung des Länderrates* ausgeweitet wurden. Angesichts der drastischen Versorgungslage in den Westzonen im Winter 1945/46 hatten die Amerika-

[10] Noch im März des Jahres hatten sich in einer Urabstimmung die SPD-Mitglieder der Berliner Westsektoren mit über 82 % der Stimmen gegen die Vereinigung ausgesprochen.

[11] BLOCH, Hoffnung, S. 110.

ner die im Potsdamer Abkommen einst auf Drängen der Sowjetunion festgeschriebene Wahrung der wirtschaftlichen Einheit Deutschlands (**Nr. 3**, Abschnitt III.B.14) eingefordert. Während das Ansinnen im Juli 1946 im Kontrollrat von den Sowjets abgelehnt und von den Franzosen zurückhaltend aufgenommen wurde, einigten sich Briten und Amerikaner darauf, ihre Besatzungszonen zu einem *vereinigten Wirtschaftsgebiet (Bizone)* zusammenzuführen. Die im Januar 1947 in Kraft getretene Errichtung der Bizone – Frankreich gestatte den Beitritt seiner Zone erst zum April 1949 (Trizone) – umfaßte mit dem Wirtschaftsrat, der mit Länderparlamentariern besetzt wurde, und dem aus Vertretern der Landesregierungen gebildeten Länderrat den größten Teil der westlichen Zonen mit beinahe 40 Millionen Einwohnern. Als der amerikanische Außenminister Byrnes in seiner Stuttgarter Rede von der Rückkehr der Deutschen in die Völkerfamilie und der Aussicht sprach, „die notwendigen Vorbereitungen für eine demokratische deutsche Regierung" (**Nr. 15**) treffen zu können, war das eine hoffnungsvolle Botschaft, aber auch ein deutliches Signal zur Bildung eines westdeutschen Teilstaates.

Größte Bedeutung für die seit dem Frühjahr 1947 einsetzende Verschärfung des Ost-West-Konfliktes und damit für die Verfestigung der Teilung Deutschlands kam dem *Marshall-Plan* zu. Er diene, so dessen Namensgeber Außenminister George Marshall im Juni 1947, der „Durchbrechung des Circulus vitiosus" (**Nr. 18**), was nichts anderes meinte, als die Anfälligkeit wirtschaftlich und sozial ausblutender Staaten für den Kommunismus durch Wiederaufbauprogramme zu durchbrechen. Damit standen die Strategie der Eindämmung (**Nr. 8, 20**) und der Marshall-Plan in direktem Zusammenhang. Auf eine politische Sogwirkung hoffend wurden die Hilfsleistungen im Juni 1947 allen europäischen Staaten offeriert, also auch den unter sowjetischer Dominanz stehenden. Weder konnte Stalin in ideologischer noch in strategischer Hinsicht eine derartige Durchdringung der sowjetischen Machtsphäre akzeptieren. Folglich lehnten Anfang Juli 1947 die Sowjetunion und die Ostblockstaaten die Marshall-Plan-Hilfe ab – „Der industrielle Westen Deutschlands wird", interpretierte die SED, „in einen den Frieden bedrohenden Westblock eingegliedert" (**Nr. 19**). Freilich verhallten die düsteren Warnungen vor einem amerikanischen ‚Anleihenimperialismus', wie sie von östlicher Seite vorgetragen wurden, in den Westzonen, wo die Bevölkerung hoffnungsvoll auf die in Aussicht gestellten Hilfsprogramme blickte (**Nr. 21**). Denn tatsächlich legten die amerikanischen Hilfen das Fundament für das außergewöhnlich rasch eintretende Wirtschaftswachstum in Westdeutschland. – Die Sowjetunion reagierte auf den Marshall-Plan symptomatisch mit Maßnahmen zur Festigung ihrer eigenen Einflußsphäre: Das im September 1947 gegründete *Kommunistische Informationsbüro* (Kominform) war als umfassendes Kontrollorgan und Integrationsmittel der kommunistischen Parteien gedacht, das ganz im Zeichen der Blockbildung stand. Auf der Gründungssitzung des Kominform in Polen wurde nun postuliert, die Welt sei *in zwei Lager gespalten* – das des Imperialismus und Kapitalismus und das der Demokratie und des Sozialismus unter Führung der Sowjetunion.

Zunächst stand in den westlichen Besatzungszonen eine *Währungsreform* an, die die Hinterlassenschaft der nationalsozialistischen Geldwirtschaft beseitigen sollte und eine Vorbedingung für die Marshall-Plan-Hilfe war. Die im Juni 1948 ausgegebene Deutsche Mark ließ die Sowjets auch in ihrer Zone mit einer eigenen Währungsreform nachziehen. Um zu verhindern, daß die östliche Währung, wie von den Sowjets beabsichtigt, auf das ganze, unter Viermächtekontrolle stehende Berlin ausgedehnt werden könnte, führten die Westalliierten in ihren Sektoren ebenfalls die DM ein. Die daraufhin durch die Sowjetunion betriebene Kappung der Lebensadern Westberlins (**Nr. 24**) stellte den Versuch dar, die längst fortschreitende Gründung eines westdeutschen Teilstaates zu verhindern. Doch der sowjetische Versuch scheiterte, ja die *Berliner Blockade* bewirkte das Gegenteil des Beabsichtigten, denn sie schweißte die Westalliierten und die Westdeutschen zusammen. Wie der Berliner Oberbürgermeister Ernst Reuter – die Sowjets hatten ihm die Ausübung seines Amtes im Ost-Sektor versagt – in einer flammenden Rede ausführte, galt Berlin inmitten des sowjetischen Machtbereiches nun als „Vorposten der Freiheit", dessen Strahlkraft sich die Deutschen bewußt sein konnten – „Nein, wir wissen auch", so Reuter, „wenn sie nur könnten, heute stünde das Volk von Leipzig, von Halle, von Chemnitz, von Dresden, von all den Städten der Ostzone, so wie wir auf ihren Plätzen und würde unserer Stimme lauschen" (**Nr. 27**). Diese Vorahnung bewahrheitete sich am 17. Juni 1953 (**Nr. 64–69**).

Die aus der Londoner Sechsmächtekonferenz (Februar/März, April bis Juni 1948) hervorgegangenen „Londoner Empfehlungen" forcierten die Gründung eines Weststaates. Der daraufhin an die westdeutschen Ministerpräsidenten ergangene Auftrag, eine *verfassunggebende Nationalversammlung* einzuberufen („Frankfurter Dokumente", **Nr. 25**), ließ das Bewußtsein, die Teilung des Landes auf ungewisse Zeit zu verfestigen, zutage treten, und die Länderchefs suchten tunlichst alles zu vermeiden, was dem westlichen Teilstaat mehr als den Charakter eines Provisoriums verleihen mochte (**Nr. 26**). Zuvor hatten sich die Ministerpräsidenten gegen eine Staatsgründung noch gesperrt und Anfang Juni 1947 in der *Münchener Ministerpräsidentenkonferenz* den aussichtslosen Versuch unternommen, eine gesamtdeutsche Sitzung der Länderchefs abzuhalten. Nach dem von der SED-Führung beabsichtigten Scheitern der Konferenz wurde im Dezember 1947 in der Sowjetzone der „Deutsche Volkskongreß für Einheit und gerechten Frieden" eingesetzt, der überwiegend aus Vertretern von Parteien und Massenorganisationen gebildet wurde. Aus dem 2. *Volkskongreß* entstand schließlich im März 1948 der vorparlamentarische *Deutsche Volksrat*, aus dem die Verfassung der DDR hervorging und der die Keimzelle der späteren Volkskammer bildete (**Nr. 21**). – Die Aussichtslosigkeit gesamtdeutscher Vorhaben hatte *Konrad Adenauer*, der als Vorsitzender der CDU in der britischen Zone auf der politischen Bühne wirkte, früh konstatiert. Bereits im Oktober 1945 folgerte er, daß die „Trennung in Osteuropa, das russische Gebiet, und Westeuropa eine Tatsache" sei und die Integration Westdeutschlands in die westliche Welt unumgänglich werden lasse, um es „politisch und wirtschaftlich" wieder „gesund zu machen" und es dem Zugriff der Sowjetunion zu entziehen (**Nr. 11**). Daß Rußland stets expansive Ziele verfolge, hatte Adenauer bis zum Ende seiner politischen Laufbahn zum unumstößlichen Leitsatz erhoben, der den Motor seines späteren Westbindungskurses und seines Umgangs mit der Deutschen Frage bildete (vgl. v. a. Kap. II.F).

Mit der ersten Berlin-Krise (Berliner Blockade) seit Juni 1948 war der Kalte Krieg offen eskaliert und das ohnehin nie funktionierende System der gemeinsamen Verwaltung Deutschlands durch die Siegermächte vollends gescheitert. Die Sowjetunion, die sich wegen der Londoner Empfehlungen am 20. März 1948 aus dem Kontrollrat zurückgezogen hatte, billigte zwar noch nicht die Gründung eines deutschen Oststaates, beschleunigte aber den Ausbau ihrer Zone zu einem *sowjetisierten Pufferstaat*. „Faktisch ist", so der Leiter der Informationsverwaltung der Sowjetischen Militäradministration Tulpanow im Mai 1948, „eine Aufteilung Deutschlands in zwei Teile, welche sich nach verschiedenen Gesetzen entwickelt, zustande gekommen" – die „Sozialistische Einheitspartei befindet sich an der Grenze zweier Welten, dort, wo die Welt des Kapitalismus auf die Welt des Sozialismus trifft. Deswegen sind ihr auch große verantwortliche Aufgaben auferlegt" (Nr. 22). Dies meinte nichts anderes als den Ausbau der SED zu einer straff geführten, ideologisch gefestigten *Kaderpartei* nach dem Vorbild der KPdSU, um die gewichtige Funktion der Sowjetzone als Bollwerk und Schutzraum gegen den Westen ausfüllen zu können. Doch die letzte Konsequenz aus dieser Entwicklung, die *Gründung eines deutschen Oststaates*, sollte solange unterbleiben, so bekundete die im März 1948 in Moskau weilende SED-Führung ganz auf Stalins Linie liegend, bis „separate Maßnahmen" zuvor „im Westen ergriffen worden seien." (Nr. 21). Auch als Pieck, Ulbricht und Grotewohl sich im Dezember des Jahres wiederum nach Moskau begaben, um die Erlaubnis zur Gründung des Oststaates einzuholen, beharrte Stalin darauf, daß der Westen erst vorziehen müsse. In dieser Hinsicht hatte das englische Außenministerium im Mai 1948 aufschlußreiche Überlegungen angestellt: „Die Russen machen in ihrer Zone was sie wollen, auch wenn es dort eine deutsche Regierung gibt. Ich vermute, sie warten nur darauf, daß wir als erste eine deutsche Regierung etablieren, und zwar aus zwei Gründen: Bei den von ihnen beherrschten Völkern können sie uns dann dafür verantwortlich machen, daß wir Deutschland wiederaufbauen und damit eine erneute deutsche Gefahr schaffen, und bei den Deutschen können sie uns für die Spaltung Deutschlands verantwortlich machen." (Nr. 23). In der Tat gehörte längst und fortan die gegenseitige Schuldzuweisung für die Spaltung Deutschlands zum propagandistischen Repertoire des Kalten Krieges, nicht nur zwischen den ehemaligen Verbündeten der Anti-Hitler-Koalition, sondern auch zwischen den beiden deutschen Staaten. – Was die Staatsgründung anbelangte, zog nun der Westen vor: Am 12. Mai 1949 billigten die Militärgouverneure das von dem seit September 1948 tagenden *Parlamentarischen Rat* in Bonn verabschiedete Grundgesetz – dem Charakter eines provisorischen Staatswesens Rechnung tragend hieß es nicht Verfassung – vorbehaltlich der Bestimmungen des Besatzungsstatuts (vgl. unten S. 66), das am 21. September in Kraft trat; somit wurden die bisherigen drei Militärregierungen in „Hohe Kommissionen" umgewandelt (Nr. 28). – Am 7. Oktober 1949 ging aus dem 2. Deutschen Volksrat die provisorische Volkskammer hervor, und die Deutsche Demokratische Republik wurde gegründet.

A. Deutschlandplanungen in Jalta und Potsdam

1. Erklärung der Konferenz von Jalta (Krim), 12. Februar 1945

Die SOWJETUNION AUF INTERNATIONALEN KONFERENZEN, Bd. 4, Nr. 35, S. 220–226, hier S. 221f. u. 224f.

Besatzungszonen – Besatzungsmacht Frankreich – Alliierter Kontrollrat – Entmilitarisierung – Entnazifizierung – Reparationskommission – Grenzen Polens

[...]

I. Niederwerfung Deutschlands

Wir haben die militärischen Pläne der drei alliierten Mächte für die endgültige Niederwerfung des gemeinsamen Feindes behandelt und festgelegt. [...]

Das nazistische Deutschland ist dem Untergang geweiht. Dem deutschen Volk wird seine Niederlage nur noch teurer zu stehen kommen, wenn es versucht, seinen hoffnungslosen Widerstand fortzusetzen.

II. Besetzung Deutschlands und Kontrolle über Deutschland

Wir sind über die gemeinsame Politik und die Pläne zur zwangsweisen Durchführung der Bestimmungen der bedingungslosen Kapitulation übereingekommen, die wir gemeinsam dem nazistischen Deutschland auferlegen werden, nach dem der bewaffnete deutsche Widerstand endgültig gebrochen sein wird. Diese Bestimmungen werden erst bekannt gegeben, wenn die endgültige Niederwerfung Deutschlands vollzogen ist. Gemäß dem in gegenseitigem Einvernehmen festgelegten Plan werden die Streitkräfte der drei Mächte besondere Zonen in Deutschland besetzen. Der Plan sieht eine koordinierte Verwaltung und Kontrolle durch eine Zentrale Kontrollkommission[12] mit Sitz in Berlin vor, die aus den Oberkommandierenden der drei Mächte besteht. Es ist beschlossen worden, daß Frankreich von den drei Mächten eingeladen wird, falls es das wünscht, eine Besatzungszone zu übernehmen und sich als viertes Mitglied an der Kontrollkommission zu beteiligen. Die Ausmaße der französischen Zone[13] werden zwischen den vier interessierten Regierungen durch ihre Vertreter in der Europäischen Konsultativkommission vereinbart.

---

12 Bereits in der *Londoner Erklärung* vom November 1944 wurden die Aufgaben des Kontrollrates näher bestimmt, darunter: „II) Pläne aufzustellen und im gegenseitigen Einvernehmen Entscheidungen zu treffen über die wesentlichen Deutschland als Ganzes betreffenden militärischen, politischen, wirtschaftlichen und sonstigen Fragen, [...] IV) die Verwaltung Groß-Berlins durch entsprechende Organe zu leiten." (Art. 3; abgedr. in: DOKUMENTE ZU DEUTSCHLAND, Dok. 2, S. 65f., hier S. 65; Absätze weggelassen).

13 In Ergänzung des *Londoner Protokolls* vom 12. September 1944, das die Festlegung der Besatzungszonen und die gemeinsame Verwaltung von Berlin regelte: „Deutschland wird innerhalb seiner Grenzen, wie sie am 31. Dezember 1937 bestanden, zum Zwecke der Besetzung in drei Zonen eingeteilt, von denen je eine einer der drei Mächte zugewiesen wird, und ein besonderes Berliner Gebiet, das der gemeinsamen Besatzungshoheit der drei Mächte unterworfen wird" (Art. 1; abgedr. in: ebd., Dok. 1, S. 63f., hier S. 63).

Es ist unser unerschütterliches Ziel, den deutschen Militarismus und Nazismus zu vernichten und dafür Garantien zu schaffen, daß Deutschland nie wieder imstande sein wird, den Weltfrieden zu brechen. Wir sind fest entschlossen, alle deutschen Streitkräfte zu entwaffnen und aufzulösen; den deutschen Generalstab, der wiederholt zur Wiedergeburt des deutschen Militarismus beigetragen hat, ein für allemal zu zerschlagen, sämtliche deutschen militärischen Anlagen zu konfiszieren oder zu zerstören, die gesamte deutsche Industrie, die für militärische Produktion genutzt werden könnte, zu beseitigen oder unter Kontrolle zu stellen; alle Kriegsverbrecher einer gerechten und schnellen Bestrafung zuzuführen sowie Wiedergutmachung in Form von Sachleistungen für die Zerstörungen zu erheben, die von den Deutschen verursacht worden sind; die nazistische Partei, die nazistischen Gesetze, Organisationen und Einrichtungen zu liquidieren, alle nazistischen und militaristischen Einflüsse in den öffentlichen Einrichtungen sowie dem kulturellen und wirtschaftlichen Leben des deutschen Volkes zu beseitigen und gemeinsam solche anderen Maßnahmen in Deutschland zu ergreifen, die sich für den künftigen Frieden und die Sicherheit der ganzen Welt als notwendig erweisen können. Es ist nicht unser Ziel, das deutsche Volk zu vernichten. Nur dann, wenn der Nazismus und Militarismus ausgerottet sein werden, wird für das deutsche Volk Hoffnung auf ein würdiges Leben und einen Platz in der Völkergemeinschaft bestehen.

III. Reparationen von Deutschland

Wir haben die Frage des Schadens, den Deutschland in diesem Krieg den verbündeten Ländern zugefügt hat, erörtert und für gerecht erkannt, Deutschland zu verpflichten, diesen Schaden in größtmöglichem Umfang in Form von Sachleistungen wiedergutzumachen.

Es wird eine Kommission für die Wiedergutmachung des Schadens eingesetzt, die beauftragt wird, die Frage des Umfanges und der Art und Weise der Wiedergutmachung des von Deutschland den verbündeten Ländern zugefügten Schadens zu erörtern. Die Kommission wird in Moskau arbeiten.

[...]

VI. Über Polen

Wir haben uns auf der Krimkonferenz versammelt, um unsere Meinungsverschiedenheiten in der politischen Frage beizulegen. Wir haben alle Aspekte der polnischen Frage ausgiebig erörtert. Wir haben erneut bekräftigt, daß es unser gemeinsamer Wunsch ist, ein starkes, freies, unabhängiges und demokratisches Polen errichtet zu sehen. Im Ergebnis unserer Verhandlungen einigten wir uns über die Bedingungen, gemäß denen die neue Provisorische Polnische Regierung der Nationalen Einheit[14] auf eine Weise gebildet wird, daß sie von den drei Hauptmächten anerkannt wird.

Es wurde folgendes Abkommen erzielt:

„[...][15] Die Drei Regierungschefs sind der Ansicht, daß die Ostgrenze Polens entlang der Curzonlinie[16] mit fünf bis acht Kilometern Abweichung von ihr in einigen Gebieten zugunsten Po-

14 Vgl. unten S. 30, Anm. 28.

15 Absatz an dieser Stelle weggelassen. Es folgt ein Auszug aus dem Jalta-Protokoll vom 12.2.1945.

16 Im Zuge der Konstituierung Polens nach dem Ersten Weltkrieg von dem britischen Außenminister Curzon vorgeschlagener und 1921 (Friede von Riga) revidierter Verlauf der polnisch-sowjetischen Grenze, der schließlich – mit Abweichungen – in den endgültigen Grenzvertrag zwischen Polen und der UdSSR vom 16.8.1945 einging. Vgl. die Karte in Nr. 6.

lens verlaufen soll. Die drei Regierungschefs erkennen an, daß Polen im Norden und im Westen einen wesentlichen Gebietszuwachs erhalten muß. Sie sind der Ansicht, daß über das Ausmaß dieses Zuwachses zu geeigneter Zeit die Meinung der neuen Polnischen Regierung der Nationalen Einheit eingeholt und dann die endgültige Festlegung der Westgrenze Polens bis zur Friedenskonferenz vertagt wird."

[...]

2. Protokoll der Potsdamer Konferenz, 2. Vollsitzung, 18. Juli 1945

Sowjetisches Protokoll; Die WELT SEIT 1945, T. 1, S. 28f. (amerikan. Prot. in FRUS, Conference of Berlin, Bd. 2, S. 88–94, hier S. 89f.)

Territorialer Bestand Deutschlands – Grenzen von 1937 – polnische Westgrenze

Churchill: Ich möchte nur eine Frage stellen. Ich bemerke, daß hier das Wort „Deutschland" gebraucht wird. Was bedeutet „Deutschland" jetzt? Kann man es in dem Sinne verstehen wie vor dem Kriege?

Truman: Wie faßt die sowjetische Delegation diese Frage auf?

Stalin: Deutschland ist das, was es nach dem Kriege wurde. Ein anderes Deutschland gibt es jetzt nicht. So verstehe ich diese Frage.

Truman: Kann man von Deutschland sprechen, wie es 1937[17], vor dem Kriege, war?

Stalin: So wie es 1945 ist.

Truman: Es hat 1945 alles eingebüßt. Deutschland existiert jetzt faktisch nicht.

Stalin: Deutschland ist, wie man bei uns sagt, ein geographischer Begriff. Wollen wir es vorläufig so auffassen! Man darf nicht von den Ergebnissen des Krieges abstrahieren.

Truman: Ja, aber es muß doch irgendeine Definition des Begriffes „Deutschland" erfolgen. Ich meine, das Deutschland von 1886 oder 1937 ist nicht dasselbe wie das Deutschland von heute, 1945.

Stalin: Es hat sich infolge des Krieges verändert, und so fassen wir es auf.

Truman: Ich bin damit völlig einverstanden, aber es muß trotzdem eine gewisse Definition des Begriffes „Deutschland" erfolgen.

Stalin: Denkt man beispielsweise daran, im Sudetengebiet der Tschechoslowakei die deutsche Verwaltung wieder einzusetzen? Das ist das Gebiet, aus dem die Deutschen die Tschechen vertrieben haben.

Truman: Vielleicht werden wir trotzdem von Deutschland, wie es vor dem Kriege, im Jahre 1937, war, sprechen?

Stalin: Formal kann man es so verstehen, in Wirklichkeit ist es nicht so. Wenn in Königsberg eine deutsche Verwaltung auftauchen wird, werden wir sie fortjagen, ganz gewiß fortjagen.

Truman: Auf der Krim-Konferenz[18] wurde vereinbart, daß die Territorialfragen auf der Friedenskonferenz entschieden werden müssen. Wie definieren wir nun den Begriff „Deutschland"?

Stalin: Lassen Sie uns die Westgrenzen Polens festlegen, und dann wird die deutsche

17 Vgl. ebd.
18 Jalta-Konferenz (vgl. Nr. 1 u. dort Abschnitt VI: Polen).

Frage klarer werden[19]. Es ist für mich sehr schwierig auszudrücken, was jetzt unter Deutschland zu verstehen ist. Das ist ein Land, das keine Regierung, das keine fixierten Grenzen hat, weil die Grenzen nicht von unseren Truppen festgelegt werden. Deutschland hat überhaupt keine Truppen, Grenztruppen eingeschlossen, es ist in Besatzungszonen zerteilt. Und nun definieren Sie, was Deutschland ist! Es ist ein zerschlagenes Land.

Truman: Vielleicht nehmen wir die Grenzen Deutschlands von 1937 zum Ausgangspunkt?

Stalin: Ausgehen kann man von überall. Von irgend etwas muß man ausgehen. In diesem Sinne kann man auch das Jahr 1937 nehmen.

Truman: Das war Deutschland nach dem Versailler Vertrag.

Stalin: Ja, man kann das Deutschland des Jahres 1937 nehmen, aber nur als Ausgangspunkt. Das ist einfach eine Arbeitshypothese zur Erleichterung unserer Arbeit.

Churchill: Nur als Ausgangspunkt. Das heißt nicht, daß wir uns darauf beschränken.

Truman: Wir sind einverstanden, das Deutschland des Jahres 1937 als Ausgangspunkt zu nehmen.

3. Potsdamer Abkommen, 2. August 1945

BENZ, Potsdam, S. 207–225, hier S. 208–220 u. 224f.

Demilitarisierung – Dekartellisierung bzw. Dezentralisierung – Demontage – Demokratisierung

[...]

II. Die Einrichtung eines Rates der Außenminister

Die Konferenz erreichte eine Einigung über die Errichtung eines Rates der Außenminister, welche die fünf Hauptmächte vertreten, zur Fortsetzung der notwendigen vorbereitenden Arbeit zur friedlichen Regelung und zur Beratung anderer Fragen, welche nach Übereinstimmung zwischen den Teilnehmern in dem Rat der Regierungen von Zeit zu Zeit an den Rat der Außenminister übertragen werden können.

[...]

III. Deutschland

Alliierte Armeen führen die Besetzung von ganz Deutschland durch und das deutsche Volk fängt an, die furchtbaren Verbrechen zu büßen, die unter der Leitung derer, welche es zur Zeit ihrer Erfolge offen gebilligt hat und denen es blind gehorcht hat, begangen wurden. Auf der Konferenz wurde eine Übereinkunft erzielt über die politischen und wirtschaftlichen Grundsätze der gleichgeschalteten Politik der Alliierten in bezug auf das besiegte Deutschland in der Periode der alliierten Kontrolle.

---

19 Nach dem amerikanischen Protokoll entgegnete Truman, „das könne am besten geschehen, wenn entschieden worden sei, was mit Deutschland geschehen solle." (Die WELT SEIT 1945, T. 1, S. 29, Anm. 1 bzw. FRUS, Conference of Berlin, Bd. 2, S. 88–94, hier S. 90).

Das Ziel dieser Übereinkunft bildet die Durchführung der Krim-Deklaration[20] über Deutschland. Der deutsche Militarismus und Nazismus werden ausgerottet, und die Alliierten treffen nach gegenscitiger Vereinbarung in der Gegenwart und in der Zukunft auch andere Maßnahmen, die notwendig sind, damit Deutschland niemals mehr seine Nachbarn oder die Erhaltung des Friedens in der ganzen Welt bedrohen kann.

Es ist nicht die Absicht der Alliierten, das deutsche Volk zu vernichten oder zu versklaven. Die Alliierten wollen dem deutschen Volk die Möglichkeit geben, sich darauf vorzubereiten, sein Leben auf einer demokratischen und friedlichen Grundlage von neuem wiederaufzubauen. Wenn die eigenen Anstrengungen des deutschen Volkes unablässig auf die Erreichung dieses Zieles gerichtet sein werden, wird es ihm möglich sein, zu gegebener Zeit seinen Platz unter den freien und friedlichen Völkern der Welt einzunehmen.

Der Text dieser Übereinkunft lautet:

Politische und wirtschaftliche Grundsätze, deren man sich bei der Behandlung Deutschlands in der Anfangsperiode der Kontrolle bedienen muß:

A. Politische Grundsätze

1. Entsprechend der Übereinkunft über das Kontrollsystem in Deutschland wird die höchste Regierungsgewalt in Deutschland durch die Oberbefehlshaber der Streitkräfte der Vereinigten Staaten von Amerika, des Vereinigten Königreichs, der Union der Sozialistischen Sowjetrepubliken und der Französischen Republik nach den Weisungen ihrer entsprechenden Regierungen ausgeübt, und zwar von jedem in seiner Besatzungszone, sowie gemeinsam in ihrer Eigenschaft als Mitglieder des Kontrollrates in den Deutschland als Ganzes betreffenden Fragen.

2. Soweit dieses praktisch durchführbar ist, muß die Behandlung der deutschen Bevölkerung in ganz Deutschland gleich sein.

3. Die Ziele der Besetzung Deutschlands, durch welche der Kontrollrat sich leiten lassen soll, sind:

(I) Völlige Abrüstung und Entmilitarisierung Deutschlands und die Ausschaltung der gesamten deutschen Industrie, welche für eine Kriegsproduktion benutzt werden kann oder deren Überwachung. [...]

(II) Das deutsche Volk muß überzeugt werden, daß es eine totale militärische Niederlage erlitten hat und daß es sich nicht der Verantwortung entziehen kann für das, was es selbst dadurch auf sich geladen hat, daß seine eigene mitleidlose Kriegführung und der fanatische Widerstand der Nazis die deutsche Wirtschaft zerstört und Chaos und Elend unvermeidlich gemacht haben.

(III) Die Nationalsozialistische Partei mit ihren angeschlossenen Gliederungen und Unterorganisationen ist zu vernichten; alle nationalsozialistischen Ämter sind aufzulösen; es sind Sicherheiten dafür zu schaffen, daß sie in keiner Form wieder auferstehen können; jeder nazistischen und militaristischen Betätigung und Propaganda ist vorzubeugen.

(IV) Die endgültige Umgestaltung des deutschen politischen Lebens auf demokratischer Grundlage und eine eventuelle friedliche Mitarbeit Deutschlands am internationalen Leben sind vorzubereiten.

4. Alle nazistischen Gesetze, welche die Grundlagen für das Hitlerregime geliefert haben oder eine Diskriminierung auf Grund der Rasse, Religion oder politischer Überzeugung errichteten, müssen abgeschafft werden. Keine solche Diskriminierung, weder eine rechtliche noch eine administrative oder irgendeiner anderen Art, wird geduldet werden.

---

[20] Jalta-Konferenz (Nr. 1).

5. Kriegsverbrecher und alle diejenigen, die an der Planung oder Verwirklichung nazistischer Maßnahmen, die Greuel oder Kriegsverbrechen nach sich zogen als Ergebnis hatten, teilgenommen haben, sind zu verhaften und dem Gericht zu übergeben. [...]

7. Das Erziehungswesen in Deutschland muß so überwacht werden, daß die nazistischen und militärischen Lehren völlig entfernt werden und eine erfolgreiche Entwicklung der demokratischen Ideen möglich gemacht wird.

8. Das Gerichtswesen wird entsprechend den Grundsätzen der Demokratie und der Gerechtigkeit auf der Grundlage der Gesetzlichkeit und der Gleichheit aller Bürger vor dem Gesetz ohne Unterschied der Rasse, der Nationalität und der Religion reorganisiert werden.

9. Die Verwaltung Deutschlands muß in Richtung auf eine Dezentralisation der politischen Struktur und der Entwicklung einer örtlichen Selbstverantwortung durchgeführt werden. Zu diesem Zwecke:

(I) Die lokale Selbstverwaltung wird in ganz Deutschland nach demokratischen Grundsätzen und zwar durch Wahlausschüsse (Räte), so schnell wie es mit der Wahrung der militärischen Sicherheit und den Zielen der militärischen Besatzung vereinbar ist, wiederhergestellt.

(II) In ganz Deutschland sind alle demokratischen politischen Parteien zu erlauben und zu fördern mit der Einräumung des Rechtes, Versammlungen einzuberufen und öffentliche Diskussionen durchzuführen.

(III) Der Grundsatz der Wahlvertretung soll in die Gemeinde-, Kreis-, Provinzial- und Landesverwaltungen, so schnell wie es durch die erfolgreiche Anwendung dieser Grundsätze in der örtlichen Selbstverwaltung gerechtfertigt werden kann, eingeführt werden.

(IV) Bis auf weiteres wird keine zentrale deutsche Regierung errichtet werden. Jedoch werden einige wichtige zentrale deutsche Verwaltungsabteilungen errichtet werden, an deren Spitze Staatssekretäre stehen, und zwar auf den Gebieten des Finanzwesens, des Außenhandels und der Industrie. Diese Abteilungen werden unter der Leitung des Kontrollrates tätig sein.

10. Unter Berücksichtigung der Notwendigkeit zur Erhaltung der militärischen Sicherheit wird die Freiheit der Rede, der Presse und der Religion gewährt. Die religiösen Einrichtungen sollen respektiert werden. Die Schaffung freier Gewerkschaften, gleichfalls unter Berücksichtigung der Notwendigkeit der Erhaltung der militärischen Sicherheit, wird gestattet werden.

B. Wirtschaftliche Grundsätze

11. Mit dem Ziele der Vernichtung des deutschen Kriegspotentials ist die Produktion von Waffen, Kriegsausrüstung und Kriegsmitteln, ebenso die Herstellung aller Typen von Flugzeugen und Seeschiffen zu verbieten und zu unterbinden. Die Herstellung von Metallen und Chemikalien, der Maschinenbau und die Herstellung anderer Gegenstände, die unmittelbar für die Kriegswirtschaft notwendig sind, ist streng zu überwachen und zu beschränken, entsprechend dem genehmigten Stand der friedlichen Nachkriegsbedürfnisse Deutschlands, um die in dem Punkt 15 angeführten Ziele zu befriedigen. [...]

12. In praktisch kürzester Frist ist das deutsche Wirtschaftsleben zu dezentralisieren mit dem Ziel der Vernichtung der bestehenden übermäßigen Konzentration der Wirtschaftskraft, dargestellt insbesondere durch Kartelle, Syndikate, Trusts und andere Monopolvereinigungen.

13. Bei der Organisation des deutschen Wirtschaftslebens ist das Hauptgewicht auf die Entwicklung der Landwirtschaft und der Friedensindustrie für den inneren Bedarf (Verbrauch) zu legen.

14. Während der Besatzungszeit ist Deutschland als eine wirtschaftliche Einheit zu betrachten. [...]

15. Es ist eine alliierte Kontrolle über das deutsche Wirtschaftsleben zu errichten, jedoch nur in den Grenzen, die notwendig sind:

a) zur Erfüllung des Programms der industriellen Abrüstung und Entmilitarisierung, der Reparationen und der erlaubten Aus- und Einfuhr;
b) zur Sicherung der Warenproduktion und der Dienstleistungen, die zur Befriedung der Bedürfnisse der Besatzungsstreitkräfte und der verpflanzten Personen in Deutschland notwendig sind und die wesentlich sind für die Erhaltung eines mittleren Lebensstandards in Deutschland, der den mittleren Lebensstandard der europäischen Länder nicht übersteigt. (Europäische Länder in diesem Sinne sind alle europäischen Länder mit Ausnahme des Vereinigten Königreiches und der Sowjetunion);
c) zur Sicherung – in der Reihenfolge, die der Kontrollrat festsetzt – einer gleichmäßigen Verteilung der wesentlichsten Waren unter den verschiedenen Zonen, um ein ausgeglichenes Wirtschaftsleben in ganz Deutschland zu schaffen und die Einfuhrnotwendigkeiten einzuschränken;
d) zur Überwachung der deutschen Industrie und aller wirtschaftlichen und finanziellen internationalen Abkommen einschließlich der Aus- und Einfuhr mit dem Ziel der Unterbindung einer Entwicklung des Kriegspotentials Deutschlands und der Erreichung der anderen genannten Aufgaben;
e) zur Überwachung aller deutschen öffentlichen oder privaten wissenschaftlichen Forschungs- oder Versuchsanstalten, Laboratorien usw., die mit einer Wirtschaftstätigkeit verbunden sind.

[...]

18. Der Kontrollrat hat entsprechende Schritte zur Verwirklichung der Kontrolle und der Verfügung über alle deutschen Guthaben im Auslande zu übernehmen, welche noch nicht unter die Kontrolle der alliierten Nationen, die an dem Krieg gegen Deutschland teilgenommen haben, geraten sind.

19. Die Bezahlung der Reparationen soll dem deutschen Volke genügend Mittel belassen, um ohne eine Hilfe von außen zu existieren. Bei der Aufstellung des Haushaltsplanes Deutschlands sind die nötigen Mittel für die Einfuhr bereitzustellen, die durch den Kontrollrat in Deutschland genehmigt worden ist. Die Einnahmen aus der Ausfuhr der Erzeugnisse der laufenden Produktion und der Warenbestände dienen in erster Linie der Bezahlung dieser Einfuhr. Die hier erwähnten Bedingungen werden nicht angewandt bei den Einrichtungen und Produkten, die in den Punkten 4a und 4b der Übereinkunft über die deutschen Reparationen erwähnt sind.

IV. Reparationen aus Deutschland

In Übereinstimmung mit der Entscheidung der Krimkonferenz[21], wonach Deutschland gezwungen werden soll, in größtmöglichem Ausmaß für die Verluste und die Leiden, die es den Vereinten Nationen verursacht hat, und wofür das deutsche Volk der Verantwortung nicht entgehen kann, Ausgleich zu schaffen, wurde folgende Übereinkunft über Reparationen erreicht:

1. Die Reparationsansprüche der UdSSR sollen durch Entnahmen aus der von der UdSSR besetzten Zone in Deutschland und durch angemessene deutsche Auslandsguthaben befriedigt werden.

2. Die UdSSR wird die Reparationsansprüche Polens aus ihrem eigenen Anteil an den Reparationen befriedigen.

3. Die Reparationsansprüche der Vereinigten Staaten, des Vereinigten Königreiches und der anderen zu Reparationsforderungen berechtigten Länder werden aus den westlichen Zonen und den entsprechenden deutschen Auslandsguthaben befriedigt werden.

4. In Ergänzung der Reparationen, die die UdSSR aus ihrer eigenen Besatzungszone erhält, wird die UdSSR zusätzlich aus den westlichen Zonen erhalten:

---

21 Konferenz von Jalta (Nr. 1).

a) 15% derjenigen verwendungsfähigen und vollständigen industriellen Ausrüstungen, vor allem der metallurgischen, chemischen und Maschinen erzeugenden Industrien, soweit sie für die deutsche Friedenswirtschaft unnötig und aus den westlichen Zonen Deutschlands zu entnehmen sind, im Austausch für einen entsprechenden Wert an Nahrungsmitteln, Kohle, Kali, Zink, Holz, Tonprodukten, Petroleumprodukten und anderen Waren, nach Vereinbarung.

b) 10% derjenigen industriellen Ausrüstung, die für die deutsche Friedenswirtschaft unnötig ist und aus den westlichen Zonen zu entnehmen und auf [das] Reparationskonto an die Sowjetregierung zu übertragen ist ohne Bezahlung oder Gegenleistung irgendwelcher Art.

Die Entnahmen der Ausrüstung, wie sie oben in a) und b) vorgesehen sind, sollen gleichzeitig erfolgen.

[...]

8. Die Sowjetregierung verzichtet auf alle Ansprüche bezüglich der Reparationen aus Anteilen an deutschen Unternehmungen, die in den westlichen Besatzungszonen in Deutschland gelegen sind. Das gleiche gilt für deutsche Auslandsguthaben in allen Ländern, mit Ausnahme der weiter unten in § 9 gekennzeichneten Fälle.

9. Die Regierungen der USA und des Vereinigten Königreiches verzichten auf ihre Ansprüche im Hinblick auf Reparationen hinsichtlich der Anteile an deutschen Unternehmungen, die in der östlichen Besatzungszone in Deutschland gelegen sind. Das gleiche gilt für deutsche Auslandsguthaben in Bulgarien, Finnland, Ungarn, Rumänien und Ostösterreich.

10. Die Sowjetregierung erhebt keine Ansprüche auf das von den alliierten Truppen in Deutschland erbeutete Gold.

[...]

VII. Kriegsverbrecher

[...] Die drei Regierungen bekräftigen ihre Absicht, diese Verbrecher einer schnellen und sicheren Gerichtsbarkeit zuzuführen. Sie hoffen, daß die Verhandlungen in London zu einer schnellen Vereinbarung führen, die diesem Zwecke dient, und sie betrachten es als eine Angelegenheit von größter Wichtigkeit, daß der Prozeß gegen diese Hauptverbrecher zum frühestmöglichen Zeitpunkt beginnt.

[...]

XIII. Ordnungsgemäße Überführung deutscher Bevölkerungsanteile

Die Konferenz erzielte folgendes Abkommen über die Ausweisung Deutscher aus Polen, der Tschechoslowakei und Ungarn:

Die drei Regierungen haben die Frage unter allen Gesichtspunkten beraten und erkennen an, daß die Überführung der deutschen Bevölkerung oder Bestandteile derselben, die in Polen, Tschechoslowakei und Ungarn zurückgeblieben sind, nach Deutschland durchgeführt werden muß. Sie stimmen darin überein, daß jede derartige Überführung, die stattfinden wird, in ordnungsgemäßer und humaner Weise[22] erfolgen soll. Da der Zustrom einer großen Zahl Deutscher nach Deutschland die Lasten vergrößern würde, die bereits auf den Besatzungsbehörden ruhen, halten sie es für wünschenswert, daß der Alliierte Kontrollrat in Deutschland zunächst das Problem unter besonderer Berück-

22 Vgl. Nr. 5.

sichtigung der Frage einer gerechten Verteilung dieser Deutschen auf die einzelnen Besatzungszonen prüfen soll. Sie beauftragen demgemäß ihre jeweiligen Vertreter beim Kontrollrat, ihren Regierungen so bald wie möglich über den Umfang zu berichten, in dem derartige Personen schon aus Polen, der Tschechoslowakei und Ungarn nach Deutschland gekommen sind, und eine Schätzung über Zeitpunkt und Ausmaß vorzulegen, zu dem die weiteren Überführungen durchgeführt werden könnten, wobei die gegenwärtige Lage in Deutschland zu berücksichtigen ist. Die Tschechoslowakische Regierung, die Polnische Provisorische Regierung und der Alliierte Kontrollrat in Ungarn werden gleichzeitig von obigem in Kenntnis gesetzt und ersucht werden, inzwischen weitere Ausweisungen der deutschen Bevölkerung einzustellen, bis die betroffenen Regierungen die Berichte ihrer Vertreter an den Kontrollausschuß geprüft haben.

[...]

4. Bernhard Guttmann über die Potsdamer Konferenz, 24. Dezember 1945

Artikel „Deutschlands künftige Grenzen. Überlegungen Weihnachten 1945" in: Die Gegenwart v. 24.12.1945; GUTTMANN, Grenzen, S. 148–155, hier S. 151–153

Deutsche Gebiete östlich der Oder-Neiße-Linie – sowjetische Expansion – Wanken der Anti-Hitler-Koalition

[...]

Die Sowjetregierung verlangte für sich schon vor der Festsetzung durch Friedensverträge den nördlichen Teil der Provinz Ostpreußen mit Königsberg. Die Konferenz hat die Einverleibung dieses Gebietes durch Sowjetrußland gutgeheißen, die Mitunterzeichner verpflichteten sich, den russischen Antrag beim definitiven Frieden zu unterstützen. Weiter: Es ist beschlossen worden, das ganze Land östlich von der Oder, angefangen von ihrer Mündung in die Ostsee bis zur Einmündung der westlichen Neiße in die Oder, von da auch das westlich der Oder bis an die Neiße reichende Land bis zur Grenze der Tschechoslowakei sofort unter die Verwaltung des wiedererrichteten polnischen Staates zu stellen. Hieraus geht hervor, daß an [eine] endgültige Angliederung an Polen gedacht ist; denn warum sollte man statt der russischen Okkupation dort erst einen polnischen Zwischenzustand eintreten lassen, wenn alles nur Provisorium wäre? Es fallen also an Polen: der größere südliche, nicht zu Rußland kommende Teil von Ostpreußen, der Freistaat Danzig, der weitaus größte Teil von Pommern. Etwa zwei Drittel der deutschen Ostseeküste sind verloren. Zu Polen kommt ferner ein erheblicher Teil der Provinz Brandenburg, endlich fast ganz Schlesien, von dem nur der kleine Zipfel westlich der Neiße übrigbleibt. Das ist die fürchterliche Amputation, die am Körper Deutschlands vorgenommen wird.

Daß die Westmächte dazu mit freudigem Herzen „Ja" gesagt haben, war von vornherein nicht wahrscheinlich, Herr Churchill hat aber auch die erste Gelegenheit ergriffen, um im Parlamente sein entschiedenes Mißfallen an dieser Regelung zu bekunden[23]. Er selber hatte der Potsdamer Konferenz bis gegen ihr Ende als erster britischer Wort-

23 Rede vom 16. August 1945. Auszug: unten Anm. 25.

führer beigewohnt, ist erst kurz vor dem Schlusse von seinem Amte zurückgetreten und kann mit seiner Kritik nicht seinen Nachfolger Attlee treffen wollen, der nur unterzeichnet hat, was vorher schon bestimmt war. Zweifellos richtet sich der Tadel auch nicht gegen Amerika, sondern gegen andere Leute. Churchill ist der Ansicht, daß die neue Grenze, die Deutschland den vierten Teil seines landwirtschaftlichen Bodens wegnehme, für das künftige Schicksal Europas nicht von guter Vorbedeutung sei. Daraus ist zu schließen, daß Großbritannien und die Vereinigten Staaten einem sehr starken Drukke Stalins nachgegeben haben, um die Konferenz nicht ohne Ergebnis abzubrechen. Daß Polen für sich allein die äußere und innere Kraft besitze, um ein so gewaltiges Gebiet zu assimilieren, ist nicht glaubhaft. Das polnische Staatswesen, das bisher nur eine erst nach starken Debatten unter den Alliierten gebildete vorläufige Regierung besitzt, wird der Schützling der Sowjet-Union sein, deren mächtige Hand seine Schritte lenkt. Wohl hat Churchill zu der Befürchtung Anlaß, daß aus dem, was sich im Osten zuträgt, neues Unheil erwachse.

Das Schrecklichste ist, was mit den Menschen geschieht. Man entfernt sie aus den Wohnsitzen, in denen sie geboren wurden. Hier im Westen hat man über allerhand Mißstände zu klagen, aber wenige stellen sich vor, was in den weiten Flächen an der Oder und Weichsel und auch in der Tschechoslowakei vorgeht. In der Zürcher „Weltwoche" stand ein Artikel von Dr. Benesch, dem Präsidenten der tschechoslowakischen Republik, der nach langem Exil in sein Vaterland und seine hohe Stellung zurückgekehrt ist. Er leitet aus dem, was sein Volk von Deutschen erlitten, für die Tschechoslowakei das Recht ab, „ihre eigene politische Struktur nach bitteren Erfahrungen durch Abschiebung des wesentlichen Teiles der deutschen und ungarischen Bevölkerung zu vereinfachen"[24]. Es mögen 1938 etwa 3 Millionen Deutsche im Lande gewohnt haben, jetzt sind es wohl weniger. Um viel mehr Millionen handelt es sich in den ostdeutschen Provinzen. Von einem eisernen Vorhang hat Churchill in jener Rede gesprochen[25], hinter dem, von Westeuropa ungesehen, ein terroristisches System herrsche. Ein Mann, wie der Präsident Benesch, der in seinem Umkreise so lange für Kultur und Humanität gearbeitet hat, spricht jetzt kühl von der Abschiebung einer ganzen Nation seines Staates. Freilich wird man von draußen her zurechtgewiesen, wenn man an das Wort Mensch-

---

24 Nicht ermittelt. – Bereits in einem Reuters-Interview am 11.7.1945 hatte sich Beneš für eine „Bevölkerungsumsiedlung" der deutschen Bevölkerungsteile ausgesprochen, die in „humaner Weise" vonstatten gehen sollte (in: DzD, Reihe II, Bd. 1,2, S. 993f., hier S. 994).

25 Rede vor dem Unterhaus am 16. August 1945 (CHURCHILL, Reden, Bd. 6, S. 357–376, hier S. 365). In der Rede hatte Churchill zudem die in Potsdam zugebilligte provisorische Westgrenze Polens kritisiert, da sie „ein Viertel des Ackerlandes ganz Deutschlands" umschließe und „kein gutes Vorzeichen für die künftige Karte Europas" (ebd.) sei. – Schon zuvor hatte Churchill den Begriff „Eiserner Vorhang", den er seinerseits allerdings entlehnt hatte, in einem Telegramm an Präsident Truman benutzt (Nr. 7). Weite öffentliche Verbreitung fand die Redewendung vom „Eisernen Vorhang" nach der Rede Churchills in Fulton (USA) am 5. März 1946, in der es hieß: „Von Stettin an der Ostsee bis hinunter nach Triest an der Adria ist ein ‚Eiserner Vorhang' über den Kontinent gezogen. Hinter jener Linie liegen alle Hauptstädte der alten Staaten Zentral- und Osteuropas: [...]. Alle jene berühmten Städte liegen in der Sowjetsphäre und alle sind sie in dieser oder jener Form nicht nur dem sowjetrussischen Einfluß ausgesetzt, sondern auch in ständig zunehmendem Maße der Moskauer Kontrolle unterworfen." (BAUPLAN, Dok. 2, S. 34). – Vgl. zur Reaktion Stalins auf die Fulton-Rede Nr. 9.

lichkeit erinnert in einem Lande, in dem diese Menschen zwölf Jahre lang schalten konnten. „Ich werde ausrotten", sagte Herr Hitler, jetzt wird das Deutschtum ausgerottet, länderweise, zur Vereinfachung der politischen Struktur. Und was wird aus den Verelendeten? Der Blick entdeckt nur einen schwarzen Horizont. Vielleicht führt nach einer gewissen Zeit gerade das Übermaß der Not selber bei den Siegern zu Erwägungen, von denen in Potsdam noch nichts sichtbar wurde. Die bloße Staatsklugheit könnte es ratsam erscheinen lassen, einen blutenden Rumpf nicht noch brandiger Entzündung zu überliefern, die auf andere Teile Europas übergreifen könnte.

[...]

5. Bericht von Robert Etzler über die Ausweisung aus Glatz (Schlesien) im März 1946, 4. Dezember 1952

HENKE, Exodus, S. 127–130

Vertreibung der deutschen Bevölkerung nach dem Potsdamer Abkommen[26]

Von Beruf Bankbeamter, zuletzt Bankdirektor und Leiter der Deutschen Bank, Zweigstelle Glatz. Im Jahre 1945 Alter 63 Jahre.

Die Ausweisung von mir und meiner Familie erfolgte am 3. März 1946, so daß wir noch 10 Monate unter Russen und Polen deren Schreckensherrschaft über uns ergehen lassen mußten. Die Besetzung der Stadt Glatz erfolgte in der Nacht vom 8. zum 9. Mai 1945. Wir wurden früh um 4.30 Uhr durch betrunkene Russenhorden aus tiefstem Schlaf herausgeholt. Die Entréetür wurde eingeschlagen. Der erste Ruf war der nach unseren Uhren. Ich hatte eine alte unbrauchbare Uhr meines Sohnes, mit der sie sich zufriedengaben. Im Laufe des 9. Mai erschienen wiederholt andere Russenhorden, die die Wohnung durchsuchten. Im meiner Wohnung waren außer meiner Frau und meiner 26jährigen Tochter eine Frau G. aus Frankenstein mit ihren beiden Töchtern Elisabeth – Laborantin – und Ruth G. – in Ausbildung – Alter 21 und 19 Jahre. Letztere beiden jungen Mädchen wurden von 4 Russen hintereinander in meiner Wohnung vergewaltigt, während ich meiner Tochter im letzten Augenblick die Flucht aus der Wohnung ermöglichen konnte. Am Nachmittag kamen zwei ältere Russen in Uniform, anscheinend von der GPU[27], um Dokumente zu suchen, wobei sie meinen Schreibtisch durchsuchten und sich alle glitzernden und glänzenden Gegenstände sowie meinen letzten Tabak aneigneten. Sie gaben an, nach deutschen Offizieren zu suchen. Am späten Nachmittag erschienen zwei russische Offiziere, die sich als Majore ausgaben und uns in Aussicht stellten, abends ein Gelage bei uns abzuhalten. Sie konnten etwas Deutsch sprechen. Der wahre Grund konnte nur sein, abends unsere jungen Mädchen erneut zu vergewal-

26 Nr. 3 (Abschnitt XIII).

27 Sowjetischer Geheimdienst bzw. politische Polizei. – *Entwicklung:* 1917: Tscheka (Allrussische außerordentliche Kommission zur Bekämpfung der Gegenrevolution und Sabotage); 1922/23: GPU/OGPU ([Vereinigte] Politische Staatsverwaltung); 1934: NKWD (Volkskommissariat für innere Angelegenheiten), das im März 1946 in das Innenministerium (MWD) umgewandelt und neben der unterdessen herausgelösten Geheimpolizei im MGB (Ministerium für Staatssicherheit) bestand. Zusammengestellt nach DALLIN, Verbrechen, S. 339.

tigen. Wir entgingen diesem Schicksal, indem wir die Nacht auf dem dunklen Boden verbrachten.

Am 10. Mai [1945], also zwei Tage nach dem Einmarsch der Russen, mußten wir binnen 2 Stunden unsere Wohnung verlassen. Wir konnten nur das Notwendigste packen und saßen auf der Straße. Ähnliche Situationen erlebten wir noch viermal, wobei uns jedesmal ein Teil der restlichen Habe, soweit wir sie tragen konnten, mit Gewalt entrissen wurde.

[...]

Am 28. Mai [1945] wurde am Rathaus die polnische Fahne gehißt, womit der polnische Terror seinen Anfang nahm. Alle Deutschen mußten weiße Armbinden tragen. Auf die ausgegebenen Lebensmittelkarten, um die man stundenlang Schlange stehen mußte, gab es so gut wie nichts. Nach Brot mußte man sich morgens um 4 Uhr anstellen, um günstigsten Falles um 7 Uhr ein Brot gegen Zloty zu erhalten. [...]

Die Ernährungslage unter polnischer Besetzung wurde immer schlimmer und unerträglicher. Nur diejenigen, die etwas zu versetzen hatten, konnten sich durch den Verkauf ihrer Sachen polnische Zloty-Währung verschaffen, für die in den Läden, wenn auch enorm teuer, vieles zu haben war. Da wir nur noch das Allernotwendigste besaßen, war uns dieser Weg verschlossen, so daß wir eine schwere Hungerszeit durchmachen mußten. Alle Deutschen, durch weiße Armbinden kenntlich, wurden von der Straße weg zum Arbeitseinsatz geholt, notfalls unter Gebrauch von Knüppeln oder Stecken. Ich habe selbst gesehen, wie man den Frisör von unserer Straße, der dringend in seinem Betrieb gebraucht wurde, mit Fußtritten bearbeitete, weil er in seinen Betrieb wollte. Ich möchte nicht unerwähnt lassen, daß wir bei den National-Polen[28] wiederholt Hilfe und Entgegenkommen gefunden haben.

[...]

Wir Schlesier konnten es nie begreifen, daß sich die Alliierten bereit finden würden, uns aus der Heimat zu vertreiben. Selbst als der Beschluß der Internat[ionalen] Kontrollkommission in Glatz angeschlagen wurde, nach welchem alle Deutschen ausgewiesen wurden, glaubte niemand an diese Unmenschlichkeit. Ich habe diesen Beschluß, datiert Breslau 7. Lutego [1946] noch in Abschrift vorliegen[29], in welchem es heißt, daß auf Grund des Beschlusses der Internat[ionalen] Kontrollkommission in Deutschland in den nächsten Tagen mit der Repatriierung der deutschen Bevölkerung aus Niederschlesien nach der englischen Okkupationszone Deutschlands begonnen wird. [...]

Unsere Ausweisung erfolgte am 3. März 1946. Nach straßenweiser Zusammenziehung der Deutschen im Finanzamt Glatz wurde nach Durchsuchung des Gepäcks ein Transport zusammengestellt, der geschlossen unter Bewachung durch poln[ische] Miliz zum Bahnhof geführt wurde. Wir wurden in Güterwagen verfrachtet und kamen in vier

---

[28] Kurzform für die antisowjetisch ausgerichtete nationalpolnische „Heimatarmee" (auch „Armee im Lande"), die während des Zweiten Weltkrieges der polnischen Exilregierung in London unterstand. Stalin stützte hingegen das prokommunistische „Lubliner Komitee", das mit (weitgehender) Billigung der Amerikaner und Briten auf der Jalta-Konferenz (Nr. 1) in die polnische Nachkriegsregierung („Provisorische Regierung der Nationalen Einheit") übergehen konnte.

[29] Bezugnehmend auf den Beschluß der Kontrollkommission (Combined Repatriation Executive) wurde in einer Bekanntmachung vom 7. Februar [poln.: „lutego"] 1946 für den Landkreis Breslau die Vertreibung (offiziell: „Repatriierung") der Deutschen angeordnet; die Bekanntmachung ist abgedr. in: DOKUMENTATION DER VERTREIBUNG, Bd. 1,2, Nr. 351, S. 817f., Anm. 2.

Tagen in Alversleben an. Von dort aus wurden wir in Personenwagen mit zerschlagenen Fenstern bei 6° Kälte die Nacht hindurch bis Nachmittag 16.00 Uhr des nächsten Tages bis nach Aurich (Ostfriesland) transportiert. Diese Fahrt glaubten wir kaum zu überleben. [...]

6. Karte: Deutschland nach 1945

Eigene Zeichnung in Anlehnung an: BENZ, Potsdam, S. 72

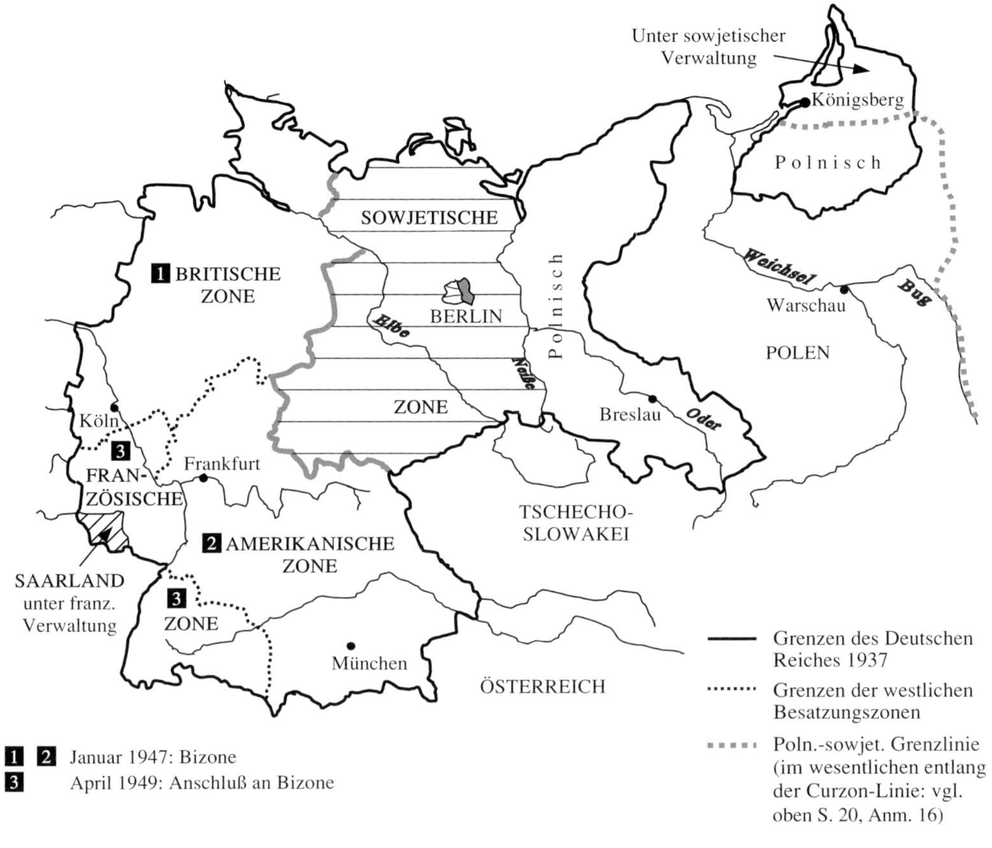

B. Beginn des Kalten Krieges

7. Churchill an US-Präsident Truman, 12. Mai 1945

CHURCHILL, Weltkrieg, Bd. 6,2, S. 261–263 (dort auszugsw.; d. engl. Orig. in: FRUS, Conference of Berlin, Bd. 1, Nr. 6, S. 8f.)

Sowjetische Expansion – Verständigung mit Rußland – „Eiserner Vorhang“

[1.] Die Lage in Europa beunruhigt mich zutiefst. Ich erfahre, daß die Hälfte der in Europa stehenden amerikanischen Fliegerkräfte bereits die Verlegung nach dem Fernen Osten eingeleitet hat. Die Zeitungen sind voll von Nachrichten über den massiven Abzug der amerikanischen Armeen aus Europa hinaus. Auch unsere Armeen dürften auf Grund früherer Beschlüsse wesentlich reduziert werden. Die kanadische Armee zieht bestimmt ab. Die Franzosen sind schwach und schwer zu behandeln. Es liegt offen zutage, daß unsere bewaffnete Macht auf dem europäischen Kontinent binnen kurzem dahinschwinden wird und dort nur noch bescheidene Kräfte zur Niederhaltung Deutschlands verbleiben.

2. Was aber soll dann in bezug auf Rußland geschehen? Ich habe mich stets um die Freundschaft der Russen bemüht, aber ihre falsche Auslegung der Jalta-Beschlüsse[30], ihre Haltung gegen Polen, ihr überwältigender Einfluß auf dem Balkan bis hinunter nach Griechenland, die uns von ihnen in Wien[31] bereiteten Schwierigkeiten, die Verkopplung ihrer Macht mit der Besetzung und Kontrolle so ungeheurer und weiter Gebiete, die von ihnen inspirierte, kommunistische Taktik in so vielen anderen Ländern und vor allem ihre Fähigkeit, lange Zeit große Armeen im Felde stehen zu lassen, beunruhigen mich ebensosehr wie Sie. Wie wird sich die Lage in ein bis zwei Jahren darstellen, wenn die britischen und amerikanischen Armeen nicht mehr existieren und die Franzosen noch keine beachtliche Armee aufgestellt haben, so daß wir nur über eine Handvoll Divisionen, davon die Mehrzahl französischer, verfügen, während Rußland zwei- bis dreihundert unter den Fahnen hält?

3. Ein eiserner Vorhang ist vor ihrer Front niedergegangen. Was dahinter vorgeht, wissen wir nicht. Es ist kaum zu bezweifeln, daß der gesamte Raum östlich der Linie Lübeck-Triest-Korfu schon binnen kurzem völlig in ihrer Hand sein wird. Zu all dem kommen noch die weiten Gebiete, die die amerikanischen Armeen zwischen Eisenach und der Elbe erobert haben, die aber, wie ich annehmen muß, nach der Räumung durch Ihre Truppen[32] in ein paar Wochen gleichfalls der russischen Machtsphäre einverleibt sein werden. General Eisenhower[33] wird alle nur möglichen Maßnahmen treffen müssen, um eine zweite Massenflucht der Deutschen nach Westen zu verhindern, wenn

---

30 Nr. 1. Mit falscher Auslegung ist die umgehend erfolgte Einbeziehung Polens in den sowjetischen Machtbereich bzw. die de facto-Abtretung deutscher Gebiete gemeint. Vgl. oben S. 11.

31 Amerikaner und Briten hatten vorerst der in Wien am 27. April 1945 gebildeten Provisorischen Regierung Österreichs ihre Zustimmung versagt, während die sowjetische Besatzungsmacht die neue österreichische Regierung, an der auch Kommunisten beteiligt waren, anerkannt hatte.

32 Anfang Juli 1945 hatten sich die amerikanischen und britischen Truppen gänzlich aus Sachsen, Thüringen und Mecklenburg zurückgezogen.

33 Oberbefehlshaber der amerikanischen Besatzungstruppen in Deutschland.

dieser enorme moskowitische Vormarsch ins Herz Europas erfolgt. Und dann wird der Vorhang von neuem bis auf einen schmalen Spalt, wenn nicht gänzlich niedergehen. Damit werden uns russisch besetzte Territorien von vielen hundert Kilometern Tiefe wie ein breites Band von Polen abschneiden.

4. Die Aufmerksamkeit unserer Völker aber wird sich mit der Bestrafung Deutschlands, das ohnehin ruiniert und ohnmächtig darniederliegt, beschäftigen, so daß die Russen, falls es ihnen beliebt, innerhalb sehr kurzer Zeit bis an die Küsten der Nordsee und des Atlantik vormarschieren können.

5. Es ist unbedingt lebenswichtig, zu einer Verständigung mit Rußland zu kommen, beziehungsweise zu sehen, wo wir mit Rußland stehen, und das sofort, ehe wir unsere Armeen bis zur Ohnmacht schwächen und uns auf unsere Besatzungszonen zurückziehen. Das läßt sich nur in einer persönlichen Aussprache erreichen. Ich wäre Ihnen für die Mitteilung Ihrer Ansichten und Ihren Rat sehr dankbar[34]. Wir können uns natürlich auf den Standpunkt stellen, daß sich Rußland tadellos verhalten wird, was zweifellos die bequemste Lösung bietet. Um zusammenzufassen: das Problem, mit Rußland zu einer Regelung zu kommen, ehe unsere Kraft geschwunden ist, scheint mir jedes andere in den Schatten zu stellen.

8. Telegramm des amerikanischen Botschaftsrats in Moskau George F. Kennan, 22. Februar 1946

KENNAN, Memoiren, Bd. 1, S. 553–570, hier S. 566–570

Gefahr Rußlands – Strategie der Eindämmung (containment) – Grundlagen der Truman-Doktrin[35]

[...]

V. Praktische Folgerungen für die amerikanische Politik

Alles in allem haben wir es mit einer politischen Kraft[36] zu tun, die sich fanatisch zu dem Glauben bekennt, daß es mit Amerika keinen dauernden Modus vivendi geben kann, daß es wünschenswert und notwendig ist, die innere Harmonie unserer Gesellschaft, unsere traditionellen Lebensgewohnheiten und das internationale Ansehen unseres Staates zu zerstören, um der Sowjetmacht Sicherheit zu verschaffen. Diese politische Kraft kann uneingeschränkt über die Arbeitskraft eines der größten Völker der Erde und über die Rohstoffe des reichsten Staatsgebiets der Erde verfügen, und sie wird getragen von dem tiefen und machtvollen Strom des russischen Nationalismus. Außerdem steht ihr ein durchkonstruierter und weitverzweigter Apparat für die Ausübung ihres Einflusses in anderen Ländern zu Gebote, ein Apparat von erstaunlicher Flexibilität und Vielseitigkeit, der von Leuten mit einer in der Geschichte wahrscheinlich einmaligen Erfahrung in Untergrundmethoden bedient wird. Ferner ist sie im Kern realistischen Erwägungen offenbar unzugänglich. [...] Die Aufgabe, sich mit dieser Kraft aus-

34 Antwort Trumans vom 14. Mai 1945 (FRUS, Conference of Berlin, Bd. 1, Nr. 9, S. 11), in der er ebenfalls die Notwendigkeit betonte, zu einer Verständigung mit Rußland zu gelangen.

35 Vgl. Nr. 16.

36 Sowjetrußland.

einanderzusetzen, ist zweifellos die größte, die unserer Diplomatie je gestellt worden ist und vermutlich je gestellt werden wird. Unsere politische Generalstabsarbeit sollte sie zum Ausgangspunkt machen. Sie sollte mit derselben Gründlichkeit und Sorgfalt und nötigenfalls mit demselben Aufwand an Planung behandelt werden wie im Kriege ein großes strategisches Problem. Ich kann hier nicht einmal versuchen, die Antworten anzudeuten. Aber ich möchte meiner Überzeugung Ausdruck geben, daß es in unserer Macht steht, das Problem zu lösen, und zwar ohne uns in einen großen militärischen Konflikt zu flüchten. Und um diese Überzeugung zu untermauern, möchte ich noch einige ermutigendere Bemerkungen machen:

Erstens. Im Gegensatz zu Hitlerdeutschland ist die Sowjetmacht weder schematisiert noch auf Abenteuer aus. Sie arbeitet nicht nach festgelegten Plänen. Sie geht keine unnötigen Risiken ein. Der Logik der Vernunft unzugänglich, ist sie der Logik der Macht in hohem Maße zugänglich. Daher kann sie sich ohne weiteres zurückziehen – und tut das im allgemeinen –, wenn sie irgendwo auf starken Widerstand stößt. Wenn also dem Gegner genügend Hilfsmittel zur Verfügung stehen und er die Bereitschaft zu erkennen gibt, sie auch einzusetzen, wird er das selten tun müssen. Wenn die Situation richtig gehandhabt wird, braucht es zu keiner das Prestige verletzenden Kraftprobe zu kommen.

Zweitens. Gemessen an der westlichen Welt insgesamt sind die Sowjets noch bei weitem schwächer. Ob sie Erfolg haben, hängt also wirklich von dem Maß an Zusammenhalt, Festigkeit und Kraft ab, das die westliche Welt aufbringen kann. Und das ist ein Faktor, den zu beeinflussen in unserer Macht steht.

Drittens. Der Erfolg des sowjetischen Systems als Form der Machtausübung nach innen ist noch nicht endgültig erwiesen. [...] Die innere Stabilität und die Dauerhaftigkeit der Bewegung brauchen daher noch nicht als gesichert angesehen zu werden.

Viertens. Alle sowjetische Propaganda außerhalb des sowjetischen Sicherheitsbereichs ist grundsätzlich negativ und destruktiv. Es sollte daher verhältnismäßig leicht sein, sie durch ein intelligentes und wirklich konstruktives Programm zu bekämpfen.

Aus diesen Gründen meine ich, daß wir an das Problem des Umgangs mit Rußland gelassen und guten Mutes herangehen können. Darüber, wie das zu geschehen habe, möchte ich zum Schluß lediglich folgende Bemerkungen machen:

1. Als erstes müssen wir uns bemühen, das Wesen des Phänomens, mit dem wir es zu tun haben, zu erfassen und es objektiv zu beurteilen. Wir müssen es mit demselben Mut und derselben Distanz studieren und dürfen uns von ihm so wenig provozieren oder aus der Fassung bringen lassen wie ein Arzt von aufsässigen und unvernünftigen Individuen.

2. Wir müssen dafür sorgen, daß unsere Öffentlichkeit darüber aufgeklärt wird, wie die Dinge in Rußland wirklich stehen. Ich kann nicht genug betonen, wie wichtig das ist. Die Presse allein kann es nicht. Es muß in der Hauptsache durch die Regierung geschehen, die notwendigerweise mehr Erfahrung hat und über die praktischen Probleme besser Bescheid weiß. Das Abschreckende des Bildes braucht uns nicht davon abzuhalten. Ich bin überzeugt, daß es in unserem Lande heute viel weniger antisowjetische Hysterie gäbe, wenn unser Volk mit der Situation besser vertraut wäre. Nichts ist so gefährlich oder so schrecklich wie das Unbekannte. [...]

3. Viel hängt von der Gesundheit und Kraft unserer eigenen Gesellschaft ab. Der Weltkommunismus ist wie ein bösartiger Parasit, der sich nur von erkranktem Gewebe

nährt. Das ist der Punkt, in dem Innen- und Außenpolitik einander begegnen. Jede mutige und einschneidende Maßnahme zur Lösung der inneren Probleme unserer eigenen Gesellschaft, zur Hebung von Selbstvertrauen, Disziplin, Moral und Gemeinsinn in unserem Volk ist ein diplomatischer Sieg über Moskau, der tausend diplomatische Noten und gemeinschaftliche Kommuniqués aufwiegt. Wenn wir nicht den Fatalismus und die Indifferenz gegenüber Unvollkommenheiten unserer eigenen Gesellschaft abschütteln, wird Moskau profitieren – muß Moskau zwangsläufig davon in seiner Außenpolitik profitieren.

4. Wir müssen den anderen Nationen viel mehr als bisher die Welt, die uns vorschwebt, in positivem Licht zeigen. Es genügt nicht, die Leute aufzufordern, eine ähnliche Regierungsform zu entwickeln wie wir. Viele fremde Völker, zum mindesten in Europa, sind durch die erlittenen Erfahrungen ermüdet und verschreckt und interessieren sich weniger für abstrakte Freiheit als für Sicherheit. Sie suchen Führung eher als Verantwortung. Wir sollten besser befähigt sein als die Russen, sie ihnen zu geben. Und wenn wir es nicht tun, werden die Russen es bestimmt.

5. Endlich aber brauchen wir den Mut und das Selbstvertrauen, an unseren eigenen Methoden und unseren Vorstellungen von der menschlichen Gesellschaft festzuhalten. Alles in allem liegt bei der Auseinandersetzung mit dem Problem des sowjetischen Kommunismus die größte Gefahr für uns in der Versuchung, es denen gleichzutun, mit denen wir uns messen müssen.

9. Interview Stalins mit der Prawda, 13. März 1946

Tägliche Rundschau. Zeitung für die deutsche Bevölkerung, Jg. 2, Nr. 61 (= Nr. 258), 14. März 1946, S. 1

Rede Churchills in Fulton[37] *– Ost-West-Konflikt – Westgrenze Polens*

[...]

Frage: Wie schätzen Sie die letzte Rede Churchills ein, die er in den Vereinigten Staaten von Amerika hielt?

Antwort: Ich schätze sie als einen gefährlichen Akt ein, der zum Ziele hat, Zwietracht zwischen den verbündeten Staaten zu stiften und ihre Zusammenarbeit zu erschweren.

Frage: Muß man damit rechnen, daß die Rede Churchills der Sache des Friedens und der Sicherheit Schaden zufügt?

Antwort: Ja, unbedingt. Im Grunde genommen nimmt Churchill jetzt die Stellung der Kriegsbrandstifter ein, und Churchill steht hierbei nicht allein – er hat nicht nur in England, sondern auch in den Vereinigten Staaten von Amerika Freunde.

Man muß bemerken, daß Churchill und seine Freunde in dieser Beziehung auffallend an Hitler und seine Freunde erinnern. Hitler begann die Entfesselung des Krieges damit, daß er die Rassentheorie verkündete, indem er erklärte, daß nur Leute, die deutsch sprechen, eine vollwertige Nation darstellen. Auch Churchill beginnt die Entfesselung des

37 Gehalten am 5. März 1946. Churchill sprach in der Rede von einem „Eisernen Vorhang", der sich über den Kontinent gezogen habe (Auszug: oben S. 28, Anm. 25). Vgl. auch Nr. 7.

Krieges mit einer Rassentheorie, indem er behauptet, daß nur Nationen, die englisch sprechen, als vollwertige Nationen anzusehen seien, die dazu berufen sind, über das Schicksal der ganzen Welt zu entscheiden. [...]

Es ist unbezweifelbar, daß die Einstellung Churchills eine Einstellung für den Krieg ist, ein Aufruf zu einem Krieg gegen die UdSSR. Es ist ebenfalls klar, daß eine solche Einstellung Churchills nicht mit dem bestehenden Bündnisvertrag[38] zwischen England und der UdSSR in Einklang steht. [...] Die Verlängerung der Vertragsdauer hat keinen Sinn, wenn eine der Parteien den Vertrag verletzt und ihn in einen einfachen Papierfetzen verwandelt.

Frage: Wie beurteilen Sie den Teil der Rede Churchills, in dem er über das demokratische Regime unserer europäischen Nachbarstaaten herfällt und das gute nachbarliche Einvernehmen kritisiert, welches zwischen diesen Staaten und der Sowjetunion besteht?

Antwort: Dieser Teil der Rede Churchills stellt eine Mischung von Elementen der Verleumdung mit Elementen der Grobheit und Taktlosigkeit dar.

Herr Churchill behauptet, daß „Warschau, Berlin, Prag, Wien, Budapest, Belgrad, Bukarest, Sofia, alle diese berühmten Städte und die Bevölkerung in diesen Gebieten, sich in der Sowjetsphäre befinden und in der einen oder anderen Form nicht nur dem sowjetischen Einfluß unterliegen, sondern in hohem Maße auch einer sich vergrößernden Kontrolle Moskaus". Churchill qualifiziert dies alles als grenzenlose „expansionistische Tendenzen" der Sowjetunion.

Es ist nicht schwer, zu zeigen, daß hierin Churchill grob und unverschämt sowohl Moskau als auch die oben erwähnten Nachbarstaaten der UdSSR verleumdet.

Erstens ist es völlig absurd, über eine ausschließliche Kontrolle von seiten der UdSSR in Wien und Berlin zu sprechen, wo es alliierte Kontrollräte aus Vertretern der vier Staaten gibt und wo die UdSSR nur ein Viertel der Stimmen besitzt. Es kommt vor, daß manche Menschen das Verleumden nicht unterlassen können, aber man muß immerhin Maß halten.

Zweitens darf man folgenden Umstand nicht vergessen: Die Deutschen unternahmen eine Invasion in die UdSSR durch Finnland, Polen, Rumänien, Bulgarien, Ungarn. Die Deutschen vermochten die Invasion durch diese Länder durchzuführen, weil damals in diesen Ländern Regierungen bestanden, die der Sowjetunion feindlich gesinnt waren. Als Resultat dieser deutschen Invasion hat die Sowjetunion in den Kämpfen mit den Deutschen und durch die deutsche Besetzung sowie Verschleppung von Sowjetmenschen in die deutsche Zwangsarbeit unwiederbringlich etwa sieben Millionen Menschen verloren. Mit anderen Worten hat die Sowjetunion an Menschen um ein Vielfaches mehr als England und die Vereinigten Staaten von Amerika zusammen verloren. Es ist möglich, daß man hier und da geneigt ist, diese kolossalen Opfer des Sowjetvolkes, die die Befreiung Europas vom Hitlerjoch sicherten, der Vergessenheit zu überliefern. Die Sowjetunion kann sie aber nicht vergessen. Es fragt sich: Ist es verwunderlich, daß die Sowjetunion in dem Wunsche, sich für die Zukunft zu sichern, danach strebt, daß in diesen Ländern Regierungen bestehen, die zur Sowjetunion loyal eingestellt sind? Wie kann man, ohne wahnsinnig zu sein, diese friedlichen Bestrebungen der Sowjetunion als Expansionstendenzen unseres Staates darstellen?

[...]

---

38 Vom 26. Mai 1942.

Was die Angriffe Churchills auf die Sowjetunion im Zusammenhang mit der Ausweitung der westlichen Grenzen Polens auf Kosten der in der Vergangenheit von den Deutschen eroberten polnischen Territorien anbetrifft, so schlägt er hier, wie es mir scheint, offenbar mit den Karten eine Volte. Bekanntlich wurde der Beschluß über die westlichen Grenzen Polens auf der Berliner Konferenz[39] der Drei Mächte auf der Grundlage der polnischen Forderungen gefaßt. Die Sowjetunion hat mehr als einmal erklärt, daß sie die Forderungen Polens für richtig und gerecht hält. Es ist durchaus wahrscheinlich, daß Churchill mit diesem Beschluß nicht zufrieden ist, aber warum verschweigt Churchill, der mit Pfeilen gegen die Stellung der Russen in dieser Frage nicht schont[40], vor seinen Lesern die Tatsache, daß der Beschluß auf der Berliner Konferenz einstimmig angenommen wurde, daß für den Beschluß nicht allein die Russen, sondern auch die Engländer und Amerikaner stimmten?

[...]

Churchill nähert sich der Wahrheit, wenn er über den wachsenden Einfluß der kommunistischen Parteien in Osteuropa spricht. Man muß jedoch bemerken, daß er nicht ganz genau ist. Der Einfluß der kommunistischen Parteien wuchs nicht allein in Osteuropa, sondern fast in allen europäischen Ländern, wo früher der Faschismus geherrscht hatte (Italien, Deutschland. Ungarn, Bulgarien, Rumänien, Finnland) oder wo es eine deutsche, italienische oder ungarische Besetzung gegeben hat (Frankreich, Belgien, Holland, Norwegen, Dänemark, Polen, Tschechoslowakei, Jugoslawien, Griechenland, Sowjetunion usw.).

Den wachsenden Einfluß der Kommunisten kann man nicht für einen Zufall halten. Er stellt eine durchaus gesetzmäßige Erscheinung dar. Der Einfluß der Kommunisten ist gewachsen, weil in den schweren Jahren der faschistischen Herrschaft in Europa die Kommunisten sich als zuverlässige, kühne und opferbereite Kämpfer gegen das faschistische Regime für die Freiheit der Völker erwiesen haben. [...]

Natürlich gefällt Churchill eine solche Entwicklung der Ereignisse nicht, er schlägt Alarm und appelliert an die Gewalt. Aber ihm gefiel auch nicht das Erscheinen des Sowjetregimes in Rußland nach dem ersten Weltkrieg. Er schlug auch damals Alarm und organisierte einen militärischen Feldzug der „vierzehn Staaten“[41] gegen Rußland, indem er sich das Ziel setzte, das Rad der Geschichte zurückzudrehen. Aber die Geschichte erwies sich stärker als die Churchill-Intervention, und die Don-Quichotte-Manieren Churchills haben dazu geführt, daß er damals eine völlige Niederlage erlitten hatte. Ich weiß nicht, ob es Churchill und seinen Freunden gelingen wird, nach dem zweiten Weltkrieg einen neuen militärischen Feldzug gegen das „östliche Europa“ zu organisieren, aber wenn ihnen dieses gelingen sollte, was wenig wahrscheinlich ist, weil Millionen der „einfachen Menschen“ als Hüter des Friedens stehen, so kann man mit Gewißheit sagen, daß sie genau so geschlagen werden, wie sie in der Vergangenheit vor 26 Jahren geschlagen worden sind.

---

39 Potsdamer Konferenz (Nr. 2–3).

40 Sic!

41 Intervention der Entente-Mächte im russischen Bürgerkrieg seit 1918; 1919 verantwortete Churchill als Kriegsminister die Entsendung britischer Truppen gegen Sowjetrußland.

C. Weichenstellungen in Deutschland

10. Befehl Nr. 2 des Chefs der Sowjetischen Militäradministration, Schukow, 10. Juni 1945

DOKUMENTE DES GETEILTEN DEUTSCHLAND, Bd. 1, S. 286f.

Wiederzulassung von „registrierten" Parteien und Verbänden in der Sowjetzone

[...]

Vom Augenblick der Besetzung Berlins[42] durch die Sowjettruppen an wurde auf dem Gebiet der sowjetischen Besatzungszone in Deutschland [eine] feste Ordnung hergestellt, die städtischen Organe der Selbstverwaltungen organisiert und notwendige Bedingungen für die freie gesellschaftliche und politische Tätigkeit der deutschen Bevölkerung geschaffen.

Zu Vorstehendem befehle ich:

1. Auf dem Territorium der sowjetischen Besatzungszone in Deutschland ist die Bildung und Tätigkeit aller antifaschistischen Parteien zu erlauben, die sich die endgültige Ausrottung der Überreste des Faschismus und die Festigung der Grundlage der Demokratie und der bürgerlichen Freiheiten in Deutschland und die Entwicklung der Initiative und Selbstbetätigung der breiten Massen der Bevölkerung in dieser Richtung zum Ziel setzen.

2. Der werktätigen Bevölkerung der sowjetischen Besatzungszone in Deutschland ist das Recht zur Vereinigung in freien Gewerkschaften und Organisationen zum Zweck der Wahrung der Interessen und Rechte der Werktätigen zu gewähren. Den gewerkschaftlichen Organisationen und Vereinigungen ist das Recht zu gewähren, Kollektivverträge mit den Arbeitgebern zu schließen sowie Sozialversicherungskassen und andere Institutionen für gegenseitige Unterstützung, Kultur-, Bildungs- und andere Aufklärungsanstalten und -organisationen zu bilden.

3. Alle in den Punkten 1 und 2 genannten antifaschistischen Parteiorganisationen und freien Gewerkschaften sollen ihre Vorschriften und Programme der Tätigkeit bei den Organen der städtischen Selbstverwaltung und beim Militärkommandanten registrieren[43] lassen und ihnen gleichzeitig die Liste der Mitglieder ihrer führenden Organe geben.

4. Es wird bestimmt, daß für die ganze Zeit des Besatzungsregimes die Tätigkeit aller in Punkt 1 und Punkt 2 genannten Organisationen unter der Kontrolle der Sowjetischen Militärverwaltung und entsprechend den von ihr gegebenen Instruktionen vor sich gehen wird.

[...]

---

[42] Die Stadt kapitulierte am 2.5.1945, und am 9.6.1945 wurde die Sowjetische Militäradministration (SMAD) in Berlin-Karlshorst eingerichtet.

[43] Vgl. Nr. 12.

11. Adenauer an Heinrich Weitz (Anlage), 31. Oktober 1945

ADENAUER, Briefe 1945–1947, Nr. 127A, S. 130f.

Fatalistische Einschätzung der Weltlage – Realität der deutschen Teilung

Rußland hat in Händen: die östliche Hälfte Deutschlands, Polen, den Balkan, anscheinend Ungarn, einen Teil Österreichs.

Rußland entzieht sich immer mehr der Zusammenarbeit mit den anderen Großmächten und schaltet in den von ihm beherrschten Ländern völlig nach eigenem Gutdünken. In den von ihm beherrschten Ländern herrschen schon jetzt ganz andere wirtschaftliche und politische Grundsätze als in dem übrigen Teil Europas.

Damit ist die Trennung in Osteuropa, das russische Gebiet, und Westeuropa eine Tatsache.

In Westeuropa sind die führenden Großmächte England und Frankreich[44]. Der nicht von Rußland besetzte Teil Deutschlands ist ein integrierender Teil Westeuropas. Wenn er krank bleibt, wird das von schwersten Folgen für ganz Westeuropa, auch für England und Frankreich sein. Es liegt im eigensten Interesse nicht nur des nicht von Rußland besetzten Teiles Deutschlands, sondern auch von England und Frankreich, Westeuropa unter ihrer Führung zusammenzuschließen, den nicht russisch besetzten Teil Deutschlands politisch und wirtschaftlich zu beruhigen und wieder gesund zu machen.

Eine Lostrennung des Rheinlandes und Westfalens[45] von Deutschland dient diesem Zwecke nicht, sie würde das Gegenteil herbeiführen. Man würde eine östliche politische Orientierung des nicht russisch besetzten Teiles Deutschlands herbeiführen.

Dem Verlangen Frankreichs und Belgiens nach Sicherheit kann auf die Dauer nur durch wirtschaftliche Verflechtung von Westdeutschland, Frankreich, Belgien, Luxemburg, Holland wirklich Genüge geschehen. Wenn England sich entschließen würde, auch an dieser wirtschaftlichen Verflechtung teilzunehmen, so würde man dem doch so wünschenswerten Endziele „Union der westeuropäischen Staaten“[46] ein sehr großes Stück näherkommen.

Zum staatsrechtlichen Gefüge des nicht von Rußland besetzten Teiles Deutschlands: Ein vernünftiges staatsrechtliches Gefüge besteht zur Zeit überhaupt nicht, es muß wiederhergestellt werden. Die Schaffung eines zentralisierten Einheitsstaates wird nicht möglich, auch nicht wünschenswert sein, der staatsrechtliche Zusammenhang kann lockerer sein als früher, etwa in der Form eines bundesstaatlichen Verhältnisses.

---

44 Adenauer ging noch davon aus, daß die USA sich rasch aus Europa wieder zurückziehen würden. Vgl. Nr. 49 zu späteren Äußerungen Adenauers, es könne zu einem neuerlichen amerikanischen Isolationismus kommen.

45 Hinweis auf französische Wünsche nach Abtretung bzw. Autonomie des Rheinlandes und des Ruhrgebietes. Vgl. zum französischen Sicherheitsverlangen Nr. 34–35.

46 Adenauers Europa-Gedanke, den er seit dem Kriegsende als Instrument zur Gesundung und Befriedung Europas vertrat, beruhte in den ersten Jahren nach dem Krieg noch auf der Vorstellung eines eher lockeren Zusammenschlusses der europäischen Staaten.

12. Aus den Erinnerungen von Albert Schulz (SPD), ehemals Oberbürgermeister von Rostock, über die Jahre 1945/46 (2000)

SCHULZ, Erinnerungen, S. 98f., 110f., 113–115

Blockparteien – Wahlen von 1946 in der sowjetischen Besatzungszone

[S. 98f.:] Im November 1945 begann sich der Druck zur Vereinigung merklich zu verstärken. Die Kommunisten gingen in die Betriebe und setzten Resolutionen durch, in denen die Arbeiter die Besatzungsmacht baten, für Arbeitsmöglichkeiten für die Betriebe zu sorgen. Außerdem wurde die baldige Vereinigung der SPD mit der KPD gefordert. Die KPD spekulierte dabei sowohl auf die Sorge vor Arbeitslosigkeit als auch auf die immer in der Arbeiterschaft dunkel vorhandene Sehnsucht nach einer einzigen Arbeiterpartei. Die KPD arbeitete mit der Parole, in den Zuchthäusern und Gefängnissen[47] sei die Vereinigung von Sozialdemokraten und Kommunisten praktisch bereits vollzogen worden. [...]

Die NKWD (die russische Geheimpolizei[48]) versuchte auch, sozialdemokratische Funktionäre, von denen man annahm oder wußte, daß sie gegen die Vereinigung waren, aus wichtigen politischen Funktionen zu verdrängen.

Dafür ein Beispiel: Der stellvertretende Vorsitzende der Partei in Rostock war Alfred Starosson. Wir waren seit Jahrzehnten befreundet. Eines morgens kam er zu mir unter größten Geheimhaltungsmaßnahmen, er sei gestern aufgefordert worden, um 18.00 Uhr zur NKWD zu kommen. Wer zu dieser Polizei gerufen wurde, ging damals meistens mit sehr unguten Gefühlen dorthin. Zunächst habe man ihn in einem nur durch ein Talglicht erleuchteten Zimmer im Keller zwei Stunden warten lassen. Dann habe ihn ein NKWD-Offizier nach seiner Arbeit in der Partei und dann auch nach seinem Verhältnis zu dem ersten Vorsitzenden befragt. Schließlich habe man ihn gefragt, ob er nicht anstelle von Albert Schulz erster Vorsitzender sein wolle. Sie würden es gern sehen und ihm dabei helfen, aber er müsse ihnen auch dabei helfen. Er lehnte das ab. Am Schluß der Unterredung sagte man ihm, das sei eine vertrauliche Besprechung gewesen. Wenn er die Vertraulichkeit breche, würde es ihm schlimm ergehen. Kein Mensch dürfe von dieser Unterredung erfahren.

Im Laufe der nächsten Monate, auch noch als ich Oberbürgermeister war, kamen Genossen zu mir, die gleiche Aufträge hatten. Oft sollten sie auch nur Berichte über mich schreiben. Das ging soweit, daß ich in meinem Büro für die betreffenden Genossen selbst Entwürfe für Berichte über mich geschrieben habe, die sie hocherfreut als Entwürfe für ihre Aufgaben mitnahmen.

Aus den kleinen Städten kamen häufig Vorstandsmitglieder der Ortsgruppen, die uns von dem unerhörten Druck der Kommandanturen und von gelegentlichen, meist nur Tage dauernden Verhaftungen in der Kommandantur berichteten.

[S. 110f.:] Es dauerte auch nicht lange, da erlag auch Grotewohl[49] dem Druck der Russen. Es tauchte daher die Frage auf, ob die Sozialdemokratische Partei sich nicht auflösen solle. Wir hörten, daß im Westen viele Sozialdemokraten es lieber sehen würden, wenn die Partei in der Zone sich selbst auflöse als mit der KPD fusioniere. Diese

47 Während der nationalsozialistischen Diktatur.

48 Vgl. oben S. 29, Anm. 27.

49 Vorsitzender der SPD in der sowjetischen Besatzungszone.

Gedanken waren gut, aber nicht mehr realisierbar. Die Partei war in der Zone von den Russen und der KPD wie von einem Polypen umklammert und zur Realisierung eigener Beschlüsse, die den Russen und der KPD nicht in den Kram paßte, überhaupt nicht in der Lage. [...]

In Mecklenburg fand die Vereinigung[50] am 6. und 7. April 1946 statt. Beide Parteien beschlossen auf ihren getrennten Parteitagen die Vereinigung. Es war der einzige Parteitag der Sozialdemokraten, den die Russen genehmigt hatten. Er fand unter Aufsicht der Russen statt. Am nächsten Tag tagten beide Parteien unter großem Aufwand gemeinsam.

Die Vereinigung in der Zone erfolgte am 22. April 1946 in Berlin. Obwohl ich Delegierter war, bin ich nicht hingefahren.

[S. 113–115:] Die Wahlen zu den Gemeindevertretungen fanden in Mecklenburg am 15. September 1946 statt. Vorher waren schon Wahlen in Sachsen gewesen. Man hoffte offenbar, daß Sachsen für die SED ein besonders günstiges Ergebnis bringen und somit beispielhaft wirken würde. Vorher war eine „Demokratische Gemeindeverfassung“[51] erlassen worden. [...]

In der SED-Praxis war dieser demokratische Grundzug der Gemeindeverfassung bald völlig beseitigt.

Die Russen verlangten, daß alle Wahllokale bereits 14 Tage vor der Wahl von morgens bis abends besetzt sein müßten, um den Wählerinnen und Wählern Rat und Aufklärung zu geben. In Wahrheit waren es schlecht getarnte Propagandalokale für die SED.

Wahlvorschläge konnten nur diejenigen Parteien und Massenorganisationen machen, die auch örtlich von den Russen zugelassen waren, registriert[52] nannten sie das. Auf diese Weise konnten in vielen Hunderten von Gemeinden CDU und LPD[53] nicht mit Kandidaten auftreten, obgleich sie die Registrierung ihrer Partei beantragt hatten. Mit voller Absicht wurde die Registrierung in sehr vielen Fällen solange verzögert, bis die Termine zur Einreichung von Kandidatenlisten verstrichen waren. Die Kommandantur erschwerte darüber hinaus die Wahlpropaganda von CDU und LPD in jeder nur möglichen Weise.

Die Russen waren enttäuscht über das Ergebnis der Wahl[54]. Offenbar hatten sie mit Siegen der von ihnen unterstützten SED gerechnet. [...]

Während die Kommunalwahlen in den einzelnen Ländern der Zone zwar im September, aber in einer vorher vereinbarten Reihenfolge stattfanden, wurden für die Landtagswahlen in allen Ländern der 20. Oktober 1946 bestimmt. Auch bei diesen Wahlen versuchte die Besatzungsmacht der CDU und LDP alle nur möglichen Schwierigkeiten zu machen. Während die SED für ihren Wahlkampf beliebig viel Papier erhalten konnte, wurde es den anderen Parteien völlig unzulänglich zugestellt.

---

50 Von KPD und SPD.

51 „Demokratische Gemeinde-Verfassung für die sowjetische Besatzungszone Deutschlands“; zwischen September und Oktober 1946 für die Länder der Sowjetzone erlassen. – Die Wahlen in Sachsen fanden am 1. September 1946 statt.

52 Vgl. Nr. 10, Punkt 3.

53 Liberal-Demokratische Partei.

54 In Rostock.

Das Theater mit den Aufklärungslokalen mußte wieder durchgeführt werden. In Mecklenburg[55] erzielte die SED rund 125 000 Stimmen weniger als bei den Kommunalwahlen, CDU und LDP aber rund 250 000 Stimmen mehr. Die Russen waren darüber natürlich sauer. [...]

Die SED-Führung hatte sich durch eine Bestimmung im Wahlgesetz[56] die Chance zur Beeinflussung und Koordinierung aller Landtagsfraktionen geschaffen. Im Wahlgesetz war die Möglichkeit vorgesehen, daß auch Abgeordneter werden konnte, wer nicht in dem betreffenden Lande seinen Wohnsitz hatte. Auf diese Weise hatte die in Berlin sitzende SED-Zentrale in jedem Landtag zwei Abgeordnete, einen von der früheren KPD, einen von der früheren SPD. In Mecklenburg waren es Franz Dahlem und Erich Gniffke.

In der Zentrale der SED wurden in Absprache mit den Russen die Gesetzentwürfe ausgebrütet. Ihre Abgeordneten nahmen diese in ihre Landtage mit. Dort wurden sie von der jeweiligen SED-Fraktion als Initiativantrag eingebracht und verabschiedet. Geringe Variationen der ursprünglichen Vorlage wurden akzeptiert, soweit es sich dabei nicht um grundsätzliche Dinge handelte. Mit den Abgeordneten der sogenannten Massenorganisationen[57] hatte die SED eine sichere Mehrheit.

13. Bericht von Christopher Steel für das britische Außenministerium über ein Treffen mit Grotewohl und Dahrendorf, 7. Februar 1946[58]

STEININGER, Deutsche Geschichte, Bd. 1, S. 191f. (auszugsw.; d. engl. Orig. in: RUHRFRAGE 1945/46, Dok. 78, S. 486f.)

Zwangsvereinigung von SPD und KPD in der sowjetischen Zone

[...] Was sie sagten, war nicht ermutigend. Grotewohl, anfangs noch guter Laune, sah mitgenommen und besorgt aus. Nach dem Essen kamen wir zur Sache, und als ich ihn nach den Einheitslisten fragte, sagte er, das Ende stehe kurz bevor. Ich sagte, wir könnten nicht verstehen, daß die SPD wirklich mit den Kommunisten zusammengehen könnte, es gebe doch wahrlich noch einen Unterschied zwischen Freiheit und Totalitarismus. Grotewohl sagte, das sei keine Frage von Programmen, sondern nackter Tatsachen. [...] Sie würden nicht nur persönlich unter stärksten Druck gesetzt (er sagte, sie würden von russischen Bajonetten gekitzelt), ihre Organisation in den Ländern sei vollkommen unterwandert. Männer, die ihm noch vor vier Tagen versichert hätten, sie seien entschlossen, Widerstand zu leisten, flehten ihn nun an, die Sache hinter sich zu bringen. Auf diese Leute sei jede nur mögliche Art von Druck ausgeübt worden, von dem

55 Ergebnis der Landtagswahlen am 20.10.1946 (in: DDR. DOKUMENTE, Nr. 37, S. 89): SED 49,5 %, LDP 12,5 %, CDU 34,1 % und Massenorganisationen 3,9 %.

56 § 2, Abs. 3 der „Wahlordnung für die Landtags- und Kreistagswahlen in der sowjetischen Besatzungszone Deutschlands" vom 11. September 1946.

57 Vgl. Nr. 37.

58 Das Treffen fand am 4. Februar 1946 statt, woran sich am 8. Februar eine Zusammenkunft von Grotewohl und Dahrendorf u. a. mit Kurt Schumacher in Braunschweig anschloß, in der ebenfalls die Vereinigung von SPD und KPD in der Ostzone erörtert wurde.

Versprechen, ihnen einen Arbeitsplatz zu besorgen, bis zur Entführung am hellichten Tag, und wenn er, Grotewohl, zusammen mit dem Zentralausschuß den Widerstand fortsetzen würde, dann würden sie ganz einfach abgesetzt und durch Provinzausschüsse ersetzt werden. Im übrigen habe weiterer Widerstand auch keinen Sinn mehr, da sie sich von uns keine Hilfe mehr erhofften.

Auf meine Frage, was er damit meine, sagte Grotewohl, offensichtlich sei der „Eiserne Vorhang“[59] (er gebrauchte diesen Ausdruck) unverrückbar. Die Franzosen würden jeden Ansatz zur Einheit Deutschlands abblocken, und unter diesen Umständen sei jede Unterstützung wirkungslos. Ich fragte ihn, ob eine Einigung über die zentralen Verwaltungsstellen ihn ermutigen würde, an der Unabhängigkeit festzuhalten; darauf antwortete er mit großem Nachdruck, daß er das tun würde, selbst wenn die Behinderungen im Ost-West-Verkehr andauern würden. [...]

Dahrendorf sprach davon, sie hätten bis zum Einsatz ihres Lebens Widerstand geleistet. [...]

Dies alles hat mich sehr deprimiert; aber es sieht so aus, als würden die Russen jetzt ihre Glacéhandschuhe ausziehen.

14. Rede Erich Mielkes auf der 1. Konferenz der Deutschen Verwaltung des Innern[60] mit den Polizeichefs der Länder, 30. Oktober 1946

LAUFER, Ursprünge, S. 151f. (auszugsw.)

Realität der Teilung – Aufbau des Sozialismus in der sowjetischen Zone

Deutschland ist zur Zeit keine Einheit, es gibt zwei Zonen und daher zwei Entwicklungen. Hier in der Sowjetzone geht der demokratische Aufbau vor sich. Hier sehen wir, daß die Arbeiterklasse die führende Kraft in der demokratischen Entwicklung ist. Auch der Faktor der sowjetischen Besatzungsarmee ist von großer Bedeutung in dieser demokratischen Entwicklung, denn die sowjetische Besatzungsarmee erleichtert unsere Aufgaben, sie unterstützt uns, gibt Ratschläge, macht Vorschläge und sie hält die versteckte Reaktion nieder[61]. In den anderen Zonen, die ich hier als eine Zone bezeichne, weil sie ein gleiches Ziel und einige gleiche Entwicklungsmerkmale haben, haben wir eine Entwicklung, die der nach 1918 ähnelt, also keine Führung der Arbeiterklasse, sondern eine Koalition mit der Bourgeoisie[62], die von der Sozialdemokratie geführt wird. Zusätzlich drei Armeen aus kapitalistischen Ländern [...] Ohne Zweifel wäre es falsch, nun hier in der Sowjetzone langsam zu treten oder weniger gründlich die demokratische Entwicklung voranzutreiben. Die reaktionäre Entwicklung in der anderen Zone wird nicht dadurch aufgehalten, daß wir stehen bleiben, im Gegenteil, die demo-

---

59 Zum Begriff: oben S. 28, Anm. 25.

60 Im Juli 1946 gebildete Verwaltung der Polizei- und Sicherheitsorgane, in der Mielke die politische Polizei aufbaute. 1949 wurde sie in das Ministerium des Innern der DDR überführt, aus dem wiederum am 8.2.1950 das Ministerium für Staatssicherheit (vgl. **Nr. 69**) herausgelöst wurde.

61 Dem dienten insbesondere die zehn Sonderlager, die die sowjetische Geheimpolizei von 1945 bis 1950 unterhielt, und die sowjetische Militärgerichtsbarkeit.

62 Hinweis auf die Weimarer Koalition aus SPD, Zentrum und Deutscher Demokratischer Partei.

kratischen Kräfte der westlichen Zone erhalten durch die konsequente Weiterführung unseres demokratischen Aufbaus eine wirksame Unterstützung.

15. Rede von Außenminister Byrnes in Stuttgart[63], 6. September 1946

URSACHEN UND FOLGEN, Bd. 25, Dok. 3730d, S. 31–39, hier S. 31–37

Wiederaufbau – Ziele der Besatzung – Wirtschaftseinheit (Bizone)

Ich bin nach Deutschland gekommen, um mich an Ort und Stelle über die mit dem Wiederaufbau Deutschlands verbundenen Probleme zu orientieren und die Ansichten der Regierung der Vereinigten Staaten über einige der vor uns liegenden Probleme mit unseren Vertretern in Deutschland zu besprechen. Wir Amerikaner haben diesen Problemen beträchtliche Zeit und Aufmerksamkeit gewidmet, weil von ihrer erfolgreichen Lösung nicht nur das künftige Wohlergehen Deutschlands, sondern auch das Europas abhängt.

Wir haben wohl oder übel lernen müssen, daß wir alle in einer Welt leben, von der wir uns nicht isolieren[64] können. Wir haben gelernt, daß Frieden und Wohlergehen unteilbar sind und daß Frieden und Wohlergehen in unserem Land nicht auf Kosten des Friedens und Wohlergehens eines anderen Volkes erkauft werden können.

[...]

Das amerikanische Volk will den Frieden. Es hat schon seit langem nicht mehr von einem strengen oder milden Frieden[65] für Deutschland gesprochen. Darauf kam es auch niemals wirklich an. Was wir wollen, ist ein dauerhafter Friede. Wir werden uns gegen zu harte und von Rachsucht diktierte Maßnahmen wenden, die einem wirklichen Frieden im Wege stehen. Wir werden uns zu milden Maßnahmen widersetzen, welche zum Bruch des Friedens einladen.

Als die Vereinigten Staaten in Potsdam[66] der Entwaffnung und Entmilitarisierung Deutschlands zustimmten und als sie vorschlugen, dafür zu sorgen, daß Deutschland für die Dauer einer Generation entwaffnet und entmilitarisiert bleibt, waren sie sich der auf ihnen und ihren Hauptverbündeten ruhenden Verantwortung für die Aufrechterhaltung und gesetzmäßige Durchführung des Friedens wohl bewußt.

Die Befreiung vom Militarismus wird dem deutschen Volke Gelegenheit geben, seine großen Kräfte und Fähigkeiten den Werken des Friedens zuzuwenden. Es braucht sie nur zu ergreifen. Sie gibt ihm die Gelegenheit, sich der Achtung und Freundschaft friedliebender Völker würdig zu erweisen und eines Tages einen ehrenvollen Platz unter den Mitgliedern der Vereinigten Nationen einzunehmen.

Es liegt weder im Interesse des deutschen Volkes noch im Interesse des Weltfriedens, daß Deutschland eine Schachfigur oder ein Teilnehmer in einem militärischen

63 Gehalten vor den Ministerpräsidenten der drei süddeutschen Länder.

64 Gegen isolationistische Tendenzen in Amerika gerichtet (zuerst: Monroedoktrin, 1823).

65 Auf die Furcht der Deutschen vor einem zweiten Versailles, also harten Friedensbedingungen, abzielende Formulierung.

66 Vgl. im folgenden Nr. 3, Abschnitte III.A.3 (Entmilitarisierung), III.B.14 (wirtschaftliche Einheit) u. IV (Reparationen).

Machtkampf zwischen dem Osten und dem Westen wird. Zweimal in einer Generation haben der deutsche Militarismus und der Nazismus die Gebiete von Deutschlands Nachbarn verwüstet. Es ist nur recht und billig, daß Deutschland seinen Teil dazu beitragen soll[67], diese Verwüstungen wieder gutzumachen. Die meisten Opfer der Naziaggression waren vor dem Krieg weniger begütert als Deutschland. Deutschland darf nicht erwarten, daß diese Opfer ohne fremde Hilfe die Hauptkosten dieser Naziüberfälle tragen sollen. [...]

Die Vereinigten Staaten sind der festen Überzeugung, daß Deutschland als Wirtschaftseinheit verwaltet werden muß, und daß die Zonenschranken, soweit sie das Wirtschaftsleben und die wirtschaftliche Betätigung in Deutschland betreffen, vollständig fallen müssen.

Die jetzigen Verhältnisse in Deutschland machen es unmöglich, den Stand der industriellen Erzeugung zu erreichen, auf den sich die Besatzungsmächte als absolutes Mindestmaß einer deutschen Friedenswirtschaft geeinigt hatten. Es ist klar, daß wir, wenn die Industrie auf den vereinbarten Stand gebracht werden soll, nicht weiterhin den freien Austausch von Waren, Personen und Ideen innerhalb Deutschlands einschränken können. Die Schranken zwischen den vier Zonen Deutschlands sind weit schwieriger zu überwinden als die zwischen normalen unabhängigen Staaten. Die Zeit ist gekommen, wo die Zonengrenzen nur als Kennzeichnung der Gebiete angesehen werden sollten, die aus Sicherheitsgründen von den Streitkräften der Besatzungsmächte besetzt gehalten werden, und nicht als eine Kennzeichnung für in sich abgeschlossene wirtschaftliche oder politische Einheiten.

Das war der Gang der Entwicklung, wie er in den Potsdamer Beschlüssen vorgesehen war, und das ist auch der Gang der Entwicklung, den die amerikanische Regierung mit ihrer ganzen Autorität verfolgen wird. Sie hat offiziell ihre Absicht ausgedrückt, die Wirtschaft ihrer eigenen Zone mit einer oder mit allen anderen zu vereinigen, die hierzu bereit sind.

Bis jetzt hat sich nur die britische Regierung bereit erklärt, mit ihrer Zone daran teilzunehmen[68]. Wir begrüßen diese Zusammenarbeit aufs wärmste. Selbstverständlich soll diese Vereinigungspolitik nicht jene Regierungen ausschließen, die heute noch nicht zum Beitritt bereit sind; die Vereinigung steht ihnen zu jeder Zeit frei.

Wir treten für die wirtschaftliche Vereinigung Deutschlands ein. Wenn eine völlige Vereinigung nicht erreicht werden kann, werden wir alles tun, was in unseren Kräften steht, um eine größtmögliche Vereinigung zu sichern.

[...]

Der Hauptzweck der militärischen Besetzung war und ist, Deutschland zu entmilitarisieren und entnazifizieren, nicht aber den Bestrebungen des deutschen Volkes hinsichtlich einer Wiederaufnahme seiner Friedenswirtschaft künstliche Schranken zu setzen.

[...]

---

67 Reparationen, wie im Potsdamer Abkommen (Abschnitt IV) vorgesehen.

68 Zum 1.1.1947 erfolgte die wirtschaftliche Vereinigung der amerikanischen und der britischen Besatzungszone zur Bizone, der erst im April 1949 die französische Zone angeschlossen wurde (Trizone).

Die amerikanische Regierung steht auf dem Standpunkt, daß jetzt dem deutschen Volk innerhalb ganz Deutschlands die Hauptverantwortung für die Behandlung seiner eigenen Angelegenheit bei geeigneten Sicherungen übertragen werden sollte.

Seit dem Ende der Feindseligkeiten ist mehr als ein Jahr vergangen. Die Millionen deutscher Menschen sollten nicht gezwungen werden, in Ungewißheit über ihr Schicksal zu leben. Die amerikanische Regierung ist der Ansicht, daß die Alliierten dem deutschen Volk unverzüglich die wesentlichen Friedensbedingungen klarmachen sollten, deren Annahme und Befolgung sie vom deutschen Volk erwarten. Wir sind der Ansicht, daß dem deutschen Volk Erlaubnis und Unterstützung gewährt werden sollten, die notwendigen Vorbereitungen für eine demokratische deutsche Regierung zu treffen, die in der Lage ist, diese Bedingungen anzunehmen und zu befolgen.

[...]

Während wir darauf bestehen werden, daß Deutschland die Grundsätze des Friedens, der gutnachbarlichen Beziehungen und der Menschlichkeit befolgt, wollen wir nicht, daß es der Vasall irgendeiner Macht oder irgendwelcher Mächte wird oder unter einer in- oder ausländischen Diktatur lebt. Das amerikanische Volk hofft, ein friedliches und demokratisches Deutschland zu sehen, das seine Freiheit und Unabhängigkeit erlangt und behält.

[...]

D. Eindämmungspolitik und Marshall-Plan

16. Rede Trumans vor dem amerikanischen Kongreß, 12. März 1947

URSACHEN UND FOLGEN, Bd. 25, Dok. 3737, S. 146–150, hier S. 148f.

Truman-Doktrin – Wirtschaftshilfe für Griechenland und die Türkei

[...]

In einer Anzahl von Ländern waren den Völkern kürzlich gegen ihren Willen totalitäre Regimes aufgezwungen worden. Die Regierung der Vereinigten Staaten hat mehrfach gegen Zwang und Einschüchterung bei der Verletzung des Jalta-Abkommens[69] in Polen, Rumänien und Bulgarien protestiert. Und weiter muß ich feststellen, daß in einer Anzahl anderer Staaten ähnliche Entwicklungen stattgefunden haben.

Im gegenwärtigen Abschnitt der Weltgeschichte muß fast jede Nation ihre Wahl in bezug auf ihre Lebensweise treffen. Nur allzuoft ist es keine freie Wahl.

Die eine Lebensweise gründet sich auf den Willen der Mehrheit und zeichnet sich durch freie Einrichtungen, freie Wahlen, Garantie der individuellen Freiheit, Rede- und Religionsfreiheit und Freiheit von politischer Unterdrückung aus.

Die zweite Lebensweise gründet sich auf den Willen einer Minderheit, der der Mehrheit aufgezwungen wird. Terror und Unterdrückung, kontrollierte Presse und Rundfunk,

---

[69] Durch die Sowjetunion. Vgl. Nr. 1. u. oben S. 32, Anm. 30.

fingierte Wahlen und Unterdrückung der persönlichen Freiheiten sind ihre Kennzeichen.

Ich bin der Ansicht, daß es die Politik der Vereinigten Staaten sein muß, die freien Völker zu unterstützen, die sich der Unterwerfung durch bewaffnete Minderheiten oder durch Druck von außen widersetzen.

Ich glaube, daß wir den freien Völkern helfen müssen, sich ihr eigenes Geschick nach ihrer eigenen Art zu gestalten.

Ich bin der Ansicht, daß unsere Hilfe in erster Linie in Form wirtschaftlicher und finanzieller Unterstützung gegeben werden sollte, die für eine wirtschaftliche Stabilität und geordnete politische Vorgänge wesentlich ist.

Die Welt steht nicht still, und der Status quo ist nicht heilig. Aber wir können keine Veränderungen im Status quo zulassen, die eine Verletzung der Charta der Vereinten Nationen durch Zwangsmethoden oder durch vorsichtigere Maßnahmen wie eine politische Durchdringung bedeuten. Wenn wir freien und unabhängigen Nationen helfen, ihre Freiheit zu bewahren, so werden wir damit die Prinzipien der Charta der Vereinten Nationen verwirklichen.

[...]

17. Erklärung Molotows auf der Moskauer Außenministerkonferenz, 31. März 1947[70]

URSACHEN UND FOLGEN, Bd. 25, Dok. 3738, S. 168–172

Wirtschaftliche Einheit Deutschlands – Reparationen – Bildung der Bizone

Alle hier anwesenden Minister erkannten die Notwendigkeit an, die Fragen der wirtschaftlichen Einheit Deutschlands, der Reparationen und des Niveaus der deutschen Industrie im Zusammenhang zu behandeln.

Dabei kann die Sowjetdelegation selbstverständlich die Interessen der Sowjetunion und ihrer gesetzmäßigen Rechte nicht außer acht lassen.

Es ist nicht verwunderlich, daß die Sowjetdelegation an Reparationen[71] seitens Deutschland erinnert. Ohne die Lösung der Reparationsfrage kann es für die Sowjetunion keine Lösung des deutschen Problems geben. Das ist die Meinung nicht nur der

---

[70] Vgl. Nr. 15.

[71] Schon im Mai 1946 wurde die Lieferung von Reparationsleistungen (Potsdamer Abkommen [Nr. 3], Abschnitt IV.4) aus der amerikanischen Zone an die Sowjetunion eingestellt. – Die sowjetische Delegation hatte auf der vom 10. März bis 24. April 1947 in Moskau abgehaltenen Außenministerkonferenz einen deutschen Einheitsstaat, die Anerkennung der Oder-Neiße-Linie, Reparationen in Höhe von 10 Milliarden US-Dollar, Mitbestimmung bei der Ruhrkontrolle und die Lösung des Saargebietes aus der französischen Verwaltung gefordert. Dagegen hielten Briten und Amerikaner an der Bizone fest und forderten eine Grenzkommission für die Regelung der deutschen Ostgrenzen. In einer Rundfunkrede von US-Außenminister Marshall am 29. April 1947 wurde dann auch ausdrücklich darauf hingewiesen, daß die Sowjetunion „Auskünfte über den Grad oder die Art der dieser Zone [der sowjetischen Besatzungszone] entnommenen Reparationen“ (vgl. dazu unten S. 49, Anm. 74) verweigert habe (URSACHEN UND FOLGEN, Bd. 25, Dok. 3739, S. 177–183, hier S. 179).

Sowjetdelegation – wir sind hier nur wenige im Saal –, das ist die Meinung aller Sowjetmenschen. Die Sowjetmenschen wissen, was die deutsche Okkupation bedeutet, die sie auf einem bedeutenden Teil des Territoriums der UdSSR durchgemacht haben. Sie spüren auch heute noch tagtäglich, welche Zerstörungen und welches Elend die deutsche Okkupation hinterließ. Mit vollem Recht fordern sie Reparationen von Deutschland und sind der Auffassung, daß diese Frage sich nicht mit allgemeinen Phrasen abtun läßt, sondern im Außenministerrat ihre konkrete Lösung finden muß.

[...]

Wir behandeln jetzt die Frage der wirtschaftlichen Einheit Deutschland. Das ist eine aktuelle Frage. Wir müssen danach streben, daß in Deutschland die wirtschaftliche Einheit und eine entsprechende Entwicklung der deutschen Friedensindustrie unter der gemeinsamen Kontrolle der verbündeten Mächte gewährleistet werden.

Die Sowjetregierung schlug bereits in Potsdam vor, eine deutsche Zentralverwaltung zu schaffen[72], die es ermöglichen würde, günstigere Bedingungen für die Verwirklichung der wirtschaftlichen Einheit Deutschlands zu erhalten. Dieser Vorschlag wurde jedoch nicht angenommen. Jetzt sagt man uns wieder, wie wichtig es sei, die wirtschaftliche Einheit Deutschlands zu wahren, und wie unerwünscht es sei, Deutschland in zwei Hälften zu spalten. Die Sowjetregierung ist völlig damit einverstanden, daß es unzulässig ist, Deutschland in zwei Hälften zu spalten, und wird sich bemühen, einen Beschluß über die wirtschaftliche Einheit Deutschlands herbeizuführen. In der Sowjetunion gibt es keine verantwortlichen Leute, die eine solche Zerstückelung Deutschlands oder, sagen wir, die Lostrennung des Westteils Deutschlands vom übrigen deutschen Territorium wünschen würden. Solche Ansichten sind der Sowjetunion fremd.

Wenn aber die Regierungen der USA und Englands die Verschmelzung ihrer beiden Zonen[73] vornehmen, unter Ignorierung des Kontrollrates und unter Ignorierung der Tatsache, daß das der wirtschaftlichen Einheit Deutschlands zuwiderläuft, dann erklären wir: dieser Separatbeschluß muß annulliert werden, denn er läuft faktisch darauf hinaus, die Politik der Lostrennung Westdeutschlands vom übrigen Deutschland zu verwirklichen, und bedeutet in der Tat die Zerstückelung Deutschlands. [...]

---

72 Sowie auf der ersten Konferenz des Rates der Außenminister in London, 10.9.–2.10.1945. – Vgl. Nr. 3, Abschnitt II.A.9.

73 Vgl. oben S. 45, Anm. 68.

18. Rede von US-Außenminister George Marshall[74], 5. Juni 1947

EUROPA, Dok. 13, S. 66–68, hier S. 66 (auszugsw.)

Amerikanische Hilfsprogramme für Europa (Marshall-Plan)

[...]

In Wahrheit liegt die Sache so, daß Europas Bedarf an ausländischen Nahrungsmitteln und anderen wichtigen Gütern – hauptsächlich aus Amerika – während der nächsten drei oder vier Jahre um so viel höher liegt als seine gegenwärtige Zahlungsfähigkeit, daß beträchtliche zusätzliche Hilfsleistungen notwendig sind, wenn es nicht in einen wirtschaftlichen, sozialen und politischen Verfall sehr ernster Art geraten soll.

Die Lösung liegt in einer Durchbrechung des Circulus vitiosus und in der Wiederherstellung des Vertrauens bei den europäischen Völkern auf die wirtschaftliche Zukunft ihrer Länder und ganz Europas. [...] Abgesehen von der demoralisierenden Wirkung auf die ganze Welt und von der Möglichkeit, daß aus der Verzweiflung der betroffenen Völker sich Unruheherde ergeben könnten, dürfte es auch offensichtlich sein, welche Folgen dieser Zustand auf die Wirtschaft der Vereinigten Staaten haben muß. Es ist nur logisch, daß die Vereinigten Staaten alles tun, was in ihrer Macht steht, um die Wiederherstellung gesunder wirtschaftlicher Verhältnisse in der Welt zu fördern, ohne die es keine politische Stabilität und keinen sicheren Frieden geben kann. Unsere Politik richtet sich nicht gegen irgendein Land oder irgendeine Doktrin, sondern gegen Hunger, Armut, Verzweiflung und Chaos. Ihr Zweck ist die Wiederbelebung einer funktionierenden Weltwirtschaft, damit die Entstehung politischer und sozialer Bedingungen ermöglicht wird, unter denen freie Institutionen existieren können. Ich bin überzeugt, daß eine solche Unterstützung nicht nach und nach entsprechend der jeweiligen Entwicklung von Krisen geleistet werden darf. Wenn die Regierung der Vereinigten Staaten in Zukunft Hilfsleistungen gewährt, so sollten diese eine Heilungskur und nicht nur ein Linderungsmittel darstellen. Jeder Regierung, die bereit ist, beim Wiederaufbau zu helfen, wird die volle Unterstützung der Regierung der Vereinigten Staaten gewährt werden, dessen bin ich sicher. Aber eine Regierung, die durch Machenschaften versucht, die Gesundung der anderen Länder zu hemmen, kann von uns keine Hilfe erwarten. Darüber hinaus werden alle Regierungen, politischen Parteien oder Gruppen, die es darauf abgesehen haben, das menschliche Elend zu einem Dauerzustand zu machen, um in politischer oder anderer Hinsicht Nutzen daraus zu ziehen, auf den Widerstand der Vereinigten Staaten stoßen.

[...]

---

74 Die Rede wurde an der Harvard-Universität gehalten. – Vgl. Nr. 16 (Truman-Doktrin). Insgesamt hat Westdeutschland aus Mitteln des Marshall-Planes zwischen 1948 und 1953 sowie zusätzlich aus dem als kurzfristige Hilfsmaßnahme angelegten GARIOA-Programm (Government Appropriation and Relief for Occupied Areas) zwischen 1946 und 1950 rund 3,2 Mrd. $ erhalten (nach AUFBAU, S. 330). – Demgegenüber hatte die UdSSR aus ihrer Zone bis zum 1.1.1954 – erst dann wurden die Reparationen offiziell eingestellt – Milliardenwerte entnommen, so in den Jahren 1945 bis 1948 Demontagen von mehreren Tausend Industriebetrieben und -anlagen sowie bis 1950 sonstige Reparationen im Wert von insgesamt rund 3,4 Mrd. $ (2.5.1945–31.12.1949; in Preisen von 1938). Vgl. LAUFER, Politik, Tab. 16, S. 75.

19. Das Zentralsekretariat der SED zum Marshall-Plan, 23. Juli 1947

KLEßMANN, Doppelte Staatsgründung, Dok. 77, S. 452f. (auszugsw.)

Ablehnung des Marschall-Plans – „amerikanische Monopole"

Nach dem Abschluß der Pariser Konferenzen[75] häufen sich die Erklärungen amerikanischer und englischer Staatsmänner über eine voraussichtliche Dollarhilfe für den Wiederaufbau der westdeutschen Wirtschaft. Bei diesen Versprechungen spekuliert man auf die in weiten Kreisen unseres Volkes vorhandenen Stimmungen, nur schnellstens die wirtschaftliche Not zu beheben, ohne daß sich das notleidende Volk Gedanken über die weiteren Auswirkungen einer solchen Hilfe auf die Zukunft Deutschlands macht. Hinzu kommt der irrtümliche Glaube, daß es nur der Zustimmung zu einer solchen Hilfe von deutscher Seite bedarf, um sofort eine unmittelbare Verbesserung unserer Lebenshaltung und eine rasche Belebung unserer Wirtschaft herbeizuführen. [...]

Welche Bedeutung hat nun die in Aussicht gestellte Hilfe für die Zukunft unseres Volkes?

I. Der amerikanische Monopolkapitalismus, der gestärkt aus dem Kriege hervorging, ist heute bestrebt, die ihm drohende Wirtschaftskrise durch die Erschließung neuer Märkte und durch die Festigung alter Märkte mittels der Gewährung staatlicher Anleihen zu verhindern. Diese Anleihen führen aber erfahrungsgemäß zur Einmischung in die Souveränität der die Anleihen nehmenden Länder und zu einer Unterordnung ihrer Wirtschaft und Politik unter die Interessen amerikanischer Monopole.

II. Es ist schon jetzt klar erkennbar, daß Deutschland ebenfalls seine Zukunft um den Preis der Anleihe verkaufen soll. Das Ruhrgebiet soll die Hauptbasis der amerikanischen Wirtschaftspolitik in Europa werden [...].

III. Das deutsche Volk hat schon einmal die bittersten Erfahrungen mit der amerikanischen Anleihepolitik gemacht. Nach dem ersten Weltkrieg dienten die amerikanischen Privatanleihen[76] dazu, den Sozialisierungsgedanken in der deutschen Arbeiterschaft zu ersticken, die Macht der deutschen Schwerindustrie und Kohlenbarone zu stärken und die Industrie wieder unter ihre Herrschaft zu bringen. Diese Anleihepolitik endete in Krise, Faschismus und Krieg.

IV. Die Auswirkungen der neuen amerikanischen Anleihepolitik werden noch ebenso verhängnisvoll, wenn nicht schlimmer sein. Der industrielle Westen Deutschlands wird in einen den Frieden bedrohenden Westblock eingegliedert. Die Macht der deutschen Konzernherren bleibt erhalten. Statt einer deutschen Friedenswirtschaft entsteht ein neues Herrschaftszentrum reaktionärer und kriegslüsterner Elemente. An die Stelle des Mitbestimmungsrechts der Arbeiterschaft am Aufbau der Wirtschaft tritt die Lohnsklaverei zugunsten ausländischer und deutscher Monopolkapitalisten.

V. Der Aufbau der deutschen Industrie mit Hilfe amerikanischer Anleihen darf nicht dazu dienen, deutschen Monopolherren die Gelegenheit zu geben, die Industrie erneut zu Kriegszwecken zu mißbrauchen. Das deutsche Volk muß selbst seine eigenen Kräfte anspannen, um die friedlichen Zwecken dienende Wirtschaft aufzubauen, um den Le-

---

[75] Außenministerkonferenz der vier Mächte vom 22. Juni bis zum 2. Juli 1947 in Paris über die von der UdSSR und den Ostblockstaaten abgelehnte Marshall-Plan-Hilfe.

[76] Hinweis auf die Weltwirtschaftskrise ab 1929, die sich in Deutschland aufgrund der starken Bindung an amerikanische Anleihen besonders nachteilig ausgewirkt hatte.

bensbedarf des deutschen Volkes zu decken, um den Export deutscher Qualitätswaren wieder zu entwickeln und die Erfüllung der Wiedergutmachungsverpflichtungen[77] sicherzustellen. Diese Entwicklung ist aber nur möglich, wenn Schluß gemacht wird mit der willkürlichen Zerreißung des deutschen Wirtschaftskörpers durch die bizonale Politik. Ein einheitliches demokratisches Deutschland mit einer gesamtdeutschen Regierung begrüßt jede ausländische Hilfe in Form kurzfristiger Kredite für die Bezahlung von Lebensmitteln und Rohstoffen, sofern diese Hilfe weder die demokratische Entwicklung Deutschlands gefährdet, noch Deutschland in wirtschaftliche und politische Abhängigkeit von ausländischen Kapitalmächten bringt.

[...]

20. Bericht Kennans über die Weltlage für US-Außenminister Marshall, 6. November 1947

KLEßMANN, Doppelte Staatsgründung, S. 454 (auszugsw.; d. engl. Orig. in: FRUS 1947, Bd. 1, S. 770–780, hier S. 770f.)

Existenz eines kalten und nicht eines heißen Krieges – Strategie der Eindämmung (containment) – Integration Westdeutschlands

Zusammenfassung

1. Die Gefahr eines Krieges wird in einigen Kreisen weit übertrieben. Die sowjetische Regierung wünscht und erwartet jetzt keinen Krieg mit uns in absehbarer Zukunft. Die Kampagne gegen Kriegstreiberei in der UNO beabsichtigt, unsere Führungsrolle in der Welt zu schwächen und die UNO davon abzuhalten, als wirkungsvolles Druckmittel gegen die kommunistische Expansion eingesetzt zu werden.

2. Der politische Vormarsch der Kommunisten in Westeuropa konnte wenigstens zeitweise aufgehalten werden. Dies ist das Ergebnis mehrerer Faktoren, von denen ein wichtiger die Aussicht auf US-Hilfe ist.

3. Der Stillstand des kommunistischen Vormarsches zwingt Moskau, seinen Einfluß in Osteuropa zu konsolidieren. Es muß wahrscheinlich die Tschechoslowakei[78] vollständig in den Griff bekommen. Denn falls sich der politische Trend in Europa gegen den Kommunismus wendet, könnte eine relativ freie Tschechoslowakei zu einem bedrohlichen Keil in Moskaus politischer Position in Osteuropa werden.

[...]

5. Unsere beste Anwort darauf ist, auf jede Art und Weise örtliche Widerstandskräfte zu stärken und andere zu überzeugen, einen größeren Teil der Last des Widerstandes gegen den Kommunismus zu übernehmen. Die gegenwärtige „Bi-Polarität" wird auf lange Sicht jenseits unserer Möglichkeiten liegen. Ebenso wird sie die UNO überfordern. Es ist durchaus möglich, daß die Russen sich bald aus dieser Organisation zurückziehen, wenn wir fortfahren, die UNO als Instrument zur Mobilisierung der Weltöffentlichkeit und als Druckmittel gegen sie anzuwenden.

---

[77] Diese mußte die DDR ihrerseits umfassend gegenüber der Sowjetunion erfüllen. Vgl. oben S. 49, Anm. 74.

[78] Welche im Juni 1948 vollends in den sowjetischen Machtbereich eingebunden wurde.

6. Alles in allem muß unsere Politik darauf ausgerichtet sein, ein Kräftegleichgewicht in Europa und Asien wiederherzustellen. Das bedeutet, daß wir auf der Außenministerkonferenz[79] darauf bestehen müssen, Westdeutschland von kommunistischer Kontrolle freizuhalten. Wir müssen dann sehen, daß es besser in Westeuropa integriert wird und daß ein Teil unserer Verantwortung für die Bedingungen dort auf die westeuropäischen Verbündeten und auf das deutsche Volk übertragen wird.

[...]

E. Deutschland im Brennpunkt des Kalten Krieges

21. Gespräch Stalins mit Pieck und Grotewohl in Moskau, 26. März 1948[80]

Die UdSSR UND DIE DEUTSCHE FRAGE, Bd. 3, Dok. 147, S. 539–556, hier S. 541, 549f., 552–554

Marshall-Plan (Nr. 18–19) – Ende des Kontrollrates – Währungsreform – Volkskongreß und Volksrat – Warten auf westliche „separate Maßnahmen"

[...]

Dann spricht *Pieck* vom wachsenden Masseneinfluß der SED, insbesondere im Zusammenhang mit dem Volkskongreß. Die SED kämpfe gegen den „Marshall-Plan" und gegen die Bildung eines westdeutschen Staates. [...] Dank des Volkskongresses sei es der Partei gelungen, viele bürgerliche Elemente in die Bewegung einzubinden. [...] Der zweite Kongreß habe am Jahrestag der Revolution von 1848 getagt [17./18. März 1948] und beschlossen, eine Unterschriftensammlung zugunsten eines Volksentscheids über die Einheit Deutschlands durchzuführen; ferner habe er einen aus 400 Mitgliedern bestehenden Volksrat gewählt, der ein kleines Parlament darstelle. Der zweite Kongreß habe zudem wichtige Beschlüsse zum demokratischen und wirtschaftlichen Aufbau Deutschlands gefaßt. [...]

Dann spricht *Grotewohl*. Er stellt fest, daß die Londoner Konferenz[81] eine neue Situation für Deutschland geschaffen habe. [...] Der Kontrollrat arbeite faktisch nicht mehr. Es gebe keine Instanz, die den Reparationsplan für ganz Deutschland umsetzen könnte. Sie hätten für sich Schlußfolgerungen daraus gezogen. [...] In Westdeutschland seien nach dem Scheitern der Londoner Konferenz im Dezember 1947 die bekannten Maßnahmen zur Reorganisation des Wirtschaftsrats[82] durchgeführt und faktisch eine Regierung gebildet worden. Das Kernstück der Politik der westlichen Besatzungsbehörden in Deutschland bilde heute der „Marshall-Plan". Der Verlauf der Diskussion um

79 In London (25.11.–15.12.1947), die wegen der Streitpunkte über Deutschland (Oder-Neiße-Linie, Reparationen, Marshall-Plan, Bizone, Friedensvertrag) ergebnislos abgebrochen wurde.

80 Aufzeichnung Semjonows.

81 Wie Anm. 79. – Die Sowjetunion hatte sich am 20. März 1948 aus dem Alliierten Kontrollrat zurückgezogen. – Vgl. zur Währungsreform, die die Berlin-Krise von 1948 auslöste, Nr. 24 u. 27.

82 Das oberste Organ der Bizone, die im Februar 1948 reorganisiert worden war.

die Währungsreform im Kontrollrat zeuge von der Gefahr einer separaten Währungsreform in Westdeutschland. Dies würde die wirtschaftliche Aufgliederung Deutschlands besiegeln. Die separate Währungsreform sei eines der Hauptelemente des „Marshall-Plans" in bezug auf Deutschland. Jedoch verweile der größte Teil der Bevölkerung in den Westzonen in einem Zustand der politischen Apathie. Er schaue auf den Dollar und glaube, daß der „Marshall-Plan" den Deutschen ein besseres Leben ermöglichen werde. [...]

Dann fragt *Stalin*, ob es in der sowjetischen Zone eine deutsche Polizei gebe, in wessen Händen sie sei und von wem sie geführt werde.

Grotewohl antwortet, die deutsche Polizei unterstehe den Organen des Inneren in den Ländern sowie der deutschen Zentralverwaltung des Inneren[83] der sowjetischen Zone.

Stalin erkundigt sich nach der Stärke der Polizei und deren Bewaffnung.

Grotewohl antwortet, die Polizei sei schlecht bewaffnet.

Stalin fragt: „Sind das zuverlässige Leute?"

Grotewohl antwortet, es seien zu 90 Prozent Genossen. „Alle Innenminister", hob er hervor, „sind unsere Leute". *Stalin* fragt: „Und im Zentrum?" *Grotewohl* antwortet: „Auch dort."

[...] *Stalin* fragt, ob es weitere Fragen gebe.

Grotewohl sagt, sie würden bei der weiteren Entwicklung der sowjetischen Zone nicht gern separate Maßnahmen zur staatlichen Lostrennung der Zone ergreifen, bevor diese nicht auch im Westen ergriffen worden seien.

Stalin bemerkt: „Das ist auch unsere Politik. Das ist die richtige Politik."

Grotewohl sagt, sie würden in diesem Zusammenhang die Bildung eines Parlaments und einer Regierung in der sowjetischen Zone zurückstellen.

Stalin bestätigt dies.

Grotewohl sagt, der Volksrat müsse über einzelne Fragen beraten, er habe aber keine exekutive Gewalt und könne keine Gesetze verabschieden.

Stalin sagt, dies sei richtig, doch müßten einige Surrogate oder besser Keimzellen (Embryonen) eines gesamtdeutschen Parlaments und einer Regierung gebildet werden.

[...]

Stalin wirft ein: „Gut, aber sind die Deutschen nun bereit, Reparationen zu zahlen?"[84]

Grotewohl und *Pieck* bejahen [diese Frage].

Grotewohl sagt, es dürfe aber keine über den Reparationsplan und den Plan für die Besatzungskosten hinausgehenden Entnahmen geben. Sonst sei es unmöglich, einen Anreiz zu schaffen, um die Produktionsinitiative der Arbeiter zu entwickeln.

Stalin sagt, er verstehe dies. Dann fragt Stalin, ob Grotewohl bekannt sei, wieviel die Russen jährlich an Reparationen – in Mark oder in Dollar – entnehmen.

Grotewohl sagt, für 1948 seien 1,2 Milliarden Mark geplant, was etwa zehn Prozent der industriellen Bruttoproduktion der Zone ausmache.

[...]

Stalin fragt: „Und ist es zu verkraften?"

---

83 Vgl. oben S. 43, Anm. 60.

84 Vgl. zu den Reparationsleistungen an die UdSSR oben S. 49, Anm. 74.

Grotewohl antwortet nicht. Er sagt, sie seien sehr isoliert und hielten es für erforderlich, Kontakte zu anderen Staaten zu knüpfen, daher beabsichtigten sie eine Kommission zu bilden, um die Möglichkeiten des Handels zu prüfen.

[...]

Stalin sagt: „Wir werden Ihnen helfen, die Kontakte zu knüpfen. Wenn Deutschland in zwei Staaten geteilt wird, wird Westdeutschland seinen Markt verlieren, während Ostdeutschland einen guten Markt haben wird."

[...]

Stalin stellt eine weitere Frage. Er sagt, es wäre gut, wenn irgendein Organ des Volkskongresses eine Verfassung Deutschlands[85] erarbeiten und diese sowohl im Westen als auch im Osten Deutschlands zur Diskussion stellen würde. Diese Verfassung brauche nicht besonders demokratisch[86] zu sein, um die Leute nicht zu verschrecken, doch müsse sie demokratisch genug sein, um von den besten Elementen in West und Ost akzeptiert werden zu können. [...]

Pieck sagt, der Volkskongreß habe eine Verfassungskommission sowie Kommissionen für den Friedensvertrag, für Wirtschaftsfragen u. a. gebildet.

[...]

22. Redemanuskript des Leiters der Informationsverwaltung der SMAD, Tulpanow, 8. Mai 1948[87]

PIECK, Aufzeichnungen, Dok. 56, S. 216–227, hier S. 216–218. – In der Vorlage enthaltene Hervorhebungen wurden weggelassen

Realität der deutschen Teilung – Ausbau der Führungsrolle der SED – Kaderpartei

In den verflossenen zwei Jahren hat die Sozialistische Einheitspartei Deutschlands bedeutende Erfolge erzielt:

a) Die Partei hat sich in ideologischer und organisatorischer Hinsicht als eine marxistische Partei entwickelt.

b) Die marxistische Lehre, die Werke der Klassiker des Marxismus gelten immer mehr für viele führende Funktionäre der Partei als Leitfaden ihrer praktischen Arbeit.

c) Die Partei bekennt sich offen zum Leninismus als einer neuen Stufe in der Entwicklung des Marxismus – eine Angelegenheit, die unter den gegenwärtigen Verhältnissen der Trennungsstrich zwischen der Reaktion – die sich mit dem sozialistischen Gewand schmückt – und dem marxistischen Lager ist.

---

85 Der Verfassungsentwurf wurde am 22.10.1948 durch den Volksrat verabschiedet.

86 D.h. im sozialistischen Sinne „volksdemokratisch".

87 SMAD = Sowjetische Militäradministration in Deutschland. – Ort und Zeit der Rede sind nicht ermittelt; allerdings lehnte sich Pieck in einem Vortrag vor dem SED-Parteivorstand am 12.5.1948 (ENTSCHEIDUNGEN, S. 73–80) stark an das Redemanuskript an, teils mit wörtlichen Entsprechungen (vgl. PIECK, Aufzeichnungen, S. 226f., Anm. 1–2). – Die seit 1947 als „Informationsverwaltung" bezeichnete, zunächst als „Propagandaverwaltung" eingerichtete Abteilung der SMAD hatte die Aufgabe, die innenpolitische Entwicklung der sowjetischen Besatzungszone zu überwachen (Parteien, Ideologie, Kultur, Propaganda, Zensur etc.).

Die Partei läßt die Massen erkennen, daß die unmittelbaren Ziele und die Endziele nur auf dem Wege des Klassenkampfes zu erreichen sind.

d) In der Partei haben sich neue Kader entwickelt, die Parteifunktionäre lernen nicht nur das wirtschaftliche, sondern auch das politische Leben der Zone zu leiten.

Jedoch die Veränderungen in der politischen und – man könnte auch sagen – in der staatlichen Situation der Sowjetzone diktieren eine drastische Hebung des Niveaus der organisatorischen und ideologischen Arbeit der Partei – einen Wechsel im Stil der Parteiführung.

Worin bestehen konkret die Veränderungen in der politischen und staatlichen Situation?

1. Faktisch ist eine Aufteilung Deutschlands in zwei Teile, welche sich nach verschiedenen Gesetzen entwickelt, zustande gekommen.

2. Die Entwicklung der sowjetischen Zone ist eine Entwicklung nach dem Typ der neuen Demokratien.

3. An der Macht in der sowjetischen Zone steht die Partei der Arbeiter und Bauern.

4. Die Funktionen der Staatsmacht ändern sich grundsätzlich. Das vergesellschaftlichte Eigentum, die Planierung, die Teilnahme der Massen an dem wirtschaftlichen Leben stellen die Partei vor neue Aufgaben und legen ihr neue Funktionen auf.

Der Form nach, wie die Staatsmacht ausgeübt wird, ist sie keine rein bürgerlich-parlamentarische, sie ist höher, demokratischer ihrem Charakter nach.

Die Sozialistische Einheitspartei war die erste Partei in Europa, die auf Grund der Vereinigung der ehemaligen Sozialdemokratischen und der ehemaligen Kommunistischen Partei geschaffen wurde. Sie ist zum Beispiel für eine ganze Reihe anderer Länder des Ostens und des Südostens Europas geworden.

Die Sozialistische Einheitspartei befindet sich an der Grenze zweier Welten, dort, wo die Welt des Kapitalismus auf die Welt des Sozialismus trifft. Deswegen sind ihr auch große verantwortliche Aufgaben auferlegt.

Wir wissen es dabei sehr gut und sind uns dessen bewußt, wie schwer die Partei es hat, wie schwer Sie es haben, als Leiter dieser Partei.

Gleichzeitig sind wir überzeugt davon, daß die Sozialistische Einheitspartei über alle notwendigen Voraussetzungen verfügt, um ihre Reihen organisatorisch und ideologisch zu festigen. Die organisatorische Festigung der Partei wird durch die wirksam zunehmende Rolle der Partei als die ausschlaggebende Macht der Zone diktiert.

Das bedeutet, daß die Sozialistische Einheitspartei eine Massenpartei ist und als solche ihre Ziele nur dann verwirklichen kann, wenn es ihr gelingt, ein festes, diszipliniertes Parteiaktiv zusammenzuschmieden, das der Partei unweigerlich ergeben ist und sich voll und ganz ihr zur Verfügung stellt. Solch ein Aktiv, wo jeder Einzelne sich der Partei zur Verfügung stellt und die Partei damit rechnen kann, daß ein Parteimitglied, welchen Posten es auch bekleiden mag – ob Minister oder Betriebsratsvorsitzender – seine Aufträge genau in die Tat umsetzt.

[...]

In der Partei muß der Kampfgeist erzogen werden. Es muß die Furcht vor entscheidenden Maßnahmen überwunden werden, wenn es gilt, in einen Konflikt zu treten gegen ausgesprochene Feinde der neuen Demokratie, die in der Sowjetzone aufgebaut wird, – gegen die Feinde der SED und der demokratischen Entwicklung Deutschlands.

Die Verstärkung und Verbesserung der innerparteilichen Arbeit wird von einer ganzen Reihe Erwägungen diktiert:

a) Die SED ist keine Parlamentspartei, die sich nur die Werbung von Stimmen zum Ziele setzt. Man muß in Betracht ziehen, daß für die bürgerlichen Parteien die kapitalistische Ordnung selbst tagtäglich arbeitet.

b) Die SED nimmt eine herrschende staatliche Stellung ein – diesen Gedanken sollte man ganz offen ohne Bedenken unterstreichen. Dies bedeutet aber wiederum, daß die Partei vermittels ihrer Mitglieder den Kampf um die Festigung der Zone im Ganzen, um die Hebung der Stimmung unter der Bevölkerung, um die Hebung des Wirtschaftsniveaus usw. führen muß.

c) Im Moment des akuten Kampfes um ganz Deutschland und für den Sozialismus fällt auch dem Tempo der politischen Arbeit eine entscheidende Rolle zu.

d) Man muß in der Partei zu verschiedenen Fragen ein solches Verhältnis herstellen, daß sich jedes Mitglied der SED als kleiner Leiter in seinem Abschnitt fühlt, ein solcher zu sein, ist jedoch unmöglich ohne systematisches ideologisches Wachstum.

e) Die SED muß mit allen Mitteln ihre Verbindung zu den breiten Massen festigen.

[...]

23. Aufzeichnung des Leiters des Northern Department im britischen Außenministerium, Hankey, 14. Mai 1948

STEININGER, Deutsche Geschichte, Bd. 2, S. 41–43 (auszugsw.; nach d. engl. Orig. im Public Record Office, London)

Vereinigung Deutschlands als Gefahr – sowjetische Politik in der Ostzone

[...] Meiner Meinung nach wäre ein vereintes Deutschland eine viel größere Gefahr für den Frieden als ein geteiltes Deutschland, und zwar aus folgenden Gründen:

1. Rußland wird ein vereintes Deutschland zwangsläufig als eine große Gefahr für sich betrachten. Es muß immer befürchten, daß dieses Deutschland von feindlichen Mächten kontrolliert wird, und für die Russen ist jede nichtkommunistische Macht feindlich. Rußland muß daher notwendigerweise versuchen, ganz Deutschland zu kontrollieren oder sich mit ihm zu verbünden.

2. Falls Rußland ganz Deutschland kontrolliert, seine Politik bestimmen kann oder mit ihm verbündet ist, wird es immer versucht sein, die Stoßrichtung der Deutschen nach Westen zu lenken und sie so vom Osten abzubringen. Rußland und Deutschland zusammen würden eine tödliche Gefahr für die westliche Welt sein. Die Probleme mit Rußland würden für uns unendlich größer, als sie es jetzt schon sind.

3. Meiner Meinung nach haben die Westmächte nicht die nötigen Mittel, um ein vereintes Deutschland von 62 Millionen oder noch mehr Einwohnern hinreichend zu kontrollieren oder es ihrem Einfluß zu unterwerfen; die Zwischenkriegszeit hat dies bewiesen. Nur die Russen können dies mit Hilfe der kommunistischen Partei und Polizeistaatmethoden.

4. Ein vereintes und nichtkommunistisches Deutschland, das mit dem Westen verbündet ist, wird bei der erstbesten Gelegenheit losschlagen, um seine verlorenen Ostge-

biete zurückzuerobern. Die Westmächte können dann nicht zusehen, wie dieses Deutschland vernichtet und von Rußland besetzt wird. Als Verbündeter wäre ein vereintes Deutschland daher eine höchst gefährliche Hypothek.

5. Meiner Meinung nach wird ein vereintes, nichtkommunistisches Deutschland, selbst wenn es mit uns verbündet ist, immer versucht sein, uns mit der Drohung zu erpressen, sich mit Rußland zu verbünden, und, falls 3. zutrifft, können wir dies wohl kaum verhindern.

6. Westdeutschland mit 40 Millionen, von der Russenfurcht[88] beherrschten Einwohnern ist dagegen auf die Zusammenarbeit mit den Westmächten angewiesen, um Schutz zu erhalten (übrigens dürfte ja wohl klar sein, daß es wiederbewaffnet werden muß)[89], und es ist vollkommen abhängig von den Westmächten im Hinblick auf Rohstoffe, Nahrungsmittel und Absatzmärkte. Die Gefahr, daß Westdeutschland Ostdeutschland angreift, ist geringer, als daß ein vereintes Deutschland Polen angreift. Kurz gesagt: wir würden es insgesamt viel besser im Griff haben, und es wäre eine viel geringere Gefahr für Frankreich.

7. Damit ist auf jeden Fall ganz klar, daß es ein vereintes Deutschland nicht geben darf. Weder wir noch die Russen können zulassen, daß die jeweils andere Macht Deutschland allein beherrscht, und es ist auch klar, wie die letzten drei Jahre gezeigt haben, daß wir uns auf eine gemeinsame Kontrolle eben nicht einigen können. Angesichts der in Rußland vorherrschenden Ideologie war schon lange nichts anderes mehr zu erwarten, aber es war auch klar, daß wir das Experiment wagen mußten.

8. [...] Die Russen machen in ihrer Zone was sie wollen, auch wenn es dort eine deutsche Regierung gibt. Ich vermute, sie warten nur darauf, daß wir als erste eine deutsche Regierung etablieren[90], und zwar aus zwei Gründen: Bei den von ihnen beherrschten Völkern können sie uns dann dafür verantwortlich machen, daß wir Deutschland wiederaufbauen und damit eine erneute deutsche Gefahr schaffen, und bei den Deutschen können sie uns für die Spaltung Deutschlands verantwortlich machen. Für die Franzosen gibt es nur eine Frage zu überlegen, nämlich ob ein balkanisiertes[91] und damit schwaches Westdeutschland den Russen größere Möglichkeiten eröffnet, gegen uns zu intrigieren, als ein geeintes und prosperierendes Westdeutschland. Die Antwort ist sonnenklar. Wohlstand und Einheit in Westdeutschland mögen in gewisser Weise von den Westmächten auf Kosten ihrer eigenen Sicherheit finanziert werden, aber wenn wir bei dieser Sache den russischen Aspekt berücksichtigen, ist dies eine Versicherungsprämie, die zu zahlen sich sehr lohnt.

[...]

---

88 Vgl. für spätere Umfrageergebnisse **Nr. 111**.

89 Eingeklammerter Passus ist im Original gestrichen. – Vgl. zur Wiederbewaffnung der Bundesrepublik **Nr. 40ff.**

90 Vgl. **Nr. 21**.

91 D.h. in Kleinstaaten zersplittertes. Vgl. zu den französischen Sicherheitsvorstellungen **Nr. 34–35**.

24. Mitteilung der Sowjetischen Militärverwaltung über die Unterbrechung des Interzonenverkehrs, 18. Juni 1948

URSACHEN UND FOLGEN, Bd. 26, Dok. 3772a, S. 65

Währungsreform – Abriegelung Berlins

Im Zusammenhang mit der separaten Währungsreform[92] in den westlichen Besatzungszonen Deutschlands war die Sowjetische Militärverwaltung gezwungen, wie das Sowjetische Nachrichtenbüro mitteilt, zum Schutze der Interessen der Bevölkerung und der Wirtschaft der sowjetischen Zone sowie zur Vorbeugung einer Desorganisation des Geldumlaufs folgende Maßnahmen durchzuführen:

1. Der Passagierzugverkehr sowohl aus der Sowjetischen Besatzungszone Deutschlands heraus als auch zurück wird eingestellt.

2. Die Einreise in die Sowjetische Besatzungszone wird für alle Arten des Gespann- und Kraftwagenverkehrs aus den westlichen Zonen einschließlich des Verkehrs auf der Autostraße Helmstedt–Berlin[93] gesperrt. Die Ausreise aus Berlin nach der westlichen Zone auf der Autostraße Berlin–Helmstedt wird auf den gleichen Grundlagen wie bisher erfolgen.

3. Alle Arten des Transports auf den Wasserstraßen sowohl aus der sowjetischen Zone in die westlichen Zonen als auch umgekehrt, bedürfen einer Genehmigung des Chefs der Transportverwaltung der SMV[94] und werden nur nach einer vorangegangenen sorgfältigen Kontrolle der beförderten Frachten und der persönlichen Sachen der Schiffsmannschaften durchgelassen.

4. Der Durchlaß von Fußgängern aus den westlichen Zonen in die Sowjetische Besatzungszone Deutschlands mit Interzonenpässen der westlichen Zonen über die Kontrollpassierstellen an der Demarkationslinie wird eingestellt. Personen, die sich aus der

---

[92] In den westlichen Besatzungszonen wurde am 20. Juni die Währungsreform durch Einführung der D-Mark umgesetzt. Am 23. Juni erging folgender Befehl der Sowjetischen Militärverwaltung bzw. -administration (BAUPLAN, Dok. 3, S. 223f.): „In den westlichen Besatzungszonen Deutschlands ist die separate Währungsreform durchgeführt. Die Einheit des Geldumlaufes – die Grundlage der wirtschaftlichen Verbundenheit der einzelnen Gebiete des Landes – ist zerstört. Ein zerschmetternder Schlag ist der Einheit Deutschlands versetzt worden. Verletzt sind das Abkommen über den Kontrollmechanismus und die Potsdamer Beschlüsse, die die Wahrung der Einheit Deutschlands vorsahen. [...] Die amerikanischen, britischen und französischen Besatzungsbehörden haben die separate Währungsreform gegen die Interessen des deutschen Volkes durchgeführt, um den Wünschen der amerikanischen, britischen und französischen Monopole zu entsprechen, die bestrebt sind, Deutschland zu schwächen und zu zergliedern, es wirtschaftlich zu knechten. [...] Unter diesen Verhältnissen und den Forderungen der deutschen demokratischen Öffentlichkeit entgegenkommend, sieht sich die Sowjetische Militärverwaltung gezwungen, unaufschiebbare Maßnahmen zu treffen, um die Interessen der deutschen Bevölkerung und der Wirtschaft der sowjetischen Besatzungszone und Groß-Berlin zu wahren. Deswegen billigt die Sowjetische Militärverwaltung den Vorschlag der Deutschen Wirtschaftskommission über die Durchführung der Währungsreform in der sowjetischen Besatzungszone Deutschlands [...]".

[93] Wichtiger Übergang für den Reise- und Transportverkehr nach Berlin bzw. in die spätere DDR.

[94] Sowjetische Militärverwaltung bzw. -administration.

sowjetischen Zone in die westlichen Besatzungszonen Deutschlands begeben, passieren die Kontrollpassierstellen wie bisher.

5. Der Güterzugverkehr wird ungehindert, aber unter der Bedingung einer sorgfältigen Kontrolle aller Frachten sowie der Sachen der Zugbegleit- und Schutzmannschaften erfolgen.

6. Alle diese Anordnungen treten am 19. Juni, 0.00 Uhr, in Kraft.

25. Frankfurter Dokumente, 1. Juli 1948[95]

Der PARLAMENTARISCHE RAT, Bd. 1, Nr. 4, S. 30–36, hier S. 30–34

Einberufung einer verfassunggebenden Versammlung

Dokument Nr. I: [Verfassungsrechtliche Bestimmungen]

In Übereinstimmung mit den Beschlüssen ihrer Regierungen autorisieren die Militärgouverneure der amerikanischen, britischen und französischen Besatzungszone in Deutschland die Ministerpräsidenten der Länder ihrer Zonen, eine Verfassunggebende Versammlung einzuberufen, die spätestens am 1. September 1948 zusammentreten sollte. [...]

Die Verfassunggebende Versammlung wird eine demokratische Verfassung ausarbeiten, die für die beteiligten Länder eine Regierungsform des föderalistischen Typs schafft, die am besten geeignet ist, die gegenwärtig zerrissene deutsche Einheit schließlich wieder herzustellen, und die Rechte der beteiligten Länder schützt, eine angemessene Zentralinstanz schafft und die Garantien der individuellen Rechte und Freiheiten enthält.

Wenn die Verfassung in der von der Verfassunggebenden Versammlung ausgearbeiteten Form mit diesen allgemeinen Grundsätzen nicht in Widerspruch steht, werden die Militärgouverneure ihre Vorlage zur Ratifizierung genehmigen. [...][96]

Dokument Nr. III: [Grundzüge eines Besatzungsstatuts]

Die Schaffung einer verfassungsmäßigen deutschen Regierung macht eine sorgfältige Definition der Beziehungen zwischen dieser Regierung und den Alliierten Behörden notwendig.

Nach Ansicht der Militärgouverneure sollten diese Beziehungen auf den folgenden Grundsätzen beruhen:

A. Die Militärgouverneure werden den deutschen Regierungen Befugnisse der Gesetzgebung, der Verwaltung und der Rechtsprechung gewähren und sich solche Zuständigkeiten vorbehalten[97], die nötig sind, um die Erfüllung des grundsätzlichen Zwecks

95 Übergeben am 1.7. von den Militärgouverneuren an die elf Ministerpräsidenten in Frankfurt am Main nach den Beschlüssen der Londoner Sechsmächtekonferenzen (23.2.–6.3., 20.4.–2.6.1948), auf denen die drei Westalliierten und die Benelux-Staaten die Schaffung eines föderalen westdeutschen Staates empfahlen und die Ermächtigung zur Einberufung einer verfassunggebenden Versammlung aussprachen. – Vom 10. bis 23. August 1948 tagte der Verfassungskonvent in Herrenchiemsee und ab dem 1.9.1948 der Parlamentarische Rat in Bonn.

96 Das folgende Dokument Nr. II befaßt sich mit der Länderneugliederung.

97 Vgl. hierzu die Bestimmungen des Besatzungsstatuts (**Nr. 28**).

der Besatzung sicherzustellen. Solche Zuständigkeiten sind diejenigen, welche nötig sind, um die Militärgouverneure in die Lage zu setzen:

a) Deutschlands auswärtige Beziehungen vorläufig wahrzunehmen und zu leiten.

b) Das Mindestmaß der notwendigen Kontrollen über den deutschen Außenhandel und über innenpolitische Richtlinien und Maßnahmen, die den Außenhandel nachteilig beeinflussen könnten, auszuüben, um zu gewährleisten, daß die Verpflichtungen, welche die Besatzungsmächte in bezug auf Deutschland eingegangen sind, geachtet werden und daß die für Deutschland verfügbar gemachten Mittel zweckgemäß verwendet werden.

c) Vereinbarte oder noch zu vereinbarende Kontrollen, wie zum Beispiel in bezug auf die Internationale Ruhrbehörde[98], Reparationen, Stand der Industrie, Dekartellisierung[99], Abrüstung und Entmilitarisierung und gewisse Formen wissenschaftlicher Forschung auszuüben.

d) Das Ansehen der Besatzungsstreitkräfte zu schützen und sowohl ihre Sicherheit als auch die Befriedigung ihrer Bedürfnisse innerhalb bestimmter zwischen den Militärgouverneuren vereinbarten Grenzen zu gewährleisten.

e) Die Beachtung der von ihnen gebilligten Verfassungen zu sichern.

B. Die Militärgouverneure werden die Ausübung ihrer vollen Machtbefugnisse wieder aufnehmen, falls ein Notstand die Sicherheit bedroht, und um nötigenfalls die Beachtung der Verfassungen und des Besatzungsstatutes[100] zu sichern.

C. Die Militärgouverneure werden die oben erwähnten Kontrollen nach folgendem Verfahren ausüben:

a) Jede Verfassungsänderung ist den Militärgouverneuren zur Genehmigung vorzulegen.

b) Auf den in den Absätzen a) und e) zu Paragraph A oben erwähnten Gebieten werden die deutschen Behörden den Beschlüssen oder Anweisungen der Militärgouverneure Folge leisten.

c) Sofern nicht anders bestimmt, insbesondere bezüglich der Anwendung des vorhergehenden Paragraphen b), treten alle Gesetze und Bestimmungen der föderativen Regierung ohne weiteres innerhalb von 21 Tagen in Kraft, wenn sie nicht von den Militärgouverneuren verworfen werden.

Die Beobachtung, Beratung und Unterstützung der föderativen Regierung und der Länderregierungen bezüglich der Demokratisierung des politischen Lebens, der sozialen Beziehungen und der Erziehung werden eine besondere Verantwortlichkeit der Militärgouverneure sein. Dies soll jedoch keine Beschränkungen der diesen Regierungen zugestandenen Vollmachten auf den Gebieten der Gesetzgebung, Verwaltung und Rechtsprechung bedeuten.

[...]

---

98 Auf Drängen Frankreichs initiierte (vgl. Nr. 34 u. 35), durch das Londoner Sechsmächteabkommen (28.12.1948) beschlossene und durch Westdeutschland im Petersberger Abkommen nach heftigen parteipolitischen Auseinandersetzungen (Nr. 33) sanktionierte Einrichtung, die die wirtschaftliche Auswertung der Ruhrindustrie kontrollieren sollte. Der Internationalen Ruhrbehörde, von der die Sowjetunion ausgeschlossen blieb, traten Belgien, Frankreich, England, Luxemburg, die Niederlande, die USA und schließlich Westdeutschland bei.

99 Ab 1947 durchgeführte Entflechtung von Trusts und Kartellen, um eine Konkurrenzwirtschaft zu ermöglichen.

100 Nr. 28.

26. Antwortnote der Ministerpräsidenten zu den Frankfurter Dokumenten, 10. Juli 1948

Der PARLAMENTARISCHE RAT, Bd. 1, Nr. 7, S. 143–150, hier S. 143f.

Mitteilung über die Beratung des Länderchefs in Koblenz – Weststaat als Provisorium

[...]

Die Ministerpräsidenten sind davon überzeugt, daß die Notstände, unter denen Deutschland heute leidet, nur bezwungen werden können, wenn das deutsche Volk in die Lage versetzt wird, seine Angelegenheiten auf der jeweils möglichen höchsten territorialen Stufe selbst zu verwalten. Sie begrüßen es daher, daß die Besatzungsmächte entschlossen sind, die ihrer Jurisdiktion unterstehenden Gebietsteile Deutschlands zu einem einheitlichen Gebiet zusammenzufassen, dem von der Bevölkerung selbst eine kraftvolle Organisation gegeben werden soll, die es ermöglicht, die Interessen des Ganzen zu wahren, ohne die Rechte der Länder zu gefährden.

Die Ministerpräsidenten glauben jedoch, daß, unbeschadet der Gewährung möglichst vollständiger Autonomie an die Bevölkerung dieses Gebietes alles vermieden werden müßte, was dem zu schaffenden Gebilde den Charakter eines Staates[101] verleihen würde; sie sind darum der Ansicht, daß auch durch das hierfür einzuschlagende Verfahren zum Ausdruck kommen müßte, daß es sich lediglich um ein Provisorium handelt sowie um eine Institution, die ihre Entstehung lediglich dem augenblicklichen Stand der mit der gegenwärtigen Besetzung Deutschlands verbundenen Umstände verdankt.

In Anbetracht der bisherigen Unmöglichkeit einer Einigung der vier Besatzungsmächte über Deutschland müssen die Ministerpräsidenten besonderen Wert darauf legen, daß bei der bevorstehenden Neuregelung alles vermieden wird, was geeignet sein könnte, die Spaltung zwischen West und Ost weiter zu vertiefen. Sie sind der Überzeugung, daß das von ihnen vorgeschlagene Verfahren geeignet ist, das in Anbetracht der gegebenen Verhältnisse zur Bewältigung der gegenwärtigen Schwierigkeiten tauglichste Instrument für die Verwaltung des den drei westlichen Besatzungsmächten unterstehenden Gebietes Deutschlands in der kürzesten Zeit zu schaffen.

Für den Vorschlag der Ministerpräsidenten, von einem Volksentscheid Abstand zu nehmen, waren die gleichen Erwägungen maßgebend. Ein Volksentscheid würde dem Grundgesetz ein Gewicht verleihen, das nur einer endgültigen Verfassung zukommen sollte. Die Ministerpräsidenten möchten an dieser Stelle noch einmal betonen, daß ihrer Meinung nach eine deutsche Verfassung erst dann geschaffen werden kann, wenn das gesamte deutsche Volk die Möglichkeit besitzt, sich in freier Selbstbestimmung zu

---

[101] Vgl. auch den Bericht des politischen Beraters der USA für Deutschland, Robert Murphy, an Marshall, 15. Juli 1948, in dem es in bezug auf die Antwort der Ministerpräsidenten auf die Frankfurter Dokumente heißt, daß die „Deutschen Angst davor hätten, für die Teilung Deutschlands verantwortlich gemacht zu werden. Wir müßten von den Deutschen verlangen, daß sie die Verantwortung in Westdeutschland – dem jetzt allein verfügbaren Teil – übernehmen sollten. Ihren augenblicklichen Gegenvorschlägen zufolge akzeptierten die Deutschen zwar die ihnen übertragenen Vollmachten, aber nicht die damit verbundene Verantwortung“ (in: BAUPLAN, Dok. 4, S. 109). Murphy referiert die Stellungnahme der Militärgouverneure Robertson (England) und Koenig (Frankreich).

konstituieren; bis zum Eintritt dieses Zeitpunktes können nur vorläufige organisatorische Maßnahmen getroffen werden.

[...][102]

27. Rede Ernst Reuters vor dem Reichstagsgebäude, 9. September 1948

BAUPLAN, Dok. 10, S. 228f.

Berlin als „Bollwerk" und „Vorposten der Freiheit"

[...]

Wir möchten der SED nur einen Rat geben: Wenn sie ein neues Symbol braucht, bitte, nicht den Druck der Hände[103], sondern die Handschellen, die sie den Berliner anlegen. – (*Beifall*) – Die Handschellen, die sind in Wirklichkeit das Symbol dieser erbärmlichen Kümmerlinge, die für dreißig Silberlinge sich selbst und ihr Volk an eine fremde Macht verkaufen wollen.

Wenn heute dieses Volk von Berlin zu Hunderttausenden hier aufsteht, dann wissen wir, die ganze Welt sieht dieses Berlin. Denn verhandeln können hier schon nicht mehr die Generale, verhandeln können schon nicht mehr die Kabinette. Hinter diesen politischen Taten steht der Wille freier Völker, die erkannt haben, daß hier in dieser Stadt ein Bollwerk, ein Vorposten der Freiheit aufgerichtet ist, den niemand ungestraft preisgeben kann. Wer diese Stadt, wer dieses Volk von Berlin preisgeben würde, der würde eine Welt preisgeben, noch mehr, er würde sich selbst preisgeben, und er würde nicht nur dieses Volk von Berlin preisgeben in den Westsektoren und im Ostsektor Berlins. Nein, wir wissen auch, wenn sie nur könnten, heute stünde das Volk von Leipzig, von Halle, von Chemnitz, von Dresden, von all den Städten der Ostzone, so wie wir auf ihren Plätzen und würde unserer Stimme lauschen. – (*Beifall*)

[...]

Ihr Völker der Welt, ihr Völker in Amerika, in England, in Frankreich, in Italien! Schaut auf diese Stadt und erkennt, daß ihr diese Stadt und dieses Volk nicht preisgeben dürft, nicht preisgeben könnt! Es gibt nur eine Möglichkeit für uns alle: gemeinsam so lange zusammenzustehen, bis dieser Kampf gewonnen, bis dieser Kampf endlich durch den Sieg über die Feinde, durch den Sieg über die Macht der Finsternis besiegelt ist.

Das Volk von Berlin hat gesprochen. Wir haben unsere Pflicht getan, und wir werden unsere Pflicht weiter tun. Völker der Welt! Tut auch ihr eure Pflicht und helft uns in der Zeit, die vor uns steht, nicht nur mit dem Dröhnen eurer Flugzeuge[104], nicht nur mit den Transportmöglichkeiten, die ihr hierherschafft, sondern mit dem standhaften, unzerstörbaren Einstehen für die gemeinsamen Ideale, die allein unsere Zukunft und die auch allein eure Zukunft sichern können. Völker der Welt, schaut auf Berlin! Und Volk von

---

102 Folgend: drei Anlagen mit Stellungnahmen zu den Frankfurter Dokumenten Nr. I bis III (Nr. 25).

103 Parteiemblem der SED mit dem Händedruck, welcher die Vereinigung von KPD und SPD zur SED symbolisieren soll.

104 Am 26. Juni 1948 wurde die britisch-amerikanische Luftbrücke zur Versorgung Westberlins eingerichtet.

Berlin, sei dessen gewiß, diesen Kampf, den wollen, diesen Kampf, den werden wir gewinnen!

28. Besatzungsstatut, 10. April 1949[105]

URSACHEN UND FOLGEN, Bd. 26, Dok. 3789c, S. 245–248

Besatzungsrecht und alliierte Einspruchsrechte – Alliierte Hohe Kommission

[...]

I.[106] Während des Zeitraumes, in dem die Besatzung noch fortdauern muß, wünschen und beabsichtigen die Regierungen Frankreichs, der Vereinigten Staaten und des Vereinigten Königreichs, daß dem deutschen Volk Selbstregierung in dem höchstmöglichen Maße, das mit dieser Besatzung vereinbar ist, zu Teil werden soll. Der Bundesstaat und die an ihm beteiligten Länder sollen, lediglich durch die Bestimmungen dieses Statuts beschränkt, die volle gesetzgebende, vollziehende und rechtsprechende Gewalt gemäß dem Grundgesetz bzw. ihren Verfassungen haben.

II. Um die Verwirklichung der grundlegenden Besatzungszwecke sicherzustellen, bleiben Sonderbefugnisse, einschließlich des Rechts, die von den Besatzungsbehörden benötigen Auskünfte und statistischen Angaben anzufordern und zu prüfen, auf folgenden Gebieten vorbehalten:

a) Abrüstung und Entmilitarisierung einschließlich der damit zusammenhängenden naturwissenschaftlichen Forschungsgebiete, der Verbote und Beschränkung für die Industrie und die zivile Luftfahrt,

b) Kontrollmaßnahmen hinsichtlich der Ruhr, Rückerstattungen, Reparationen, Dekartellisierung, Entflechtung, Diskriminierung im Geschäftsverkehr, ausländische Vermögenswerte in Deutschland und vermögensrechtliche Ansprüche gegen Deutschland,

c) auswärtige Angelegenheiten, einschließlich völkerrechtlicher Abkommen, die von Deutschland oder mit Wirkung für Deutschland abgeschlossen werden,

d) Verschleppte[107] und die Zulassung von Flüchtlingen,

e) Schutz, Ansehen und Sicherheit der alliierten Streitkräfte, Familienangehörigen, Arbeitnehmer und Vertreter, ihre Immunitätsrechte, sowie die Deckung der Besatzungskosten und ihrer sonstigen Bedürfnisse,

f) Beachtung des Grundgesetzes und der Länderverfassungen,

g) Kontrolle über Außenhandel und Devisenwirtschaft,

h) Kontrolle über innenpolitische Maßnahmen, jedoch nur in dem Mindestmaße, das notwendig ist, um die Verwendung von Geldern, Nahrungsmitteln und anderen Gütern in der Weise zu gewährleisten, daß die Notwendigkeit ausländischer Unterstützung für Deutschland auf ein Mindestmaß herabgesetzt wird,

---

105 Die endgültige Fassung des Statuts wurde auf der Konferenz der drei Westmächte in Washington am 8. April 1949 verabschiedet und dem Parlamentarischen Rat am 10. April übermittelt. Das Besatzungsstatut trat am 21. September 1949 in Kraft.

106 Absätze nach römischen Ziffern in der Vorlage sind auch im folgenden weggelassen.

107 Durch Kriegsfolgen (displaced persons).

i) Kontrolle der Verwahrung und Behandlung derjenigen Personen in deutschen Gefängnissen, die vor den Gerichten der Besatzungsmächte oder Besatzungsbehörden angeklagt oder von ihnen verurteilt worden sind, sowie Kontrolle über die Vollstrekkung der gegen sie verhängten Strafen und über Fragen ihrer Amnestierung, Begnadigung und Freilassung.

[...]

IV. Die deutsche Bundesregierung und die Regierungen der Länder werden befugt sein, nach ordnungsmäßiger Benachrichtigung der Besatzungsbehörden auf den diesen Behörden vorbehaltenen Gebieten Gesetze zu erlassen und Maßnahmen zu treffen, es sei denn, daß die Besatzungsbehörden etwas anderes besonders anordnen, oder daß die Gesetze oder Maßnahmen mit den eigenen Entscheidungen oder Maßnahmen der Besatzungsbehörden unvereinbar sein würden.

V. Jede Änderung des Grundgesetzes bedarf vor ihrem Inkrafttreten der ausdrücklichen Genehmigung der Besatzungsbehörden. Länderverfassungen, Änderungen dieser Verfassungen, sowie alle anderen Gesetze und alle Abkommen, die zwischen der Bundesregierung und auswärtigen Regierungen getroffen werden, treten 21 Tage nach ihrem amtlichen Eingang bei den Besatzungsbehörden in Kraft, falls sie nicht vorher vorläufig oder endgültig beanstandet worden sind. Die Besatzungsbehörden werden Gesetze nicht beanstanden, es sei denn, daß diese nach ihrer Auffassung mit dem Grundgesetz, einer Länderverfassung, mit Rechtsvorschriften oder sonstigen Direktiven der Besatzungsbehörden selbst oder mit Bestimmungen dieses Status unvereinbar sind, oder daß sie eine schwere Bedrohung für die grundlegenden Zwecke der Besatzung darstellen.

[...]

IX. Nach zwölf Monaten, mindestens aber innerhalb von achtzehn Monaten nach Inkrafttreten dieses Statuts, werden die Besatzungsbehörden eine Überprüfung seiner Bestimmungen unter Berücksichtigung der bei seiner Anwendung gemachten Erfahrungen vornehmen mit dem Ziel, die Zuständigkeit der deutschen Behörden auf dem Gebiet der Gesetzgebung, Verwaltung und der Rechtsprechung zu erweitern.

[...]

II. Verflechtung in die Blöcke (1949 – 1952)

Einführung

Mit der Verschärfung des Kalten Krieges und der Entstehung verfestigter Machtblöcke in West und Ost waren im September und Oktober 1949 die Bundesrepublik und die DDR gegründet worden. Die Deutsche Frage blieb ungelöst. Bereits das „Deutschland" im Staatsnamen Bundesrepublik Deutschland sollte den gesamtdeutschen Anspruch des westlichen Teilstaates hervorheben. Vor diesem Hintergrund ist nach Gründung der Bundesrepublik ein eigenes *Bundesministerium für gesamtdeutsche Fragen* geschaffen worden. Bezeichnenderweise schrieb es sich auf die Fahnen, daß die Bundesrepublik lediglich ein „Provisorium", jedoch der eigentliche „Kernstaat" des „künstlich getrennten deutschen Staatsgebietes" sei (**Nr. 30**). Früh war der *Alleinvertretungsanspruch* (**Nr. 29**) zu einem deutschlandpolitischen Leitsatz der Bundesrepublik geworden. Sowohl die Bundesregierung als auch die Westmächte verstanden die frei gewählte westdeutsche Regierung als die einzige Instanz, die den Anspruch erheben könne, für das gesamte deutsche Volk zu sprechen. Dies bedingte die deutschlandpolitische Maxime, die staatliche Anerkennung der DDR unbedingt zu vermeiden. Zudem argumentierte die Bundesregierung, der westdeutsche Teilstaat habe die Rechtsnachfolge des Deutschen Reiches angetreten, das im völkerrechtlichen Sinne, so die auch von den Westmächten akzeptierte Formel, bis zur Unterzeichnung eines Friedensvertrages mit den Siegern des Weltkrieges fortbestehe. Bei diesem Anspruch handelte es sich nicht lediglich um eine juristische Spitzfindigkeit, begründete er doch als gültigen territorialen Besitzstand Gesamtdeutschlands bis zum Abschluß des Friedensvertrages die Grenzen des Deutschen Reiches von 1937 (vgl. **Nr. 6**), von denen die Siegermächte des Zweiten Weltkrieges ja in Potsdam zunächst einvernehmlich ausgegangen waren (**Nr. 2**). Die Anerkennung der *Oder-Neiße-Grenze* durch die DDR-Regierung im Görlitzer Abkommen (6. Juli 1950) war somit in westdeutscher Lesart null und nichtig (**Nr. 32**). Zwischen diesen Koordinaten – Alleinvertretung und Grenzvorbehalt – waren der Deutschlandpolitik allerdings enge Grenzen gesetzt.

Idealistische Vorstellungen von einer raschen Wiederherstellung der deutschen Einheit waren dem ersten Kanzler der Bundesrepublik Deutschland freilich fremd, denn sein Denken setzte stets an den wahrgenommenen Absichten der Sowjetunion an: „Asien steht an der Elbe"[108], so begriff Adenauer die Realität der deutschen Teilung. Die Sowjetunion – „Asien" – galt ihm als krasser Gegensatz zur westlichen Kulturwelt und als allgegenwärtige Bedrohung. Diese bildet den Hintergrund der ganz mit seiner Kanzlerschaft (1949–1963) verbundenen *Politik der Westbindung*, und weder die Klarheit und Konsequenz seines zähen Einhaltens dieses Kurses noch sein Umgang mit der

---

108 Adenauer an Sollmann, 16. März 1946 (in: ADENAUER, Briefe 1945–1947, Nr. 187, S. 191).

Deutschen Frage lassen sich losgelöst von der Bedrohung durch den Kommunismus betrachten. Der Westbindungskurs diente zuvorderst dazu, einen umfassenden äußeren und inneren Schutz vor dem „Expansionsdrang Sowjetrußlands nach Westen" (Nr. 49) und allen kommunistischen Verlockungen aufzubauen. Weder traute Adenauer – nur vier Jahre nach dem Ende von Hitlers „Volksgemeinschaft" – den Deutschen die nötige demokratische Festigkeit noch die innere Widerstandskraft zu, der „Aufnahme dieses Giftes vom Osten her"[109] zu entsagen. Seine Politik der Stärke gegenüber der Sowjetunion war also in einem Außen- und Innenpolitik umfassenden Sinn zu verstehen.

Im Hinblick auf die *westlichen Siegermächte* erkannte Adenauer, daß die (spätere) Bundesrepublik Deutschland im Zuge des Kalten Krieges zu einem strategischen und politischen Vorposten gegen den Kommunismus geworden war, und er ergriff die Chance, die Bundesrepublik als Partner aufzuwerten und auf den Weg zur Wiedererlangung der staatlichen und wirtschaftlichen Handlungsfreiheit zu bringen. Doch Adenauer machte sich keine Illusionen darüber, daß Verhandlungen zur Aufwertung der Bundesrepublik „nicht etwa aus Liebe zu uns geführt worden sind, sondern nur unter dem Druck Rußlands" (Nr. 49). Tatsächlich blieben Befürchtungen unter den Westmächten lebendig, daß ein erstarktes Deutschland sich erneut gegen den Frieden wenden könne (deutlichst: Nr. 23). US-Außenminister Acheson betonte im Juli 1950, es sei notwendig, Deutschland „endgültig zu einem Teil des Westens" werden zu lassen, so daß „über seine zukünftige Entscheidung zwischen Ost und West keinerlei Zweifel besteht" (Nr. 40). Andererseits blieb Adenauer von Befürchtungen beseelt, daß die neuen westlichen Partner doch noch der Bundesrepublik ihre Unterstützung versagen würden. Allem voran fürchtete er einen neuen amerikanischen Isolationismus (Nr. 49). Dann hätte der westliche Teil Deutschlands dem mächtigen Ostblock schutzlos gegenübergestanden und wäre in die gefürchtete Position der Schwäche geraten. Westbindung bedeutete für Adenauer also auch, die Bundesrepublik in eine Position der Stärke gegenüber den westlichen Partnern zu befördern, diese also ebenso fest an sich zu binden wie umgekehrt. Hierfür nahm er manch schwere Konzession und parteipolitische wie innerparteiliche Widerstände in Kauf.

Zunächst stand nach Gründung der Bundesrepublik aber das Fernziel der *Wiedererlangung der Souveränität*, ohne die eine wirkliche Partnerschaft mit dem Westen undenkbar war, mit dem Nahziel der Beseitigung des *Besatzungsstatuts* (Nr. 28) im Vordergrund. Durch das Statut, das zusammen mit dem Grundgesetz in Kraft getreten war, sicherten sich die Westmächte Rechte und Befugnisse, um nötigenfalls in die politische Entwicklung des westdeutschen Teilstaates eingreifen zu können. Bereits im *Petersberger Abkommen* vom 22. November 1949 erreichte Adenauer erste Konzessionen. Die wichtigsten waren das Recht, daß die Bundesrepublik konsularische Beziehungen im Ausland aufnehmen und Mitglied internationaler Organisationen werden konnte; die Demontagen wurden stark eingeschränkt, womit die deutsche Wirtschaft sich von neuem entfalten konnte. Doch an das Petersberger Abkommen war die Bedingung geknüpft, daß die Bundesrepublik der Ruhrbehörde beitreten müsse. Diese, infolge des seit April 1949 in Kraft getretenen Ruhrstatuts gebildete Behörde kontrollierte die wirtschaftliche Ausbeutung der Stahl-, Eisen- und Kohleproduktion der reichen deutschen

[109] Adenauer vor dem CDU-Bundesvorstand (PROTOKOLLE, Bd. 2, Nr. 8, 3.6.1955, S. 571).

Industriegebiete an der Ruhr. Den wirtschaftlichen Kern des deutschen Rüstungspotentials möglichst weitreichend zu neutralisieren, stellte den Schwerpunkt der französischen Deutschlandpolitik dar, die darauf abzielte, Sicherheit vor Deutschland zu erlangen. Demgegenüber war die Empörung über die Ruhrkontrolle, die Erinnerungen an den Versailler Vertrag weckte, in Westdeutschland groß, und Adenauer brachte der Beitritt zur Ruhrbehörde heftige parteipolitische Angriffe ein. Von der SPD titulierte ihn Kurt Schumacher als „Kanzler der Alliierten“[110] und Carlo Schmid bemängelte die „Methode des Junktims“ (**Nr.** 33), derer sich die Hohen Kommissare bedienten. Letzterem entgegnete Adenauer mit Hinweis auf die Realitäten eines besiegten Landes: „Wer hat eigentlich den Krieg verloren, wir oder die anderen? Mir ist es nicht ganz klar. Es wird verboten, ein Junktim zu machen. [...] Ja, meine Damen und Herren, dann hören die anderen eben zu verhandeln auf! Das ist doch eine ganz einfache Sache!“ (ebd.). – Für Adenauer galt angesichts der Bedrohung durch die Sowjetunion der „Zusammenschluß Westeuropas“ als „eine Frage auf Leben und Tod“ (**Nr.** 49). Demzufolge war an „Europa“ nicht zu denken, ohne damit zu beginnen, den historisch gewachsenen *deutsch-französischen Gegensatz* langsam abzutragen. Das Fundament des deutschen Kriegspotentials, insbesondere die Montanindustrie im Ruhrgebiet, zu entschärfen, war die Idee des *Schuman-Plans* (Mai 1950). Diese französische Initiative zielte darauf ab, die Kohle- und Stahlproduktion Frankreichs und Westdeutschlands unter die Kontrolle einer gemeinsamen Organisation zu stellen (**Nr.** 34) und war eine Art Flucht nach vorne, da Frankreich mit seinen überzogenen Sicherheitsvorstellungen gegenüber Deutschland, insbesondere bei den Amerikanern, nicht durchdringen konnte. Der von dem Bankier Jean Monnet entwickelte Plan setzte damit, im Gegensatz zu den Härten der Ruhrstatus, nun auf Kooperation. Unter dem Vorzeichen des Europa-Gedankens ist dann von der Adenauer-Regierung – die Bundesrepublik war bereits Ende März 1950 als assoziiertes Mitglied dem Europarat beigetreten – eine regelrechte Werbekampagne für den Schuman-Plan durchgeführt worden. Es galt, der politischen Opposition entgegenzuwirken, die den Plan als „Schwächung der deutschen Wirtschaft, um ein großes Volk gefügig zu machen“[111], angriff. – Der Plan trat im Juni 1952 mit der Gründung der *Europäischen Gemeinschaft für Kohle und Stahl* (kurz: Montanunion) in Kraft[112] und wurde die Keimzelle der späteren Europäischen Gemeinschaft.

Die Bundesrepublik war mit sehr viel komplexeren Außenbeziehungen, zumal zu Frankreich, konfrontiert als die DDR, wo von den Anfängen der Staatlichkeit bis zum Zusammenbruch der wichtigste Bezugspunkt Moskau blieb. Es ließ der SED-Führung weder in innen- noch in außen- und deutschlandpolitischer Hinsicht wesentliche Spielräume. Die SED-Führung vollzog den *sowjetischen Deutschlandkurs* mit und hatte sich, ebenso wie die Bundesrepublik, die Einheit auf die Fahnen geschrieben. Neben der umstritten gebliebenen Frage der Ernsthaftigkeit der Wiedervereinigungsangebote, die die DDR auf Moskaus Betreiben hin seit 1950 unternahm, bleibt zu berücksichtigen, daß die SED-Führung ihrerseits das Maximalziel verfolgte, die eigene, als fortschrittlich

110 Zit. nach BESSON, Außenpolitik, S. 89.

111 Artikel „Unser Nein zum Schumanplan“ von Kurt Schumacher im Hamburger Echo v. 21.4.1951; abgedr. in: HERBST, Option, Dok. 6, S. 220–222, hier S. 221.

112 Italien, Belgien, Holland und Luxemburg traten der Montanunion ebenfalls bei.

empfundene Gesellschaftsordnung auf Westdeutschland ausdehnen zu wollen (**Nr. 38**). Zudem trat mit dem Fortschreiten der Blockintegration in Ost und West die Zielsetzung, durch deutschlandpolitische Verhandlungen die staatliche Anerkennung durch die ‚Hintertür' zu erreichen, immer mehr in den Vordergrund, was mit dem Dreh- und Angelpunkt bundesrepublikanischer Deutschlandpolitik, alleiniger Vertreter des deutschen Volkes zu sein (**Nr. 29–30**), zwangsläufig kollidieren mußte. In dem Maße, wie sich die Wiedervereinigung der Realität entrückte, gewannen Bemühungen an Gewicht, die Schuld für die Teilung auf den jeweiligen ideologischen Widerpart zu schieben und sich selbst von dem Vorwurf der Spaltung freizusprechen (**Nr. 39**). So blieb es nicht verborgen, daß die östlichen Einheitsangebote in immer krasseren Widerspruch zu der tiefgreifenden *sozialistischen Umgestaltung* der DDR und der Einbindung in den Ostblock gerieten.

Die ihr zugedachte Führungsfunktion (**Nr. 22**) vollzog die SED, indem die provisorische Volkskammer im Oktober 1949 die SED-Vorsitzenden Wilhelm Pieck zum ersten Präsidenten und Otto Grotewohl zum Ministerpräsidenten der DDR wählte, während Ulbricht seit 1950 den Parteiapparat beherrschte. Die endgültige Ausgestaltung der SED zu einer „Partei neuen Typus" nach dem Vorbild der KPdSU war vollzogen, was auf dem III. Parteitag der SED im Juli 1950, einhergehend mit einem maßlosen Stalin-Kult, auf die Formel gebracht wurde: „Die Partei, die hat immer recht"[113]. Seit dem Sommer 1950 hatte die SED den eigenen Parteiapparat gesäubert. In letzterem übten die eigentliche Macht das Politbüro und sein Generalsekretär aus, während das untergeordnete Zentralkomitee der SED sich wie ein Oktopus über die gesamte staatliche Administration legte und diese kontrollierte. Das Ministerium für Staatssicherheit wurde bereits im Februar 1950 gegründet und direkt dem Politbüro unterstellt. Während die Verfassung der DDR an bürgerliche Verfassungen angelehnt war, eröffnete der berüchtigte Artikel 6 („Boykotthetze") die Möglichkeit, jede Opposition nach Gutdünken auszuschalten und wurde zur wichtigsten Grundlage der politischen Strafjustiz. Die SED hatte durchsetzen können, daß die provisorische Volkskammer für ein Jahr bestehen bleiben und dann erst die anstehenden Volkskammer- und Landtagswahlen durchgeführt werden sollten. Die im Mai 1950 gegen CDU und Liberal-Demokratische Partei (LDP) durchgefochtenen Einheitslisten der Kandidaten („Nationale Front") sicherten der SED mit ihren Massenorganisationen bei den Wahlen am 15. Oktober 1950 (**Nr. 37**), welche erstmals das künftig obligatorische Ergebnis von über 99 % der Stimmen für die Einheitslisten erbrachten, stets die Mehrheit der Sitze in den Parlamenten. In der Volkskammer erreichte die SED somit die absolute Mehrheit, und in allen Ländern der DDR stellte sie die Ministerpräsidenten und die Innenminister. Proteste gegen die Einheitslisten fielen nun unter den Strafbestand der „Boykotthetze". Die Gleichschaltung der bürgerlichen Parteien war faktisch vollzogen, was ihnen im Westen bald das dauerhafte Etikett der ‚Blockflöten' einbrachte.

Parallel wurde die seit der Bodenreform eingeleitete Sozialisierung mit dem ersten Fünfjahresplan (Januar 1951) fortgesetzt und die außenwirtschaftliche Bindung der DDR an die Ostblockstaaten durch die Mitgliedschaft (September 1950) im *Rat für gegenseitige Wirtschaftshilfe* (RGW) und die außenpolitische durch die umgehende Aufnahme diplomatischer Beziehungen mit den sozialistischen Staaten vollzogen. –

113 So der Titel des Hymnus zum III. Parteitag (in: DDR-GESCHICHTE, Dok. P4, S. 47).

Getarnt, doch im Westen aufmerksam und mit großer Besorgnis registriert (**Nr. 41**), waren Bemühungen im Gange, die DDR militärisch aufzurüsten, auch durch den Ausbau der Schwerindustrie (seit 1951), was der strategischen Bedeutung der DDR für die Sowjetunion entsprach, die ihrerseits starke militärische Kräfte auf deutschem Boden konzentrierte. Die im Aufbau befindlichen militärischen *Bereitschaften der Volkspolizei* der DDR wurde zur Keimzelle der Nationalen Volksarmee.

Neben der wirtschaftlichen und politischen Integration Westdeutschlands, die ihre Auswirkungen auf die Realität der deutschen Teilung hatte, kam den Planungen für eine *Wiederbewaffnung* der Bundesrepublik ein besonderer Stellenwert zu. Nicht nur, daß sich die Sowjetunion nach Kräften dagegen zur Wehr setzen würde, eine militärische Bedrohung an der unmittelbaren Peripherie ihres Machtbereiches entstehen zu lassen, waren – wenige Jahre nach der Katastrophe des Zweiten Weltkrieges – heftige innere Widerstände zu erwarten. Doch Adenauer hatte erkannt, daß eine deutsche Wiederbewaffnung als Hebel für die Wiedererlangung der Souveränität fungieren konnte. Gute Gründe für einen westdeutschen Verteidigungsbeitrag gab es seit dem Ausbruch des *Korea-Krieges* im Juni 1950 allemal. Am 25. Juni hatten die Streitkräfte des kommunistischen Nordkorea den 38. Breitengrad überschritten und das westlich geprägte Südkorea angegriffen. Es war offenkundig, daß dies ohne Stalins Einverständnis nicht möglich gewesen wäre, so daß der Krieg in der Bundesrepublik eine Schockwirkung auslöste (**Nr. 42**), stand doch zu befürchten, Westdeutschland könne das gleiche Schicksal wie Südkorea erleiden. Es fiel Adenauer daher nicht schwer, den Ausbau der deutschen Polizei und einen westdeutschen Beitrag zur europäischen Verteidigung gegenüber den Hohen Kommissaren zu begründen: Die deutsche Bevölkerung, so argumentierte er im August 1950, habe durch den Korea-Krieg ihren Widerstandswillen verloren und würde einen Angriff der Volkspolizei beinahe widerstandslos hinnehmen, falls die Westmächte in der Bundesrepublik ihre militärische Präsenz nicht verstärken würden (**Nr. 41**). Damit hatte Adenauer offene Türen aufgestoßen, denn in Amerika waren Überlegungen einer Wiederaufrüstung Westdeutschlands bereits angestellt worden, um „die unwiderrufliche Verankerung Deutschlands in den Westen" abzusichern (**Nr. 40**).

Die Vorzüge einer Wiederbewaffnung wogen für Adenauer so schwer, daß es gangbar erschien, die Widerstände im In- und Ausland in Kauf nehmen zu können. Denn die Gegner der Adenauerschen Westbindungspolitik, vor allem *Neutralisten und Pazifisten*, konnten sich die Vorstellung zunutze machen, daß die Integration der Bundesrepublik in das westliche Bündnis den Ost-West-Konflikt verstärken und damit die Wiedervereinigung utopisch machen müsse, setzte dies doch eine Einbeziehung der Sowjetunion und ein Entgegenkommen hinsichtlich der sowjetischen Sicherheitsvorstellungen voraus. Zu den neutralistischen Vereinigungen, die sich in der ersten Phase der Debatte um die Wiederbewaffnung seit 1951 zahlreich gegründet hatten, gehörte die kurzlebige Notgemeinschaft für den Frieden Europas (**Nr. 48**), später die Gesamtdeutsche Volkspartei (1952–57), in denen Helene Wessel und Gustav Heinemann die führenden Köpfe waren. Sie wandten sich, ebenso wie Ulrich Noack mit seinem Nauheimer Kreis (**Nr. 36**), gegen eine Wiederbewaffnung, deren Popularisierung bei den von Kriegsfurcht geprägten Westdeutschen sich mehr als schwierig gestaltete. Diese vor dem Hintergrund des Korea-Krieges prosperierende „Ohne mich"-Stimmung wurde bald zum geflügelten Wort. Heinemann, der wegen der Wiederbewaffnung als Minister in

Adenauers Kabinett zurückgetreten war, förderte auch die Gegnerschaft zur Wiederbewaffnung in Teilen der evangelischen Kirche, wo zudem einer der bekanntesten Neutralisten und Pazifisten, der Pastor Martin Niemöller, wirkte.

Im Oktober 1950 konkretisierte sich schließlich durch den Vorschlag des französischen Ministerpräsidenten René Pleven („Pleven-Plan") die Idee einer *Europäischen Verteidigungsgemeinschaft* (EVG) unter Einbeziehung westdeutscher Kontingente. Die EVG sollte eine vereinte europäische Streitmacht[114] unter einem gemeinsamen Oberkommando sein. Auch dieser, wiederum von Jean Monnet vorangetriebene Vorstoß zielte, gewissermaßen als militärischer Schuman-Plan (**Nr. 34–35**), darauf ab, Sicherheit vor Deutschland durch Verflechtung und Kontrolle zu erlangen. Jedoch gingen die französischen Vorstellungen über das hinaus, was die Bundesregierung zu akzeptieren bereit war[115], so daß sich die Verhandlungen über die EVG noch bis zum Mai 1952 hinzogen. Parallel sondierte Adenauer die Option eines deutschen NATO-Beitritts (**Nr. 47**), dem Teile der amerikanischen Administration ohnehin mehr zuneigten als der Europa-Armee. – Bevor in Brüssel die Außenminister der drei Westmächte am 18./19. Dezember 1950 über einen westdeutschen Verteidigungsbeitrag und die erneute Revision des Besatzungsstatuts verhandelten, war eine deutschlandpolitische Offerte der DDR-Führung eingeleitet worden, um den Prozeß der Wiederaufrüstung Deutschlands zu kappen. In einem Brief an Adenauer hatte DDR-Ministerpräsident Otto Grotewohl die sofortige Bildung eines paritätisch besetzten gesamtdeutschen Rates vorgeschlagen, der als eine Art Nationalversammlung zur Vorbereitung gesamtdeutscher Wahlen fungieren sollte (**Nr. 44**). Der auf Initiative der sowjetischen „Freunde"[116] entworfene *Grotewohl-Brief* war das erste Wiedervereinigungsangebot, das auf bundesdeutscher Seite weitergehende Überlegungen (**Nr. 45**) auslösen konnte, während es Adenauer letztlich als propagandistische Maßnahme und als Versuch der Sowjetisierung der Bundesrepublik wertete (**Nr. 46**). Die seither aus der DDR einsetzende Kampagne „Deutsche an einen Tisch" (**Nr. 39**) – es handelte sich um inszenierte gesamtdeutsche Konferenzen – wurde fortan von einer Vielzahl von Noten und Vertragsvorschlägen der DDR begleitet, die meist von der Bundesregierung unbeantwortet blieben und nicht zuletzt dem Ziel dienten, die westdeutsche Politik für die Spaltung Deutschlands verantwortlich zu machen. Solche Bemühungen wurden durch das sowjetische Außenministerium gefördert und konkretisiert (**Nr. 39**), bis schließlich die Sowjetunion selbst im März 1952 mit der Stalin-Note (**Nr. 53**) die Initiative ergriff.

Bei den schwierigen Auseinandersetzungen um die Westbindung der Bundesrepublik und dem historisch belasteten deutsch-französischen Verhältnis, das es mit Umsicht zu entschärfen galt, war die Bundesrepublik Deutschland bis zum Jahr 1952 erstaunlich weit gekommen: In Paris wurde über einen deutschen Beitrag zur Europa-Armee beraten, die Europäische Gemeinschaft für Kohle und Stahl würde im Juni des Jahres in Kraft treten und damit das Ruhrstatut ersetzen, die Wirtschaftslage verbesserte sich

---

[114] Mitglieder: Bundesrepublik, Frankreich, Italien, Belgien, die Niederlande und Luxemburg.

[115] Die schwierigen Verhandlungen drehten sich im wesentlichen um die Frage, ab welcher militärischen Einheit – vom Bataillon bis zur Division – es ein nationales oder ein europäischen Kommando geben solle.

[116] Vgl. unten S. 99, Anm. 169.

zusehends, und im September und November 1951 beschlossen die drei Westmächte, der Bundesrepublik die (eingeschränkte) Souveränität zuzubilligen. Der schließlich am 26. Mai 1952 in Bonn unterzeichnete *Deutschlandvertrag* (auch: Generalvertrag; **Nr. 52**) bedeutete – nur drei Jahre nach Gründung der Bundesrepublik und sieben Jahre nach dem Ende des Hitler-Regimes – das Ende des Besatzungsstatuts (**Nr. 28**), der Hohen Kommissionen und die Wiedererlangung der Souveränität, so daß Adenauer vor seinem Kabinett von der „Liquidation eines verlorenen Krieges" (**Nr. 49**) sprach. Allerdings war die Souveränität mit Einschränkungen versehen, denn die Verantwortung der Siegermächte des Zweiten Weltkrieges für Deutschland als Ganzes und für Berlin blieben bestehen, also jene Relikte des Potsdamer Abkommens (**Nr. 3**), die mit der Deutschen Frage verquickt waren und die erst durch den Zwei-plus-Vier-Vertrag (**Nr. 139**) im September 1990 erloschen. Daneben sicherten sich die drei Westmächte auch Rechte zur Streitkräftestationierung und Handlungsmöglichkeiten beim Eintritt staatlicher Notstände (**Nr. 52**, Artikel 5,2).

Bei „diesem Druck vom Osten", so Adenauer vor Journalisten, „kann man unter keinen Umständen Deutschland seine Souveränität wiedergeben, ohne daß die Deutschen mit Haut und Haaren ihr Schicksal an unseres binden!" (**Nr. 47**). Diese Formel, auf die Adenauer das Verhältnis der westlichen Partner zur Bundesrepublik brachte, fand seinen Ausdruck im Artikel 11 des Deutschlandvertrages (**Nr. 52**), der an das Zustandekommen der Europäischen Verteidigungsgemeinschaft (EVG) gekoppelt war und damit im Kern die Deutsche Frage betraf. Denn die Gründung einer deutschen Armee mußte die Chancen auf eine Wiedervereinigung erneut dezimieren – freilich baute sich die DDR, womit Adenauer stets argumentierte, ihrerseits mit der Kasernierten Volkspolizei (so war diese seit Juli 1952 benannt) eine Vorform militärischer Verbände auf. Aber der im östlichen Jargon als „Generalkriegsvertrag" bezeichnete Deutschlandvertrag konnte als Argumentationsgrundlage genutzt werden: So ist die berüchtigte Polizeiverordnung vom Mai 1952, die ein tiefes Sperrgebiet entlang der Zonengrenze errichtete, damit begründet worden, daß die „Bonner Adenauer-Regierung" auf „Weisung der amerikanischen, englischen und französischen Besatzungsmächte sich anschickt, den Generalkriegsvertrag abzuschließen, der gegen den Friedensvertrag und die Wiederherstellung der Einheit Deutschlands gerichtet ist." (**Nr. 60**).

In dieser Situation der sich abzeichnenden Souveränität und Wiederbewaffnung der Bundesrepublik wirkte die *Stalin-Note* vom März 1952 wie ein Paukenschlag. Bislang waren von seiten der DDR-Regierung („Grotewohl-Angebot"; **Nr. 44**, vgl. **Nr. 39**) unter der Parole „Deutsche an einen Tisch" nur Vorschläge zur Bildung eines gesamtdeutschen Rates gemacht worden, die im Westen rasch als propagandistische Maßnahmen oder als Versuch der Sowjetisierung der Bundesrepublik gewertet wurden (**Nr. 46**) und gänzlich verhallten. Nun sah es anders aus. In dem Entwurf eines Friedensvertrages für Deutschland (**Nr. 53**), den die sowjetische Regierung den Westmächten vorlegte, sollten einem wiedervereinigten Deutschland Streitkräfte und die Sicherung der Grundrechte zugestanden werden. Freilich enthielt die Note sowjetische Forderungen, die den westlichen Vorstellungen unvereinbar gegenüberstanden: Neutralisierung Deutschlands, Festschreibung der faktisch bestehenden Grenzen (v. a. Oder-Neiße-Grenze), Rückkehr zum Potsdamer Abkommen und zur Viermächtekontrolle und Beteiligung der Massenorganisationen der DDR (**Nr. 37**) an gesamtdeutschen Wahlen. Auch die zugestandenen

Streitkräfte sollten in derart reduzierter Form bestehen, daß sie praktisch keinen Schutz darstellten, der ohnehin alleine nicht hätte gewährleistet werden können. Daß sich ein militärisch unterlegenes und neutralisiertes Gesamtdeutschland auf Dauer dem sowjetischen Einfluß hätte entziehen können, war höchst unwahrscheinlich. Ob Stalin tatsächlich dazu bereit gewesen wäre, ein neutrales wiedervereinigtes Deutschland zuzulassen, um die Entstehung einer neuen westdeutschen Armee am Rande des sowjetischen Einflußbereiches zu verhindern, mag zu bezweifeln sein, obschon die Furcht vor einer erneuten militärischen Aggression Deutschlands Stalin beseelte. Zumindest trugen die Überlegungen des Kreml, die zur Stalin-Note führten, deutlich instrumentellen Charakter, um die Gründung einer westdeutschen Armee zu verhindern, und bezogen Auswege ein, wie im Falle der Akzeptanz des Einheitsangebotes durch die Westmächte verfahren werden könnte (**Nr.** 39).

Diese mögliche Wendung in der Deutschlandpolitik der UdSSR, über deren Ernsthaftigkeit bis heute lebhafte Debatten stattfinden, hatte die SED-Spitze stark verunsichert. Denn ihre unangefochtene Machtposition konnte bis dahin sicher auf dem Fundament der sowjetischen Präsenz und Unterstützung fußen. Natürlich stellte sich die DDR-Führung öffentlich hinter die Note, doch wirkliche Mitspracherechte hatte sie nicht. Im Gegensatz dazu konnte Adenauer in enger Abstimmung mit den Hohen Kommissaren bzw. den Regierungen der drei Westmächte Einfluß auf die Entwicklung der Dinge nehmen. Weder die Westmächte, die durch die Note regelrecht überrumpelt wurden, waren dazu bereit, die sich verfestigende Integration der Bundesrepublik in den Westen jetzt noch aufzugeben, noch konnte Adenauer, seiner Grundauffassung gegenüber der Sowjetunion entsprechend, in der Offerte etwas anderes sehen als einen geschickten Versuch der Sowjetisierung der Bundesrepublik (**Nr.** 54). So kam die erste westliche Antwort auf die Note zustande, die die Vereinten Nationen (UNO) als Kontrollorgan für die in Aussicht gestellten gesamtdeutschen Wahlen ins Spiel brachte. Angesichts dessen, daß die Sowjets unter freien Wahlen etwas anderes verstanden als die westlichen Regierungen, was Gespräche der Außenminister Molotow und Dulles aus dem Jahr 1954 charakteristisch bezeugen (**Nr.** 74), war die Forderung nach Einbeziehung der UNO nicht unberechtigt. Diesen Modus der Wahlkontrolle lehnte die UdSSR jedoch ab, so daß mit der zweiten Antwort der drei Westmächte vom 13. Mai 1952 (**Nr.** 57) das deutschlandpolitische Intermezzo der Stalin-Note praktisch gescheitert war. Selbst Jakob Kaiser, als Bundesminister für gesamtdeutsche Fragen dem Einheitsgedanken besonders verpflichtet (**Nr.** 30), fällte nunmehr ein harsches Urteil über die sowjetische Note und die Ablehnung der UN-Kontrolle: „Befohlene Scheinmanöver, um Leichtgläubige irrezuführen. Die sowjetischen Noten haben erneut klargemacht: Die Sowjets machen ihre eigene Politik." (**Nr.** 56). Dabei war die Auffassung Kaisers zur Ostpolitik durchaus gegensätzlich zu derjenigen Adenauers, was mitunter im Kabinett zu Differenzen führte.

Während Jakob Kaiser, in dessen Ressort als Bundesminister für gesamtdeutsche Fragen (**Nr.** 30) somit alle mit der Wiedervereinigung zusammenhängenden Fragen fielen, zwar die Stalin-Note als Manöver interpretierte, bezog er gegen den Westbindungskurs Adenauers immer dann Stellung, wenn er die Chancen auf die Wiedererlangung der Einheit unverhältnismäßig beeinträchtigt wähnte. Dies betraf insbesondere die sogenannte *Bindungsklausel* (Artikel 7,3) des Deutschlandvertrages (**Nr.** 52), die ursprünglich besagte, daß ein wiedervereinigtes Deutschland an die bis dato geschlossenen Bündnisse der Bundesrepublik gebunden sein sollte. Dies stellte natürlich eine Unmöglichkeit im Hinblick auf die Wiedervereinigung dar, weil eine solche Bindung von den Sowjets niemals hätte akzeptiert werden können. Folglich entbrannten heftige Diskussionen um die folgenschwere Klausel in Öffentlichkeit, Politik und nicht zuletzt in Adenauers Kabinett. Minister Kaiser wandte sich entschieden dagegen und drohte im Mai 1952 praktisch mit dem Rücktritt von seinem Amt (**Nr. 50–51**), so daß die Bindungsklausel zumindest neu gefaßt wurde.

Nach dem Scheitern der Stalin-Note konnte die SED-Führung nun wieder mit der vollen Unterstützung der Sowjetunion rechnen – mehr noch, die Option der UdSSR, die DDR zugunsten eines Ausgleichs mit den Westmächten aufzugeben, hatte sich erledigt. Der im April 1952 nach Moskau geeilten SED-Führung eröffnete Stalin, noch vor Beendigung des Notenwechsels, daß die Westmächte sich nicht aus der Bundesrepublik zurückziehen würden und die ostdeutschen Genossen nun ihren eigenen Staat organisieren müßten (**Nr. 55**). Das taten sie umgehend und, wie sich bald angesichts der Aufstände des 17. Juni 1953 zeigte, mit drastischen, überhasteten Maßnahmen. Der *Aufbau des Sozialismus*, der auf der II. Parteikonferenz der SED Anfang Juli 1952 verkündet wurde (**Nr. 61**), begann mit einschneidenden Veränderungen: Die Länder der DDR wurden zu Bezirken umgebildet und somit die Mitsprachemöglichkeiten der Länderparlamente ausgeschaltet, die Umgestaltung des Schul-, Hochschul- und Kulturwesens nach den Grundlagen des Sozialismus fortgeführt und die Sozialisierung der Wirtschaft beschleunigt. Seitdem war die Kollektivierung durch die Bildung landwirtschaftlicher Produktionsgenossenschaften forciert und mit Zwangskollektivierungen bis 1960 abgeschlossen worden. Vor allem aber wurde der Kampf der SED gegen die Kirchen nun verschärft, die bislang als die einzigen, nicht von der SED vollends beherrschten Institutionen verblieben waren und überdies noch immer so etwas wie einen gesamtdeutschen Charakter trugen. Die Evangelische Kirche Deutschlands (EKD) war die einzig verbliebene Großorganisation, die den östlichen und westlichen Teil Deutschlands umfaßte. Der Evangelische Kirchentag in Berlin 1951 hatte dementsprechend Christen aus Ost und West zusammengeführt und damit das ermöglicht, was auf politischer Ebene längst nicht mehr stattfand. Im Frühjahr 1953 war besonders die evangelische Kirche von Verhaftungen und Verfolgungen betroffen, stellte doch deren Jugendorganisation „Junge Gemeinde" eine ernstzunehmende Konkurrenz zu der Massenorganisation Freie Deutsche Jugend (FDJ) dar, deren Vorsitzender damals Erich Honecker war. Während bis zum Scheitern des Notenwechsels mit der Sowjetunion die ostdeutschen Kirchen als Zeichen der staatlichen Einheit weitgehend unbehelligt gelassen worden waren, änderte sich dies nun. Eine katholische Quelle registrierte die neue Stellungnahme der SED: Die „Frage der Einheit Deutschlands sei jetzt erledigt", und es mache keinen Sinn mehr, die „Kirche noch als Lockköder für Westdeutschland benützen" zu wollen (**Nr. 62**).

Ferner markiert das Scheitern der Stalin-Note auch den Ausbau der inneren und äußeren Sicherheitsorgane. Die bislang versteckt betriebene Aufrüstung der Volkspolizei der DDR wurde nun offen vorangetrieben. Die militärisch organisierten Volkspolizeibereitschaften und -schulen wurden im Juli 1952 in „*Kasernierte Volkspolizei*" umbenannt. Ohnehin bereits mit sowjetischen Waffen ausgerüstet, bildete sie das Fundament der im März 1956 offiziell gegründeten Nationalen Volksarmee. – Damit ging auch eine *Verschärfung des Grenzregimes* einher. Entlang der deutsch-deutschen Grenze wurde eine 5-Kilometer-Sperrzone eingerichtet und die dort lebende Bevölkerung regelrecht eingepfercht. Es schlossen sich brutale Umsiedlungsaktionen an, deren erste den erschreckenden Namen „Aktion Ungeziefer“ (Ende Mai bis Juni 1952) trug! Die das Grenzregime verschärfende Polizeiverordnung (**Nr. 60**) war absichtlich auf den 26. Mai 1952 datiert worden, also der Tag der Unterzeichnung des Deutschlandvertrages (**Nr. 52**) zwischen der Bundesrepublik und den drei Westmächten. – Es ging der SED-Führung vor allem darum, die einschneidenden Maßnahmen, die sie nun in der DDR vollzog, der Bonner Politik anzulasten und sich ihrerseits möglichst lautstark als Verfechter der Einheit darzustellen. Eine in diesem Sinne nicht nur für die Funktion der Deutschen Frage im Kalten Krieg, sondern auch für das Verhältnis beider deutscher Staaten zueinander überaus charakteristische Episode spielte sich im September 1952 ab. Denn am 19./20. September war es – ermöglicht durch eine aberwitzige Panne in Adenauers Regierungskoalition – zu dem Besuch einer Volkskammer-Delegation in Bonn gekommen, welcher der Übergabe eines Einheitsappells dienen sollte. Um diese offenkundige östliche Einheitskampagne und die propagandistische Verwertbarkeit des Besuches durch die SED – nämlich den vagen Eindruck der staatlichen Anerkennung durch eine Art Staatsbesuch[117] – zu durchkreuzen, sorgte Bonn dafür, daß die Visite im Tomatenhagel arrangierter Demonstrationen unterging (**Nr. 63**). Die Lösung der Deutschen Frage war unter den Bedingungen des Systemkonfliktes zwischen West und Ost nahezu unmöglich geworden.

[117] Zu dem es auf höchster Ebene erst im September 1987 kommen sollte. Vgl. **Nr. 129**.

A. Koordinaten westdeutscher Deutschlandpolitik

29. Rede Adenauers vor dem Deutschen Bundestag, 21. Oktober 1949

VERHANDLUNGEN, Sten. Ber., 1. WP, Bd. 1, 13. Sitzung, S. 307–309, hier S. 308 (auszugsw. in: WESTINTEGRATION, Dok. 3, S. 23–25)

Alleinvertretungsanspruch – Nichtanerkennung der DDR

Dr. Adenauer, Bundeskanzler: [...]

[...] Nach dem völligen Zusammenbruch aller staatlichen Organisation in Deutschland mit der bedingungslosen Kapitulation kann aber eine Organisation in Deutschland nur dann den Anspruch darauf erheben, ein legitimer Staat zu sein, wenn sie auf dem freien Willen der Bevölkerung beruht. – (*Lebhafte Zustimmung.*) – Es wird niemand behaupten können, daß die nunmehr geschaffene Organisation der Sowjetzone auf dem freien Willen der Bevölkerung dieser Zone beruht. – (*Sehr richtig!*) – Sie ist zustande gekommen auf Befehl Sowjetrußlands und unter Mitwirkung einer kleinen Minderheit ihm ergebener Deutscher. [...]

Die Wahlen zum ersten Bundestag wurden am 14. August 1949 abgehalten. An ihnen beteiligten sich rund 25 Millionen von 31 Millionen stimmberechtigter Deutscher. Nur die 1,5 Millionen kommunistischer Stimmen, die abgegeben wurden, kann man als gegen die staatliche Neuordnung abgegeben bezeichnen – (*Sehr gut!*) –, so daß rund 23 Millionen Wähler bei dieser Wahl bestätigten, daß sie die staatliche Neuordnung der drei Westzonen, die Schaffung der Bundesrepublik Deutschland billigten. – (Abg. Rische [KPD]: *Wann hat das Volk über das Grundgesetz abgestimmt?*[118]) – Ich stelle folgendes fest. In der Sowjetzone gibt es keinen freien Willen der deutschen Bevölkerung. – (*Lebhafte Zustimmung rechts, in der Mitte und bei der SPD.*) – Das, was jetzt dort geschieht, wird nicht von der Bevölkerung getragen und damit legitimiert. – (*Sehr gut!*) – Die Bundesrepublik Deutschland stützt sich dagegen auf die Anerkennung durch den frei bekundeten Willen von rund 23 Millionen stimmberechtigter Deutscher. Die Bundesrepublik Deutschland ist somit bis zur Erreichung der deutschen Einheit insgesamt die alleinige legitimierte staatliche Organisation des deutschen Volkes. – (*Lebhafter Beifall und Händeklatschen rechts, in der Mitte und bei der SPD.*) – Hieraus ergeben sich innerpolitisch und außenpolitisch Folgerungen, die ich im einzelnen wiederzugeben mir heute versagen muß.

Die Bundesrepublik Deutschland fühlt sich auch verantwortlich für das Schicksal der 18 Millionen Deutschen, die in der Sowjetzone leben. – (*Lebhafte Zustimmung rechts, in der Mitte und bei der SPD.*) – Sie versichert sie ihrer Treue und ihrer Sorge. – (*Erneuter Beifall.*) – Die Bundesrepublik Deutschland ist allein befugt, für das deutsche Volk zu sprechen. – (*Sehr gut!* – Abg. Renner [KPD]: *Ich denke, die Hohen Kommissare!*)

118 Wie ursprünglich von den westlichen Besatzungsmächten vorgesehen. Vgl. Nr. 26.

30. Memorandum über die Aufgaben des Bundesministeriums für gesamtdeutsche Fragen[119], [September 1949]

DzD, Reihe II, Bd. 2,2, Nr. 117, S. 450–453

Bundesrepublik als „Provisorium" und „Kernstaat" – Wiedervereinigung und Wahrung des Einheitsgedankens – Abwehr des Kommunismus

Bei der staatlichen Neuordnung der westlichen Hälfte Deutschlands handelt es sich 1) um ein Provisorium und 2) um einen Kernstaat, der als organische Zelle und Entwicklungsstufe eine Etappe zur höheren gesamtdeutschen Einheit unseres Volkes darstellt. Es handelt sich also nicht um einen westdeutschen Staat als endgültiges Faktum. Diese beiden Tatbestände erfordern einen sichtbaren Ausdruck der durch die deutsche Not erhöhten nationalpolitischen Aufgaben in einem eigenen Ministerium für die deutsche Einheit. Dieses Ministerium hat die große Aufgabe, das organische Zusammenwachsen des künstlich getrennten deutschen Staatsgebietes fördern zu helfen, insbesondere im Hinblick auf die Gebiete jenseits der Fulda/Elbe. Das Ministerium für die deutsche Einheit stellt in diesem Sinne lediglich die funktionelle Ausgliederung und den organischen Ausdruck dessen dar, was im Keime schon mit dem Wort „Kernstaat" angedeutet ist. Es ist der lebhafteste und mahnendste Hinweis darauf, daß der neugeschaffene Bundesstaat ein „Staat im Übergang" zu einem einigen Deutschland ist.

Damit kommt dem Ministerium für die deutsche Einheit eine echte propagandistische Bedeutung zu. Es müßte ein Leuchtturm sein, dessen Scheinwerfer unermüdlich und unaufhörlich Strahlen der Hoffnung und Zuversicht in die Zone des Schweigens jenseits des eisernen Vorhanges entsenden müßte. In einem anderen Bilde wäre es der Magnet[120], der sammelnd und anziehend auf die losgetrennten Gebiete einwirken müßte, alle gleichsinnigen Kräfte in geordnete Bahnen lenken und alle destruktiven Kräfte abstoßen und neutralisieren könnte.

Es wäre nicht zuletzt ein Haltepunkt für die Vertriebenen des Ostens und die politischen Flüchtlinge der Mittelzone und ein Orientierungspunkt für alle aufrechten Menschen des sowjetisch besetzten Gebietes.

Diesem Amt fiele so die weitere Aufgabe der Bereinigung und Läuterung der Ost-West-Beziehungen zu. Es müßte den Wildwuchs der Ost-West-Gespräche unterbinden bzw. notwendige Beziehungen unter verantwortliche Regie bringen.

[...]

Dieses Ministerium hätte in diesem Zusammenhang weiter die Aufgabe der Abschirmung gegen östliche Infiltration. Sei sie nun ideologisch, propagandistisch, organisatorisch oder personell. Es würde nicht zuletzt durch wirksame echt nationalpolitische

---

119 Hier noch als „Ministerium für die deutsche Einheit" bezeichnet. Das möglicherweise von Franz Thedieck, dem langjährigen Staatssekretär im Bundesministerium für gesamtdeutsche Fragen, verfaßte, undatierte und unsignierte Memorandum ist in die Kabinettsvorlage über den Aufbau des Ministeriums vom 26.9.1949 (DzD, Reihe II, Bd. 2,2, Nr. 126, S. 476–478) eingegangen.

120 Hinweis auf die von dem SPD-Vorsitzenden Kurt Schumacher entwickelte und von Adenauer aufgegriffene Magnet-Theorie, nach der die wirtschaftliche und soziale Gesundung Westdeutschlands eine Anziehungskraft auf den Osten ausüben und somit die Wiederherstellung der Einheit ermöglichen werde.

Arbeit nationalistischen Strömungen das Oppositionsrecht nehmen, sie in geordnete Bahnen zurücklenken und zerstörerischen Kräften das Wasser abgraben. [...]

Alles in allem wäre dieses Ministerium zwar ein Ausdruck der deutschen Not und der staatlichen Unabgeschlossenheit, aber zugleich Sammel-, Mittel- und Brennpunkt unerledigter nationalpolitischer Aufgaben und eine Klärungs- und Reinigungsstelle für ungeordnete Wiedervereinigungsversuche.

Neben diesen Ordnungsfunktionen an der Oberfläche stehen die vorausschauenden konstruktiven Aufgaben des Sonderministeriums. Der Inhaber dieses Ministeramtes müßte innerhalb des Kabinetts der ständige Mahner und Warner sein[121], alle Entscheidungen unter dem Gesichtspunkt der Auswirkung auf Berlin, die Ostzone und das Gebiet jenseits der Oder-Neiße-Linie zu treffen. Wenn in einem solchen Sonderministerium der Minister weitgehend von Ressortaufgaben unbelastet ist, gibt ihm diese Freiheit von Routinearbeiten bessere Möglichkeiten, auf allen Gebieten der öffentlichen Verwaltung eine ungehemmte Initiative zu entfalten.

Berlin ist und bleibt der Wachposten gegen den Kommunismus. Vorbedingung dieser Aufgabenerfüllung ist die politische und wirtschaftliche Einbeziehung dieser Stadt in den deutschen Kernstaat, in den Marshallplan und in die europäische Neuordnung. Wir bestehen auf der Angleichung aller ihrer Lebensformen an den deutschen Westen, auf dem Gebiete der Verwaltung, der Wirtschafts-, Sozial- und Kulturpolitik. Wesentlich ist weiter die Wiedervereinigung der getrennten Stadtgebiete von Berlin. Freie Wahlen werden alle undemokratisch aufgezogenen Institutionen und Organe hinwegfegen und damit das Fundament für die Wiederherstellung einer gemeinsamen Stadtrepräsentanz und für die Schaffung verfassungsmäßiger Verhältnisse legen. Berlin kann noch für sich selbst sprechen, die Ostzone kann es nicht.

[...]

Zum Sofortprogramm unserer Ostzonenpolitik gehört weiter die Verwirklichung der Freiheit in allen Lebensräumen. Das Mittel hierzu sind freie politische Wahlen. Für den Tag der Freiheit in der Mittelzone müssen schon jetzt vorausschauend Vorbereitungen getroffen werden. Vorbereitungen für die Eingliederung dieses Gebietes in den deutschen Kernstaat, für die Angleichung ihrer Lebensformen an westliche Verhältnisse, für die Abstimmung ihrer Erfahrungen auf europäisches Lebensgefühl, für die Wiederbegegnung ihrer Menschen mit abendländischem Geist.

Die wirtschaftliche, gesellschaftliche und kulturelle Revolutionierung der Sowjetzone muß dem Gericht der sozialen Gerechtigkeit unterstellt werden. Sozialfortschrittlicher Ausgleichswille vom Westen her hat den Tag des Rechtes und der Freiheit für die bedrängte Ostzonenbevölkerung näherbringen zu helfen und bis dahin Brücken zu schlagen. [...]

Die widerrechtlichen Lostrennungen und Abschnürungen wirtschaftlicher Gebiete des deutschen Organismus haben ungeheure soziale Probleme nach sich gezogen. Die soziale Frage des 20. Jahrhunderts ist ein in diesem Ausmaß nie dagewesenes Flüchtlings- und Vertriebenenproblem. Es ist daher selbstverständlich, daß neben die große nationalpolitische Aufgabe des Ministeriums für die deutsche Einheit die sozial- und gesellschaftspolitische tritt: Die Wiedereingliederung der Millionenschicht entwurzelter

---

121 1949–1957 Jakob Kaiser, der sich in der Tat als „Mahner und Warner" für den Einheitsgedanken verstand und hierfür auch Auseinandersetzungen im Kabinett nicht scheute: vgl. Nr. 51.

Menschen in den eines Tages wieder freiwerdenden oder in den freigebliebenen Gebieten unseres Vaterlandes und damit ihre materielle und seelisch-geistige Existenzsicherung. [...]

Dieser Kernstaat findet seine letzte Rechtfertigung einzig und allein in dem Einigungswerk, das er für alle Deutschen zu leisten hat. Das Provisorium muß so kurz als möglich sein, um unseres Vaterlandes willen. Mehr als fragwürdig ist die Haltung derer, die sich solange von der Mitarbeit dispensieren, bis die deutsche Einheit geschaffen ist. Dieses Provisorium hat die unabdingbare Pflicht, es hat den geschichtlichen Auftrag, in diesem Sinne auch zu handeln. Als Instrument braucht es eine repräsentative Stelle mit allen Mitteln, um in die Breite wirken zu können. Unterlassen wir es, wird die kommende Generation mit denen, die heute dafür Verantwortungen tragen, ins Gericht gehen.

31. Bundestagsdebatte zur Oder-Neiße-Linie, 22. September 1949

VERHANDLUNGEN, Sten. Ber., 1. WP, Bd. 1, 7. Sitzung, S. 58–67, hier S. 66f. (auszugsw. in: ADENAUER-ÄRA, Dok. 1, S. 48–51)

KPD im Deutschen Bundestag – Oder-Neiße-Linie – Einheit Deutschlands

Reimann (KPD): [...]

Wir wollen in Frieden und Freundschaft mit allen Völkern leben und besonders mit den Völkern des Ostens und Südostens. (*Händeklatschen bei der KPD. – Zuruf aus der Mitte: Ihr habt die Heimat von 12 Millionen Menschen vergeben!*) Gerade die Revision[122] stört nicht nur unser Verhältnis gegenüber Polen, sondern bedeutet in der endgültigen Konsequenz den Krieg! (Abg. Renner [KPD]: *Sehr gut!*) Das darf nicht sein! Unser Volk darf nicht in einem dritten Weltkrieg vernichtet werden. (*Lebhafte Zurufe.*) Die Oder-Neiße-Grenze ist die Grenze des Friedens[123]. (*Andauernde erregte Rufe: Pfui!*

---

122 Der Oder-Neiße-Linie.

123 Nach sowjetischer Auffassung hatte das Potsdamer Abkommen (Nr. 3) die Oder-Neiße-Linie als endgültige Westgrenze Polens festgelegt, was auch die Stellungnahme der SED gegenüber den Vertriebenen in der Sowjetzone/DDR bestimmte. So Wilhelm Pieck auf der 8. Tagung des Deutschen Volksrates in Ostberlin, 22.7.1949: „Es sind wohl 11 Mill[ionen] Menschen, die infolge der Grenzziehung, die von den Besatzungsmächten auf den Konferenzen von Yalta [Jalta; Nr. 1] und Potsdam an der Oder und Neiße zwischen Polen und Deutschland vorgenommen wurde, ihre Heimat verloren haben. Mit ihrer Umsiedlung, die auch von den westlichen Besatzungsmächten beschlossen wurde, wurde dem übrigen Deutschland die Verpflichtung auferlegt, den Umsiedlern zu helfen [...]. Diese Verpflichtung ist auch von der Bevölkerung in der sowjetischen Besatzungszone ehrlich erfüllt worden. Im Westen Deutschlands aber wurde den Umsiedlern nicht geholfen. Es wurde ihnen weder Land gegeben noch eine Existenz verschafft. [...] Um nun [die] Empörung der Umsiedler über diese Behandlung zu steuern, sucht man sie mit der Behauptung zu betrügen, daß die Oder-Neiße[-] Grenze wieder aufgehoben wird, und sie in ihre Heimat zurückkehren werden. Das ist ein schamloser Betrug ohnegleichen. Die Leute, die das den Umsiedlern einreden, wissen, daß an dieser Grenze nichts mehr geändert wird, es sei denn, daß der Versuch dazu durch einen neuen Krieg unternommen werden sollte." (Die VERTRIEBENEN IN DER SBZ/DDR, Bd. 3, Nr. 418, S. 367f., hier S. 367).

Pfui! – Lärm. – Glocke des Präsidenten. – Erregte Zurufe: Abtreten! Abtreten!) – Ich trete hier nicht ab, bis ich nicht alles gesagt habe! (*Fortgesetzter Lärm. – Glocke des Präsidenten.*)

Präsident Dr. Köhler [CDU]: Herr Abgeordneter Reimann, ich habe seit gestern – (*Andauernde große Unruhe und Rufe: Pfui! Raus!* – Abg. Strauß [CSU]: *Schickt ihn nach Moskau! Ziehen Sie die Uniform an!* – Abg. Reimann: *Ich werde hier nicht gehen!*) – Meine Damen und Herren! (*Andauernde große Unruhe. – Zurufe: Moskauer Agent! Bezahlter Provokateur!* – Abg. Reimann: *Das sind Sie! – Lärm.*) – Herr Abgeordneter Reimann, Sie haben eben ausgesprochen, daß die Oder-Neiße-Linie die Friedenslinie ist. (*Anhaltende große Unruhe.*) Seitdem gestern hier sämtliche Parteien gesprochen haben, haben sie übereinstimmend die Oder-Neiße-Linie als die deutsche Grenzlinie abgelehnt. Das möchte ich hier einmal festhalten. (*Händeklatschen in der Mitte und rechts.*) Es ist eine Provokation der überwältigenden Mehrheit dieses Hauses, wenn Sie derartige Ausführungen machen. Ich rufe Sie deshalb zur Ordnung! (*Bravorufe und Händeklatschen in der Mitte und rechts. – Zurufe und Lachen bei der KPD.*) Herr Abgeordneter Reimann, ich mache Sie darauf aufmerksam, daß Ihre Redezeit abgelaufen ist. (*Lebhafte Zurufe in der Mitte und rechts: Aufhören! Abtreten!*) Herr Abgeordneter Reimann, – (Abg. Strauß: *Treten Sie ab! Aufhören! – Lärm.*) Herr Abgeordneter Reimann, – (*Anhaltende lebhafte Zurufe: Aufhören! Schluß! Abtreten!* – Abg. Reimann: *Ich gehe hier nicht fort!* – Abg. Strauß: *Aufhören! Abtreten! – Ein Zuhörer, seinem Aussehen nach ein Heimkehrer aus russischer Kriegsgefangenschaft, begibt sich unter erregten Zurufen und Hinweis auf seine Kleidung und seine Schuhe durch die Reihen der Abgeordneten zum Rednerpult. – Ein Teil der Abgeordneten der CDU verläßt den Saal.*) Meine Damen und Herren, ich bitte Platz zu nehmen; die Sitzung ist noch nicht aufgehoben. (*Der Zuhörer wird auf Anweisung des Präsidenten aus dem Saal geführt.* – Abg. Rische [KPD]: *Das ist eine organisierte Provokation!* – Abg. Renner [KPD]: *Der junge Mann war gestern den ganzen Abend hier! Diese Provokation ist seit gestern abend vorbereitet! – Erregte Gegenrufe rechts und in der Mitte.* – Abg. Rische: *Sie sind mitverantwortlich!* – Abg. Reimann: *Sie haben Menschen vergasen lassen! Sie!*) Meine Damen und Herren, ich bitte Sie, mir einen Augenblick zuzuhören! (*Andauernde große Unruhe.*) Auf den Verlauf und den Ausgang dieser Sitzung schaut nicht nur das deutsche Volk, sondern die Welt, und ich bin der Meinung, wir haben diese Sitzung in Würde und Achtbarkeit zu beenden. (*Anhaltende Unruhe. – Zuruf: Das war Landesverrat!*)

[...]

Reimann (KPD): Der Kampf um die Einheit Deutschlands ist das Problem Nr. 1, das vor dem deutschen Volke steht, die Herstellung der Einheit Deutschlands, die Bildung einer gesamtdeutschen Regierung und der Abschluß eines Friedensvertrags mit derselben, – (*Zurufe von der KPD: Sehr wahr! Sehr richtig!*) – dem laut termingemäßer Festlegung der Abzug aller Besatzungstruppen aus ganz Deutschland zu folgen hat. – (Abg. Neumann [SPD]: *Dann müßt ihr aber als erste gehen!*) – Wir erklären uns bereit, für diese Ziele mit allen zu arbeiten und zu kämpfen. Wenn wir ein einheitliches Deutschland haben mit einer einheitlich ausgerichteten demokratischen Wirtschaft, – (*Zuruf rechts: Diktatur von Moskau!*) – dann wird dieser Staat ein friedliebender Staat sein – (Abg. Strauß [CSU]: *Die Minute ist aus!*) – und noch viele Beiträge zum Frieden für Europa und die Welt liefern. (*Glocke des Präsidenten.*)

Präsident Dr. Köhler [CDU]: Herr Abgeordneter Reimann, Ihre Minute ist um. Ich entziehe Ihnen das Wort.

Reimann (KPD): Dieses wird kommen, – (*Lebhafte Rufe: Schluß! Schluß!*) – und viel schneller als Sie es sich überhaupt denken können. (*Lebhafter Beifall bei der KPD. – Anhaltende Pfuirufe in der Mitte und rechts.*)

Präsident Dr. Köhler: Meine Damen und Herren! Der Herr Bundeskanzler hat ums Wort gebeten. Ich erteile ihm das Wort.

Dr. Adenauer, Bundeskanzler: Meine Damen und Herren! Der Herr Abgeordnete Reimann hat erklärt, wenn die katholische Regierung in Polen noch bestünde, würde ich die Revision der Oder-Neiße-Linie nicht fordern. Ich bitte den Herrn Präsidenten, den Abgeordneten Reimann wegen dieser Beleidigung zur Ordnung zu rufen. (*Lebhafte Rufe: Sehr gut! und Händeklatschen.* – Abg. Renner [KPD]: *Alles nach Kommando!*) Ich habe weiter im Namen der Bundesregierung folgende Erklärung abzugeben: Wir bedauern, daß dieser Saal und diese Rednertribüne durch eine solche Rede des Abgeordneten Reimann, die den deutschen Interessen absolut zuwiderläuft, entweiht worden sind. (*Lebhafte Zustimmung und Händeklatschen.*)

[...]

32. Adenauer an McCloy zur Oder-Neiße-Grenze, 24. August 1950

ADENAUER, Briefe 1949–1951, Nr. 296, S. 263

Anerkennung der Oder-Neiße-Grenze durch die DDR – Rechtsverwahrung der Bundesregierung

Herr Hoher Kommissar!

Am 6. Juli 1950 wurde zwischen den Regierungen der sogenannten Deutschen Demokratischen Republik und der Republik Polen ein Abkommen[124] geschlossen, durch das die sogenannte Oder-Neiße-Linie als Staatsgrenze zwischen Deutschland und Polen anerkannt wird. Der Wortlaut dieses Abkommens ist in der Anlage in Übersetzung beigefügt.

Die Bundesregierung legt gegen dieses Abkommen Verwahrung ein. Sie stützt sich dabei auf folgende Rechtsgründe:

Nach den Erklärungen der Alliierten vom 5. Juni 1945 hat Deutschland nicht aufgehört, als Staat nach dem Gebietsstand vom 31. Dezember 1937 zu bestehen[125]. Das Gebiet östlich der Oder und Neiße ist demnach ein Teil Deutschlands. Wenn dieses Gebiet gemäß dem Potsdamer Abkommen[126] als Teil der sowjetischen Besatzungszone der Republik Polen zur einstweiligen Verwaltung übergeben wurde, so geschah dies unter dem Vorbehalt, daß der Gebietsstand Deutschlands nur durch einen Friedensvertrag geändert werden kann. Die Regierung der sogenannten Deutschen Demokratischen Republik ist nicht berechtigt, vertragliche Bindungen einzugehen, die dem Friedensvertrag vorgreifen und die auch beim Abschluß eines Friedensvertrages nur von einer auf

[124] Görlitzer Abkommen: vollst. Abdr. in EUROPA, Dok. 24, S. 107f.

[125] Sog. Berliner Deklaration. Vgl. Nr. 2 u. die Karte „Deutschland nach 1945" (Nr. 6).

[126] Nr. 3.

freie demokratische Wahlen sich stützenden und den Mehrheitswillen des deutschen Volkes verkörpernden Regierung eingegangen werden können. Diese Voraussetzung wird von der provisorischen Regierung der Bundesrepublik Deutschland in keiner Weise erfüllt. Die Regierung der Bundesrepublik Deutschland betrachtet daher das oben genannte Abkommen über die Festlegung der Staatsgrenze zwischen Deutschland und Polen als rechtswidrig und ungültig.

Ich bitte Sie, Herr Hoher Kommissar, vorstehende Erklärung den alliierten Regierungen sowie allen Regierungen zur Kenntnis bringen zu wollen, mit denen die alliierten Mächte Beziehungen unterhalten.

[...]

B. Wirtschaftliche und politische Integration der Bundesrepublik

33. Debatte im Deutschen Bundestag über Petersberger Abkommen und Westintegration, 15. November 1949

Deutsche Parlamentsdebatten, Bd. 3, Dok. 1, S. 31–93, hier S. 83–85 u. 88f.

Ruhrstatut und Petersberger Abkommen[127] *– Politik des Junktims – Westbindung*

Dr. Schmid (SPD): [...]

Meine Damen und Herren! Man kann sich über die verschiedenen Ziele der Außenpolitik weidlich streiten. Man kann auch der Meinung sein, dieses Ziel habe vor jenem den Vorrang. Aber über eines sollten wir einmütig sein, nämlich über die Wendigkeit einer Methode in der Außenpolitik. Ich glaube, daß eine ausgiebige Diskussion darüber vielleicht der Regierung hätte helfen können. Zur Methode gehört, daß man sich über die Rangordnung der politischen Probleme und der politischen Aufgaben klar ist. Solange man das nicht ist, läuft man Gefahr, herumzutasten und die spezifischen Gewichte der einzelnen Probleme nicht richtig zu erfassen. Das Problem Nr. 1 ist, zu verhindern, daß Deutschland russisch wird – (*Sehr richtig! bei der SPD und in der Mitte.*) – und das Problem Nr. 2 ist die Förderung der Bildung der Vereinigten Staaten von Europa. (*Erneute lebhafte Zustimmung bei der SPD und in der Mitte.*)

[...]

Lassen Sie mich noch etwas sagen zu der Methode, die von der Seite unserer Gesprächspartner beliebt wird. Das ist die Methode des Junktims, indem man zum Beispiel den Stopp der Demontagen vom Beitritt Deutschlands zum Ruhrstatut abhängig macht[128]. Ich will mich zum Materiellen hier nicht äußern. Ich meine aber: Die Regierung sollte es sich angelegen sein lassen, sich nicht auf diesen Weg treiben zu lassen.

127 Vgl. oben S. 60, Anm. 98 (Ruhrstatut) u. oben S. 66 (Petersberger Abkommen vom 22.11.1949).
128 Vgl. oben S. 66f.

Denn wenn wir uns darauf einlassen, werden wir niemals eine selbständige Politik in Deutschland machen können – denn wir werden dann immer wieder ein Junktim vorgesetzt bekommen! Bei dieser Methode ist es aber ausgeschlossen, saubere Lösungen für die echten Probleme zu finden. Darum meinen wir, daß gelegentlich gerade aus Gründen konstruktiven Wollens ein Nein notwendig sein könnte. [...]

Freundschaft mit Frankreich, ja! Wir haben schon bei der großen Debatte zur Regierungserklärung darüber gesprochen. Aber, meine Damen und Herren, diese Freundschaft wird nur dann etwas sein, was nicht nur in der Sentimentalität wurzelt, wenn diese Freundschaft auf die Wahrheit gebaut wird. Wir sollten das Wort Iphigenies über die Grenzen rufen: Zwischen uns sei Wahrheit! – (*Händeklatschen bei der SPD.*) – Wir gründen aber diese Freundschaft nicht auf die Wahrheit, wenn wir zugeben, daß man von uns verlangt, anzuerkennen, daß die einseitige Bildung des Saarprotektorats[129] ein Akt des Rechtes sei, und wir gründen diese Freundschaft nicht auf die Wahrheit, wenn wir durch unseren Beitritt zu diesem Ruhrstatut anerkennen sollen, daß wir dieses Instrument einseitiger Interessenpolitik für einen rechten Weg nach Europa halten.

[...]

Dr. Adenauer, Bundeskanzler: [...]

Nun, meine Damen und Herren, wenn ich die Herren Dr. Schumacher und Dr. Schmid höre, dann frage ich mich manchmal: Wer hat eigentlich den Krieg verloren, wir oder die anderen? Mir ist es nicht ganz klar. Es wird verboten, ein Junktim zu machen. – (*Zuruf von der SPD: Was heißt „verboten"?*) – Ja, meine Damen und Herren, dann hören die anderen eben zu verhandeln auf! Das ist doch eine ganz einfache Sache! Und, meine Damen und Herren, wenn von der anderen Seite gesagt wird: Wir wollen euch in den und den und den und den Punkten dann entgegenkommen, wenn ihr uns davon überzeugt, daß ihr unserm Sicherheitsverlangen – es mag begründet sein oder nicht – nachkommt, ja, meine Damen und Herren, wer würde anstelle der anderen nicht genauso sprechen? Soll ich denn in dem Augenblick sagen: Über Sicherheitsbedürfnisse wird nicht gesprochen! Ihr habt die Demontagen aufzuheben! Ihr habt uns zu gestatten, Seeschiffe zu bauen! Ihr habt uns zu gestatten, Konsuln zu ernennen[130], und über das andere sprechen wir später einmal! – Wie stellen Sie sich solche Verhandlungen vor? Sehen Sie, meine Damen und Herren, das hat ja – das muß ich anerkennen – Herr Dr. Schmid meisterhaft verstanden, den sehr schwächlichen Eindruck der Ausführungen des Herrn Dr. Schumacher wieder wettzumachen. – (*Lebhafter Beifall bei der CDU. – Zuruf links: Das ist wohl eine humoristische Einlage da vorn?*)

[...]

Das Ruhrstatut ist doch in der Welt, und keine Macht in der Welt – wenigstens wir nicht – kann das Ruhrstatut aus der Welt schaffen. Wir können das Ruhrstatut, gegen das ich meine schwersten Bedenken habe, nur dadurch aus der Welt schaffen, daß wir uns mit den Alliierten zusammensetzen und versuchen, sie durch unsere Zusammenarbeit davon zu überzeugen, daß an dem Ruhrstatut Änderungen vorgenommen werden müssen. – (*Lebhafter Beifall in der Mitte.*)

---

129 Frankreich verwaltete seit Januar 1946 die Saargruben und hatte seither versucht, eine Lostrennung des Saarlandes, das politisch und wirtschaftlich unter französischen Einfluß geraten war, von Deutschland zu betreiben. – Vgl. zum Saarstatut von 1954 unten S. 158, Anm. 324.

130 Einige der Beschränkungen des Besatzungsstatuts (Nr. 28), die durch das Petersberger Abkommen vom 22. November 1949 aufgehoben oder gelockert wurden.

[...]

Sehen Sie, meine Damen und Herren, kann man nach solchen Ausführungen, wie sie Herr Dr. Schumacher in der Presse und in Interviews gemacht hat, indem er mich in der gröblichsten Weise heruntergesetzt hat und indem er von vornherein alles, was ich tue, als Blödsinn und Scharlatanerie erklärt hat – Scharlatanerie, meine Damen und Herren, das bedeutet Spiegelfechterei, auch gegenüber dem Ausland –, [...] kann man da glauben, daß man bereit ist, mit uns zusammen ernstlich und ehrlich Politik zu machen? Ich habe nach den heutigen Vorgängen diese Überzeugung nicht! [...] Meine Damen und Herren! Ich muß ihnen aufrichtig und ehrlich sagen, daß ich über den Verlauf der Debatte erschüttert bin. – (*Zurufe in der Mitte: Wir auch!* – Abg. Dr. Schumacher: *Wir sind nicht erschüttert!*) – Meine Damen und Herren, seien Sie sich darüber klar, daß tatsächlich mit dem Ergebnis der Pariser Konferenz[131], wie es mir mitgeteilt ist – einen Teil der Mitteilung habe ich Ihnen schon wiedergeben können –, in Wahrheit eine neue Etappe in der Behandlung der Bundesrepublik Deutschland begonnen hat. – (*Sehr richtig!*)

[...]

34. Jean Monnet über die Hintergründe des Schuman-Plans im April 1950 (1978)

MONNET, Erinnerungen, S. 370–373

Entschärfung des deutsch-französischen Gegensatzes – gemeinsame Kontrolle der Kohle- und Stahlvorkommen

[...]

In Europa hieß die Gefahr noch immer Deutschland, doch diesmal nicht durch sein eigenes Zutun, sondern durch die Schuld der anderen, der Mächte, die es wie ein Spieleinsatz behandelten. Die Amerikaner, so glaubte ich, versuchten, die neue Bundesrepublik in ein westliches politisches und militärisches System zu integrieren, und die Russen würden sich dem mit allen Mitteln widersetzen. Frankreichs Komplexe würden noch wachsen. Gerade im Blick auf Deutschland mußte also ein positiver Schock hervorgerufen werden:

„Die deutsche Lage wird rasch in der nächsten Zukunft zu einem Krebsgeschwür für den Frieden werden, und für Frankreich sogar sofort, wenn man die Entwicklung für die Deutschen nicht auf Hoffnung und Mitarbeit mit den freien Völkern hinlenkt. Man darf nicht versuchen, das deutsche Problem mit den gegenwärtigen Gegebenheiten zu regeln. Man muß die Gegebenheiten ändern, indem man sie umbildet.“[132]

[...]

131 Außenministerkonferenz der drei Westmächte vom 9. bis 10. November 1949, auf der vereinbart wurde, die Befugnisse der Bundesrepublik zu erweitern und diese in die europäische Gemeinschaft zu integrieren.

132 Auch das folgende Zitat aus dem Memorandum Monnets vom 3. Mai 1950 (in abweichender Übers. abgedr. in: AUFBAU, Dok. 6, S. 47–49, hier S. 47 u. 48), auf dem der spätere Schuman-Plan fußte.

Die Dinge waren verwickelt. Man mußte einen Faden herausziehen, der einige Knoten löste, und nach und nach würde auch der Rest in Ordnung kommen. Doch was war der Faden im Gewirr der französisch-deutschen Beziehungen? [...]

„Die Fortsetzung des französischen Aufbaus wird unterbrochen, wenn die Frage der deutschen Industrieproduktion und seiner Konkurrenzfähigkeit nicht rasch geregelt wird. [...]

Es genügt, diese Fakten anzuführen, um kein Bedürfnis mehr zu verspüren, die Konsequenzen in allen Details auszumalen: Deutschland auf dem Weg der Expansion; deutsches Dumping beim Export; Forderung nach Protektion der französischen Industrien; verzögerter Ausbau des Warenaustauschs; Wiedereinführung der Vorkriegskartelle[133]; vielleicht eine Orientierung der deutschen Expansion nach Osten als Vorspiel für politische Abkommen[134]; Frankreich wieder auf den alten Wegen einer begrenzten und protektionistischen Produktion.“

An der Stelle, an der ich saß[135], sah ich deutlich die ersten Anzeichen für diesen französischen Rückzug. [...] Ich für mein Teil begann klar zu sehen: Die Aktion mußte sich auf den Punkt beziehen, wo das Mißverständnis am greifbarsten war, wo sich bereits wieder die Fehler der Vergangenheit zu häufen begannen. Wenn man bei uns die Furcht vor einer deutschen industriellen Vorherrschaft beseitigen könnte, wäre das größte Hindernis für die Einigung Europas weggeräumt. Eine Lösung, die der französischen Industrie die gleiche Ausgangsbasis wie der deutschen einräumte, während man diese von den aus der Niederlage entstandenen Diskriminierungen befreite, würde die ökonomischen und politischen Bedingungen für eine Entente schaffen, die für Europa unerläßlich war. Darüber hinaus könnte sie sogar das Ferment zu einer europäischen Einheit werden.

[...]

35. Erklärung des französischen Außenministers Schuman, 9. Mai 1950

SICHERHEITSPOLITIK, Bd. 2, S. 500–502, hier S. 500f.

Schuman-Plan – Beseitigung des deutsch-französischen Gegensatzes – europäische Integration

[...]

Europa läßt sich nicht mit einem Schlage herstellen und auch nicht durch eine einfache Zusammenfassung: Es wird durch konkrete Tatsachen entstehen, die zunächst eine Solidarität der Tat schaffen. Die Vereinigung der europäischen Nationen erfordert, daß der Jahrhunderte alte Gegensatz zwischen Frankreich und Deutschland[136] ausgelöscht wird. Das begonnene Werk muß in erster Linie Deutschland und Frankreich erfassen.

---

[133] In der Weimarer Republik und radikal nach der nationalsozialistischen Machtergreifung betriebene Kartellpolitik, so im Bergbau und der Schwerindustrie.

[134] Anspielung auf die Möglichkeit einer neuen deutschen Rapallo-Politik (Vertrag von Rapallo zwischen Deutschland und der Sowjetunion vom 16.4.1922), also der politischen Hinwendung zu Rußland mangels Handlungsspielraum im Westen.

[135] Amt für wirtschaftliche Planung im französischen Wirtschaftsministerium.

[136] Adenauer selbst hat die Hintergründe des Schuman-Plans in einem Brief an Franz Etzel vom 27.6.1950 (abgedr. in: ADENAUER-ÄRA, Dok. 4, S. 56) auf die treffende Formel gebracht: „Im

Zu diesem Zweck schlägt die französische Regierung vor, in einem begrenzten, doch entscheidenden Punkt sofort zur Tat zu schreiten.

Die französische Regierung schlägt vor, die Gesamtheit der französisch-deutschen Kohlen- und Stahlproduktion unter eine gemeinsame Oberste Aufsichtsbehörde (Haute Autorité) zu stellen, in einer Organisation, die den anderen europäischen Ländern zum Beitritt offen steht.

Die Zusammenlegung der Kohlen- und Stahlproduktion wird sofort die Schaffung gemeinsamer Grundlagen für die wirtschaftliche Entwicklung sichern – die erste Etappe der europäischen Föderation – und die Bestimmung jener Gebiete ändern, die lange Zeit der Herstellung von Waffen gewidmet waren, deren sicherste Opfer sie gewesen sind.

Die Solidarität der Produktion, die so geschaffen wird, wird bekunden, daß jeder Krieg zwischen Frankreich und Deutschland nicht nur undenkbar, sondern materiell unmöglich ist. Die Schaffung dieser mächtigen Produktionsgemeinschaft, die allen Ländern offensteht, die daran teilnehmen wollen, mit dem Zweck, allen Ländern, die sie umfaßt, die notwendigen Grundstoffe für ihre industrielle Produktion zu gleichen Bedingungen zu liefern, wird die realen Fundamente zu ihrer wirtschaftlichen Vereinigung legen.

Diese Produktion wird der gesamten Welt ohne Unterschied und Ausnahme zur Verfügung gestellt werden, um zur Hebung des Lebensstandards und zur Förderung der Werke des Friedens beizutragen. [...]

So wird einfach und rasch die Zusammenfassung der Interessen verwirklicht, die für die Schaffung einer Wirtschaftsgemeinschaft unerläßlich ist, und das Ferment einer weiteren und tieferen Gemeinschaft den Ländern eingeflößt, die lange Zeit durch blutige Fehden getrennt waren.

Durch die Zusammenlegung der Grundindustrien und die Errichtung einer neuen Obersten Behörde, deren Entscheidungen für Frankreich, Deutschland und die anderen teilnehmenden Länder bindend sein werden, wird dieser Vorschlag den ersten Grundstein einer europäischen Föderation bilden, die zur Bewahrung des Friedens unerläßlich ist.

[...]

Schumanplan hat das Primat die Politik. [...] Hauptzweck des französischen Vorschlags ist die dauernde Bereinigung aller Streitfragen zwischen Deutschland und Frankreich. Mit den Worten ‚Kohle und Eisen' verbindet sich der Gedanke ‚Rüstung und Krieg'. Die mit diesem Gedanken verbundenen Gefahrenpunkte sollen ausgeschaltet werden. Der Schumanplan ist die einzige Möglichkeit, Westeuropa zu fördern."

36. Witzenhausener Proklamation des Nauheimer Kreises um Ulrich Noack[137], 18. Mai 1950

Die WELT SEIT 1945, T. 1, S. 225–227

Gegensatz zur Westbindung – Neutralisierung Deutschlands – Wiedervereinigung

I. Die Freunde der Neutralisierung Deutschlands gehen davon aus, daß der Kalte Krieg zwischen unseren vier Okkupationsmächten durch einen Friedensschluß beendet werden soll, der von Dauer sein kann. Die Wiedervereinigung Deutschlands ist unser oberstes Ziel. Sie kann aber erst durch einen solchen Friedensschluß erreicht werden. Dieser Ausgleich der vier Mächte untereinander und ihr Friedensschluß mit Deutschland ist nur möglich, wenn weder die Union der atlantischen Westmächte noch die Sowjetunion mit ihren Bundesgenossen fürchten müssen, das wiedervereinigte Deutschland später einmal als Bundesgenossen der anderen Seite gegen sich kämpfen zu sehen.

II. Die Neutralisierung Deutschlands soll darum eine der grundlegenden Bestimmungen dieses Friedensschlusses sein. Sie bedeutet, daß ein wiedervereinigtes Deutschland keinerlei Abmachungen mit anderen Mächten im Sinne von Militärbündnissen oder regionalen Sicherheitspakten abschließen darf, die eine eindeutige Parteinahme für Ost und West zur Folge haben könnten. Dadurch soll den Okkupationsmächten die Zustimmung zur Wiedervereinigung Deutschlands und zu seiner Räumung, ein Jahr nach diesem Friedensschluß, erleichtert werden. Ohne diese Wiedervereinigung, Räumung und Neutralisierung Deutschlands ist eine wirkliche Entspannung zwischen den Weltmächten nicht möglich. Sie ist darum ein Weltinteresse und eine unentbehrliche Grundlage eines dauernden Friedens.

III. Damit die Sorge vor einem Bürgerkrieg in Deutschland nicht zum Grund gegen einen solchen Friedensschluß werden muß, sollte schon bei den Friedensverhandlungen als Hauptpunkt die Errichtung von Polizeikräften in allen deutschen Ländern und ihre etwa gleichmäßige Bewaffnung beraten und beschlossen werden. Diese Bewaffnung darf aber in keiner Zone kriegsmäßig sein.

[...]

IV. Damit der Streit um die verschiedenen Sozial- und Wirtschaftsverfassungen in West- und Ostdeutschland nicht zum Grund gegen den Friedensschluß werden muß, soll durch den Friedensvertrag selber sowohl die Sicherung und Wahrung der Menschen- und Bürgerrechte verbürgt, als auch die Beibehaltung der sozialen und wirtschaftlichen Entwicklung Ostdeutschlands in ihren Grundzügen ermöglicht werden. Ihre Weiterentwicklung soll der künftigen demokratischen Entscheidung der Ostzonenbevölkerung überlassen werden und einem Mehrheitsbeschluß einer gesamtdeutschen Nationalversammlung entzogen bleiben. Eine solche Wahrung von „Reservatrechten" soll durch die föderative Struktur eines wiedervereinigten Deutschlands gesichert sein.

Zum Ausgleich für die Sicherung dieser Reformen soll in dem gleichen Friedensvertrag die unabhängige und selbständige Organisation und Wirksamkeit auch der anderen Parteien neben der Sozialistischen Einheitspartei (SED) gewährleistet werden, und auch die Aufstellung neuer politischer Parteien in Ostdeutschland wie in Westdeutschland

[137] 1948 in Bad Nauheim durch den Würzburger Geschichtsprofessor Noack gegründete neutralistische Vereinigung.

zulässig und unbehindert sein (in Übereinstimmung mit Artikel 51[138] der Verfassung der DDR).

[...]

IX. Die Ausflucht, man könne den Frieden erhalten durch die vorläufige Teilung Deutschlands mit der Einfügung Westdeutschlands in eine westliche Union, die sich dabei „stark"[139] macht, um Ostdeutschland irgendwann einmal irgendwie zurückzugewinnen, ist eine Illusion, die mit dem Risiko des Krieges spielt. Auf keinen Fall dürfen wir also früher über Kohle und Eisen[140] und westeuropäisch-atlantische Bedingungen verhandeln, als über die Bedingungen einer Wiedervereinigung mit Ostdeutschland. Die Wiedervereinigung Deutschlands muß bei aller deutschen auswärtigen Politik der erste aller Vorbehalte sein. Westeuropäisch-atlantische Wirtschaftsvorteile dürfen nicht zur Abfindung an Westdeutschland für die dauernde Teilung Deutschlands, auch nicht „bis auf weiteres" werden. [...]

C. Sowjetisierung der DDR und Deutsche Frage

37. Beschluß des Demokratischen Blocks zu den Wahlen im Oktober 1950, 7. Juli 1950

Neues Deutschland v. 8. Juli 1950 nach: DDR-GESCHICHTE, Dok. P22, S. 63f.

Wahlen für die Volkskammer, für die Landtage sowie die Kreis- und Gemeindeparlamente am 15.10.1950 – Einheitslisten der Blockparteien

Der Demokratische Block, die Einheitsfront der antifaschistisch-demokratischen Parteien[141], trat am Donnerstag, 6. Juli, unter dem Vorsitz von Otto Nuschke zu einer Sitzung zusammen, um zu den Wahlvorbereitungen für den Großwahltag am 15. Okto-

138 Allgemeine, gleiche, unmittelbare und geheime Wahl der Abgeordneten der Volkskammer. Vgl. demgegenüber zu den Einheitslisten Nr. 37.

139 Hinweis auf Adenauers „Politik der Stärke" gegenüber der Sowjetunion. Vgl. Nr. 54.

140 Gemeint ist der Schuman-Plan. Vgl. Nr. 34–35.

141 Die im Juli 1945 gegründete *Einheitsfront* – ein Instrument zur Beeinflussung der Parteien in der Sowjetzone – war ein ständiges Gremium, das die Mitgliedsparteien verpflichtete, im Konsens zu arbeiten. Im Juni 1949 wurde die nun ganz unter SED-Einfluß stehende Einheitsfront in *Demokratischer Block der Parteien und Massenorganisationen* umbenannt und umfaßte seit 1948 auch DBD, NDPD und FDGB (vgl. unten Anm. 144) sowie seit Juli 1950 die FDJ. Der Demokratische Block bildete den organisatorischen Kern der Anfang Oktober 1949 gegründeten *Nationalen Front*, die außer den Blockparteien auch die maßgeblichen Verbände und Massenorganisationen umfaßte (wie unten Anm. 144). Mit der Nationalen Front standen den ostdeutschen Wählern seit Oktober 1950 lediglich Einheitslisten zur Verfügung – das zuvor festgelegte prozentuale Endergebnis konnte durch Wahlentscheid nicht verändert werden. Für die Abwicklung der ‚Wahlen' in der DDR zeichnete fortan das Leitungsgremium der Nationalen Front (Nationalrat) mit seinen Regionalausschüssen verantwortlich.

ber dieses Jahres Stellung zu nehmen. Angesichts der überaus ernsten Weltlage[142], wo der amerikanische Aggressor ein kleines Land wie Korea mit seinen Flugzeuggeschwadern, seinen Seestreitkräften und seinen Divisionen mit Krieg überzieht, wo er in Formosa völkerrechtswidrig die Reste der Tschiangkaischeck-Truppen unter seinen militärischen Schutz nimmt und wo er in Vietnam ein altes freiheitsliebendes Kulturvolk durch seine Waffenhilfe an seine kolonialen Peiniger weiter knechten hilft, ist die Kriegsgefahr auf den Höhepunkt gestiegen. Nur durch die entschlossene Friedensliebe der Sowjetunion, die als Vorkämpferin des Friedens an der Nichteinmischung in die inneren Verhältnisse anderer Länder festhält, ist bisher eine Lokalisierung der durch den amerikanischen Imperialismus vom Zaune gebrochenen Konflikte ermöglicht worden.

Andererseits steht die Deutsche Demokratische Republik vor der Fortführung und Vertiefung ihrer Verständigungspolitik, wie sie in den Abkommen[143] mit den friedliebenden Nationen des Ostens zum Ausdruck kommt, und in ihrer Aufbauarbeit aus eigener Kraft. Innenpolitisch und außenpolitisch erfordert darum die Lage ein rückhaltloses Zusammenstehen aller fortschrittlichen Aufbaukräfte in der Deutschen Demokratischen Republik. Geleitet von diesen Erwägungen hat darum der Demokratische Block einmütig die Vorschläge der Parteiführer für die Wahlen am 15. Oktober gebilligt.

Für die Volkskammer wird an der im Artikel 52 der Verfassung der Deutschen Demokratischen Republik festgesetzten Abgeordnetenzahl von 400 Mitgliedern festgehalten. Sie verteilen sich in dem vereinbarten gemeinsamen Wahlvorschlag prozentual wie folgt[144]:

SED	25 vH	NDPD	7,5 vH
FDJ	5 vH	Kulturbund	5 vH
CDU	15 vH	DBD	7,5 vH
DFD	3,7 vH	VdgB	1,3 vH
LDP	15 vH	FDGB	10 vH
VVN	3,7 vH	Genossenschaften	1,3 vH

Für die Landtage, Kreistage und Gemeindevertretungen gilt ein ähnlicher Schlüssel.
[...]

142 *Zu Korea:* Am 25. Juni 1950 begann der nordkoreanische Angriff auf Südkorea und in der Folge die militärische Intervention der UNO unter Führung der USA. Vgl. Nr. 41. – *Zu Formosa:* Im Dezember 1949 hatte sich die von den Kommunisten geschlagene nationalchinesische Regierung unter ihrem Führer Chiang Kai-shek nach Taiwan (= franz. Formosa) zurückgezogen und politisch an die USA gebunden, die in den folgenden Jahren Taiwan zu einer strategischen Basis ihres Verteidigungssystems in Südostasien ausbauten. – *Zu Vietnam:* Gemeint sind die seit 1946 andauernden Kämpfe gegen die französische Kolonialherrschaft in Vietnam (Indochinakrieg, 1946–1954), die nach der Genfer Indochinakonferenz (1954) durch die Teilung Vietnams zunächst beigelegt wurden. Gegen das kommunistische Nordvietnam gerichtet, unterstützten die USA den westlich geprägten Süden des Landes, zumal seit 1957 der Guerillakrieg gegen Südvietnam erneut entbrannte.

143 So das Görlitzer Abkommen zwischen DDR und Polen vom 6. Juli 1950 (vgl. Nr. 32).

144 FDJ = Freie Deutsche Jugend; DFD = Demokratischer Frauenbund Deutschlands; LDP = Liberal-Demokratische Partei; VVN = Vereinigung der Verfolgten des Naziregimes; NDPD = National-Demokratische Partei Deutschlands; DBD = Demokratische Bauernpartei Deutschlands; VdgB = Vereinigung der gegenseitigen Bauernhilfe; FDGB = Freier Deutscher Gewerkschaftsbund.

38. Rede Wilhelm Piecks auf dem III. Parteitag der SED, 20. Juli 1950

Die WELT SEIT 1945, T. 1, S. 245 (auszugsw.)

Westbindung und Wiederbewaffnung der Bundesrepublik – „Ostbindung" der DDR – Potsdamer Abkommen – deutschlandpolitische Maximalziele

[Die Aufgaben der Außenpolitik der DDR:]

1. Kampf für den Frieden, für das Verbot der Atomwaffe und für die Erklärung der Regierung zu Kriegsverbrechern, die als erste die Atomwaffe anwendet. Unversöhnlicher und aktiver Kampf gegen die Kriegsbrandstifter in Deutschland. Als Verbrechen am deutschen Volke erklären wir alle Verpflichtungen und Abkommen, die auf die Einbeziehung Deutschlands in einen neuen Krieg und in aggressive Kriegsblocks – einschließlich des Europarats, des Nordatlantikpaktes und des Schuman-Plans[145] – gerichtet sind. Keine dieser Verpflichtungen und keines dieser Abkommen wird von uns jemals als rechtskräftig anerkannt werden. Wir bekennen uns zur vollen und unbegrenzten Unterstützung der Kräfte in der ganzen Welt, die für den Frieden, die Gleichberechtigung und Freundschaft zwischen den Völkern eintreten.

2. Kampf für den schnellsten Abschluß eines gerechten Friedensvertrages mit Deutschland und darauffolgender Abzug aller Besatzungstruppen aus Deutschland.

3. Wiederherstellung der politischen und wirtschaftlichen Einheit Deutschlands auf demokratischen und friedlichen Grundlagen.

4. Enge und unzerstörbare Freundschaft Deutschlands mit der großen Sowjetunion, dem Bollwerk des Friedens und der Demokratie in der ganzen Welt. Allseitige Entwicklung unserer wirtschaftlichen und kulturellen Beziehungen zur Sowjetunion.

5. Freundschaft mit den Ländern der Volksdemokratie, der Chinesischen Volksrepublik, Korea, Vietnam und allen friedliebenden Völkern und Entfaltung unserer wirtschaftlichen und kulturellen Beziehungen zu ihnen.

6. Herstellung freundschaftlicher Beziehungen zu allen Ländern, die eine Friedenspolitik betreiben und die nationalen Interessen des deutschen Volkes anerkennen.

7. Volle und bedingungslose Anerkennung der Potsdamer Beschlüsse über die Demokratisierung Deutschlands und die in ihnen vorgesehenen Verpflichtungen Deutschlands[146] gegenüber anderen Völkern.

8. Aufrichtige und gewissenhafte Erfüllung der internationalen Verpflichtungen, die die Deutsche Demokratische Republik in ihren Abkommen mit anderen Ländern eingegangen ist.

9. Freier und ungehinderter Zugang Deutschlands zu den Weltmärkten. Besondere Förderung der Handelsbeziehungen Deutschlands mit der Sowjetunion, China und den Ländern Ost- und Südosteuropas als den natürlichen Handelspartnern Deutschlands. [...]

10. Allseitige Stärkung der Deutschen Demokratischen Republik als Bollwerk des Friedens und der Demokratie in Deutschland.

---

145 Vgl. Nr. 40ff. (Wiederbewaffnung) u. Nr. 34–35 (Schuman-Plan).

146 Vor allem auf die Reparationsverpflichtungen gegenüber der UdSSR abzielende Formulierung. Vgl. oben S. 47, Anm. 71 u. S. 49, Anm. 74.

39. Vorlage des sowjetischen Außenministeriums[147] für Stalin, 28. August 1951

LOTH, Entstehung, Dok. 7, S. 76–79

„Grotewohl-Brief" (Nr. 44) – Kampagne „Deutsche an einen Tisch" – Entstehung der Stalin-Note (Nr. 53) – Entwurf eines Friedensvertrages mit Deutschland

[...]

Am 30. Juli [1951] haben Pieck, Ulbricht und Grotewohl in der Besprechung[148] mit den Gen[ossen] Tschujkow und Iljitschow den Wunsch geäußert, daß die Sowjetregierung den Abschluß eines Friedensvertrages mit Deutschland vorschlagen und die Grundlagen dieses Vertrages veröffentlichen solle. [...]

Die genannten Vorschläge der deutschen Freunde sind nach Ansicht des MID[149] der UdSSR im Prinzip richtig. Die Veröffentlichung des sowjetischen Entwurfs der Grundlagen eines Friedensvertrages mit Deutschland würde eine konkrete Plattform des Kampfes für ein vereintes demokratisches Deutschland und gegen die Unterjochung Westdeutschlands durch die anglo-amerikanischen Imperialisten abgeben. [...]

Davon ausgehend, stellt das MID folgende Anträge:

1. Im Zusammenhang mit der Beschleunigung der Remilitarisierung Westdeutschlands durch die Regierungen der USA, Großbritanniens und Frankreichs und mit der Absicht, zum 1[2]. September[150] eine Sondertagung der Außenminister dieser Länder nach Washington einzuberufen, wäre es zweckmäßig, die Kampagne für eine Vereinigung Deutschlands auf demokratischer und friedlicher Basis zu aktivieren. Dafür könnte man den deutschen Freunden empfehlen, daß die Volkskammer der DDR an das Bonner Parlament (Bundestag) den Vorschlag richtet, eine Konferenz von Vertretern der DDR und Westdeutschlands einzuberufen, um die Frage der Durchführung gesamtdeutscher Wahlen zu einer Nationalversammlung mit dem Ziel der Bildung eines einheitlichen und demokratischen Deutschlands zu diskutieren.

[...]

Bekanntlich wandte sich der Ministerpräsident der DDR Grotewohl am 31. November 195[0][151] an Adenauer mit dem Vorschlag, den Gesamtdeutschen Konstituierenden Rat einzuberufen. Mit dem gleichen Vorschlag wandte sich auch die Volkskammer der DDR am 30. Januar 1951 an das Bonner Parlament (Bundestag). Sowohl Adenauer als auch der Bundestag lehnten die Vorschläge Grotewohls und der Volkskammer der DDR ab. Dennoch haben diese Vorschläge eine breite öffentliche Resonanz nicht nur in der DDR, sondern auch in Westdeutschland hervorgerufen und eine Bewegung unter der deutschen Bevölkerung unter dem populär gewordenen Motto „Deutsche an einen Tisch" aktiviert.

Die Ablehnung der Vorschläge Grotewohls und der Volkskammer durch Adenauer und das Bonner Parlament aus demagogischen Gründen wurde mit der Notwendigkeit

---

147 Semjonow, Gribanow, Puschkin an Außenminister Wyschinski.

148 Vgl. hierzu die Notizen von W. PIECK (–, Aufzeichnungen, Dok. 122, S. 371–373).

149 Ministerstvo Inostrannych Del = Ministerium für Auswärtige Angelegenheiten.

150 In der Vorlage: „10. September". – Außenministerkonferenz der drei Westmächte in Washington vom 10. bis 14.9.1951 über einen westdeutschen Verteidigungsbeitrag (Nr. 40ff.) und die Ablösung des Besatzungsstatuts (Nr. 28) durch einen Deutschlandvertrag (Fassung von 1952: Nr. 52).

151 In der Vorlage „1951". Der „Grotewohl-Brief": Nr. 44.

der Durchführung freier gesamtdeutscher Wahlen als Vorbedingung für die Vereinigung Deutschlands begründet. [...]

Ein neuer Appell der Volkskammer an das Bonner Parlament mit dem Vorschlag, eine gesamtdeutsche Konferenz durchzuführen, würde die demagogischen Manöver der Bonner Regierung und der westlichen Besatzungsmächte in der Frage gesamtdeutscher Wahlen entlarven.

Gleichzeitig würde der Aufruf der Volkskammer die Bewegung des deutschen Volkes für eine Wiedervereinigung Deutschlands auf friedliebender und demokratischer Grundlage stärken und die Realisierung der anglo-amerikanischen Pläne zur Remilitarisierung Westdeutschlands und dessen Einbeziehung in den Nordatlantikpakt behindern.

Im neuen Appell der Volkskammer könnte man die Forderung nach Parität der Vertreter der DDR und Westdeutschlands als Bedingung für die Einberufung der Gesamtdeutschen Konferenz nicht stellen.

Aller Wahrscheinlichkeit nach wird das Bonner Parlament unter dem Druck der Amerikaner und Engländer auch diesen neuen Aufruf der Volkskammer zur Durchführung der Gesamtdeutschen Konferenz über die Frage der Wahlen ablehnen. Mit der Ablehnung dieses Aufrufs entlarven sich aber die Regierenden in Bonn als Spalter und Brandstifter eines Krieges von Deutschen gegen Deutsche, was von unseren Freunden im Laufe der massenpolitischen Kampagne entsprechend genutzt werden kann.

Falls die Bonner Regierung aber den genannten Vorschlag der Volkskammer der DDR akzeptiert, könnte man den deutschen Freunden empfehlen, bei der Diskussion der Frage gesamtdeutscher Wahlen auf der Gesamtdeutschen Konferenz auf der Gewährung freier Betätigung der demokratischen Parteien und Organisationen in Westdeutschland, auf Entlassung der inhaftierten Anhänger der Bewegung für Frieden und Einheit Deutschlands aus den Gefängnissen[152], auf dem Verhältniswahlrecht, auf der Berechtigung der gesellschaftlichen demokratischen Organisationen[153], eigene Kandidaten aufzustellen und auch Wahlvereinigungen und -blöcke zu bilden und auf anderen demokratischen Forderungen zu bestehen.

Außerdem könnte man im Verlauf der Konferenz den Vorschlag machen, als notwendige Bedingung für die Bildung eines einheitlichen, friedliebenden Deutschlands die Remilitarisierung und seine Teilnahme an irgendwelchen militärpolitischen Gruppierungen nicht zuzulassen. [...]

2. Das MID der UdSSR sieht es als zweckmäßig an, daß der Vorstoß der Sowjetregierung in der Frage des Friedensvertrages mit Deutschland als zweite Etappe der breiten öffentlichen Kampagne zur demokratischen und friedlichen Lösung der deutschen Frage zum Tragen kommt, das heißt, nach der weitgehenden Durchführung der Maßnahmen, die mit dem Appell der Volkskammer der DDR an das Bonner Parlament zur Einberufung der Gesamtdeutschen Konferenz zusammenhängen.

[...] Zugleich wäre es zweckmäßig, im Namen der Sowjetregierung den Grundlagenentwurf des Friedensvertrages mit Deutschland zu veröffentlichen, dessen Text das MID im Laufe von 2–3 Monaten vorbereiten wird.

[...]

---

152 Vorstehender Passus ab „auf Entlassung" ist in der Vorlage durchgestrichen.

153 D.h. die Massenorganisationen: vgl. Nr. 37.

D. Korea-Schock und Anfänge westdeutscher Wiederbewaffnung

40. Bericht von US-Außenminister Acheson für den Nationalen Sicherheitsrat, 3. Juli 1950

AUFBAU, Dok. 6, S. 82f. (auszugsw.; d. engl. Orig. in: FRUS 1950, Bd. 4, S. 691–695)

Wiederbewaffnung Westdeutschlands – unwiderrufliche Westbindung

Das Verteidigungsministerium hat in NSC 71[154] die Frage der Wiederbewaffnung Westdeutschlands aufgeworfen. Verständlicherweise drängen die Vereinigten Stabschefs nicht auf eine sofortige Wiederbewaffnung Westdeutschlands, sondern sie dringen in Anerkennung der politischen Probleme eher darauf, daß Schritte unternommen werden, um in Europa die Voraussetzungen zu schaffen, daß alle Beteiligten zustimmen können.

Im Hinblick auf Deutschland und auf die Einstellung der Europäer gegenüber Deutschland entwickeln sich die Dinge überaus rasch. Die Regierung der Vereinigten Staaten ist entschlossen, und die britische und französische Regierung haben jüngst ihre völlige Übereinstimmung zum Ausdruck gebracht, daß wir Deutschland so schnell wie möglich eng und fest an den Westen binden müssen und daß wir Verhältnisse schaffen müssen, unter denen die Stärke Westdeutschlands endgültig der Stärke des Westens hinzugefügt werden kann. Das bedeutet nicht nur, daß Deutschland Mitglied westlicher Organisationen werden sollte, sondern daß dies in einer Weise geschieht, die Deutschland so endgültig zu einem Teil des Westens werden läßt, daß über seine zukünftige Entscheidung zwischen Ost und West[155] keinerlei Zweifel besteht. [...] Wenn es nicht zu unvorhergesehenen Entwicklungen kommt, dann sind wir auf dem besten Weg, zahlreiche Sicherheitskontrollen (mit Ausnahme der grundlegenden) zu lockern. Dadurch kann Deutschland rechtlich und praktisch seinen normalen Platz in Europa einnehmen.

Es war jedoch sowohl bei dem Dreier-Treffen in London[156] als auch bei den Treffen des NATO-Rats klar, daß die Wiederbewaffnung Deutschlands und seine Einbeziehung in den Nordatlantik-Pakt verfrüht erschien, so daß eine erfolgreiche Diskussion über dieses Thema noch nicht möglich war.

---

154 Resolution Nr. 71 des National Security Council (NSC), 8.6.1950 („Extracts of Views of the Joint Chiefs of Staff with Respect to Western Policy toward Germany"; FRUS 1950, Bd. 4, S. 686f.).

155 Vgl. hierzu eine Notiz des außenpolitischen Beraters Adenauers, H. BLANKENHORN (–, Verständnis, S. 97–99, hier S. 98), über eine Besprechung mit dem Leiter der Deutschlandabteilung im britischen Außenministerium Kirkpatrick vom 27. April 1950: „Die Bundesrepublik müsse unter allen Umständen vermeiden, in der gegenwärtigen Lage weder eine Entscheidung für den Osten noch eine Entscheidung für den Westen zu treffen. Ein Stehenbleiben zwischen den beiden Welten lasse im Ausland die Befürchtung aufkommen, daß Deutschland, ähnlich wie zu Zeiten Hitlers, Überraschungen in der einen oder anderen Weise plane. Die Vertrauensschicht, die Deutschland sich seit 1945 erworben habe, sei noch sehr dünn."

156 Londoner Konferenz der drei Westmächte im Mai 1950, auf der u.a. über den Schuman-Plan (Nr. 34–35) und die Erweiterung der Befugnisse der Bundesregierung beraten wurde.

Zahlreiche Überlegungen die nur Deutschland betreffen, müssen in eine solche Entscheidung einfließen. Wir dürfen nicht vergessen, daß wir ein zweifaches Problem haben. Auch wenn wir der sowjetischen Bedrohung ausgesetzt sind, so dürfen wir, langfristig gesehen, die vitale Bedeutung nicht übersehen, die darin liegt, ein richtiges Deutschland zu bekommen[157]. Der Hohe Kommissar McCloy ist der Ansicht, und das Außenministerium stimmt ihm zu, daß wir jetzt und wohl auch in den nächsten 12 oder 18 Monaten uns in einer höchst kritischen Periode hinsichtlich der Entwicklung der Einstellungen und Bedingungen befinden, die Deutschland für Jahrzehnte beeinflussen werden. [...]

Die Westdeutschen sind heute außerordentlich antikommunistisch eingestellt[158] und durch sowjetische Aktionen wiederholt aufs äußerste herausgefordert worden. Ihre Bindungen an den Westen sind jedoch nicht so eng und auch ihre Empörung und Furcht sind nicht so groß, daß sie nicht in Versuchung geraten könnten, mit dem Osten ins Geschäft zu kommen, wenn sich die Umstände ändern oder die Sowjets einen klugen Schachzug machen. Es wäre kein Beitrag für die Stärkung des Westens, wenn wir starke deutsche Streitkräfte schaffen, auf deren loyale Unterstützung wir langfristig gesehen nicht mit einem hohen Maß an Sicherheit rechnen können. Kurzfristig besteht keine Gefahr, daß die Bundesrepublik sich vom Westen abwenden könnte. In dieser Hinsicht war unsere Politik in Deutschland sehr erfolgreich. Doch es sei noch einmal betont, daß wir mehr Zeit brauchen für die politische Entwicklung Deutschlands und für die unwiderrufliche Verankerung Deutschlands in den Westen durch wirtschaftliche Bindungen und solche des politischen Eigeninteresses. Es sei auch darauf hingewiesen, daß wir auch eine weitere Anstrengung zur Wiedervereinigung Deutschlands[159] machen sollten, und zwar nachdem der Westen weiter gestärkt worden ist und bevor Deutschland wiederbewaffnet wird.

[...]

41. Besprechung der drei Hohen Kommissare[160] mit Adenauer, 17. August 1950

KABINETTSPROTOKOLLE, Bd. 3, Dok. 12, S. 76–84

Bedrohung durch die UdSSR und die Volkspolizei der DDR – Aufbau der westdeutschen Polizei und Beitrag zu einer europäischen Armee

[...]

Bundeskanzler: Er sei dankbar, daß er die Möglichkeit habe, nach einer längeren Unterbrechung mit den Herren Hohen Kommissaren die allgemeine internationale Lage zu besprechen und diese vom deutschen Standpunkt zu erläutern. Seine Angaben beruhten auf Tatsachen, die aus zuverlässigen Quellen stammten. Er bemühe sich, alles

157 Im Orig.: „obtaining the right kind of Germany" (FRUS 1950, Bd. 4, S. 692).

158 Im April 1950 beurteilten 80% der Befragten die KPD negativ. Vgl. JAHRBUCH, Bd. 1, S. 272.

159 Dem kam die östliche Seite – freilich in die entgegengesetzte Richtung zielend, um eine westdeutsche Wiederbewaffnung zu verhindern – zuvor: vgl. Nr. 39 u. 44 („Grotewohl-Brief").

160 McCloy (USA), Kirkpatrick (England) und François-Poncet (Frankreich). Weitere Anwesende: Hays, Steel, Bérard und Blankenhorn.

auszuschalten, was als Übertreibung angesehen werden könne. Er beginne mit einer Übersicht über die Stärke der Sowjettruppen.

Die Sowjets verfügten über etwa 175 bis 200 Divisionen. Die russischen Streitkräfte in der Sowjetzone beliefen sich auf etwa 34 Divisionen, die alle voll aufgefüllt, mit Kriegsgerät ausgerüstet und mit Brennstoff ausreichend versorgt seien. Im Frühsommer seien südlich Frankfurt/Oder zwei neue Divisionen eingerückt. Erhebliche Düsenflugzeugkräfte seien aus dem Innern Rußlands nach Westen vorgezogen worden, die Flughäfen der Sowjetzone seien weitgehend für Langstreckenbomber und schwere Kampfflugzeuge hergerichtet. Neben diesem Ausbau der sowjetischen militärischen Kräfte, der offensiven Charakter trage, gehe Hand in Hand die Militarisierung der Volkspolizei. Diese Volkspolizei sei aus der allgemeinen Polizei herausgelöst und der neu errichteten Hauptverwaltung für Ausbildung unterstellt worden. Die Bereitschaften der Volkspolizei erhielten keine Polizeiausbildung, sie werden auch nicht für polizeilichen Einsatz verwandt. [...]

Bis jetzt seien 50–60 000 Mann ausgebildet. Der Aufbau der Volkspolizei werde dadurch behindert, daß nicht genügend alte Offiziere und Frontsoldaten sich bereitfinden, in der Volkspolizei Dienst zu leisten. Es seien deshalb 15 Waffenschulen zur Ausbildung von Offizieren und Unteroffizieren geschaffen, die bereits beständen; weitere seien im Aufbau. Daneben bestehen Spezialschulen für Sanitäts- und Kraftfahrwesen, für die Ausbildung von Kompanie-, Bataillons- und Regimentsführern sowie für die Ausbildung von Propagandaoffizieren. [...] Diese Schulen bildeten das Kernstück der ostdeutschen Wehrmacht. Die Generallinie der Propaganda dieser ostdeutschen Armee laute: „Aufgabe der Volkspolizei ist die Befreiung der westdeutschen Arbeiterschaft vom Joch der anglo-amerikanischen Kriegshetzer und ihrer westdeutschen Kapitalistenlakaien“.

[...]

Er sei der Auffassung, daß Stalin sich mit der Absicht trage, Westdeutschland möglichst unzerstört in seine Hände zu bekommen[161]. Denn gelinge es, Westdeutschland [in] das sowjetrussische System zu inkorporieren, so erfahre dies einen Zuwachs an Kriegspotential, das ein Übergewicht über die Vereinigten Staaten darstelle. Zweifellos habe Sowjetrußland vor der Atombombe solange Respekt, als es selbst nicht über genügend Atombomben verfüge. Es werde mit seinem Angriff wahrscheinlich solange zurückhalten, bis die Unterschiede in der Produktion der Atombomben aufgehoben seien. Wenn Rußland im vollen Besitz der Atombombe sei, dann könne der Fall eintreten, daß weder Sowjetrußland noch die Vereinigten Staaten zur Anwendung der Waffe kommen. [...]

Er sei überzeugt, daß Stalin dieselbe Entwicklung für Westdeutschland vorsehe wie er das für Korea getan habe. [...]

Wenn man die Gegenkräfte betrachte, über die der Westen verfüge, so sei das Ergebnis folgendes:

Über die militärischen Kräfte der Alliierten in der Bundesrepublik seien die Hohen Kommissare besser unterrichtet als er selbst. Wenn die Ostzonenarmee ähnlich wie in Korea mit Tanks angreife, so könne man die Folgen eines solchen Vormarsches heute schon übersehen. Die Bevölkerung werde sich gegenüber dieser einmarschierenden

---

161 Vgl. Nr. 54.

Ostzonenarmee neutral verhalten. Zum Teil aus psychologischen Gründen, denn es seien ja Deutsche, die einrückten. Zum Teil aber auch, weil die deutsche Bevölkerung infolge der Ereignisse in Korea weitgehend den Glauben an die Stärke der Vereinigten Staaten verloren hätte[162]. Seit seiner Rückkehr habe er verschiedene Gespräche mit Persönlichkeiten aus den verschiedensten Volkskreisen geführt. Er sei erschüttert über das Ausmaß des Absinkens der inneren Widerstandskraft, das sich aus diesen Gesprächen ergeben habe. [...]

Er habe deshalb die dringende Bitte, daß die Hohen Kommissare bei ihren Regierungen, insbesondere in Washington, dafür einträten, daß in Westdeutschland endlich militärische Macht gezeigt werde, die den Menschen Vertrauen gebe, daß der Widerstand durchaus möglich sei. Dieser psychologische Gesichtspunkt sei von größter Bedeutung. Man könne ihn nicht ernst genug nehmen. Die Lage sei denkbar schlecht, aber sie sei nicht irreparabel.

Dazu komme die zweite Bitte: Die Bundesregierung müsse in die Lage versetzt werden, eine Macht aufzubauen, die bis zum Frühjahr fähig sei, einem etwaigen Angriff der Volkspolizei wirksamen Widerstand zu leisten. Natürlich seien hierzu Waffen erforderlich. Selbstverständlich sei es besser, daß die Alliierten selbst den Schutz des westdeutschen Gebietes an der Elbegrenze übernehmen. Er zweifle aber daran, ob dies möglich sei. Es bleibe immer noch die Alternative, eine deutsche Verteidigungsmacht aufzubauen in Form von freiwilligen Formationen bis zur Gesamtstärke von 150 000 Mann. [...] Sie könnten also jederzeit auf dieser Grundlage die Bundesregierung zu entsprechenden Maßnahmen ermächtigen. Pieck und Ulbricht hätten immer wieder erklärt, daß sie Westdeutschland befreien und die dort herrschenden Kollaborateure vor einen Volksgerichtshof bringen würden. Hielte man dies zusammen mit den militärischen Vorbereitungen der Ostpolizei, so könne über die Absichten kein Zweifel bestehen. [...] Frankreich, England und die Vereinigten Staaten – darüber bestehe bei ihm kein Zweifel – kämpften für sich und nicht für Deutschland. Deutschland könne auch nicht fordern, daß nach allem, was geschehen sei, andere Völker es verteidigten. Aber gerade wenn man dies klar vor Augen habe, sei es nötig, sich ins Gedächtnis zurückzurufen, daß, wer Westdeutschland und seine Stahlproduktion besitze, voraussichtlich den dritten Weltkrieg zu seinen Gunsten entscheiden werde. [...]

McCloy: Die Analyse, die der Herr Bundeskanzler gegeben habe, sei eindrucksvoll und düster[163]. Die Übermacht der sowjetischen Streitkräfte sei seit langem bekannt. Die Entwicklung der letzten Monate mache eine Aktion dringend notwendig. Die starke Nervosität in Westdeutschland sei den Hohen Kommissaren bekannt. Man müsse zweifellos zwei Gesichtspunkte berücksichtigen. Einmal die Überführung starker Streitkräfte nach Westeuropa, um das Gleichgewicht wiederherzustellen. Zum anderen die politische Vorbereitung zur Stärkung des Abwehrwillens. Er vermisse in letzter Zeit klare Äußerungen der westdeutschen politisch führenden Persönlichkeiten gegen die aus Ostdeutschland schallenden Propagandafanfaren. In Westdeutschland müsse der Glaube an die Demokratie stärker betont werden. Es sei wahr, daß man Panzer nicht mit Wor-

162 Vgl. dazu die Meinungsumfrage in Nr. 43 [1].

163 McCloy berichtete an Außenminister Acheson am 18. August 1950 über das Gespräch: „Der Kanzler litt offensichtlich unter einer echten Angst, bediente sich aber nach meiner Auffassung auch seiner üblichen Taktik des Druckausübens." (AUFBAU, Dok. 1, S. 114; d. engl. Orig. in: FRUS 1950, Bd. 4, S. 706–709).

ten bekämpfen könne, aber mutiger Geist richte viel aus. Er erinnere nur an die Lage Berlins bei Beginn der Blockade[164]. [...]

François-Poncet: [...]

Er stelle dieselbe Frage, die auch Herr McCloy gestellt habe: Würde eine Westpolizei gegen die Ostpolizei kämpfen? Er sei unsicher, ob er diese Frage mit Ja oder Nein beantworten solle. Er wolle aber noch eine weitere Frage stellen: Was denke der Kanzler über eine deutsche Aufrüstung überhaupt?

Bundeskanzler: Er wolle zunächst zu der Äußerung Herrn McCloy's Stellung nehmen, daß im Westen eine stärkere antikommunistische Propaganda erforderlich sei. Man könne eine Parallele zwischen Berlin und Westdeutschland nicht ziehen; denn wenn nicht seinerzeit die Luftbrücke eingerichtet worden wäre, würde Berlin nicht den gleichen Widerstand geleistet haben. Entfaltung der Macht habe das Signal zum Widerstand gegeben. Damals sei der Glaube an die militärische Macht der Vereinigten Staaten auch in Westdeutschland sehr groß gewesen. Dieser Glaube habe durch Korea eine starke Beeinträchtigung erfahren. Eine Propaganda gegen die Ostzone, gegen den Kommunismus würde gegenwärtig völlig falsch sein. Die Bundesregierung würde damit in der öffentlichen Meinung und bei der Bevölkerung nur Kredit verlieren. Erst wenn eine Manifestation der alliierten militärischen Macht eingetreten sei, könne man erneut mit der Propaganda einsetzen. [...]

Zu den gestellten Fragen, ob westdeutsche Polizei gegen ostzonale Polizei kämpfen werde, antworte er mit einem aus voller Überzeugung kommenden, 100%igen „Ja". Diese westdeutschen Verteidigungskräfte würden kämpfen, wenn sie über Waffen verfügen, die den Erfolg garantierten. Zur zweiten Frage, ob bei einem Zusammenstoß zwischen alliierten und ostzonalen Truppen die westdeutsche Bevölkerung sich hinter die alliierten Truppen stelle, antworte er, daß die westdeutsche Bevölkerung zweifellos dies tun werde, wenn die alliierten Truppen stark genug seien, die einbrechenden ostzonalen Kräfte an der Elbe aufzuhalten. Denn alle würden in der angreifenden ostzonalen Armee lediglich ein Werkzeug Sowjetrußlands sehen. – Was die von Botschafter François-Poncet gestellte Frage zur Haltung der Bundesregierung zur Wiederaufrüstung angehe, so müsse er sagen, daß diese Frage sehr schwer zu beantworten sei, einmal mit Rücksicht auf das Ausland, und zum anderen mit Rücksicht auf die deutsche Bevölkerung selbst. Seit dem Zusammenbruch sei der Wehrdienst diffamiert[165] worden. Er würde gern an einer echten Aufrüstung Deutschlands vorbeikommen und er habe die Hoffnung, daß die Aufstellung der von ihm geplanten Freiwilligenverbände ein ausreichendes Gegengewicht gegen die russischen Absichten bilde. Er habe die Hoffnung, daß in späterer Zukunft eine Einigung zwischen Rußland und den Vereinigten Staaten

---

164 Vgl. Nr. 24, 27.

165 „Wären Sie bereit, Soldat zu werden, wenn Westdeutschland aus dem Osten angegriffen würde?" verneinten bei einer Umfrage im Oktober 1950 49% der befragten Männer und 39% bejahten dies (JAHRBUCH, Bd. 1, S. 355). Vgl. zur Akzeptanz der Wiederbewaffnung Nr. 80. – Auch in der sog. Himmeroder Denkschrift vom 9. Oktober 1950 (SICHERHEITSPOLITIK, Bd. 2, S. 91–98, hier S. 92), in der aus militärischer Sicht umfassende Überlegungen zu den Voraussetzungen einer westdeutschen Wiederbewaffnung angestellt wurden, wurde auf die Problematik des Verteidigungswillens eingegangen: „Wenn auch die volle Souveränität auf politischem und wirtschaftlichem Gebiet noch nicht erreicht sein kann, so ist eine sofortige militärische Gleichberechtigung unabdingbar. Ein ‚Soldat 2. Klasse' wird sich nie mit der notwendigen sittlichen Kraft einsetzen."

erfolgen könne, nicht ganz aufgegeben. Trüge aber diese Hoffnung, so hoffe er, daß im Wege der Verständigung mit Frankreich – nach Abschluß der Schuman-Plan-Verhandlungen[166] – die Grundlage dafür geschaffen würde, aus den freiwilligen Verbänden mit Hilfe der Vereinigten Staaten etwas anderes zu entwickeln. Er betone nochmals, daß es seine ernste Absicht sei, dem deutschen Volk eine Aufrüstung zu ersparen.

Sir Ivone Kirkpatrick: Auch er sei der Auffassung, daß die Wirksamkeit der Propaganda im wesentlichen von der Zurschaustellung der Macht abhänge. Die Alliierten könnten in absehbarer Zeit keine 30 Divisionen nach Deutschland legen. Er sei aber der Auffassung, daß eine Verstärkung der alliierten Truppen in Deutschland wesentlich zur Hebung der Moral beitrage.

Bundeskanzler: Er unterstreiche diesen Gedanken und rege an, nach Möglichkeit größere Flugzeugverbände über Deutschland fliegen zu lassen, da das Motorengeräusch der Flugzeuge besser als irgend etwas anderes die Bereitschaft zur Verteidigung zeige.

[...]

McCloy: Wie stehe die Bundesregierung zu dem von Churchill proklamierten Plan einer europäischen Armee[167]? Dieser Plan habe in den Vereinigten Staaten großen Beifall gefunden. Was halte der Herr Bundeskanzler davon? Halte er die Stellung eines deutschen Kontingents innerhalb dieser europäischen Armee für möglich?

Bundeskanzler: Er stimme dem Plan einer europäischen Armee zu und sei durchaus für die Stellung eines deutschen Kontingents innerhalb dieser Armee.

McCloy: Zweifellos sei die internationale Lage, so wie sie sich heute darstelle, voller Gefahr. Man habe die russischen Absichten in Korea unterschätzt. Man habe eine ausreichende Verteidigung vernachlässigt[168]. Man habe überhaupt auf dem Gebiet der Rüstung große Versäumnisse begangen. Diese Lage der Dinge sei im Begriff, sich radikal zu ändern. Noch sei nicht bekannt, wann sich das Schicksal der Waffen zugunsten der USA wenden werde. Daß es sich wenden werde, sei so sicher als er hier an diesem Tisch sitze. Amerika habe viele Schlachten verloren, aber alle Kriege gewonnen. Auch diesen Krieg werde es mit Sicherheit gewinnen. Die Rüstung sei auf vollen Touren angelaufen. Das amerikanische Volk sei einig in der Entschlossenheit, diesen Krieg mit allen Mitteln zu einem erfolgreichen Ende zu führen. Europa werde hierbei nicht vergessen werden. Es werde, wenn es den Mut zur Verteidigung zeige, auf die notwendigen Kanonen nicht lange warten müssen.

---

166 Vgl. Nr. 34–35.

167 Am 11. August 1950 hatte Winston Churchill, derzeit britischer Oppositionsführer, im Straßburger Europarat die Schaffung einer europäischen Streitmacht angeregt, bis schließlich Ende Oktober die französische Regierung das Konzept einer Europäischen Verteidigungsgemeinschaft (vgl. oben S. 70) auf die politische Agenda setzte.

168 Dies war die Ursache für den außergewöhnlich schnellen Vormarsch der nordkoreanischen Truppen, dem Südkorea nichts entgegenzusetzen hatte. Ein Umstand, der folglich eine bedrohliche Parallele zur Lage der Bundesrepublik Deutschland gegenüber der DDR bot.

42. Diagramm: Umfragen über Weltkriegsängste (1950–1956)

Allensbach. – JAHRBUCH, Bd. 1, S. 354 u. Bd. 2, S. 361

Frage: „Machen Sie sich Sorge, daß in diesem Jahr ein neuer Weltkrieg ausbrechen könnte?“ (Angaben in Prozent)

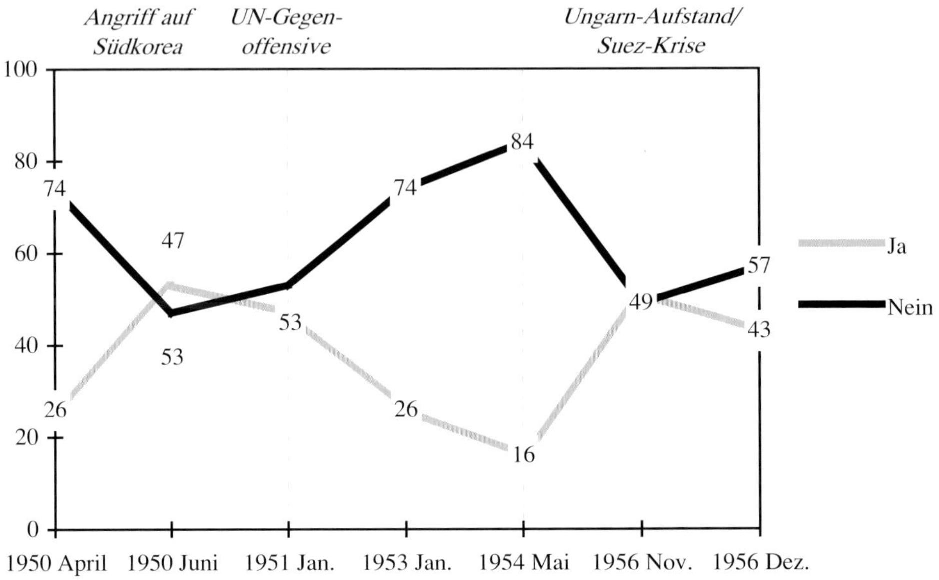

43. Tabellen: Umfragen über die Westmächte als Verbündete (1950/58)

Allensbach. – [1:] JAHRBUCH, Bd. 1, S. 350; [2:] ebd., Bd. 3, S. 556

[1] *Frage:* „Wenn Westdeutschland angegriffen werden sollte: Würden die Besatzungstruppen Ihrer Ansicht nach Westdeutschland verteidigen oder sich möglichst schnell zurückziehen?“

%	1950 Aug.
Würden sich zurückziehen	54
Würden Westdeutschland verteidigen	22
Andere Antworten	11
Unentschieden, keine Angaben	13
	100

[2] *Frage:* „Wenn der Russe versuchen würde, Westdeutschland zu erobern – was glauben Sie: Würden die Amerikaner uns dann helfen oder würden sie unseretwegen keinen Krieg riskieren?"

%	1958 Febr.
Uns helfen	61
Keinen Krieg riskieren	19
Unentschieden, weiß nicht	20
	100

44. DDR-Ministerpräsident Grotewohl[169] an Adenauer, 30. November 1950

DzD, Reihe II, Bd. 3,1, Nr. 180, S. 452f.

Vorschlag zur Bildung eines gesamtdeutschen Rates

Durch die Spaltung Deutschlands wurde ein nationaler Notstand herbeigeführt, der durch die Remilitarisierung und Einbeziehung Westdeutschlands in die Pläne der Kriegsvorbereitung[170] verschärft wurde. Das deutsche Volk ist tief beunruhigt über die Bedrohung seiner nationalen Interessen durch die imperialistischen Kräfte.

Angesichts dieser Lage ist die Erhaltung des Friedens, der Abschluß eines Friedensvertrages sowie die Wiederherstellung der Einheit Deutschlands vor allem von der Verständigung der Deutschen selbst abhängig. Wir halten eine solche Verständigung für möglich, da das ganze deutsche Volk eine friedliche Regelung wünscht. Es würde den Wünschen aller friedliebenden Deutschen entsprechen, wenn ein Gesamtdeutscher Konstituierender Rat unter paritätischer Zusammensetzung aus Vertretern Ost- und Westdeutschlands[171] gebildet würde, der die Bildung einer gesamtdeutschen souveränen demokratischen und friedliebenden Provisorischen Regierung vorzubereiten hätte und den Regierungen der UdSSR, USA, Großbritanniens und Frankreichs die entsprechenden Vorschläge zur gemeinsamen Bestätigung unterbreiten würde. Gleichzeitig würde er die genannten Regierungen bis zur Bildung einer gesamtdeutschen Regierung bei der Ausarbeitung des Friedensvertrages konsultieren. Über diesen Vorschlag kann unter Umständen eine Befragung des deutschen Volkes durchgeführt werden.

Wir glauben, daß der Gesamtdeutsche Konstituierende Rat die Vorbereitung der Bedingungen zur Durchführung freier gesamtdeutscher Wahlen für eine Nationalver-

---

[169] Das Schreiben war auf sowjetische Initiative (vgl. Nr. 39) in Zusammenarbeit mit Ulbricht entworfen worden: „In der Anlage übermittle ich Dir den Brief, der heute hier vereinbart wurde. Es ist möglich, daß die Freunde noch Änderungen vorschlagen. Bitte mache Deine Bemerkungen und gib Deine Blanko-Unterschrift für den endgültigen Text." Ulbricht an Grotewohl, 28.11.1950; zit. nach LEMKE, Einheit, S. 134, Anm. 88. – Vgl. oben S. 70.

[170] Kurz zuvor, am 8. November 1950, hatte Adenauer im Bundestag die französischen Vorschläge zur Bildung einer Europa-Armee (vgl. oben S. 70) begrüßt.

[171] Es sollten jeweils sechs Vertreter ernannt werden.

sammlung übernehmen könnte. So würde die Bildung eines Gesamtdeutschen Konstituierenden Rates sofort die Voraussetzung für die unverzügliche Aufnahme der Beratungen zum Abschluß eines Friedensvertrages schaffen und gleichzeitig könnte der Rat die Vorbereitungen zur Regierungsbildung treffen.

[...]

45. Memorandum Johann B. Gradls für Jakob Kaiser, 10. Dezember 1950

KOSTHORST, Jakob Kaiser, S. 219f. (auszugsw.)

Vor- und Nachteile einer Wiedervereinigung – Grotewohl-Brief

Die Nachteile der angedeuteten Entwicklung[172] können wie folgt zusammengestellt werden:

a) Der Osten wird auf der Anerkennung der Annexionen ostdeutscher Gebiete[173] bestehen.

b) Ein Anschluß Deutschlands an den Westen wird aufgegeben und damit werden auch die Europapläne ein vorläufiges Ende erreichen müssen.

c) Die USA-Unterstützung für Deutschland wird eine erhebliche Herabsetzung erfahren oder sogar beendet werden, denn das Ausmaß dieser Unterstützung rührt jetzt zum guten Teil daher, daß Deutschland als vermuteter Verbündeter der USA gilt.

d) Eine Deutschland-Befriedung wird vom Osten her stets nur als ein Waffenstillstand angesehen werden, der die kommunistische Weltrevolution hinausschiebt, aber nicht abbricht. Die Tätigkeit fünfter Kolonnen[174] wird ganz nach dem jeweiligen Ermessen sowjetischer Instanzen mehr oder weniger aktiv gestaltet werden, ohne daß deutsche demokratische Instanzen darauf Einfluß haben.

e) Eine Neutralisierung Deutschlands mit Räumung durch alle Besatzungstruppen nach Friedensschluß macht Deutschland weitgehend von dem sowjetischen Wohlwollen abhängig, wobei zu beachten ist, daß die sowjetische Völkerrechtslehre ganz auf der Linie der rebus sic stantibus-Klausel[175] liegt, d.h. auf dem einseitigen Recht, jede Abmachung für erledigt zu erklären, wenn die Umstände sich geändert haben.

Diesen Nachteilen und Gefahren stehen zweifellos eine ganze Anzahl Vorteile gegenüber, die sich im einzelnen wie folgt skizzieren lassen:

a) Räumung der sowjetisch besetzten Zone durch die sowjetische Wehrmacht, was eine gar nicht hoch genug einzuschätzende Erleichterung für 18 Millionen Deutsche und eine Beseitigung der ständigen Krisengefahr an der Elbe-Fulda-Linie bedeuten würde.

---

172 Sofern sich die Bundesregierung auf die Vorschläge Grotewohls einlassen würde.

173 Durch Polen. Vgl. zur Anerkennung der Oder-Neiße-Linie durch die DDR im Görlitzer Abkommen Nr. 32.

174 Gemeint ist die Tätigkeit von Propagandisten und Agitatoren. Der Begriff entstand während des Spanischen Bürgerkrieges (1936–39) als Bezeichnung für die Propagandatruppen.

175 Lat f. „Bestimmung der gleichbleibenden Umstände“.

b) Eingliederung der offiziellen kommunistischen Bewegung in das demokratische Wahlsystem, was ein Absinken der kommunistischen Stimmen in Gesamtdeutschland auf kaum mehr als 10 % der Wählerstimmen bedeuten würde.

c) Gesamtdeutschland würde sich zu einem geschlossenen Wirtschaftsgebiet entwikkeln können, wobei die gegenseitige Ergänzungsfähigkeit der Produktionsgebiete eine Gesamtbelebung der wirtschaftlichen Tätigkeit selbst dann bewirken könnte, wenn man für das jetzt entstandene besondere Wirtschaftssystem der sowjetischen Zone Übergangslösungen finden müßte.

d) Deutschland würde von sowjetischer Seite im Verlauf einer solchen Entwicklung wahrscheinlich eine Position ähnlich Finnland zugebilligt werden, das wehrpolitisch nicht mehr verteidigungsfähig ist und wirtschaftlich besonders nach den letzten Handelsverträgen[176] in weitgehender Abhängigkeit von der Sowjetunion leben muß, dem aber doch politisch und wirtschaftlich eine Art „demokratischer Narrenfreiheit“ zugebilligt wird.

e) Der Geschicklichkeit der deutschen Außenpolitik könnte es möglich sein, Deutschland aus einer Finnland-Position in eine Schweden-Position[177] zu bringen, was bei deutscher Bewegungsfreiheit nicht ausgeschlossen erscheint, wenn das Gewicht einer 65–70 Millionen-Bevölkerung und die Bedeutung der deutschen Industrieproduktion mit in Anschlag gebracht werden.

Auch bei objektivster Abwägung der Nachteile und Vorteile ergibt sich zwingend die Schlußfolgerung, daß selbst bei günstiger Auslegung der möglichen Entwicklung vermieden werden muß, die Bindung der Bundesrepublik an den Westen in eine allmähliche Abhängigkeit der Bundesrepublik vom Osten abgleiten zu lassen. Garantie der deutschen Sicherheit, Unabhängigkeit oder Neutralisierung dürfen infolgedessen niemals nur (neben den Alliierten) auf sowjetischen Zusagen ruhen. In jedem Fall wird Deutschland beim Abrollen einer solchen Entwicklung dafür sorgen müssen, daß es ein gewisses Ausmaß eigener Verteidigungskräfte hat. Der Aufbau eigener deutscher Verteidigungskräfte (ob in der Form eines europäischen Kontingents oder ob in anderer Form), sollte deshalb mit größtem Nachdruck und mit höchster Beschleunigung gerade dann betrieben werden, wenn man die skizzierte Entwicklung überhaupt für möglich hält. Die Schaffung vollendeter Tatsachen, die in der sowjetisch besetzten Zone mit so großem Geschick von Anfang an im Gange war, sollte ein Beispiel für das sein, was in der Bundesrepublik erforderlich ist, wenn man mit dem Osten verhandeln will.

---

176 1950 geschlossenes Handelsabkommen mit der UdSSR.

177 Umschreibung zweier Ausprägungen staatlicher Neutralität, die einer schwachen (Finnland) und einer gefestigten (Schweden) Position entsprechen: Finnland bemühte sich nach dem Ende des Zweiten Weltkrieges, Neutralität gegenüber dem übermächtigen Nachbarn Sowjetunion zu wahren. Diese aus unterlegener Position heraus betriebene Politik ließ jedoch wenig Spielraum und zielte darauf ab, zum Wohl der Konfliktfreiheit sowjetischen Interessen möglichst entgegenzukommen. Sie ist in der Bundesrepublik zu einem Schlagwort („Finnlandisieren“) gegen die Ostpolitik seit 1970 (**Nr. 108ff.**) geworden. Schweden hingegen gelang sowohl während des Zweiten Weltkrieges als auch in der Zeit des Kalten Krieges – es lehnte 1949 die NATO-Mitgliedschaft ab – die Wahrung der Neutralität im eigentlichen Sinne und deren Achtung durch die UdSSR.

46. „Teegespräch"[178] Adenauers mit Journalisten, 15. Dezember 1950

ADENAUER, Teegespräche 1950–1954, Nr. 6, S. 27–30, hier S. 27–29

Viererkonferenz – Grotewohl-Brief – Neutralisierung – Nauheimer Kreis

Der Bundeskanzler eröffnete am Freitag [15. Dezember 1950] das Teegespräch mit einer Frage, ob die deutsche Öffentlichkeit sich eigentlich über den Ernst der Stunde klar sei und über die Größe der Gefahren, denen der Bund und die westliche Welt ausgesetzt wären. Der Kanzler gab zu verstehen, daß die chinesische Offensive in Korea[179], der Vorschlag, eine Viererkonferenz abzuhalten[180] und der Grotewohl-Brief[181] nichts anderes seien als Steine in einem großen Mosaik, dessen endgültiges Bild die Züge eines bolschewistischen, zum mindesten aber eines politischen Angriffs trügen.

Die Brüsseler Konferenz[182] wünscht der Bundeskanzler nach seiner Donnerstag-Besprechung mit den Hohen Kommissaren im Augenblick nicht behandelt zu sehen. [...] Es sei zu hoffen, daß in der Haltung der drei Westmächte zum deutschen Gleichberechtigungsstreben eine Einigung erzielt werden kann. Adenauer gab zu verstehen, daß insbesondere die Franzosen hier noch Schwierigkeiten bereiten. Dagegen würden England und die USA grundsätzlich auf der deutschen Linie liegen. Konkrete Beschlüsse hinsichtlich des deutschen Verteidigungsbeitrags erwartet der Kanzler erst nach einer erneuten Konsultation des Westens mit der Bonner Regierung. [...] In diesem Zusammenhang beschäftigte sich Adenauer mit der Neutralitätstheorie Prof. Noacks, des Begründers des sogenannten Nauheimer Kreises[183]. Adenauer gab seiner Befürchtung Ausdruck, daß in Brüssel von russischer Seite mittels Druck auf Frankreich der Versuch gemacht wird, die sogenannte Neutralisierung Deutschlands zu betreiben. Adenauer hält es für möglich, daß die Russen bereit sind, die Erreichung dieses Ziels mit einigen Konzessionen zu erkaufen. Dies würde den Untergang Westdeutschlands bedeuten. Adenauer lehnt diesen sogenannten Neutralisierungsgedanken ab, weil „die Russen auf der einen Seite jedes westdeutsche Schießgewehr ablehnen, auf der anderen Seite jedoch eine Neutralität ohne Verteidigungsmöglichkeit ein Ding der Unmöglichkeit ist".

Um das Brüsseler Klima nicht zusätzlich zu belasten, ist die Antwort an Grotewohl bisher noch nicht erfolgt. Der Kanzler betrachtet den Grotewohl-Brief im wesentlichen als innenpolitische Propaganda. In der Unterredung, die vor ungefähr acht Tagen mit allen Fraktionsvorsitzenden einschließlich der SPD Adenauer geführt hatte[184], sei man sich in der Unannehmbarkeit der Grotewohl-Vorschläge einig gewesen. [...]

---

178 Durch die Veranstaltung dieser unregelmäßig stattfindenden Teegespräche ausgewählter Journalisten mit dem Bundeskanzler sollte die Berichterstattung über Adenauers Politik positiv beeinflußt werden. Die dort gegebenen Informationen sollten allerdings als Hintergrundinformationen ohne Angabe der Quelle von den anwesenden Journalisten verwendet werden, möglichst in den Meinungsteilen ihrer Medien (vgl. die Einleitung zu ADENAUER, Teegespräche 1950–1954).

179 Seit dem November 1950 griffen chinesische Truppen in den Korea-Krieg ein.

180 Nach Einsetzen der Wiederbewaffnungsdebatte hatte die UdSSR am 3.11.1950 eine Deutschlandkonferenz vorgeschlagen, wozu seit März 1951 in Paris eine (ergebnislose) Vorkonferenz tagte.

181 Nr. 44.

182 In Brüssel verhandelten die Außenminister der drei Westmächte am 18. und 19.12.1950 über einen deutschen Verteidigungsbeitrag und die Revision des Besatzungsstatuts (Nr. 28).

183 Vgl. Nr. 36.

184 Am 11. Dezember 1950.

Adenauer gab auch zu bedenken, daß jedes Gespräch oder jede Fühlungnahme mit Grotewohl oder Ostdeutschland noch vor der Brüsseler Konferenz die deutsche Situation erheblich erschweren müsse. Vorherige innerdeutsche Abmachungen würden die zu erwartenden Zugeständnisse der Westmächte u. U. unmöglich machen. Eine Bundesregierung jedoch, die weitgehend ihre Souveränität zurückerhalten habe, darüber hinaus über eine Verteidigungsstreitmacht verfüge, wäre ein Verhandlungspartner, den man von russischer Seite auch nicht übergehen könne. Dies müsse auch das Hauptziel der deutschen Politik sein, durch eigene Stärke ein Verhandlungspartner zu werden. Nur dies würde letzten Endes auch vom Kreml respektiert.

[...]

E. Deutschlandvertrag und Europäische Verteidigungsgemeinschaft

47. „Teegespräch“[185] Adenauers mit Journalisten, 13. Juli 1951

ADENAUER, Teegespräche 1950–1954, Nr. 17, S. 101–120, hier S. 101–104

Wiederbewaffnung – „Pleven-Plan“ – klare Westbindung – Ziele Rußlands – Gefahren einer Neutralisierung und Demilitarisierung

[...]

Journalist: Uns interessiert besonders die Frage des Verteidigungsbeitrags und der Wiedererlangung der deutschen Souveränität. Laufen die Verhandlungen so, daß uns die Souveränität unabhängig[186] von irgendeiner Übereinstimmung im Verteidigungsbeitrag zugestanden werden soll? Wie sind die Aussichten auf ein Einvernehmen einerseits mit dem französischen Pleven-Plan und andererseits mit den Amerikanern – Eisenhower[187] – über einen deutschen Verteidigungsbeitrag?

Adenauer: Das sind alles sehr diffizile Fragen, und ich muß mich jetzt nicht nur auf Ihre Diskretion verlassen können, sondern auch auf Ihr politisches Fingerspitzengefühl, daß das, was Sie bringen, der deutschen Sache nicht schadet.

Die eine Frage lautet: Werden wir unsere Souveränität wiederbekommen unabhängig von der Leistung eines Verteidigungsbeitrages? Ich habe mich gehütet, eine solche Frage überhaupt zu stellen oder stellen zu lassen. Das würde bedeuten, daß wir unter Umständen uns doch neutral halten wollen. Ich brauche diese Frage auch gar nicht zu stellen. Ich brauche mich nicht in die Lage einer der Westmächte zu versetzen, um zu sagen: Bei einer solchen Lage der Welt und europäischen Lage, bei diesem Druck vom Osten kann man unter keinen Umständen Deutschland seine Souveränität wiedergeben, ohne daß die Deutschen mit Haut und Haaren ihr Schicksal an unseres binden! Ganz

[185] Vgl. zu den Teegesprächen des Kanzlers oben S. 102, Anm. 178.
[186] Vgl. hierzu die Kritik von C. Schmid an der „Methode des Junktims“: Nr. 33.
[187] 1950–52 Oberbefehlshaber der NATO-Streitkräfte in Europa.

selbstverständlich. Die zweite Frage lautet: Wie ist gegenwärtig die Lage gegenüber dem Pleven-Plan und Frankreich beziehungsweise Eisenhower und westlicher Verteidigung? Lassen Sie mich bei Eisenhower anfangen. Sie wissen, daß Eisenhower nachgesagt wird, daß er eine große diplomatische Gewandtheit und großes diplomatisches Geschick hat. Sie wissen doch wohl auch, daß davon gesprochen wird – mit Recht oder Unrecht, kann ich nicht entscheiden –, daß er eventuell als Präsidentschaftskandidat[188] eines Tages auftreten wird.

Was die Pleven-Plan-Verhandlungen angeht, so muß ich größere Ausführungen machen. Ich beurteile die ganze europäische Lage folgendermaßen: Das Ziel Sowjetrußlands bleibt in allererster Linie nach wie vor die Bundesrepublik Deutschland in irgendeiner Form in die russische Sphäre hineinzubringen, und zwar unverwüstet und intakt. Wenn Rußland das gelingt, hat es damit folgendes erreicht: 1. das materielle Kriegspotential der Bundesrepublik und 2. das Menschenpotential – nicht so erschütternd der Zahl nach, aber sehr wertvoll der Qualität nach –; und es hat ferner erreicht damit, daß der kommunistische, der sowjetische Einfluß in Italien und Frankreich so stark wird, daß es damit ganz Europa bekommt. Wenn es das hat, dann ist es auch gegenüber den USA ein Gegner, der von den Vereinigten Staaten außerordentlich ernst genommen werden muß. Das ist also das Ziel der russischen Politik.

[...] Sowjetrußland möchte dieses Ziel erreichen im Rahmen der Neutralisierung [und] Demilitarisierung Deutschlands. [...] Wenn Sowjetrußland das gelingt, dann ist dieses Deutschland in relativ sehr kurzer Zeit unter sowjetrussischem Einfluß.

Uns kann aber nur eines schützen und davor retten, nämlich vor dieser Möglichkeit, die nach meiner Überzeugung jeden Tag wieder auftauchen kann und die, wenn sie auch in Frankreich zur Zeit erledigt ist, jeden Augenblick in Frankreich wieder Anhänger finden[189] kann. Diese Gefahr, die darin für uns liegt, ist erst dann erledigt, wenn wir durch die Leistung eines Verteidigungsbeitrags unlöslich in dieser westalliierten Verteidigungsfront eingebaut sind. Dann ist die Frage dahin entschieden, daß die Demilitarisierung Deutschlands erledigt ist, und damit ist auch die Neutralisierung erledigt, und damit ist der Versuch der sowjetrussischen Politik, uns zu bekommen, gescheitert. [...]

Die Petersberg-Verhandlungen, die mehr zum Nordatlantikpakt hinzielen, und die Pleven-Plan-Verhandlungen, die für die Schaffung einer europäischen Armee den Anfang bilden sollten[190], vertragen sich in manchem nach meiner Meinung sehr gut miteinander, wobei Sie immer im Auge behalten müssen, daß die russische Gefahr eine permanente bleiben wird und daß die Vereinigten Staaten eines Tages ihre Truppen aus Europa wieder zurückziehen werden, wenn sie auch bereit sein werden, mit Kriegsmaterial und wirtschaftlich Europa weiterzuhelfen, so daß wir also dafür sorgen müssen, daß die Pleven-Plan-Verhandlungen und die Petersberg-Verhandlungen parallel gehen in gewissen militärtechnischen Dingen und nicht gegeneinander.

[...]

---

188 Eisenhower gewann am 4.11.1952 die Präsidentschaftswahlen und amtierte seit Januar 1953 als US-Präsident.

189 Wo nach der Erfahrung der deutschen Besatzung während des Zweiten Weltkrieges die Wiederbewaffnung Westdeutschlands mit großer Skepsis betrachtet wurde.

190 Die Verhandlungen über einen deutschen NATO-Beitritt mit den Hohen Kommissaren auf ihrem Amtssitz, dem Petersberg bei Bonn, begannen im Januar 1951, und im Februar setzten in Paris die Verhandlungen über einen deutschen Beitrag zu einer Europa-Armee (Pleven-Plan) ein.

Journalist: Ich habe [es] so verstanden, daß zwar die Verhandlungen über die Wiedererlangung der deutschen Souveränität laufen, aber nicht eher abgeschlossen werden, bis von unserer Seite der Wehrbeitrag positiv entschieden ist!

Adenauer: Das eine bedingt das andere. Das liegt in der Natur der Sache, und das kann man den anderen gar nicht übelnehmen.

[...]

48. Petition der Notgemeinschaft für den Frieden Europas[191], 13. März 1952

KOCH, Heinemann, S. 539

Gegensatz zur Wiederbewaffnung der Bundesrepublik – Unvereinbarkeit von Wiederbewaffnung und Wiedervereinigung

[...]

Da uns die Mitbestimmung über die geplante Wiederbewaffnung unsres Volkes versagt wird, bleibt uns als letzte legale Möglichkeit zur Bekundung unsres Willens nur eine Petition an den Bundestag.

Wir sind der Überzeugung, daß eine westdeutsche Aufrüstung nicht der Sicherheit des Friedens dient, sondern die Kriegsgefahr erhöht. Ein Krieg würde unser Untergang sein. Deutschland wäre sein Schauplatz. Wir wollen aber nicht, daß es uns wie den Koreanern geht, wo man erst dann wieder Verhandlungen suchte, nachdem die Feuerwalze fremder Mächte Volk und Land vernichtet hatte.

Wir glauben nicht daran, daß [die] westdeutsche Aufrüstung zur friedlichen Befreiung der Sowjetzone und Wiederherstellung der deutschen Einheit[192] führt. Aufrüstung wird vielmehr den Eisernen Vorhang dichter schließen und achtzehn Millionen Deutsche, vor allem die junge Generation, den Gegenmaßnahmen des Sowjetsystems preisgeben.

Ohne einen Friedensvertrag mit allen vier Besatzungsmächten kann es völkerrechtlich überhaupt keine deutschen Soldaten geben. Wehrpflicht wäre ein staatlicher Zwang zu völkerrechtswidrigem Verhalten.

Wir fordern den Bundestag deshalb auf, die geplante Aufrüstung abzulehnen und die Bundesregierung zu veranlassen, eine Politik redlicher Verständigung und glaubhafter Bemühungen um die Wiedervereinigung Deutschlands unter einer gesamtdeutschen Regierung zu führen.

---

191 Gerichtet an den Bundestagspräsidenten Hermann Ehlers. – Gustav Heinemann (vgl. Nr. 73), zunächst Innenminister im ersten Kabinett Adenauer, war 1950 aus Protest gegen die sich abzeichnende Wiederbewaffnung zurückgetreten, da diese „den Riß durch Deutschland vertiefen und die Spannungen verschärfen" würde (undat. Aufzeichnung Heinemanns, [September 1950]; in: KABINETTSPROTOKOLLE, Bd. 3, Dok. 26, S. 112f., hier S. 113). Heinemann hatte zusammen mit Helene Wessel am 2.1.1952 in Essen die kurzlebige Notgemeinschaft für den Frieden Europas und noch im gleichen Jahr die Gesamtdeutsche Volkspartei (GVP) gegründet (1957 aufgelöst). – Vgl. auch Nr. 36.

192 Die Petition wurde unmittelbar nach Bekanntwerden der ersten Stalin-Note vom 10. März 1952 (Nr. 53) übergeben.

Wir übergeben diese Petition dem früheren Bundesminister Dr. Heinemann und der Bundestagsabgeordneten Frau Helene Wessel mit der Ermächtigung, sie dem Präsidenten des Bundestages zu überreichen und gegenüber anderen Personen zu vertreten.

49. Sondersitzung der Bundesregierung, 10. Mai 1952

KABINETTSPROTOKOLLE, Bd. 5, S. 273–302, hier S. 276–281

Deutschlandvertrag (Nr. 52) – Souveränität – Deutsche Frage – Ziele der Sowjetunion – Gefahr des amerikanischen Isolationismus

[*Adenauer:*] Die Verhandlungen mit den drei Westalliierten und die Verhandlungen in Paris haben weit über 1 Jahr gedauert. Wir sind uns doch völlig darüber klar, daß diese Verhandlungen nicht etwa aus Liebe zu uns geführt worden sind, sondern nur unter dem Druck Rußlands[193]. [...] Man hat im Ausland keineswegs vergessen die Furcht vor Deutschland, man hat nicht vergessen die Untaten des Nationalsozialismus, die sind sehr lebendig draußen, und man hat auch wieder Furcht vor der Tüchtigkeit der Deutschen, nachdem man gesehen hat, wie das deutsche Volk nach all diesen Jahren sich überraschend wirtschaftlich in die Höhe gearbeitet hat. [...]

Die Auffassung der Russen über die Haltung der SPD ist, daß die SPD den Gedanken hat, haben wir erst eine National-Armee, dann können wir die Neutralisierung in Kauf nehmen und können zwischen Osten und Westen spielen. Und das ist auch die Meinung der drei Westalliierten über die Haltung der SPD und daraus ist zu folgern, daß die drei Westmächte versuchen, sich in dem Vertragswerk Sicherungen zu schaffen für den Fall, daß eines Tages die SPD in Deutschland zur Herrschaft kommt. Das Mißtrauen gegen die deutsche Entwicklung durch die Sozialdemokratie ist dadurch in diesen Ländern außerordentlich gewachsen, namentlich auch in der letzten Zeit.

Um eines möchte ich Sie bei Ihrer Stellungnahme zu dem ganzen Vertragswerk bitten. Betrachten Sie diese ganzen Dinge, betrachten Sie insbesondere die deutsche Frage nicht isoliert. Sie können fragen, was mit Deutschland geschehen soll, wie die Dinge geregelt werden sollen. Sie können sie aber nicht lediglich betrachten als eine Frage, die zwischen Sowjetrußland, Deutschland und den drei Westalliierten in Europa oder Mitteleuropa spielt. Die deutsche Frage steht innerlich im engsten Zusammenhang, auch was uns selbst angeht, mit der ganzen internationalen Situation. Wenn ich zunächst mich damit befasse zu sagen, warum sie auch von deutscher Seite aus betrachtet im engsten Zusammenhang steht mit der ganzen internationalen Lage, so genügt es, daß ich Sie erinnere an die sowjetrussische Expansionspolitik seit 1945, und zwar sowohl im Osten wie insbesondere auch in Europa. Es genügt, wenn ich an die 5. Kolonnen[194] erinnere, in Frankreich und in Italien. In diesem Zusammenhang darf ich vielleicht auch nochmals daran erinnern, daß die Sowjets seinerzeit mit Gewalt versucht haben, Berlin

[193] D.h. Bedrohung durch Rußland. Ähnlich hatte Adenauer diese Auffassung zuvor formuliert: „Wenn wir soweit kommen, ist das auch bei den entscheidenden ausländischen Staatsmännern nicht eitel Liebe zum deutschen Volk, sondern Stalin spielt da auch eine gewisse Rolle" (ADENAUER, Teegespräche 1950–1954, 6.9.1951, Nr. 19, S. 143).

[194] Zum Begriff: oben S. 100, Anm. 174.

auszuhungern und daß Berlin nur gerettet worden ist durch die Luftbrücke[195]. Und daß gerade durch diesen Versuch der Aushungerung Berlins der Expansionsdrang Sowjetrußlands nach Westen in klarster und deutlichster Weise manifestiert worden ist. Ich habe wiederholt darauf hingewiesen, daß Sowjetrußland eben eine expansionsbedürftige Macht ist, z. T. aus Gründen des Panslawismus heraus, z. T. aus weltanschaulichen Gründen. Kommunismus ist für sie eine Weltanschauung. Sie sind überzeugt davon, daß die kapitalistische Welt zugrunde geht. [...] Die deutsche Frage kann nur betrachtet werden im Rahmen der ganzen großen internationalen Spannungen, die zur Zeit herrschen. Ich bitte Sie noch an eines zu denken – weil vielleicht der Gedanke mitspielen könnte – werden wir nicht dadurch, daß wir jetzt diese Verträge ratifizieren, vielleicht die Wiedervereinigung Deutschlands verhindern.

Auch für Sowjetrußland ist die Frage Deutschland eine Frage, die im Zusammenhang mit anderen, für die Russen entscheidenden, Fragen steht. Denn es ist ja ohne weiteres klar, daß, wenn die Sowjetzone wirklich freie Wahlen bekäme, das auf die übrigen Satellitenstaaten Rußlands von entscheidendem Einfluß sein würde. In Polen ist schätzungsweise 70 % der Bevölkerung antirussisch. Es ist ganz klar, daß, wenn die Sowjetzone aus der russischen Herrschaft entlassen würde, die Widerstandskräfte in Polen und in den anderen Satellitenstaaten außerordentlich gestärkt würden. Aus der ganzen Politik Rußlands folgt, daß – ganz abgesehen davon, daß Sowjetrußland den Westmächten dieses Land mit seinen Bodenschätzen und seiner Bevölkerung nicht gönnt – die Deutschlandfrage auch nicht als isolierte Frage betrachtet und behandelt werden kann. Das gleiche gilt von den anderen Weststaaten (Amerika, England, Frankreich, Italien). Ich glaube, daß der Gedanke „Europa" sich entweder in einer Föderation vereinigt und dann weiter bestehen kann, wenn es das nicht tut, geht es unter in seiner bisherigen Form und Kultur. Die Neutralisierung Deutschlands oder das Nichteintreten Deutschlands in den westlichen Kreis würde gleich zu setzen sein mit dem Unmöglichwerden eines europäischen Zusammenschlusses. Und das ist ja auch der Grund, warum Frankreich, das das alles doch erkannt hat, und warum Italien und die Beneluxländer sagen, der Zusammenschluß Westeuropas ist eine Frage auf Leben und Tod. Und weil das ohne Deutschland nicht möglich ist, betrachten sie auch die Lösung der deutschen Frage im Zusammenhang mit der ganzen Weltlage.

Zu den Vereinigten Staaten noch ein Wort. Darüber sind wir in Europa alle einig, daß Europa ohne Unterstützung durch die USA seinem Ende entgegen geht. In den Vereinigten Staaten ist – ich muß das betonen, obwohl man es nicht gerne möchte, daß es ausgesprochen wird – das Wort „Isolationismus" verpönt. Aber die Frage „Europa" ist sehr akut. [...]

Was jetzt geschieht, ist eine Liquidation eines verlorenen Krieges, und wir bilden uns viel zu viel ein, wenn wir glauben, wir wären durch die politisch und wirtschaftlich günstige Entwicklung, die seit [19]49 eingetreten ist, schon in die Reihe der gleichberechtigten und freien Völker eingetreten, und wir könnten deshalb zu Verhandlungen und Verträgen unter freien Völkern kommen. Das sind wir nicht. Wir sind besiegt, wir haben noch ein Besatzungsstatut[196], wir haben noch eine Hohe Kommission und die

[195] Vgl. Nr. 24, 27.
[196] Nr. 28.

anderen sind jederzeit in der Lage, ohne daß sie deswegen neue Beschlüsse zu fassen brauchen, das alte Besatzungsregime in seiner vollsten Stärke wiederherzustellen. [...]

[...] Und seien wir uns völlig darüber klar, daß wenn es zum heißen Krieg kommt, und wir nicht mit dem Westen verbunden sind, die Russen, wenn sie kommen, dafür sorgen werden, daß unsere industriellen Anlagen vernichtet werden. Umgekehrt würden die Amerikaner und Engländer hier alles sprengen, was irgendwie kriegswichtig sein würde und was sie den Russen nicht in die Hände fallen lassen möchten. Man darf gerade diese Entwicklung nicht außer Acht lassen, wenn man an die Frage herangeht, sollen wir zustimmen oder sollen wir nicht zustimmen. [...]

50. Aus dem Tagebuch des Staatssekretärs Lenz, 10. Mai 1952

LENZ, Zentrum, S. 317–322, hier S. 317–321

Deutschlandvertrag und „Bindungsklausel" (Artikel 7,3) – Wiederbewaffnung

Kabinettssitzung[197] über die Verträge.

[...]

Hallstein gibt dann eine Übersicht über das Vertragswerk[198]. Die Reparationsfrage sei praktisch völlig erledigt, da der Verzicht auf Reparationen aus der laufenden Produktion noch zuletzt ausdrücklich ausgesprochen worden wäre. Was die Aufhebung des Besatzungsstatuts[199] anbelange, so bedeute sie einen gewaltigen Fortschritt. Schon die Tatsache des Schiedsgerichtes bedeute die Gleichstellung. Auch die Präambel bedeute die Gleichstellung, sie sei sehr wichtig für die Auslegung der Verträge. Die Vorbehalte seien gewesen: Abrüstung und Entmilitarisierung, Einschränkung der wissenschaftlichen Forschung und Herstellung von Kriegsmaterial, Verbot der Luftfahrt, Kontrolle der Ruhr, Dekartellisierung usw., Reparationen. Die ersten drei fielen weg, die anderen liefen jetzt aus. [...]

Art. 7

Hierzu wird eine schwere Debatte erwartet, da niemand möchte, daß eine gesamtdeutsche Regierung ohne weiteres an den Vertrag gebunden sein[200] soll. v. Merkatz will

---

[197] Vgl. Nr. 49.

[198] Vgl. dazu im einzelnen Nr. 52.

[199] Nr. 28.

[200] Art. 7,3 des Deutschlandvertrages (sog. „Bindungsklausel"). Im ersten Entwurf des Deutschlandvertrages vom 29. April 1952 – so wurde er im November 1951 auf der Pariser Außenministerkonferenz der drei Westmächte beschlossen – hieß es in Art. 7,3: „Die Bundesrepublik und die Drei Mächte sind darüber einig, daß ein wiedervereinigtes Deutschland durch die Verpflichtungen der Bundesrepublik gemäß diesem Vertrag, den Zusatzverträgen und den Verträgen über die Bildung einer integrierten europäischen Gemeinschaft – in einer gemäß ihren Bestimmungen oder durch Vereinbarung der beteiligten Parteien dieser Veränderung angepaßten Fassung – gebunden sein wird, und daß dem wiedervereinigten Deutschland ebenso die Rechte der Bundesrepublik aus diesen Vereinbarungen zustehen werden." (KABINETTSPROTOKOLLE, Bd. 5, Sondersitzung am 10.5.1952, S. 286–291, hier S. 290). – Nach Auseinandersetzungen im Kabinett (Nr. 51) um die Bindungsklausel ist am 25. Mai 1952 eine abgeschwächte Fassung unter Streichung der

den Artikel neu fassen. Strauß macht auf die Bedenken einer Änderung aufmerksam. Er wirft die Frage auf, ob es überhaupt denkbar wäre, daß ein vereintes Deutschland weniger Rechte habe. Er möchte deshalb den ganzen Passus streichen. Hallstein erwidert, daß eine Übertragung nur der Rechte nicht durchsetzbar wäre, eine Streichung des Artikels hielt er auch für ein Risiko, weil dann auch die Westalliierten nicht mehr gebunden wären.

v. Merkatz gibt eine neue Formulierung, in der wesentlich ist, daß Pflichten und Rechte – unbeschadet einer frei vereinbarten, friedensvertraglichen Regelung – übernommen sind. Der B[undes]K[anzler], der mitten in der Debatte zurückkam, hatte den wunden Punkt des Vorschlages von v. Merkatz sofort erfaßt und gab zu bedenken, daß damit auch die Westmächte nicht mehr gebunden wären und daß damit Rußland die Möglichkeit hätte, auf eine Schlechterstellung Deutschlands hinzuwirken. Zwischendurch übergab ich dem B[undes]K[anzler] einen Zeitungsausschnitt, in dem es hieß, daß er mit Rücktrittsdrohung die Annahme der Verträge erzwingen wolle. Er schob es lächelnd beiseite, als wollte er sagen, daß das das Letzte wäre, was in Frage komme.

[...]

Kaiser wendet sich gegen jede Bindung der neuen gesamtdeutschen Regierung, wie üblich mit allgemeinen Ausführungen, daß es uns aufgegeben wäre, die Einheit Deutschland zu erreichen. Dadurch kommt es wieder zu einer allgemeinen Debatte, die wieder alles verwirrt.

Der B[undes]K[anzler] stellt sehr trocken fest, daß man sich eben entscheiden müsse, ob man die Westmächte binden wolle oder mit Rücksicht auf Rußland jede Bindung einer neuen Regierung ablehne. Die anderen hätten uns den Übergang der Rechte keineswegs zunächst angeboten, wir hätten uns das erkämpfen müssen.

[...]

Art. 11

FDP möchte das Junktim mit dem Vertrag über die Verteidigungsgemeinschaft wegfallen lassen. B[undes]K[anzler] erklärt, daß auch er auf eine frühere Inkraftsetzung für Deutschland hinauswolle, etwa nach der Ratifizierung der Verträge durch Deutschland. Damit ist man einverstanden.

[...]

51. Schreiben des Bundesministers für gesamtdeutsche Fragen, Jakob Kaiser, an Adenauer, 23. Mai 1952

KOSTHORST, Jakob Kaiser, S. 176f.

Bindungsklausel des Deutschlandvertrages und Wiedervereinigung

[...]

Nach dem Verlauf der Kabinettssitzung vom vergangenen Dienstagabend[201] glaubte ich gewiß sein zu können, daß die entscheidende Frage der sogenannten Bindungsklau-

---

automatischen Bindung formuliert worden (vgl. die Vertragsfassung vom 26. Mai 1952: Nr. 52).

201 Sondersitzung am 20. Mai 1952 (in: KABINETTSPROTOKOLLE, Bd. 5, S. 346–350).

sel durch Streichung des Artikels VII, Absatz 3 des Generalvertrags[202] erledigt würde. Meine sachlichen Einwände gegen diese Klausel, die der Entscheidungsfreiheit einer künftigen gesamtdeutschen Regierung entgegensteht, habe ich im Kabinett und in Aussprachen mit Ihnen, verehrter Herr Bundeskanzler, wiederholt dargelegt. Dabei habe ich keinen Zweifel darüber gelassen, daß nur die Streichung der Klausel mir die Möglichkeit geben würde, über manche andere Bedenken gegen das gesamte Vertragswerk hinwegzukommen.

Heute, nach meiner Rückkehr, mußte ich erfahren, daß die Bindungsklausel nun doch nicht gestrichen worden ist. Ich muß deshalb, verehrter Herr Bundeskanzler, auf das allerdringendste die Bitte an Sie richten, in ihren Besprechungen mit den Außenministern der drei Westmächte die Beseitigung der Klausel zu erwirken. Ich muß nicht zuletzt auch im Hinblick auf meine gesamtdeutsche Aufgabe[203] diese dringliche Bitte aussprechen. Ich brauche dabei gar nicht mehr auf den Widerspruch hinzuweisen, den die Bindung einer gesamtdeutschen Regierung in diesem Vertragswerk gegenüber der Betonung der Notwendigkeit ihrer Freiheit in der letzten Antwortnote der drei Mächte darstellt. Durch diesen Widerspruch zwischen dem Generalvertrag (Artikel VII, Absatz 3) und den Punkten 6 und 7 der jüngsten Dreimächte-Note[204] an die Sowjetunion würde allein schon der sowjetischen und der sowjetzonalen Propaganda wirklich gefährliche Möglichkeit gegeben, die Echtheit unseres und des Willens der Westmächte zur Wiedervereinigung unseres Landes zu bestreiten. Zugleich würde die innerdeutsche Opposition ein Argument erhalten, mit dem sie in unserem Volk beiderseits der Zonengrenze den stärksten Eindruck machen könnte.

Ich darf bei dieser Gelegenheit auch nicht verhehlen, daß mich der Verlauf der heutigen Bundestagssitzung[205] mit großer Sorge erfüllt hat. Es ist wirklich Gefahr im Verzuge, daß – insbesondere durch das Beharren auf Artikel VII, Absatz 3 – die Verträge in Verbindung mit allem anderen Konfliktstoff drohen, die politische und soziale Stabilität unseres Landes aufs höchste zu gefährden. Ich kann kaum glauben, daß unter solchen Umständen überhaupt eine Mehrheit des Bundestages zur Ratifizierung für sie zu erreichen ist.

Ich darf Ihnen und mir weitere Worte ersparen, Herr Bundeskanzler. Meine Sorge und meine Haltung sind Ihnen genügend bekannt. Als Bundesminister für gesamtdeutsche Fragen bin ich verpflichtet, das nach meiner Erkenntnis Beste für die Wiedervereinigung unseres Landes einzusetzen und keiner Handlung zuzustimmen, die nach meiner Überzeugung die Wiedervereinigung behindern könnte. Deshalb würde es mein Gewissen nicht zulassen, dem Vertragswerk mit der Bindungsklausel zuzustimmen.

[...]

[202] Deutschlandvertrag. – Vgl. zur ursprünglichen Fassung des Art 7,3, auf die sich Kaiser hier bezieht, oben S. 108, Anm. 200 u. zur geänderten Vertragsfassung vom 26.5.1952 Nr. 52.

[203] Vgl. zu den Aufgaben des Bundesministeriums für gesamtdeutsche Fragen Nr. 30.

[204] Die zweite westliche Antwort vom 13. Mai 1952 auf die Stalin-Note: Nr. 57, Punkte 6–7 (Handlungsfreiheit einer gesamtdeutschen Regierung).

[205] Mit schweren Angriffen der SPD auf die Bundesregierung wegen des Deutschlandvertrages.

52. Deutschlandvertrag vom 26. Mai 1952 [und vom 23. Oktober 1954][206]

Fassung von 1952: VERTRAGSWERKE, S. 7–11, hier S. 7–10; *1954:* DOKUMENTE DES GETEILTEN DEUTSCHLAND, Bd. 1, S. 229–234

Gleichberechtigung – (eingeschränkte) Souveränität – Ablösung des Besatzungsstatuts (Nr. 28) – Europäische Verteidigungsgemeinschaft – Verantwortung für Deutschland als Ganzes

[Präambel:[207]]

Die Bundesrepublik Deutschland einerseits und die Vereinigten Staaten von Amerika, das Vereinigte Königreich von Großbritannien und Nordirland und die Französische Republik andererseits haben in der Erwägung, daß eine friedliche und blühende europäische Völkergemeinschaft, die durch ihr Bekenntnis zu den Grundsätzen der Satzung der Vereinigten Nationen mit den anderen freien Völkern der Welt fest verbunden ist, nur durch vereinte Förderung und Verteidigung der gemeinsamen Freiheit und des gemeinsamen Erbes verwirklicht werden kann; daß es das gemeinsame Ziel der Unterzeichnerstaaten ist, die Bundesrepublik Deutschland auf der Grundlage der Gleichberechtigung in die europäische Gemeinschaft zu integrieren, die selbst in die sich entwickelnde atlantische Gemeinschaft eingefügt ist; daß die Wiederherstellung eines völlig freien und vereinigten Deutschlands auf friedlichem Wege und die Herbeiführung einer frei vereinbarten friedensvertraglichen Regelung – mögen auch gegenwärtig außerhalb ihrer Macht liegende Maßnahmen entgegenstehen – ein grundlegendes und gemeinsames Ziel der Unterzeichnerstaaten bleibt; daß die Aufrechterhaltung des Besatzungsstatuts mit den darin vorgesehenen Eingriffsbefugnissen in die eigenen Angelegenheiten der Bundesrepublik mit dem Zweck der Integration der Bundesrepublik in die europäische Gemeinschaft unvereinbar ist; daß die Vereinigten Staaten von Amerika, das Vereinigte Königreich von Großbritannien und Nordirland und die Französische Republik (im folgenden als „die Drei Mächte" bezeichnet) daher entschlossen sind, nur die besonderen Rechte aufrechtzuerhalten, deren Beibehaltung im Hinblick auf die Besonderheiten der internationalen Lage Deutschlands im gemeinsamen Interesse der Unterzeichnerstaaten erforderlich ist; daß die Bundesrepublik auf Freiheit und Verantwortlichkeit gegründete politische Einrichtungen geschaffen hat und entschlossen ist, die in ihrem Grundgesetz verankerte freiheitlich-demokratische und bundesstaatliche Verfassung aufrechtzuerhalten, welche die Menschenrechte gewährleistet; daß die Bundesrepublik und die Drei Mächte sowohl die neuen Beziehungen, die durch diesen Ver-

---

206 Nach dem Scheitern des Vertrages über die Europäische Verteidigungsgemeinschaft (EVG) in der französischen Nationalversammlung im August 1954 konnte die Erstfassung des Deutschlandvertrages, der am 26. Mai 1952 unterzeichnet und im März 1953 durch den Bundestag ratifiziert worden war, nicht in Kraft treten, da dieser nach Art 11,2 an das Zustandekommen der EVG gebunden war. Daraufhin wurde eine modifizierte Fassung vom 23.10.1954 erarbeitet (vgl. die Anmerkungen zu dieser Nummer), aus der u.a. die umstrittene Bindungsklausel (Nr. 50–51; Wortlaut der ursprünglichen Fassung: oben S. 108, Anm. 200) gestrichen wurde, und die am 5.5.1955 als Bestandteil der Pariser Verträge (vgl. unten S. 158, Anm. 324) in Kraft treten konnte. Nach dem Scheitern der EVG erfolgte der NATO-Beitritt der Bundesrepublik.

207 Absätze in der Präambel weggelassen. – 1954 ersetzt durch: „Die Bundesrepublik Deutschland, [...] haben zur Festlegung der Grundlagen ihres neuen Verhältnisses den folgenden Vertrag geschlossen".

trag und seine Zusatzverträge geschaffen werden, als auch die Verträge zur Bildung einer integrierten europäischen Gemeinschaft, insbesondere den Vertrag über die Gründung der Europäischen Gemeinschaft für Kohle und Stahl und den Vertrag über die Gründung der Europäischen Verteidigungsgemeinschaft, als wesentliche Schritte zur Verwirklichung ihres gemeinsamen Strebens nach einem wiedervereinigten Deutschland anerkennen, das in die europäische Gemeinschaft integriert ist; zur Festlegung der Grundlagen ihres neuen Verhältnisses den folgenden Vertrag geschlossen:

Artikel 1[208]

(1) Die Bundesrepublik hat volle Macht über ihre inneren und äußeren Angelegenheiten, vorbehaltlich der Bestimmungen dieses Vertrages.

(2) Mit dem Inkrafttreten dieses Vertrages und der in Artikel 8[209] aufgeführten Verträge (in diesem Vertrag als „Zusatzverträge" bezeichnet) werden die Drei Mächte das Besatzungsstatut aufheben und die Alliierte Hohe Kommission sowie die Dienststellen der Landeskommissare auflösen.

(3) Die Drei Mächte werden künftig ihre Beziehungen mit der Bundesrepublik durch Botschafter unterhalten, die in Angelegenheiten gemeinsam tätig werden, welche die Drei Mächte nach diesem Vertrage und den Zusatzverträgen als sie gemeinsam betreffend ansehen.

Artikel 2

(1) Die Drei Mächte behalten im Hinblick auf die internationale Lage die bisher von ihnen ausgeübten oder innegehabten Rechte in bezug auf (a) die Stationierung von Streitkräften in Deutschland und den Schutz von deren Sicherheit, (b) Berlin und (c) Deutschland als Ganzes einschließlich der Wiedervereinigung Deutschlands und einer friedensvertraglichen Regelung.

(2) Die Bundesrepublik wird sich ihrerseits jeder Maßnahme enthalten, welche diese Rechte beeinträchtigt, und wird mit den Drei Mächten zusammenwirken, um ihnen die Ausübung dieser Rechte zu erleichtern.

Artikel 3

(1) Die Bundesrepublik wird ihre Politik in Einklang mit den Prinzipien der Satzung der Vereinten Nationen und mit den im Statut des Europarates aufgestellten Zielen halten.

(2) Die Bundesrepublik bekräftigt ihre Absicht, sich durch ihre Mitgliedschaft in internationalen Organisationen, die zur Erreichung der gemeinsamen Ziele der freien Welt beitragen, mit der Gemeinschaft der freien Nationen völlig zu verbinden. Die Drei Mächte werden zu gegebener Zeit Anträge der Bundesrepublik unterstützen, die Mitgliedschaft in solchen Organisationen zu erlangen.

---

208 1954 ersetzt: „(1) Mit dem Inkrafttreten dieses Vertrags werden die Vereinigten Staaten von Amerika, das Vereinigte Königreich von Großbritannien und Nordirland und die Französische Republik (in diesem Vertrag und in den Zusatzverträgen auch als ‚Drei Mächte' bezeichnet) das Besatzungsregime in der Bundesrepublik beenden, das Besatzungsstatut aufheben und die Alliierte Hohe Kommission sowie die Dienststellen der Landeskommissare in der Bundesrepublik auflösen.
(2) Die Bundesrepublik wird demgemäß die volle Macht eines souveränen Staates über ihre inneren und äußeren Angelegenheiten haben."

209 Hier nicht wiedergegeben. Wie unten Anm. 215.

(3) Bei Verhandlungen mit Staaten, mit denen die Bundesrepublik keine Beziehungen unterhält[210], werden die Drei Mächte die Bundesrepublik in Fragen konsultieren, die deren politische Interessen unmittelbar berühren.

(4) Auf Ersuchen der Bundesregierung werden die Drei Mächte die erforderlichen Vorkehrungen treffen, die Interessen der Bundesrepublik in ihren Beziehungen zu anderen Staaten und in gewissen internationalen Organisationen oder Konferenzen zu vertreten, soweit die Bundesrepublik dazu nicht selbst in der Lage ist.

Artikel 4[211]

(1) Die Aufgabe der von den Drei Mächten im Bundesgebiet stationierten Streitkräfte wird die Verteidigung der freien Welt sein, zu der die Bundesrepublik und Berlin gehören.

(2) In bezug auf die Stationierung dieser Streitkräfte im Bundesgebiet werden die Drei Mächte die Bundesrepublik konsultieren, soweit es die militärische Lage erlaubt. [...]

Artikel 5[212]

(1) Die Drei Mächte werden bei der Ausübung ihres Rechtes, die Sicherheit der in dem Bundesgebiet stationierten Streitkräfte zu schützen, die Bestimmungen der folgenden Absätze dieses Artikels einhalten.

(2) Wenn die Bundesrepublik und die Europäische Verteidigungsgemeinschaft außer Stande sind, einer Lage Herr zu werden, die entstanden ist durch einen Angriff auf die Bundesrepublik oder Berlin, durch eine umstürzlerische Störung der freiheitlich-demokratischen Grundordnung, durch eine schwere Störung der öffentlichen Sicherheit und Ordnung oder durch den ernstlich drohenden Eintritt eines dieser Ereignisse, und die nach der Auffassung der Drei Mächte die Sicherheit ihrer Streitkräfte gefährdet, können die Drei Mächte, nachdem sie die Bundesregierung im weitestmöglichen Ausmaß konsultiert haben, in der gesamten Bundesrepublik oder in einem Teil der Bundesrepublik einen Notstand erklären.

[...]

Artikel 6

(1) Die Drei Mächte werden die Bundesrepublik hinsichtlich der Ausübung ihrer Rechte in bezug auf Berlin konsultieren.

[...]

---

210 So die Sowjetunion. Vgl. zur Aufnahme diplomatischer Beziehungen mit der UdSSR Nr. 84ff.

211 1954 lautete Art. 4,2: „Im Hinblick auf die in Artikel 1 Absatz 2 dieses Vertrags umschriebene Rechtsstellung der Bundesrepublik und im Hinblick darauf, daß die Drei Mächte gewillt sind, ihre Rechte betreffend die Stationierung von Streitkräften in der Bundesrepublik, soweit diese betroffen ist, nur in vollem Einvernehmen mit der Bundesrepublik auszuüben, wird diese Frage in einem besonderen Vertrag [Truppenstationierungsvertrag; vgl. unten S. 158, Anm. 324] geregelt."

212 1954 neu geregelt, insbesondere mit Konsultationsrechten.

Artikel 7[213]

(1) Die Bundesrepublik und die Drei Mächte sind darüber einig, daß ein wesentliches Ziel ihrer gemeinsamen Politik eine zwischen Deutschland und seinen ehemaligen Gegnern frei vereinbarte friedensvertragliche Regelung für ganz Deutschland ist, welche die Grundlage für einen dauerhaften Frieden bilden soll. Sie sind weiterhin darüber einig, daß die endgültige Festlegung der Grenzen Deutschlands bis zu dieser Regelung aufgeschoben werden muß.

(2) Bis zum Abschluß der friedensvertraglichen Regelung werden die Bundesrepublik und die Drei Mächte zusammenwirken, um mit friedlichen Mitteln ihr gemeinsames Ziel zu verwirklichen: ein wiedervereinigtes Deutschland, das eine freiheitlich-demokratische Verfassung ähnlich wie die Bundesrepublik besitzt und das in die europäische Gemeinschaft integriert ist.

(3) Im Falle der Wiedervereinigung Deutschlands – vorbehaltlich einer zu vereinbarenden Anpassung – werden die Drei Mächte die Rechte, welche der Bundesrepublik auf Grund dieses Vertrages und der Zusatzverträge zustehen, auf ein wiedervereinigtes Deutschland erstrecken und werden ihrerseits darin einwilligen, daß die Rechte auf Grund der Verträge über die Bildung einer integrierten europäischen Gemeinschaft in gleicher Weise erstreckt werden, wenn ein wiedervereinigtes Deutschland die Verpflichtungen der Bundesrepublik gegenüber den Drei Mächten oder einer von ihnen auf Grund der genannten Verträge übernimmt. Soweit nicht alle Unterzeichnerstaaten ihre gemeinsame Zustimmung erteilen, wird die Bundesrepublik kein Abkommen abschließen noch einer Abmachung beitreten, welche die Rechte der Drei Mächte auf Grund der genannten Verträge beeinträchtigen oder die Verpflichtungen der Bundesrepublik auf Grund dieser Verträge mindern würden.

(4) Die Drei Mächte werden die Bundesrepublik in allen anderen Angelegenheiten konsultieren, welche die Ausübung ihrer Rechte in bezug auf Deutschland als Ganzes berühren.

[...]

Artikel 11[214]

(1) Dieser Vertrag und die Zusatzverträge sind von den Unterzeichnerstaaten in Übereinstimmung mit ihren verfassungsmäßigen Verfahren zu ratifizieren oder zu genehmigen. Die Ratifikationsurkunden sind von den Unterzeichnerstaaten bei der Regierung der Bundesrepublik Deutschland zu hinterlegen.

(2) Dieser Vertrag tritt unmittelbar in Kraft, sobald

a) alle Unterzeichnerstaaten die Ratifikationsurkunden dieses Vertrages und der in Artikel 8 angeführten Verträge[215] hinterlegt haben; und

b) der Vertrag über die Gründung der Europäischen Verteidigungsgemeinschaft in Kraft tritt.

[...]

---

213 1954: „Bundesrepublik und die Drei Mächte" jeweils durch die „Unterzeichnerstaaten" ersetzt und Abs. 7,3 („Bindungsklausel") gestrichen. Vgl. dazu oben S. 108, Anm. 200.

214 1954 gestrichen.

215 Vertrag über die Rechte und Pflichten ausländischer Streitkräfte und ihrer Mitglieder in der Bundesrepublik, Finanzvertrag, Vertrag zur Regelung aus Krieg und Besatzung entstandener Fragen.

F. Die Stalin-Note

53. Note der sowjetischen Regierung an die Regierungen Frankreichs, Englands und der Vereinigten Staaten, 10. März 1952[216]

Note an die US-Regierung; Die DEUTSCHE FRAGE 1952–1956, Nr. 1, S. 23f.

[...]

Seit Beendigung des Krieges mit Deutschlands sind fast sieben Jahre vergangen, jedoch hat Deutschland immer noch keinen Friedensvertrag, es ist gespalten und befindet sich gegenüber anderen Staaten in einer nicht gleichberechtigten Situation. Diesem unmoralischen Zustand muß ein Ende gemacht werden. Das entspricht dem Willen aller friedliebenden Völker.

[...] Ein Friedensvertrag mit Deutschland soll gewährleisten, daß ein Wiederaufleben des deutschen Militarismus und einer deutschen Aggression unmöglich wird.

Der Abschluß eines Friedensvertrages mit Deutschland wird für das deutsche Volk die Bedingungen eines dauerhaften Friedens herbeiführen, die Entwicklung Deutschlands als eines einheitlichen, unabhängigen, demokratischen und friedliebenden Staates in Übereinstimmung mit den Potsdamer Beschlüssen[217] fördern und dem deutschen Volk die Möglichkeit einer friedlichen Zusammenarbeit mit anderen Völkern sichern.

[...]

Grundlagen des Friedensvertrages mit Deutschland

Die Teilnehmer

Großbritannien, die Sowjetunion, die USA, Frankreich, Polen, die Tschechoslowakei, Belgien, Holland und die anderen Staaten, die sich mit ihren Streitkräften am Krieg gegen Deutschland beteiligt haben.

---

216 Vgl. zur Entstehung **Nr. 39**. Auf die Note erging am 25. März eine westliche Antwort, in der als Voraussetzung für Gespräche über einen Friedensvertrag die Abhaltung gesamtdeutscher Wahlen und die Einsetzung einer UN-Kommission für die Überwachung der Wahlen genannt und auf der Handlungsfreiheit einer gesamtdeutschen Regierung bestanden wurde, also daß „es der gesamtdeutschen Regierung sowohl vor wie nach Abschluß eines Friedensvertrages freistehen sollte, Bündnisse einzugehen, die mit den Grundsätzen und Zielen der Vereinten Nationen in Einklang stehen." (Punkt 3 d. Antwort v. 25.3. in: Die DEUTSCHE FRAGE 1952–1956, Nr. 2, S. 24f., hier S. 25). Ferner wurde ausdrücklich bekanntgegeben, daß die Bundesregierung konsultiert worden sei und daß „keine endgültigen deutschen Grenzen in den Potsdamer Entscheidungen festgelegt" worden seien (Punkt 5; ebd.), womit die Nichtanerkennung der Oder-Neiße-Linie erneut bekräftigt wurde. Die Abhaltung gesamtdeutscher Wahlen vor Abschluß eines Friedensvertrages wurde von der sowjetischen Regierung in ihrer (zweiten) Note vom 9. April 1952 (ebd. Nr. 3, S. 25–26) ebenso abgelehnt wie die Einschaltung der UNO, was eine Einmischung in deutsche Angelegenheiten bedeute, wobei an der sowjetischen Auffassung festgehalten wurde, daß das Potsdamer Abkommen (**Nr. 3**) die deutschen Ostgrenzen geregelt habe. Mit der folgenden (zweiten) Antwort der drei Westalliierten vom 13. Mai (**Nr. 57**) ging der weitere Notenwechsel (24.5./10.7. und 23.8./23.9.; Die DEUTSCHE FRAGE 1952–1956, Nr. 5–8, S. 29–37) in einen politischen Schlagabtausch über, der ergebnislos endete.

217 **Nr. 3**.

Politische Leitsätze

1. Deutschland wird als einheitlicher Staat wiederhergestellt. Damit wird der Spaltung Deutschlands ein Ende gemacht, und das geeinte Deutschland gewinnt die Möglichkeit, sich als unabhängiger, demokratischer, friedliebender Staat zu entwickeln.

2. Sämtliche Streitkräfte der Besatzungsmächte müssen spätestens ein Jahr nach Inkrafttreten des Friedensvertrages aus Deutschland abgezogen werden. Gleichzeitig werden sämtliche ausländischen Militärstützpunkte auf dem Territorium Deutschlands liquidiert.

3. Dem deutschen Volke müssen die demokratischen Rechte gewährleistet sein, damit alle unter deutscher Rechtsprechung stehenden Personen, ohne Unterschied der Rasse, des Geschlechts, der Sprache oder Religion, die Menschenrechte und die Grundfreiheiten genießen, einschließlich der Redefreiheit, der Pressefreiheit, des Rechts der freien Religionsausübung, der Freiheit der politischen Überzeugung und der Versammlungsfreiheit.

4. In Deutschland muß den demokratischen Parteien und Organisationen freie Betätigung gewährleistet sein; sie müssen das Recht haben, über ihre inneren Angelegenheiten frei zu entscheiden, Tagungen und Versammlungen abzuhalten, Presse- und Publikationsfreiheit zu genießen.

5. Auf dem Territorium Deutschlands dürfen Organisationen, die der Demokratie und der Sache der Erhaltung des Friedens feindlich sind, nicht bestehen.

6. Allen ehemaligen Angehörigen der deutschen Armee, einschließlich der Offiziere und Generäle, allen ehemaligen Nazis, mit Ausnahme derer, die nach Gerichtsurteil eine Strafe für von ihnen begangene Verbrechen verbüßen, müssen die gleichen bürgerlichen und politischen Rechte wie allen anderen deutschen Bürgern gewährt werden zur Teilnahme am Aufbau eines friedliebenden, demokratischen Deutschland.

7. Deutschland verpflichtet sich, keinerlei Koalitionen oder Militärbündnisse einzugehen, die sich gegen irgendeinen Staat richten, der mit seinen Streitkräften am Kriege gegen Deutschland teilgenommen hat.

Das Territorium

Das Territorium Deutschlands ist durch die Grenzen bestimmt[218], die durch die Beschlüsse der Potsdamer Konferenz der Großmächte festgelegt wurden.

Wirtschaftliche Leitsätze

Deutschland werden für die Entwicklung seiner Friedenswirtschaft, die der Hebung des Wohlstandes des deutschen Volkes dienen soll, keinerlei Beschränkungen auferlegt.

Deutschland werden auch keinerlei Beschränkungen in bezug auf den Handel mit anderen Ländern, die Seeschiffahrt und den Zutritt zu den Weltmärkten auferlegt.

Militärische Leitsätze

1. Es wird Deutschland gestattet sein, eigene nationale Streitkräfte (Land-, Luft- und Seestreitkräfte) zu besitzen, die für die Verteidigung des Landes notwendig sind.

2. Deutschland wird die Erzeugung von Kriegsmaterial und -ausrüstung gestattet werden, deren Menge oder Typen nicht über die Grenzen dessen hinausgehen dürfen, was für die Streitkräfte erforderlich ist, die für Deutschland durch den Friedensvertrag festgesetzt sind.

---

[218] Vgl. oben Anm. 216.

Deutschland und die Organisation der Vereinten Nationen

Die Staaten, die den Friedensvertrag mit Deutschland abgeschlossen haben, werden das Ersuchen Deutschlands um Aufnahme in die Organisation der Vereinten Nationen unterstützen.

54. „Teegespräch“[219] Adenauers mit Journalisten, 2. April 1952

ADENAUER, Teegespräche 1950–1954, Nr. 26, S. 226–248, hier S. 226–230 u. 239–241

Stalin-Note – Ziele Rußlands – Neutralisierung – Politik der Stärke

Adenauer: [...] Die außenpolitische Lage ist nach meiner Meinung durch zwei Tatsachen sehr stark gekennzeichnet. Ich spreche sehr offen und bitte mir zu erlauben, daß ich sehr offen zu Ihnen spreche. Ich lege wirklich nicht die Worte auf die Goldwaage, und blamieren Sie mich nicht, indem Sie irgend etwas schreiben. Das eine Moment, das für unsere außenpolitische Lage so wichtig ist, ist das Näherrücken der Präsidentenwahlen in den USA[220]. [...] Das zweite Moment, was mir für die gegenwärtige Lage heute, um ein richtiges Urteil zu bekommen, sehr wichtig zu sein scheint, das ist die Tatsache, daß Sowjetrußland jetzt aus sich heraus diese Note an die drei Westmächte gerichtet hat. Wenn Sie daran denken, daß noch vor Jahresfrist im Palais Rose in Paris[221] monatelang sich Vertreter der drei Westmächte und ein Vertreter Sowjetrußlands oder mehrere Vertreter Sowjetrußlands gegenübergesessen haben [...].

Der Inhalt der Note hat mich wenigstens in keiner Weise überrascht. Ich bin seit Jahr und Tag bei meiner ganzen Politik davon ausgegangen, daß [es] das Ziel Sowjetrußlands ist, im Wege der Neutralisierung Deutschlands die Integration Europas zunichte zu machen, [im Wege] der Neutralisierung Deutschlands also die Integration Europas zunichte zu machen, [um] damit die USA aus Europa wegzubekommen und im Wege des kalten Krieges Deutschland, die Bundesrepublik, und damit auch Europa in seine Machtsphäre zu bringen. Das hat Sowjetrußland noch Ende 1950, Anfang 1951, auf verschiedenen Wegen mehr diplomatischer Natur – nicht offiziellem diplomatischen Wege – versucht, aber Gott sei Dank mit Mißerfolg, und jetzt zum ersten Male geht Sowjetrußland dazu über, in einer Note diese Neutralisierung Deutschlands direkt den drei anderen vorzuschlagen und die drei anderen vor diesen Vorschlag zu stellen, damit sie eine Entscheidung fällen. [...]

Das Wesentlichste der Sowjetnote, der wichtigste Punkt, ist, wie ich schon eben berührt habe, der Vorschlag einer Neutralisierung Deutschlands. Ich glaube, es ist Ziffer 7[222]. Beachten Sie bitte dabei, daß damit Deutschland, wenn das kommen würde, ein Staat minderen Rechts bleiben würde auf eine von uns gar nicht zu schätzende Zeit. Selbst wenn eine deutsche Bundesregierung, eine gesamtdeutsche Regierung, einem solchen Vorschlag zustimmen würde, der Neutralisierung, würde sie ja nach diesem

219 Vgl. zu den Teegesprächen des Kanzlers oben S. 102, Anm. 178.
220 Am 4. November 1952.
221 Im Juni 1951 abgebrochene Vorkonferenz der vier Mächte über die Deutsche Frage. Vgl. Nr. 46.
222 Vgl. Nr. 53, „Politische Leitsätze“ sowie für die folgende Erörterung der Note ebd., „Militärische Leitsätze“ und „Das Territorium“.

Vorschlag niemals, auch nicht auf dem Papier, in der Lage sein, ihre Neutralisierung wirklich zu wahren, denn der russische Vorschlag auf Gewährung einer nationalen Wehrmacht ist ja nur Bluff [...]. Wir sind, ob Bundesrepublik oder Gesamtdeutschland ist gleichgültig, aus wirtschaftlichen Gründen und weil wir auf dem Gebiete der wissenschaftlichen Forschung sehr weit zurück sind, gar nicht in der Lage, auch nur annähernd eine Rüstung herzustellen und aufzustellen, die im modernen Kriege gebraucht wird.

[...]

Es kommt hinzu, daß in der russischen Note versucht wird, die Oder-Neiße-Linie festzulegen und über die freien Wahlen im Handumdrehen hinwegzugehen unter dem Wort gesamtdeutscher Regierung, ohne daß sich die Note darüber ausspeit, wie eine solche gesamtdeutsche Regierung zustande kommt.

Ich erblicke demgegenüber in der Antwortnote[223] einen sehr großen Fortschritt für Deutschland und für die europäischen Beziehungen. [...]

Nun darf ich diese Erfolge für Deutschland speziell hervorheben. Zunächst finde ich es als eine sehr wichtige Tatsache, daß in dem Eingangswort der Note ausdrücklich gesagt worden ist, daß die drei Regierungen die Bundesregierung und Berlin konsultiert haben [...]. Sie hatten ja bisher keine rechtliche Verbindlichkeit, uns zu konsultieren in diesen Verhandlungen über Deutschlands Zukunft. Sie werden die Verpflichtung wohl haben, wenn die beiden großen Vertragswerke, besonders der Generalvertrag[224], der das Nötige enthält, unterschrieben sind. Aber mir ist erklärt worden von englischer und auch von amerikanischer Seite, daß sie sich jetzt schon moralisch verpflichtet fühlten, uns zu konsultieren bei Verhandlungen mit Sowjetrußland über die Zukunft Deutschlands. Das ist das eine Bemerkenswerte – lassen Sie mich das deutlich hervorheben –, um dadurch auch gegenüber Sowjetrußland klar und eindeutig zu erkennen zu geben: „Wir sprechen mit Dir über die Zukunft Deutschlands nur nach Konsultierung der Bundesregierung und Berlins."

Das zweite sehr Wichtige ist, daß dort die Frage der Wahlen, nicht nur der Wiederherstellung der Einheit Deutschlands, sehr stark unterstrichen ist, als das Ziel der drei westalliierten Mächte dargestellt ist, und daß auch nochmals sehr stark betont ist die Frage der Wahlen, denn das ist wohl das Allerwesentlichste. Ich glaube, meiner Erinnerung nach haben zum ersten Male hier die drei Westalliierten in einem offiziellen Dokument und mit solchem Nachdruck erklärt, daß sie einer Neutralisierung Deutschlands nicht zustimmen werden. Das ist ein Faktum, das man gar nicht hoch genug werten kann. Ich habe eben schon gesagt, mir hat die Absicht, Deutschland zu neutralisieren, in der Vergangenheit manche große Sorge gemacht, denn sie hat doch in manchen politischen Kreisen, nicht schwachen politischen Kreisen, eine große Rolle gespielt, nämlich auch bei den Westalliierten. [...]

Ich möchte weiter betonen, daß die drei Westmächte ja dadurch, daß sie die These der Russen, im Potsdamer Vertrag seien die Grenzen Deutschlands festgestellt, zurückgewiesen haben, sich volle freie Hand gelassen haben und auf diese russische These und auf die von Rußland gesetzte Oder-Neiße-Linie sich nicht irgendwie eingelassen haben. [...]

---

223 Der drei Westalliierten vom 25.3.1952. Hier nicht abgedruckt; Zusammenfassung des Inhalts oben S. 115, Anm. 216. – Vgl. die zweite westliche Antwort vom 13. Mai **Nr. 57**.

224 Deutschlandvertrag in der Fassung von 1952 (**Nr. 52**, Art. 3,3 u. Art. 7,4). Mit dem anderen großen Vertragswerk ist der Vertrag über die Europäische Verteidigungsgemeinschaft gemeint.

Journalist: Darf ich zu Ihren Ausführungen noch etwas sagen? Wenn Sie Ihre Konzeption verfolgen, so werden Sie doch sehr in Rechnung stellen, daß in Gesamtdeutschland einschließlich der Sowjetzone zwei große Sorgen bestehen, wenn nicht Ängste, absolute Ängste im Volk[225]. Die eine Angst ist, daß durch diese Politik vielleicht die Wiedervereinigung sehr verzögert, wenn nicht [gar] verhindert werden könnte. Und die zweite Angst ist die Kriegsangst, daß also der Krieg dadurch herbeigeführt werden könnte. [...] Mit anderen Worten: Glauben Sie nicht, daß es notwendig oder zweckmäßig wäre, soweit wie nur irgend möglich, ohne Ihre Konzeption zu schädigen oder ernsthaft zu schädigen, also ohne sie zu bedrohen, soweit wie möglich also diesen Vorstellungen der anderen Seite entgegenzukommen? [...]

Adenauer: Ich habe den Eindruck, als wenn in Deutschland gewisse Dinge künstlich konstruiert werden, als wenn man den Fehler begeht, die Dinge nicht einfach genug zu sehen. Wenn Sie die Dinge ganz einfach und real betrachten, dann haben Sie, und damit möchte ich zur ersten Frage kommen, folgende Möglichkeit: Wir wollen die Wiedervereinigung Deutschlands in Freiheit. Die erste Frage ist: Können wir diese Wiedervereinigung durch uns allein erreichen? Eine Frage, die jeder mit Nein beantworten wird. Die zweite Frage ist die: Können wir die Wiedervereinigung erreichen, oder werden wir dadurch, daß wir irgendwie mit Rußland klar werden, indem wir auf die Frage der Neutralisierung eingehen [...] – ich glaube, jeder wird mit mir darin übereinstimmen: Die Wiedervereinigung Deutschlands in Freiheit ist mit Hilfe Sowjetrußlands nicht zu erreichen.

Wenn Sie diese beiden Fragen, diese beiden Möglichkeiten verneint haben, nämlich nicht durch eigene Kraft und nicht durch die Hilfe oder durch Sowjetrußland, dann bleibt ja nur noch übrig, daß wir sie nur erreichen können durch die Westalliierten, die uns das auch zugesichert haben.

Nun entsteht eine weitere Frage. Jetzt bitte ich Sie einmal, nicht nur zu denken in der Mentalität gewisser Kreise[226] in Deutschland, sondern auch sich zu versetzen in die Mentalität der Westalliierten. Dann entsteht die Frage: Können wir es uns in diesem Augenblick leisten, sagen wir einmal, an Sowjetrußland Fragen zu stellen? Bitte bedenken Sie, was das heißt am 2. April 1952, in dem [Jahr, in dem] der neue Präsident in den USA gewählt wird, gleichzeitig dann dadurch, daß man diese Fragen stellt in der Erwartung, Sowjetrußland würde darauf ehrlich antworten – eine Erwartung, die ich in keiner Weise habe –, und wir dadurch eine Hinauszögerung veranlassen, und nun in bezug auf den für uns besten Präsidentschaftskandidaten[227], wie soll dieser Kandidat dieses Minus mit in seine Kampagne hineinnehmen? Wie sollen wir überhaupt diese Fragen an Sowjetrußland richten? Wie sollen wir das machen? Durch die Zeitung oder dadurch, daß wir uns an die SED wenden, dadurch, daß wir die Westalliierten bitten, diese Note an General Tschuikow[228] zu übergeben? Wie sollen wir das machen? Ich halte das für völlig unmöglich. Wenn wir kein Präsidentschaftswahljahr hätten, wäre [das] vielleicht zu überlegen, obgleich es nach meiner Auffassung, und ich glaube nach Ihrer aller Auffassung auch, so ist, daß wir niemals von Sowjetrußland eine ehrliche

---

225 Vgl. dazu die Umfrageergebnisse in Nr. 58, 76 (Wiedervereinigung) u. 42, 105 (Kriegsängste).
226 Wohl v.a. auf neutralistische Kreise abzielende Formulierung (vgl. Nr. 36, 48).
227 Eisenhower.
228 Leiter der Sowjetischen Kontrollkommission in der DDR (entsprechend den Hohen Kommissaren in Westdeutschland).

und zufriedenstellende Antwort bekommen können. Die zweite Frage war die, ob es Krieg gibt. [...] Aber da liegt die Sache so, daß der Westen jetzt schon so stark ist, daß für Sowjetrußland die Möglichkeit, dieses Land zu bekommen, unversehrt, nicht mehr gegeben ist. Sowjetrußland hat von einem zerstörten Deutschland nichts, sondern für Sowjetrußland ist Deutschland dann wertvoll, wenn es dieses Land mit seinem industriellen Potential und mit seinen Menschen unzerstört bekommt im Wege des kalten Krieges.

[...]

55. Gespräch Stalins mit der SED-Führung in Moskau, 7. April 1952

In deutscher Übers. auszugsw. abgedr. bei WOLKOW, Frage, S. 45–47 (vollständige engl. Übers. in: UPRISING IN EAST GERMANY, Dok. 1, S. 34–41)

Maßnahmen in der DDR nach dem absehbaren Scheitern der Stalin-Noten

Gen[osse] Stalin sagt, daß W. Pieck im vorangegangenen Gespräch[229] die Frage nach den Perspektiven der Entwicklung Deutschlands im Zusammenhang mit den sowjetischen Vorschlägen über einen Friedensvertrag und der Politik der Amerikaner und Briten in Deutschland gestellt hat. *Gen[osse] Stalin* ist der Ansicht, daß die Westmächte, welche Vorschläge zur deutschen Frage wir auch immer einbringen mögen, mit uns nicht einverstanden sein und auf jeden Fall aus Westdeutschland nicht herausgehen werden. Zu denken, daß ein Kompromiß herauskommen wird oder daß die Amerikaner den Entwurf eines Friedensvertrages annehmen werden, hieße, einen Fehler zu begehen. Die Amerikaner brauchen eine Armee in Westdeutschland, um Westeuropa in den Händen zu behalten. Sie sagen, daß ihre Armee dort eine gegen uns ist. In Wirklichkeit ist ihre Armee dazu da, Europa zu beherrschen. Die Amerikaner werden Westdeutschland in den Atlantik-Pakt hineinziehen. Sie werden westdeutsche Truppen schaffen. Adenauer haben die Amerikaner in der Tasche. Alle ehemaligen Faschisten und Generäle auch. Faktisch wird in Westdeutschland ein selbständiger Staat gebildet. Ihr müßt auch Euren eigenen Staat organisieren. Die Demarkationslinie zwischen West- und Ostdeutschland muß als eine Grenze betrachtet werden, und zwar nicht als einfache Grenze, sondern als eine gefährliche Grenze. Der Schutz dieser Grenze muß verstärkt werden[230]. In der ersten Linie werden zu ihrem Schutz Deutsche stehen, in der zweiten Linie werden wir russische Truppen zum Schutz stationieren. Viel zu frei bewegen sich die Agenten der Westmächte durch die Deutsche Demokratische Republik. Sie können bis zum Äußersten gehen und Euch oder Gen[osse] Tschuikow töten. Damit muß man rechnen. Deshalb muß man einen starken Schutz der Grenze haben.

[...][231]

---

229 Am 1. April. Vgl. unten Anm. 231.

230 Vgl. Nr. 60.

231 Stalin schnitt im folgenden die Frage der Bewaffnung der Volkspolizei an und äußerte, daß diese mit russischen Waffen ausgerüstet werden solle, auch mit schweren (militärischen) Waffen. – Bereits im vorangegangenen Gespräch mit der DDR-Führung am 1. April 1952 hatte sich Stalin zur Aufrüstung der DDR geäußert: „[...] *Pieck* fragt, ob es notwendig ist, Schritte zur

Gen[osse] Ulbricht sagt, daß das Konsequenzen[232] hat. Bis jetzt sagten wir in der DDR, daß wir für ein demokratisches Deutschland eintreten, und führten eine Reihe von Maßnahmen nicht durch, die bei der Entwicklung in Richtung Sozialismus durchgeführt werden müssen[233]. Wir sprachen auch niemals davon, daß wir zum Sozialismus gehen.

Gen[osse] Stalin sagt, daß das richtig war.

Gen[osse] Ulbricht fragt: Sollen wir angesichts der tiefen Spaltung Deutschlands diese frühere Taktik fortsetzen?

Gen[osse] Stalin sagt, daß es auch jetzt nicht nötig ist, lauthals vom Sozialismus zu reden. Doch Produktionsgenossenschaften sind ein Stückchen Sozialismus. Die volkseigenen Betriebe – das ist auch Sozialismus.

Gen[osse] Ulbricht sagt: Bis jetzt haben wir nicht davon gesprochen und haben nicht darauf hingewiesen, daß die volkseigenen Betriebe sozialistisch sind. Wir haben die in der DDR entstandenen gesellschaftlichen Beziehungen ein wenig maskiert.

Gen[osse] Stalin sagt: Diese Maske hat Euch geholfen, die Mittelschichten in Westdeutschland nicht zu verschrecken. [...] Obgleich in Deutschland zwei Staaten geschaffen werden, ist es vorerst nicht angebracht, lauthals vom Sozialismus zu reden. [...][234]

Gen[osse] Grotewohl sagt, daß er in der Bewertung der Lage Westdeutschlands und der Politik der USA mit der Ansicht des Gen[ossen] Stalin völlig einverstanden ist. Er, Grotewohl, möchte fragen, ob Gen[osse] Stalin meint, daß es zum gegenwärtigen Zeitpunkt notwendig ist, an unsere Argumentation zu Fragen der Einheit Deutschlands und am offiziellen Standpunkt der Regierung der DDR zur Frage der Wiederherstellung der Einheit Deutschlands Veränderungen vorzunehmen.

Gen[osse] Stalin antwortet verneinend. Man muß die Propagierung der Einheit Deutschlands die ganze Zeit fortsetzen. Das hat für die Erziehung des Volkes in Westdeutschland große Bedeutung. Jetzt habt Ihr diese Waffe in den Händen, man muß sie die ganze Zeit in den Händen behalten. Wir werden auch weiterhin Vorschläge zu Fragen der Einheit Deutschlands machen, um die Amerikaner zu entlarven.

Schaffung einer deutschen Armee in der Deutschen Demokratischen Republik zu unternehmen. *Gen[osse] Stalin* sagt, daß es nicht um Schritte geht – eine Armee muß geschaffen werden. Weshalb nur Schritte? *Gen[osse] Pieck* sagt, daß dafür eine Bewaffnung erfolgen müsse. *Gen[osse] Stalin* stellt fest, daß die Westmächte in Westdeutschland alle Beschlüsse verletzen und tun, was ihnen genehm ist. *Gen[osse] Pieck* sagt, daß man zur Schaffung einer Armee eine entsprechende Agitation in der DDR entfalten und den Unterschied aufzeigen muß zwischen der Armee, die in Westdeutschland geschaffen wird, und der nationalen Armee in Ostdeutschland. *Gen[osse] Stalin* sagt, daß man die Armee ohne viel Lärm, ohne Agitation schaffen muß. Wenn sie geschaffen sein wird, dann kann man das ausposaunen." (zit. nach WOLKOW, Frage, S. 44; Absätze weggelassen). – Vgl. dazu Piecks stichwortartige Aufzeichnungen über das Gespräch: „Volksarmee schaffen – ohne Geschrei. Pazifistische Periode vorbei" (PIECK, Aufzeichnungen, Dok. 131 [V], S. 395f., hier S. 395).

232 Zuvor hatte Stalin das Thema der Kollektivierung angesprochen und die SED-Führung darin bestärkt, diese voranzutreiben.

233 Diese Maßnahmen wurden auf der II. Parteikonferenz der SED (**Nr. 61**) im Juli 1952 verkündet.

234 Es folgt Stalins Rat, die Kollektivierung durch Benutzung des Begriffs „Produktionsgenossenschaften" zu kaschieren.

56. Rede Jakob Kaisers vor dem CDU-Landesparteitag in Berlin, 25. April 1952

KAISER, Brücke, Dok. 72, S. 557–564, hier S. 560–562

Stalin-Note – Westbindung – Ost-West-Konflikt

[...]

Alles in allem: Wir haben ein erhebliches Maß von politischer und wirtschaftlicher Stabilität erreicht. Aber echte Stabilität wird erst erreicht werden können, wenn unser ganzes Volk wieder in einem Staate vereinigt ist. Wir stehen, was die Wiedervereinigung angeht, immer noch am Anfang, dabei unterschätze ich nicht, was erreicht worden ist. Ich unterschätze nicht die Bedeutung, die der Stärkung der freien Welt zukommt. Sie soll uns ja schließlich der Wiedervereinigung näherbringen. Und sie wird es – das ist meine Überzeugung – auch tun. Sie wird es vor allem dann tun, wenn wir selbst unser ganzes Gewicht für das oberste unserer Ziele in die Waagschale werfen. D.h., wenn wir die Westmächte überzeugen, daß die Wiederherstellung der Einheit Deutschlands in Freiheit keine Gleichgewichtsstörung der freien Welt bedeutet. Diese Furcht färbt noch allzu sehr auf diese oder jene Überlegung im Ausland ab. In der letzten Zeit haben wir mehr als einmal in sehr verantwortlichen Zeitungen des Westens Betrachtungen darüber lesen können, daß ein wiedervereinigtes Deutschland zu mächtig werden könnte. Aber wie steht es denn mit dieser Macht? Wir brauchen das heutige Deutschland nur mit dem Deutschland vor 30 Jahren zu vergleichen, um zu erkennen, wie sich unser Land und die Welt verändert haben. Es sind jetzt gerade 30 Jahre, daß der Rapallo-Vertrag[235] geschlossen wurde. Er spukt ja wieder durch die Geschichte unserer Tage. Aber was ist denn Deutschland gegen damals? Und was ist Rußland heute. Rußland ist inzwischen zu einem Koloß geworden. Dieser Koloß würde Deutschland einfach erdrücken, wenn es der Unterstützung der freien Welt nicht sicher wäre. Deshalb wird es Ziel und Aufgabe der deutschen Politik bleiben müssen, sich dieses Rückhaltes zu versichern. Darüber sind sich wohl alle politisch verantwortlichen Kräfte unseres Volkes im klaren. Andererseits dürfte sich aber auch der Osten über ein anderes im klaren sein: Nicht nur unser friedlicher Wille, sondern auch unser ureigenstes Interesse macht unsererseits jede Bereitschaft zum Abenteuer undenkbar. Wir wissen, daß wir in einem Krieg nichts zu gewinnen, wohl aber alles zu verlieren haben. Es gilt also, auf politischem und diplomatischem Wege voranzukommen. Das gilt dem Westen und dem Osten gegenüber. Dazu gehört auf unserer Seite vor allem die klare Erkenntnis, daß uns an der Verständigung zwischen West und Ost über das Schicksal unseres Landes, unseres Volkes gelegen sein muß, denn diese Verständigung ist nun einmal die Voraussetzung für die friedliche Wiedervereinigung unseres Landes.

In dieser Hinsicht möchte ich auch die Bedeutung, die dem Notenwechsel zwischen der Sowjetunion und den Westmächten zukommt, nicht unterschätzen. Allerdings gehöre ich nicht zu den Leuten, die nun die deutsche Wiedervereinigung in eiligem Tempo im Anmarsch sehen. Das konnte und kann nur Leuten passieren, denen die Sowjets nur aus der Ferne bekannt[236] sind. Oder unverbesserlichen Utopisten[237]. Deren gibt es al-

[235] Vertrag von Rapallo zwischen Deutschland und der Sowjetunion vom 16.4.1922. Vgl. zu westlichen Befürchtungen, es könne zu einer neuen Rapallo-Politik kommen, Nr. 70 u. 84.

[236] Kaiser war von 1945 bis 1947 Vorsitzender der CDU in der sowjetischen Besatzungszone.

[237] Wohl v.a. auf Neutralisten abzielend (vgl. Nr. 36, 48).

lerdings noch einige. In Berlin und in der Zone haben wir unsere Erfahrungen mit dem taktischen Spiel der Sowjets gemacht. Deshalb wissen wir: Eine Schwalbe macht noch keinen Sommer. Eine sowjetische Note macht den Weg noch nicht frei zur Wiedervereinigung. Und eine zweite Note[238] tut es auch noch nicht. Ich sage das mit aller Klarheit. Wenn ich auch der Meinung bin, daß bei allen Störungsabsichten der Sowjets gegenüber der freien Welt ein Neues in die sowjetische Politik gekommen ist. Nicht zuletzt Dank der klaren Politik der Bundesregierung und des Bundestages. Bundesregierung und Bundestag haben sich nicht von den plumpen Manövern Grotewohls[239] täuschen lassen. Da man auf diese Manöver nicht hereinfiel, mußte die Sowjetunion selbst aus dem Schatten heraustreten. Allerdings ist sie zunächst nur mit vagen Angeboten herausgekommen. Der Inhalt dessen, worauf Moskau wirklich lossteuert, ist noch im Dunkel. Greifbar ist nur, was der Kreml verhindern will: Nämlich den Stärkezuwachs der freien Welt durch das deutsche Potential.

Einen Fortschritt haben die sowjetischen Noten allerdings schon gebracht: Die Grotewohl-Aktionen der vergangenen Monate sind ins richtige Licht gerückt worden. Sie sind auf das zurückgeführt worden, was sie sind: befohlene Scheinmanöver, um Leichtgläubige irrezuführen. Die sowjetischen Noten haben erneut klargemacht: Die Sowjets machen ihre eigene Politik. [...] Das Sowjetzonenregime ist kein Verhandlungspartner. Und wird es niemals sein.

[...]

57. Note der drei Westalliierten an die Regierung der UdSSR, 13. Mai 1952

Hier die britische Note; Die DEUTSCHE FRAGE 1952–1956, Nr. 4, S. 27–29, hier S. 27f.

Friedensvertrag und gesamtdeutsche Wahlen

1. In Beantwortung der Note der Sowjetregierung vom 9. April[240] wünscht die Regierung Ihrer Majestät, die nachstehenden Bemerkungen zu der Einheit Deutschlands, der Wahl einer freien gesamtdeutschen Regierung und zu dem Abschluß eines Friedensvertrages mit dieser Regierung zu machen. Es ist nach wie vor die Politik Ihrer Majestät, diese Ziele unter Bedingungen zu erreichen, welche die Einheit in Freiheit und den Frieden in Sicherheit gewährleisten.

2. Die Regierung Ihrer Majestät ist bereit, über diese Fragen Verhandlungen mit der Sowjetregierung aufzunehmen; sie wünscht, dies zu tun, sobald sie die Überzeugung gewonnen hat, daß die sowjetische Regierung die Absicht hat, fruchtlose Diskussionen wie in der Vergangenheit[241] zu vermeiden. [...]

3. In ihrer letzten Note legt die Sowjetregierung nunmehr dar, daß Deutschland „nicht in die eine oder andere Mächtegruppe einbezogen werden darf, die gegen irgendeinen friedliebenden Staat gerichtet ist". Deutschlands vorgeschlagene Mitgliedschaft in

[238] Zweite Note der UdSSR vom 9. April 1952 (hier nicht abgedruckt); Zusammenfassung des Inhalts oben S. 115, Anm. 216.

[239] Vgl. Nr. 44 u. oben S. 70 zu den deutschlandpolitischen Offerten der DDR-Führung.

[240] Hier nicht wiedergegeben. Vgl. für den vorangehenden Notenwechsel Nr. 53 u. dort Anm. 216.

[241] Vgl. oben S. 117, Anm. 221.

den Vereinten Nationen dürfte eine derartige Bestimmung sicherlich erübrigen. Auf jeden Fall könnte die Regierung Ihrer Majestät sich nicht mit Bestimmungen einverstanden erklären, durch die Deutschland untersagt würde, eine Verbindung mit anderen Staaten einzugehen, die von einem der Unterzeichnerstaaten des Friedensvertrages willkürlich als „gegen irgendeinen friedliebenden Staat gerichtet" angesehen werden könnte. Die Regierung Ihrer Majestät kann nicht zulassen, daß Deutschland das Grundrecht einer freien und gleichberechtigten Nation, sich mit anderen Nationen zu friedlichen Zwecken zu verbinden, vorenthalten werden soll. Die Regierung Ihrer Majestät muß annehmen, daß die Sowjetregierung ebenfalls keine Einwendungen dagegen erheben kann, daß Deutschland das Recht hat, Verteidigungsabkommen zu schließen.

4. Die Regierung Ihrer Majestät wies in ihrer Note vom 25. März[242] darauf hin, daß sie die Bestrebungen, welche die freien Staaten Westeuropas einschließlich der Bundesrepublik Deutschland zur Schaffung einer friedlichen europäischen Gemeinschaft unternehmen und damit zum Beginn einer neuen Ära, in der die internationalen Beziehungen auf Zusammenarbeit und nicht auf Rivalität und Mißtrauen begründet sind, in vollem Ausmaß unterstützt. Die Regierung Ihrer Majestät begrüßt die Entwicklung einer derartigen europäischen Gemeinschaft, an der Deutschland teilnehmen wird. Deutschland ist gespalten, weil Europa gespalten ist. [...]

5. Die Regierung Ihrer Majestät trägt keine Verantwortung dafür, wenn es nicht gelingt, diese Zusammenarbeit über ihre gegenwärtigen Grenzen hinaus auszudehnen. Sie ist nach wie vor bereit, aufrichtig und voll des guten Willens alle praktischen und präzisen Vorschläge zu prüfen, die auf eine Verringerung der Spannung und eine Überbrükkung der bestehenden Kluft gerichtet sind.

6. Ein deutscher Friedensvertrag kann nur ausgearbeitet werden, wenn eine gesamtdeutsche Regierung besteht, die auf Grund freier Wahlen gebildet und in der Lage ist, in voller Freiheit an der Erörterung eines derartigen Vertrages teilzunehmen. Es ist daher nicht möglich, im gegenwärtigen Zeitpunkt Besprechungen über die Bestimmungen eines deutschen Friedensvertrages abzuhalten. Die Regierung Ihrer Majestät hat ihre Stellungnahme zu einigen der sowjetischen Vorschläge bereits mitgeteilt, insbesondere über die irrige Auslegung der territorialen Bestimmungen des Potsdamer Protokolls[243], sowie über die Absicht der Sowjetregierung, Deutschland in ständiger Isolierung von Westeuropa zu halten und es gleichzeitig zu zwingen, den Versuch zu machen, für seine Verteidigung lediglich durch begrenzte Streitkräfte ausschließlich nationaler Art zu sorgen. Die sowjetischen Vorschläge würden eine ständige Fesselung des deutschen Rechtes auf internationale Verbindung und einen ständigen Zustand der Spannung und Unsicherheit in Mitteleuropa bedeuten.

7. Die aus freien Wahlen hervorgehende deutsche Regierung muß selbst frei sein. Diese Freiheit ist sowohl vor als auch nach der Aushandlung eines Friedensvertrages wesentlich. Die Regierung muß in der Lage sein, ihren wahrhaft repräsentativen Charakter aufrechtzuerhalten; sie muß ferner in der Lage sein, ihre Verantwortlichkeiten als Regierung eines wiedervereinigten Deutschlands zu übernehmen und in vollem Umfange an der Erörterung des Friedensvertrages teilzunehmen. Diese Frage der Freiheit ist daher untrennbar von der Frage der Wahlen. Die Sowjetregierung hat es bisher unterlas-

242 Vgl. oben S. 115, Anm. 216.
243 Ebd.

sen, ihre Auffassung zu dieser Einheit auch nur anzudeuten. Die Regierung Ihrer Majestät muß insbesondere die Frage stellen, ob nach Auffassung der Sowjetregierung eine aus freien Wahlen hervorgegangene gesamtdeutsche Regierung bis nach Abschluß eines Friedensvertrages unter Viermächtekontrolle stehen würde oder die Sowjetregierung damit einverstanden ist, daß sie die erforderliche Handlungsfreiheit und Regierungsgewalt erhält.

[...]

9. Die Sowjetregierung ist jedoch nicht damit einverstanden, daß die von der Vollversammlung der Vereinten Nationen eingesetzte internationale Kommission eine derartige Untersuchung[244] in ganz Deutschland durchführen soll. Sie begründet diese Weigerung mit ihrer Auslegung des Artikels 107 der Charta der Vereinten Nationen. Dieser lautet jedoch wie folgt: „Nichts in dieser Charta macht eine Maßnahme unwirksam oder schließt diese aus, die von seiten der dafür verantwortlichen Regierungen gegen einen Staat, der während des zweiten Weltkrieges der Feind eines der Signatarstaaten dieser Charta war, als Folge dieses Krieges unternommen oder gestattet wird." Dieser Wortlaut schließt die Vereinten Nationen eindeutig nicht von der Erörterung deutscher Angelegenheiten aus. Diese Auslegung ist von der Vollversammlung der Vereinten Nationen mit überwältigender Mehrheit bestätigt worden. Jedoch kann selbst nach der irrigen Auslegung der Charta seitens der Sowjetregierung nichts die vier Mächte daran hindern, sich der Kommission der Vereinten Nationen zu bedienen, um die Bedingungen festzustellen, unter denen in ganz Deutschland wirklich freie Wahlen abgehalten werden könnten.

10. Die Sowjetregierung schlägt statt dessen vor, daß die Verantwortung für die Untersuchung einer von den vier Besatzungsmächten gebildeten Kommission übertragen werden könnte. Bevor die Regierung Ihrer Majestät sich davon überzeugen kann, daß dieser Vorschlag zu einer unparteiischen Untersuchung führen würde, müßte sie wissen, wie sich die Zusammensetzung und Funktion eines solchen Organs gestalten würde. Eine lediglich aus Mitgliedern mit unmittelbaren Verantwortlichkeiten in Deutschland zusammengesetzte Kommission wäre gleichzeitig Richter und Partei. Die Erfahrung während der Zeit der Vier-Mächte-Kontrolle[245] in Deutschland läßt darauf schließen, daß eine solche Kommission nicht in der Lage wäre, zu zweckdienlichen Entscheidungen zu gelangen. Damit würden die Wahlen außerordentlich verzögert. Auch kann die Regierung Ihrer Majestät die Tatsache nicht übersehen, daß die Einsetzung einer Vier-Mächte-Kommission als Schritt zu einer Wiederherstellung der Vier-Mächte-Kontrolle in Deutschland ausgelegt werden könne. Dies wäre ein Rückschritt, der mit der konstitutionellen Entwicklung in der Bundesrepublik nicht in Einklang stehen würde.

[...]

---

244 Über die Voraussetzungen freier Wahlen.

245 Scheitern des alliierten Kontrollrates im März 1948.

58. Diagramm: Umfragen über die Priorität der Wiedervereinigung (1951–1963)

Allensbach. – JAHRBUCH, Bd. 3, S. 482; *Anm.*: Die übrigen Antwortkategorien sind hier nicht wiedergegeben

Frage: „Was halten Sie für die wichtigste Frage, mit der man sich heute in Westdeutschland allgemein beschäftigen sollte?" (Angaben in Prozent)

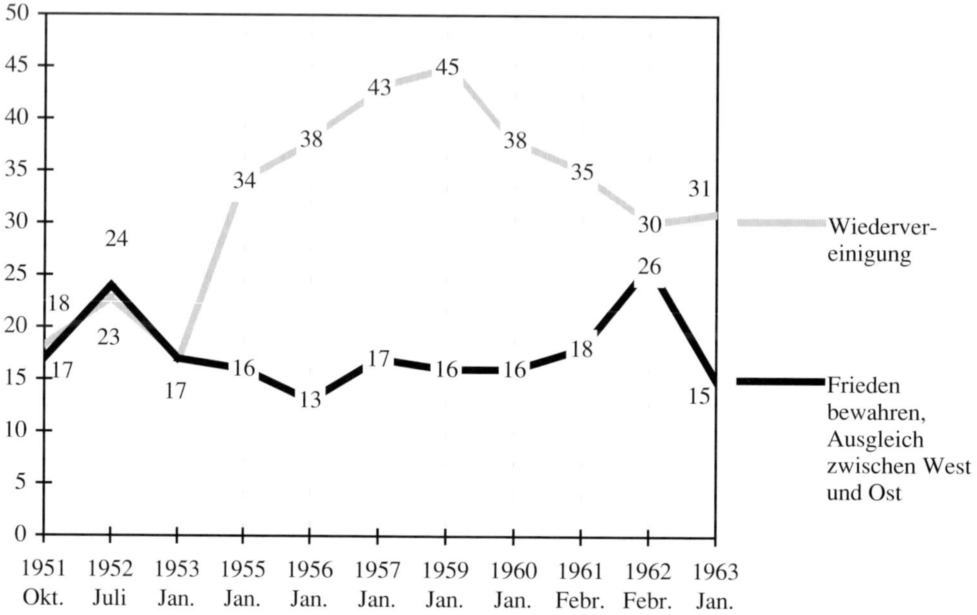

59. Tabelle: Umfragen über Einheit und Sicherheit (1952–1959)

Allensbach. – JAHRBUCH, Bd. 3, S. 484

Frage: „Wenn Sie sich entscheiden müßten: Was ist Ihnen zunächst wichtiger – Sicherheit vor den Russen oder die Einheit Deutschlands?"

%	1952 Juli	1953 Juli	1954 Okt.	1958 Jan.	1959 April
Sicherheit	51	52	59	53	55
Einheit	33	36	27	33	30
Unentschieden	16	12	14	14	15
	100	100	100	100	100

G. Aufbau des Sozialismus

60. Polizeiverordnung über die Einführung einer besonderen Ordnung an der Demarkationslinie, 26. Mai 1952[246]

LEBEGERN, Geschichte, S. 25 [Abdr. im Faksimile]

Ausbau des Grenzregimes – Einrichtung einer Sperrzone – Rechtfertigung der Maßnahmen mit der ungelösten Frage des Friedensvertrages

Die Regierung der Deutschen Demokratischen Republik hat der Bonner Regierung und den Regierungen der Westmächte Vorschläge über die Durchführung freier gesamtdeutscher Wahlen und den baldmöglichen Abschluß eines Friedensvertrages mit Deutschland zugeleitet. [...] Diese Vorschläge wurden von der Bonner Adenauer-Regierung abgelehnt, die auf Weisung der amerikanischen, englischen und französischen Besatzungsmächte sich anschickt, den Generalkriegsvertrag[247] abzuschließen, der gegen den Friedensvertrag und die Wiederherstellung der Einheit Deutschlands gerichtet ist.

In Verbindung mit dieser Spaltungspolitik haben die Bonner Regierung und die westlichen Besatzungsmächte an der Demarkationslinie einen strengen Grenz- und Zolldienst eingeführt. [...]

Das Fehlen eines entsprechenden Schutzes der Demarkationslinie seitens der Deutschen Demokratischen Republik wird von den Westmächten dazu ausgenutzt, um in immer größerem Umfange Spione, Diversanten, Terroristen und Schmuggler über die Demarkationslinie in das Gebiet der Deutschen Demokratischen Republik zu schleusen. Diese haben nach Ausführung ihrer verbrecherischen Aufgaben bislang leicht die Möglichkeit, ungehindert über die Demarkationslinie nach Westdeutschland zurückzukehren.

[...]

Durch diese Handlungen der anglo-amerikanischen Besatzungsmächte und der Bonner Regierung hat sich die Regierung der Deutschen Demokratischen Republik gezwungen gesehen, durch eine Regierungsverordnung[248] Maßnahmen anzuordnen, die das Ziel haben, die Interessen der Bevölkerung der Deutschen Demokratischen Republik zu verteidigen und das Eindringen von feindlichen Agenten in das Gebiet der Deutschen Demokratischen Republik unmöglich zu machen.

Durch diese Regierungsverordnung wird entlang der Demarkationslinie eine besondere Sperrzone errichtet, in der eine besondere Ordnung eingeführt wird.

[...]

246 In Kraft getreten am 27. Mai 1952. Ausgefertigt durch den Minister für Staatssicherheit Zaisser. Eine abweichende, sprachlich entschärfte Fassung, die § 16 nicht enthält, in: DOKUMENTE DES GETEILTEN DEUTSCHLAND, Bd. 1, S. 400–404.

247 Propagandaformel für General- bzw. Deutschlandvertrag (Nr. 52). Die Polizeiverordnung wurde mit Bedacht auf den 26. Mai, also den Tag der Unterzeichnung des Deutschlandvertrages, datiert.

248 Die „Verordnung über Maßnahmen an der Demarkationslinie zwischen der Deutschen Demokratischen Republik und den westlichen Besatzungszonen Deutschlands" vom 26. Mai.

§ 1[249] Die entlang der Demarkationslinie zwischen der Deutschen Demokratischen Republik und Westdeutschland festgelegte Sperrzone umfaßt einen 10 m breiten Kontrollstreifen unmittelbar an der Demarkationslinie, anschließend einen etwa 500 m breiten Schutzstreifen und dann eine etwa 5 km breite Sperrzone.

§ 2 Die Bestimmungen über den kleinen Grenzverkehr sind ab sofort aufgehoben. Die Demarkationslinie darf nur mit gültigem Interzonenpaß an den vorgesehenen Kontrollpunkten der Deutschen Grenzpolizei passiert werden.

§ 3 Für Personen, die im Sperrgebiet wohnen, werden ab sofort keine Interzonenpässe mehr ausgegeben. Für Personen, die in Westdeutschland wohnen, werden für das Sperrgebiet keine Aufenthaltsgenehmigungen mehr erteilt. Die Einreise in das Sperrgebiet mit Interzonenpaß oder Visum ist mit sofortiger Wirkung verboten.

§ 4 Das Überschreiten des 10m-Kontrollstreifens ist für alle Personen verboten. Personen, die versuchen, den Kontrollstreifen in Richtung der Deutschen Demokratischen Republik oder Westdeutschland zu überschreiten, werden von den Grenzstreifen festgenommen.

Bei Nichtbeachtung der Anordnung der Grenzstreifen wird von der Waffe Gebrauch gemacht.

§ 5 Die Bewohner der 5km-Sperrzone[250] sind verpflichtet, sich innerhalb von 48 Stunden nach Inkrafttreten dieser Verordnung bei den für sie zuständigen Meldestellen der Deutschen Volkspolizei zu melden.

Die Personalausweise dieser Ortsansässigen erhalten einen Stempel, der dem Ausweisinhaber die Wohnberechtigung in der 5km-Sperrzone gibt.

[...]

§ 6 In der 5km-Sperrzone sind alle öffentlichen Versammlungen, Kundgebungen und Massenveranstaltungen jeder Art genehmigungspflichtig.

[...]

§ 16 Verstöße gegen diese Verordnung werden mit aller Strenge des Gesetzes bestraft.

[...]

---

249 Absätze nach den einzelnen Paragraphen sind im folgenden weggelassen.

250 Der Polizeiverordnung folgten brutale Zwangsaussiedlungen aus dem Sperrgebiet (bis Juni 1952: „Aktion Ungeziefer"!). Die zweite Aussiedlungswelle setzte nach dem Mauerbau (**Nr. 94ff.**) ein, wobei der Kreis auszuweisender Personen durch das Innenministerium am 1.9.1961 (in: DDR-GESCHICHTE, Dok. S20, S. 464f.) ausgedehnt wurde auf: „a) ehemalige Angehörige der SS, unverbesserliche Nazis, ehemalige Ortsbauernführer, Personen, die durch ihre reaktionäre Einstellung den Aufbau des Sozialismus hindern sowie Personen, die ihrer Einstellung nach und durch ihre Handlungen eine Gefährdung für die Ordnung und Sicherheit im Grenzgebiet darstellen; b) Erstzuziehende aus Westdeutschland und Westberlin; c) Rückkehrer aus Westdeutschland und Westberlin, die bisher noch nicht durch gute Arbeitsleistungen ihre Verbundenheit zur Deutschen Demokratischen Republik unter Beweis gestellt haben [...]; d) Personen, die als Grenzgänger a[uf]gefallen sind oder die Arbeit der Deutschen Grenzpolizei erschwerten oder behinderten, darunter fallen arbeitsscheue und asoziale Elemente, H[äufig]w[echselnder]G[eschlechtsverkehr]-Personen usw.; e) alle Personen, die der polizeilichen Meldepflicht nicht nachgekommen sind [...]; f) Ausländer und Staatenlose. Die in enger Gemeinschaft lebenden Angehörigen der unter a - f genannten Personen sind mit auszuweisen." (Absätze wurden weggelassen).

61. Rede Ulbrichts auf der II. Parteikonferenz der SED, 9. Juli 1952

PROTOKOLL 1952, S. 20–122, hier S. 58–62

Parteikonferenz, 9.–12. Juli 1952: Aufbau des Sozialismus – Deutsche Frage

[...]

In Übereinstimmung mit den Vorschlägen aus der Arbeiterklasse, aus der werktätigen Bauernschaft und aus anderen Kreisen der Werktätigen hat das Zentralkomitee der Sozialistischen Einheitspartei Deutschlands beschlossen, der II. Parteikonferenz vorzuschlagen, daß in der Deutschen Demokratischen Republik der Sozialismus planmäßig aufgebaut wird. [...]

Das Hauptinstrument bei der Schaffung der Grundlagen des Sozialismus ist die Staatsmacht. [...] Die führende Rolle hat die Arbeiterklasse in ihren Händen, als die fortgeschrittenste Klasse, die von der Sozialistischen Einheitspartei Deutschlands, von der Partei, die sich von der Lehre von Marx-Engels-Lenin-Stalin leiten läßt, geführt wird. – (*Starker Beifall*)

Eine große Rolle in unserer demokratischen Entwicklung hat der bereits 1945 entstandene Block der antifaschistisch-demokratischen Parteien[251] inne und wird diese Rolle auch weiterhin innehaben. Von großer Bedeutung sind die Ausschüsse der Nationalen Front des demokratischen Deutschland, die unter dem Banner des Kampfes für ein einheitliches, friedliebendes, demokratisches und unabhängiges Deutschland die breitesten Schichten der Bevölkerung vereinen.

Die ökonomischen Grundlagen der neuen Ordnung sind der volkseigene Sektor der Wirtschaft, die volkseigenen Güter und Maschinenausleihstationen in der Landwirtschaft sowie die von den Bauern gebildeten Produktionsgenossenschaften.[252]

Was sind die Aufgaben der Staatsmacht in der Deutschen Demokratischen Republik?

1. Brechung des Widerstandes der gestürzten und enteigneten Großkapitalisten und Großagrarier. Liquidierung aller ihrer Versuche, die Macht des Kapitals wiederherzustellen.

2. Organisierung des Aufbaus des Sozialismus mit Hilfe des Zusammenschlusses aller Werktätigen um die Arbeiterklasse. – (*Wiederholter starker Beifall*)

3. Schaffung der bewaffneten Streitkräfte[253] der Deutschen Demokratischen Republik zur Verteidigung der Heimat gegen die äußeren Feinde, zum Kampf gegen den Imperialismus. – (*Lang anhaltender Beifall*)

[...]

Die Schaffung der ökonomischen Grundlagen des Sozialismus erfordert bei uns zunächst die Mehrung des sozialistischen Eigentums, das dem Volke gehört, indem der volkseigene Sektor der Wirtschaft, der sozialistischen Charakter angenommen hat, weiterentwickelt wird. [...]

Die zentrale Frage ist und bleibt die nationale Frage, die einen tiefen sozialen Inhalt hat. Der Aufbau des Sozialismus in der Deutschen Demokratischen Republik und Berlin kann sich nur günstig auf den Kampf um ein einiges, demokratisches, friedliebendes und unabhängiges Deutschland auswirken. Wir halten nach wie vor an unseren Vor-

---

251 Vgl. zum Block und zur nachfolgend erwähnten Nationalen Front Nr. 37 u. dort Anm. 141.

252 Vgl. oben S. 73 u. S. 121, Anm. 234.

253 Wurde öffentlich ebenfalls auf der II. Parteikonferenz bekanntgegeben.

schlägen[254] zur Herbeiführung eines Friedensvertrages und der Einheit Deutschlands fest. Die Frage, welche gesellschaftliche Ordnung nach der Vereinigung in ganz Deutschland errichtet werden soll, wird vom ganzen deutschen Volk ohne irgendwelche ausländische Einmischung entschieden werden. Durch den sozialistischen Aufbau wird der deutschen Arbeiterschaft und dem ganzen werktätigen Volk die Entscheidung über die Gestaltung der künftigen gesellschaftlichen Ordnung in Deutschland erleichtert, denn jeder kann sich auf Grund seiner eigenen Erfahrungen und Feststellung selbst überzeugen, welcher Weg den Interessen des arbeitenden Volkes dient und welcher Weg den Interessen der Rüstungsindustriellen, der Kapitalisten und der Großgrundbesitzer dient. – (*Starker Beifall*) [...]

62. Domkapitular Walter Adolph, Berlin, an Prälat Bernhard Hack, Apostolische Nuntiatur in Bad Godesberg, 12. Juli 1952

Datum korrigiert (Vorlage: „12. April 1952"); LOYALE DISTANZ? Bd. 1, S. 288

Kirchenkampf in der DDR – Kirche kein „Lockköder" mehr

[...] Der neugewählte Präses der Altpreußischen Union[255], Präses Held, hat in der vergangenen Woche ein Gespräch geführt mit dem Ministerpräsidenten Grotewohl. Grotewohl hat danach erklärt, daß im Zuge der Entwicklung der Ostzone zum Sozialismus hin auch eine Neuregelung des Verhältnisses des Staates zur Kirche erfolgen werde, das heißt in der westlichen Sprache, die Ostzone wird volksdemokratischer Satellitenstaat Moskaus. Nach Grotewohl bestehen bei der Regierung der DDR 2 Vorschläge, das Verhältnis von Kirche und Staat in der DDR zu regeln: 1. Die ungarische Form, vertreten durch Grotewohl und Nuschke. Danach scharfe Trennung von Kirche und Staat und – um in westlicher Terminologie zu sprechen – die Existenz der Kirche in der Ghettoform. 2. Die tschechoslowakische Lösung, vertreten von Walter Ulbricht. Die Kirche wird Staatskirche, die Pfarrer werden Staatsbeamte, der Staat übernimmt die Besoldung der Pfarrer und verlangt dafür Unterstützung der Politik des Staates durch die Kirche. In diesem Sinne, glaube ich, müssen auch die Ausführungen Ulbrichts auf der II. Parteikonferenz der SED interpretiert werden, in denen er von der Kirche forderte, die bisher geübte Neutralität aufzugeben. Von derselben evangelischen Seite erfuhr ich, daß dem evangelischen Bischof Dibelius und dem katholischen Bischof Weskamm kein Dauerausweis für die Ostzone ausgestellt würde; sie müßten als Bürger Dibelius und als Bürger Weskamm für jeden einzelnen Fall Antrag stellen, wenn sie die Ostzone besuchen wollen [...].

Bei der Hauptverwaltung der Volkspolizei erklärte ein hoher Offizier weiter, daß kein kirchlicher Würdenträger mehr Erlaubnis erhalte, aus der Sowjetzone nach Westdeutschland zu reisen. Die Frage der Einheit Deutschlands sei jetzt erledigt[256]. Bis zu diesem Stadium habe man die Kirche noch als Lockköder für Westdeutschland benüt-

[254] Am 9.1.1952 hatte die Volkskammer ein Wahlgesetz für gesamtdeutsche Wahlen verabschiedet.

[255] Ehemals lutherisch-reformierte Unionskirche in Preußen. Seit 1953: Evangelische Kirche der Union. – Adolph gibt hier Informationen eines evangelischen Vertrauensmanns wieder.

[256] Nach dem Scheitern der Stalin-Note (Nr. 53 bzw. 57).

zen wollen. Da dieses Motiv jetzt jeden Sinn verloren habe, gäbe es auch keine Erlaubnis mehr zur Ausreise nach Westdeutschland. [...]

63. Besuch einer Volkskammer-Delegation in Bonn[257], 24. September 1952

„Ost-Delegation. Weil es so herzlich war"; in: Der Spiegel Nr. 39 v. 24.9.1952, S. 5–8

Aufbau des Sozialismus und Einheitskampagnen – Alleinvertretungsanspruch

Fünf Paar neue Schuhe knarrten über die Gangway der polnischen Maschine herab, die am Freitag [19.9.1952] voriger Woche um 14.55 Uhr – via Berlin aus Warschau kommend – auf dem Rollfeld des Flughafens Düsseldorf-Lohausen ausrollte. Rote Chrysanthemen im Arm, betraten Pankows fünf Volkskammerkuriere bundesrepublikanischen Boden. Während die hinter der Polizeikette aufgestaute Menge „Totenblumen" rief, sprach Otto Nuschke, stellvertretender Ministerpräsident der Sowjetzone: „Grüß Gott."

[...] Der Fünfmännerdelegation, die gekommen war, um über die deutsche Einheit zu sprechen, wurde zur Begrüßung eine auf 48 Stunden befristete Aufenthaltsgenehmigung in die Hand gedrückt.

[...]

Mitglieder der frischbestimmten Volkskammer-Delegation ließen bald über West-Berliner Drähte wissen, daß die SED selber an einer glatten Absage aus Bonn interessiert sei. Die SED sähe in einem Scheitern dieses Vorstoßes die beste Rechtfertigung für ihre endgültigen Maßnahmen in der Zone.

[...]

Adenauer schrieb am Montag [15.9.1952] einen Brief an den Bundestagspräsidenten [Ehlers], in dem er ihn mit der ihm eigenen Milde empfahl, den Empfang abzusagen. Ehlers antwortete auf Bundestags-Briefpapier: Nein.

Am nächsten Tag, am Dienstag, dem 16. September, feierten Bonns Konferenzler Orgien. Konrad Adenauer konferierte mit Bundestagspräsident Ehlers, mit Kabinettsmitgliedern und mit dem CDU-Fraktionsvorstand. Der Bonner Rest konferierte untereinander.

Der CDU-Fraktionsvorstand rang mit sich selber und billigte schließlich „trotz schwerer Bedenken" den Ehlersschen Entschluß, um den Bundestagspräsidenten nicht bloßzustellen. Von den Kabinettsmitgliedern sprach sich Jakob Kaiser für des Kanzlers Nein, Vizekanzler Blücher – unterstützt von dem CDU-Fraktionsvorsitzenden Heinrich von Brentano – für Ehlers Ja aus. [...]

Der Plan, den Bonns Behörden nun für das unabänderliche Malheur ausarbeiteten, sah so aus: Durch einen von Polizei-Eskorten gebildeten Schlauch sollten Pankows Briefträger in das Geschäftszimmer des Bundestagspräsidenten geschleust werden. Ehlers versi-

[257] Am 19./20.9.1952. Die Volkskammer der DDR hatte am 5.9.1952 einen Aufruf verabschiedet, in dem eine Deutschlandkonferenz der vier Mächte gefordert und zur Verständigung beider deutscher Staaten aufgerufen wurde. Dem Ansinnen, diesen Volkskammerbeschluß in Bonn durch eine Delegation zu übergeben, hatte Bundestagspräsident Hermann Ehlers (CDU) im Alleingang zugestimmt und damit parteipolitische und innerparteiliche Debatten ausgelöst.

cherte dem Kanzler: „Ich werde mit den Abgeordneten nicht verhandeln, sondern sie nur zur formellen Entgegennahme der Volkskammerbeschlüsse empfangen, ohne daß dabei der Eindruck entsteht, als seien sie legitime Vertreter eines demokratischen Staates."

[...] Mehrere Gruppen des „Volksbundes für Frieden und Freiheit"[258] sperrten mit Transparenten „Raus mit den Moskauer Lausejungen" und „Kein Gespräch mit Nuschke und Komplizen" die Straße. Zwei Mädchen warfen blitzschnell ein Transparent vor Nuschkes Limousine GB 014 100. Der Fahrer mußte in die Bremse treten. Mit Latten und ihren Transparenten schlugen die Demonstranten auf die Wagen ein.

[...]

Kurz nach 17 Uhr empfing Bundestagspräsident Hermann Ehlers, begleitet von seinem persönlichen Referenten und einem Stenographen, die fünf Volkskammerabgeordneten und einen ihrer Sekretäre im Leseraum der Bibliothek. Die Unterredung dauerte 18 Minuten.

[...]

Das letzte, was sich den Östlichen in Bonn einprägte, waren überreife Tomaten. Nuschke bekam eine ins Genick und Goldenbaum zwei vor die Brust, als sie in ihre sowjetischen Autos stiegen, um wieder hinter den Eisernen Vorhang zu fahren.

[...]

Da Dr. Ehlers nun die Volkskammererklärung dem Ältestenrat und dem Plenum des Bundestags zuleiten muß, erwartet man, daß die Kanzlertreuen in der CDU diesen Anlaß benutzen werden, um öffentlich einen scharfen Angriff gegen das ganze Ehlerssche Unternehmen zu starten. Bundespressechef von Eckhardt: „Wenn ich das Malheur angerichtet hätte, wäre ich schon längst demissioniert."

[...]

---

[258] Eine prominente antikommunistische Organisation, die vor allem durch das Bundesministerium für gesamtdeutsche Fragen (vgl. Nr. 30) finanziert wurde und mit Unterstützung des Bundesinnenministeriums für das Arrangement heftiger Proteste gegen den Volkskammerbesuch herangezogen wurde. Angaben nach FRIEDEL, Volksbund, S. 123–125.

III. Abschluß der Blockintegration (1953 – 1955)

Einführung

Mit dem *Tod Stalins* im März 1953, an dessen Stelle ein Triumvirat aus Malenkow, Molotow und Berija gerückt war, und den seit April in Korea geführten *Waffenstillstandsverhandlungen* schien im Frühjahr 1953 eine Entspannung in den Ost-West-Beziehungen möglich zu sein. – Doch die SED hatte nach dem Scheitern der Stalin-Note den *Aufbau des Sozialismus* (**Nr. 55, 61**) übereilt und radikal vorangetrieben, so daß die neue Moskauer Führung sich am 2. Juni 1953 dazu veranlaßt sah, den deutschen Genossen eine Milderung des bisherigen Kurses zu verordnen. Obwohl die DDR-Führung mit diesem „Neuen Kurs" allgemeine Erleichterungen für die Lage der Menschen in der DDR eingeführt hatte, blieb eine im Mai 1953 beschlossene Erhöhung der Arbeitsnormen in der Industrie und Bauwirtschaft um 10 % bestehen. Eine Demonstration streikender Bauarbeiter gegen die Normenerhöhung in der Ostberliner Stalinallee am 16. Juni brachte den Stein ins Rollen. Am *17. Juni 1953* weiteten sich zuerst in Berlin und dann in der ganzen DDR – vor allem in den Industriezentren – Streiks und Demonstrationen (**Nr. 66**) aus. Gefordert wurden auch der Rücktritt der Ulbricht-Regierung und freie Wahlen. Von der DDR-Führung herbeigerufene sowjetische Truppen schlugen die Aufstände in den nächsten Tagen blutig nieder – es folgten weit über tausend Verurteilungen durch sowjetische Tribunale, die, so im Fall des Streikführers Siegfried Berger (**Nr. 64**), in russischen Gefangenenlagern enden konnten. Hatte Walter Ulbricht in seiner Rede über den Aufbau des Sozialismus im Juli 1952 noch verkündet, daß hierdurch „dem ganzen werktätigen Volk die Entscheidung über die Gestaltung der künftigen gesellschaftlichen Ordnung in Deutschland erleichtert" (**Nr. 61**) werde, so konnte von einer sozialen Magnetwirkung der DDR im Juni 1953 beileibe nicht mehr die Rede sein. Die durch den Aufstand im ‚Arbeiterparadies' vor aller Welt bloßgestellte DDR-Führung wußte sich nicht anders zu helfen, als den Aufstand als einen von Faschisten und Militaristen aus den Westsektoren Berlins geplanten und entfesselten Putschversuch umzudeuten (**Nr. 67**).

Der 17. Juni blieb im Gedächtnis haften als flammende Demonstration, daß die Menschen in der ‚Zone' in gravierender Unzufriedenheit mit dem System lebten, doch auch – dies zeigten die Forderungen nach freien Wahlen und Wiedervereinigung –, daß sie die deutsche Einheit noch lange nicht abgeschrieben hatten. Westliche Stimmen deuteten den Aufstand somit euphorisch als Vorzeichen der Wiedervereinigung (**Nr. 68**). Dies war nicht realistisch. Nüchtern betrachtet zeigte der 17. Juni, wie emotional er auch in den folgenden Jahren im Westen als Fanal der Freiheit zelebriert wurde, daß die Sowjetunion selbst den Prestigeverlust des Einsatzes roher Gewalt in Kauf nehmen würde, um das Abgleiten der DDR aus ihrem Machtbereich zu verhindern. Und andererseits verdeutlichte das Verhalten der westlichen Alliierten (**Nr. 66**), daß sie – einen Krieg fürchtend – keinesfalls dazu bereit waren, sich militärisch zu engagieren und sich statt dessen auf Protestäußerungen verlegten. – Der SED-Spitze führte der Aufstand drastisch vor Augen, daß das Ende des sozialistischen Deutschland kommen könnte – und zwar nicht durch eine Opferung der DDR durch die Sowjetunion, wie es angesichts der Stalin-Noten (**Nr. 53**) zu befürchten stand, sondern durch den Gegensatz zum eigenen Staatsvolk. Der Generalsekretär der SED, Walter Ulbricht, dessen Stuhl vor dem Aufstand noch wackelte, ging gefestigt aus den Ereignissen hervor und führte mit sowjetischer Deckung bis Oktober 1953 rigorose innerparteiliche Säuberungen durch. Tatsächlich wurden vor allem die polizeilichen und geheimdienstlichen Maßnahmen verschärft (**Nr. 69**) und damit die charakteristischen Züge der DDR als *Zwangs- und Überwachungsstaat* ausgeprägt. Die mit harter Hand durchgeführten Strafaktionen gegen die Aufständischen brachten über das Jahr 1953 ganze Flüchtlingsströme (**Nr. 102 [2]**) hervor und leiteten einen Prozeß ein, aus dem sich die DDR-Führung acht Jahre später nur noch durch den Mauerbau einen Ausweg bahnen konnte. – Dennoch wurde nach dem Aufstand das Tempo der Sozialisierung zurückgenommen und der bislang betriebene Klassenkampf gegen die eigenen Bürger, darunter die Kirchen (**Nr. 62**), wieder abgemildert, allerdings ohne daß die SED ihren Grundkurs der Sowjetisierung der DDR aufgegeben hätte.

Vor den Juni-Ereignissen in der DDR war im Hinblick auf die neue sowjetische Führung eine britische Initiative in den Ost-West-Beziehungen ergriffen worden. Es spielten hierbei Überlegungen eine Rolle, England, das im Schatten der USA seinen weltpolitischen Einfluß eingebüßt hatte, durch Bemühungen um eine Entspannung im Ost-West-Verhältnis wieder aufzuwerten. Im Mai 1953 machte Churchill, der 1951 die Labour-Regierung unter Attlee abgelöst hatte, den Vorschlag für eine *Viererkonferenz über das Deutschlandproblem*. Neu war, daß der Vorschlag das sowjetische Sicherheitsbedürfnis angesichts einer westdeutschen Wiederbewaffnung erstmals einbezog und auch eine Neutralisierung Deutschlands – für Adenauer ein Alptraum (**Nr. 47**) – nicht ausschloß. Weder die Amerikaner noch die neue sowjetische Führung konnten sich in der gegebenen Weltlage für eine solche Konferenz erwärmen und am wenigsten Adenauer, der durch ein Vierertreffen die Vollendung der Westbindung in Gefahr sah, aber in dieser Hinsicht ganz auf der Linie des neuen amerikanischen Außenministers John Foster Dulles lag. Die seit Anfang 1953 amtierende US-Regierung unter dem Republikaner Eisenhower hatte die Trumansche Politik der Eindämmung des Kommunismus (**Nr. 8, 20**) durch das – in praxi nur verbal – offensivere Konzept, die Sowjetunion in Europa wie in Asien zurückzudrängen („roll back"), ersetzt.

Mitten in diese Deutschlandplanungen war der Arbeiteraufstand des 17. Juni geplatzt und hatte zunächst jede Illusion, mit der neuen sowjetischen Führung zu einem Ausgleich zu kommen, zerstört. Adenauer selbst intervenierte jetzt bei den westlichen Mächten und erreichte, daß die Viererkonferenz auf die Zeit nach den Bundestagswahlen im September 1953 verschoben würde. Und selbst im britischen Außenministerium, nicht zuletzt bei dem sich von Churchill überspielt fühlenden Außenminister Eden, regten sich Besorgnisse, daß diese Wendung in der britischen Deutschlandpolitik Westdeutschland an die Russen verspielen könne: Die „Möglichkeit von Viermächteverhandlungen", so der amtierende britische Außenminister Salisbury am 3. Juli 1953, könne „zusammen mit der elektrisierenden Wirkung des Aufstandes" in der DDR Adenauers Wiederwahl und damit den Fortgang des Westbindungskurses gefährden. Und:

„Ein neutralisiertes Deutschland ohne Bindungen an den Westen würde, wenn es waffenlos wäre, bald zur Beute Rußlands werden" (**Nr. 70**). Doch Adenauer wechselte nun seine Strategie und ließ in Washington darauf drängen, jetzt die Viererkonferenz von langer Hand vorzubereiten. Damit war er salviert und konnte im Hinblick auf den Bundestagswahlkampf verhindern, als ‚Spalter' abgestempelt zu werden, der sich gegen eine Deutschlandkonferenz sperre. Das glänzende Wahlergebnis, das die CDU bei der Bundestagswahl 1953 errang, konnte Adenauer als Bestätigung seines Westbindungskurses und als Legitimierung der umstrittenen Wiederbewaffnung verbuchen.

Nach langem Tauziehen wurde schließlich eine *Konferenz der Außenminister* der vier Siegermächte in Westberlin vereinbart, die vom 25. Januar bis zum 18. Februar 1954 tagte – zu einer Gipfelkonferenz sollte es erst 1955 kommen (**Nr. 82–83**). Die Sowjets hatten Gespräche über die Stellung Rotchinas und Frankreichs Kolonialkrieg in Indochina zur Bedingung für die Konferenz gemacht und damit an der Urangst Adenauers gerührt, die Mächte könnten sich zur Entladung internationaler Konflikte über die Deutsche Frage und über den Kopf der Bundesregierung hinweg verständigen. Tatsächlich brachte die Sowjetunion am 10. Februar den Entwurf eines gesamteuropäischen Sicherheitsvertrages ins Spiel. Doch angesichts der dezidierten westlichen Vorbereitung der Konferenz konnte Adenauer Bundespräsident Heuss beruhigt versichern, daß deutsche Interessen keinesfalls „zum Handelsobjekt den Russen gegenüber" gemacht würden (**Nr. 72**). – Der nach dem britischen Außenminister Eden benannte *Deutschlandplan* (**Nr. 71**), mit dem die Westmächte an den Konferenztisch zogen, lag ganz auf der im Vorfeld der Konferenz nochmals öffentlich betonten Linie der Bundesregierung (**Nr. 73**) und enthielt die Kernelemente freie Wahlen, Zusicherung der Handlungsfreiheit einer gesamtdeutschen Regierung und die abschließende Regelung aller Fragen (also erneut v.a. die Grenzfragen) in einem Friedensvertrag. Demgegenüber wiederholten die sowjetischen Gegenentwürfe vom 1. und 4. Februar im wesentlichen die Vorschläge der Stalin-Note vom 10. März 1952 (**Nr. 55**): paritätische Beteiligung der Kommunisten an einer gesamtdeutschen provisorischen Regierung und Revision der Westbindung bzw. Neutralisierung Deutschlands. Wie schon zuvor konnte man sich über den Modus nicht einigen: der Westen wollte freie Wahlen und *dann* den Abschluß eines Friedensvertrages mit einer freien gesamtdeutschen Regierung, während die russische Seite an der umgekehrten Reihenfolge festhielt. Ein Gespräch zwischen den Außenministern Molotow und Dulles (**Nr. 74**) gibt einen guten Eindruck von den alles überlagernden ideologischen Konflikten. „Die sowjetkommunistische Überzeugung bestehe darin", so Dulles, „daß den Menschen im allgemeinen nicht zu trauen und es deshalb notwendig sei, daß eine kleinere Gruppe die Kontrolle über die Wahlmaschinerie behalte und so für die Wahl der ‚richtigen' Leute sorge". Er ziehe es vor, den „Menschen zu vertrauen und ihnen wahre Wahlfreiheit zu geben. Hier scheine, nach der Entwicklung dieser Konferenz, eine sehr grundsätzliche Frage zwischen uns zu stehen" (ebd.) – es war beileibe nicht die einzige.

Nach dem Ende der Berliner Konferenz reagierte die Sowjetunion – wie nach dem Scheitern der Stalin-Note (**Nr. 55**) – mit der Stärkung der DDR. Ihr verlieh die UdSSR Ende März 1954 erweiterte *Souveränitätsrechte* (**Nr. 75**) in ihren inneren und äußeren Angelegenheiten und wertete die DDR damit als Staat auf.

Wiederum von parteipolitischen Auseinandersetzungen begleitet, konnte der *Deutschlandvertrag* erst im März 1953 in dritter Lesung den Bundestag und am 15. Mai auch den Bundesrat passieren. Der Bundesregierung mußte daran gelegen sein, den rechtlichen Schwebezustand, in dem sich die Bundesrepublik befand, schleunigst zu beenden. Der im Mai 1952 unterzeichnete Deutschlandvertrag (**Nr. 52**) war an das Zustandekommen der Europäischen Verteidigungsgemeinschaft (EVG) gebunden, doch bis dahin galt das diskriminierende Besatzungsstatut (**Nr. 28**). Der EVG-Vertrag scheiterte jedoch im August 1954 in der französischen Nationalversammlung, so daß umgehend die Ausweichlösung des *NATO-Beitritts* der Bundesrepublik griff. Diese auf der Londoner Neunmächte-Konferenz (28.9.–3.10.1954) verhandelte Option wurde erneut durch eine deutschlandpolitische Offerte zu kontern versucht, indem die Sowjetunion kurzerhand doch signalisierte, den vormals abgelehnten Eden-Plan (**Nr. 71**) zu akzeptieren. Daraufhin begann erneut ein Notenwechsel zwischen der UdSSR und den drei Westmächten, die auf dem Scheitelpunkt der Westbindung der Bundesrepublik aber nicht einzulenken gewillt waren, zumal die sowjetischen Angebote als recht offenkundiger „Querschuß“ (**Nr. 78**) gegen die *Pariser Verträge*[259] angesehen wurden. Im Oktober 1954 wurde schließlich die veränderte Fassung des Deutschlandvertrages unterzeichnet – nun wurden der Bundesrepublik im Gegensatz zur Fassung von 1952 weitergehende Souveränitätsrechte eingeräumt und auf die umstrittene Bindungsklausel (**Nr. 50–51**) verzichtet. Dafür war, wiederum Frankreich entgegenkommend, die bittere Konzession einer Europäisierung des Saargebietes in Kauf genommen worden. Inmitten der tiefgreifenden Verflechtungen beider deutscher Staaten in die Blöcke blieb die Deutsche Frage ungelöst zurück. Wenn der Sozialdemokrat Fritz Erler auf dem *deutschlandpolitischen Kurs der SPD* beharrte, die deutsche Einheit gebe es nicht als „amerikanischen Truppenübungsplatz“ (**Nr. 79**), so hatten die Realitäten eine solche Sichtweise längst überholt. Auch wenn die SPD, als im Januar 1955 die UdSSR abermals einen deutschlandpolitischen Vorstoß unternahm[260], sich zusammen mit dem Gewerkschaftsbund und evangelischen Kirchenkreisen erneut gegen die Pariser Verträge und die Wiederbewaffnung wandte und Viermächteverhandlungen forderte, war die Entwicklung faktisch abgeschlossen: Am 27. Februar 1955 ratifizierte der Bundestag das Pariser Vertragswerk; es trat am 5. Mai 1955 in Kraft, und die Bundesrepublik wurde souverän. – Die UdSSR beantwortete den NATO-Beitritt der Bundesrepublik wiederum mit einer stärkeren Ostintegration der DDR, indem diese Mitglied des am 14. Mai 1955 gegründeten *Warschauer Paktes* werden konnte. Die Sowjetunion legalisierte durch das Bündnis vor allem ihre in den Satellitenstaaten stationierten Truppen. Sie zog damit das militärische Band um ihren europäischen Machtbereich enger und versuchte durch die obligatorische gegenseitige Beistandspflicht, Aufstandsversuche wirkungsvoll zu ersticken.

[259] Vgl. zu den Verträgen im einzelnen unten S. 158, Anm. 324.
[260] Vgl. unten S. 161, Anm. 335.

A. Der 17. Juni 1953

64. Der Streikführer Siegfried Berger über den 17. Juni in Berlin (1998)

BERGER, „Ich nehme das Urteil nicht an“, S. 17–19

Ursachen und Niederschlagung des Aufstandes – Forderungen der Demonstranten

Vom Volksaufstand am 17. Juni wurde ich, wie wohl alle, überrascht. Daher gab es auch keine „Anweisungen“ des SPD-Ostbüros[261], wie ich mich in einer solchen Situation verhalten sollte. Es war allerdings insbesondere seit der 2. Parteikonferenz der SED[262] im Juli 1952 unübersehbar geworden, daß die Politik der SED Staat und Partei in eine tiefe Krise geführt hatte. Die Versorgungslage hatte sich dramatisch verschlechtert als Folge der Reparationsleistungen an die UdSSR, der verstärkten militärischen Rüstung, der anschwellenden Flüchtlingswelle und des Aufbaus eines neuen Arbeitsdienstes in Form der Organisation „Dienst für Deutschland“.[263] Verhaftungen und politische Prozesse nahmen sichtbar zu. Als dann im Frühjahr/Frühsommer 1953 von der SED gefordert wurde, auf „freiwilliger“ Basis einer allgemeinen Normerhöhung um zehn Prozent zuzustimmen, die einen Angriff auf die Lohntüten meiner Kollegen bedeutete, wuchs der Unwillen in der Bevölkerung und unter meinen Kollegen immer mehr. Die Verkündung des am 9. Juni 1953 vom Politbüro der SED beschlossenen Neuen Kurses, mit dem allerdings die vorgesehene Normerhöhung nicht zurückgenommen wurde, deutete die Bevölkerung zurecht als Zeichen der Schwäche der Staatspartei. Auch in meinem Betrieb wurden plötzlich auf Anweisung der SED alle Losungen, die das Wort Sozialismus enthielten, entfernt. Gerade dies verdeutlichte die tiefe Krise des Systems.

Am Morgen des 17. Juni forderten mich Mitarbeiter und Kollegen im Funkwerk auf, eine Betriebsversammlung zu leiten, auf der über einen Streik und über eine Demonstration entschieden werden sollte. Da meine politische Einstellung bekannt war, glaubte ich, nicht ablehnen zu dürfen. Doch bat ich sofort zwei Mitarbeiter, umgehend in meine Wohnung zu eilen, um Verschiedenes zu vernichten, denn ich war der Überzeugung, daß dieser Streik niedergeschlagen werden und ich mich in Gefahr begeben würde. [...]

Meine pessimistische Einschätzung unserer Chancen rührte daher, daß ich am frühen Morgen dieses Tages aus unserem Schlafzimmerfenster in Berlin-Karlshorst eine größere Zahl russischer Panzer beobachten konnte, die vorbeirollten und mit ihren Peitschen-

---

[261] Ostbüros wurden in Westdeutschland zwischen 1946 und 1950 von SPD, CDU und FDP als Reaktion auf die Unterdrückung ihrer jeweiligen Schwesterparteien in der Ostzone bzw. DDR ins Leben gerufen. Sie fungierten v.a. als Sammelstellen für Nachrichten und nutzen hierfür Parteifreunde und Sympathisanten in Ostdeutschland, so auch Siegfried Berger.

[262] Vgl. Nr. 61.

[263] Vgl. zu den Reparationsleistungen oben S. 49, Anm. 74 u. zu den Flüchtlingszahlen Nr. 102 [2]. – Der im Juli 1952 gebildete und bereits im Juni 1953 wieder aufgelöste Dienst für Deutschland verpflichtete unter Führung der Kasernierten Volkspolizei (vgl. Nr. 41 u. oben S. 73) Jugendliche für den Bau von Militäranlagen.

antennen gegen die Straßenbahn-Oberleitung schlugen und einen Funkenregen erzeugten. [...]

Vor Beginn des Marsches zu den Ministerien hatte ich folgende drei Forderungen und Ziele unseres Streiks aufgestellt und volle Zustimmung erhalten:

1. Rücktritt der Regierung
2. Freie und geheime Wahlen
3. Die Wiedervereinigung

Ich übernahm die Führung des Demonstrationszuges und forderte alle Teilnehmer auf, den Anweisungen unserer Kollegen, die den Ordnungsdienst übernahmen, Folge zu leisten und keinerlei Ausschreitungen oder Beschädigungen irgendwelcher Art zuzulassen. [...]

Der Zug von mehr als 2000 Teilnehmern verlief ruhig und diszipliniert. Allerdings wurde er immer länger, denn weitere Einzelpersonen und Gruppen schlossen sich an. Um den Weg abzukürzen, passierten wir in der Nähe des „Schlesischen Tores" für wenige Schritte den Westsektor, um ihn an der Oberbaumbrücke wieder zu verlassen. Als Kollegen den Ost-CDU-Vorsitzenden und stellvertretenden DDR-Ministerpräsidenten, Otto Nuschke, in einer schweren Tatra-Regierungslimousine langsam am Demonstrationszug, der sich gerade ein kurzes Stück auf Westberliner Seite bewegte, vorbeifahren sahen, wurde er von uns aus seinem PKW herausgeholt und der Westberliner Polizei übergeben.[264] Daß dieser Vorgang als Vorwurf in den späteren Verhören und in der Verhandlung des Sowjetischen Militärtribunals (SMT) nicht zur Sprache kam, habe ich vor allem meinen Mitarbeitern und Kollegen zu verdanken.

Nach diesem Vorfall bewegte sich unser Zug auf der Warschauer Straße weiter in Richtung S-Bahnhof. Hier kam uns eine größere Zahl von Volkspolizisten (Vopo) mit ihren Gewehren im Anschlag entgegen. Wir in der ersten Reihe hakten uns gegenseitig ein und versuchten, den Zug zu stoppen, was natürlich sehr schwer gelang. Als die Polizisten uns ihre Gewehrläufe auf die Brust drückten und riefen: „Zurück, oder wir schießen!", kam der Zug langsam zum Halten. Ich erklärte den Vopos, daß wir Arbeiter aus Köpenick wären, aber sie sagten, wenn wir nicht zurückgingen, hätten sie Befehl zu schießen. Langsam bewegte sich die Masse hinter uns zurück. Als die Entfernung zur Polizistenkette etwa gut 50 m betrug, schossen sie doch. Wir hatten etwa 3–5 Verletzte, die wir alle mit in den Westsektor nehmen konnten. Dies war das Ende unseres über fünf Stunden dauernden Protestmarsches. Wir verteilten uns und erfuhren erst jetzt, daß seit 13.00 Uhr im Ostsektor von den Sowjets der Ausnahmezustand ausgerufen worden war. [...]

Meine Westberliner Genossen[265] wollten, daß ich im Westsektor bleibe, aber ich ging zu meiner Familie zurück. Auf Schleichwegen, über Hinterhöfe gelangte ich nach Hause. Ich wollte meine Familie nicht im Stich lassen. In den folgenden Tagen waren die Grenzen nahezu total abgesperrt. Und Hoffnung, mich und meine Familie in Ostberlin oder in der DDR so lange verstecken zu können, bis die Grenzen eventuell wieder offener wurden, hatte ich nicht. So blieb ich in Ostberlin, obwohl ich mit meiner Verhaftung rechnete.

---

264 Der Vorfall wurde schließlich von der SED als „Entführung" deklariert.

265 Des Ostbüros der SPD in Westberlin (wie oben Anm. 261).

65. Der Oberbefehlshaber der sowjetischen Truppen in der DDR, Gretschko, an Bulganin, 17. Juni 1953[266]

STEININGER, 17. Juni, Dok. 5, S. 125–127

Militärische Niederschlagung des Aufstandes – Verhaftungen von „Provokateuren"

An den Genossen Bulganin,
die Lage in Berlin beruhigt sich. Die wichtigsten Regierungs- und öffentlichen Gebäude [...] werden von unseren Truppen bewacht und gesichert. Unsere Truppen kontrollieren die wichtigsten Bezirke im sowjetischen Sektor von Berlin.

Nach ersten Berichten wurden 46 Provokateure verhaftet[267]. Die Lage im Haus der Ministerien und im ZK-Gebäude[268] ist ruhig. [...] Einige der Demonstranten verlassen die Demonstrationszüge und verstecken sich in Nebenstraßen. Etwa 3.000 hatten sich in der Friedrichstraße im amerikanischen Sektor von Berlin versammelt. Sie riefen Anti-Regierungsparolen, und forderten den sofortigen Rücktritt der DDR-Regierung, die 40%ige Herabsetzung der Preise[269], keine Bestrafung der Streikenden, Auflösung der DDR-Armee und der Volkspolizei, Rückgabe der Gebiete, die Polen erhalten hat[270], sowie anti-sowjetische Parolen.

Über den sowjetischen Sektor von Berlin wurde am 17. Juni um 13.00 Uhr Ortszeit das Kriegsrecht verhängt.

[...]

Die Mitglieder der DDR-Regierung sind aus den gefährdeten Gebieten herausgeholt worden und halten sich beim Genossen Semjonow auf. Um die öffentliche Ordnung wieder herzustellen und die Demonstrationen gegen die Regierung zu beenden, wurden Magdeburg, Leipzig, Dresden, Halle, Görlitz und Brandenburg unter Kriegsrecht gestellt.

Heute wurde um 14.00 Uhr Ortszeit eine Erklärung der DDR-Regierung[271] veröffentlicht, in der die Hintergründe der Ereignisse aufgezeigt werden und die Bevölkerung zur Einheit und zum Widerstand gegen die faschistischen und reaktionären Elemente aufgefordert wird.

---

266 Stand: 16.30 Uhr; Verteiler für die gesamte sowjetische Staatsführung.

267 Insgesamt wurden bis Ende Juni über 6000 Personen verhaftet. Die nach dem Aufstand einsetzende politische Strafjustiz fällte rund 1600 Urteile, darunter auch Todesurteile bzw. es kam auch zu standrechtlichen Erschießungen nach Kriegsrecht (vgl. STEININGER, 17. Juni, S. 55).

268 Zentralkomitee der SED.

269 Der Handelsorganisation (HO). Seit 1948 bestehende staatliche Einzelhandelsunternehmen, die insbesondere der Zurückdrängung des privaten Groß- und Einzelhandels dienten.

270 Oder-Neiße-Grenze. Vgl. **Nr. 31–32**.

271 Wortlaut der Regierungserklärung vom 17. Juni: „Maßnahmen der Regierung der Deutschen Demokratischen Republik zur Verbesserung der Lage der Bevölkerung sind von faschistischen und anderen reaktionären Elementen in Westberlin mit Provokationen und schweren Störungen der Ordnung im demokratischen Sektor beantwortet worden. Diese Provokationen sollen die Herstellung der Einheit Deutschlands erschweren. Der Anlaß der Arbeitsniederlegungen der Bauarbeiter in Berlin ist durch den gestrigen Beschluß in der Normenfrage fortgefallen. Die Unruhen, zu denen es danach gekommen ist, sind das Werk von Provokateuren und faschistischen Agenten ausländischer Mächte und ihrer Helfershelfer aus deutschen kapitalistischen Monopolen" (KOOP, 17. Juni, Dok. 10, S. 367; Absätze weggelassen).

66. Meynen, Westberlin, an das Auswärtige Amt, Bonn, 17. Juni 1953

Telegramm; AAPD, 1953, Bd. 1, Nr. 187, S. 579–581

Verlauf der Ereignisse – westliche Kommandanten – Stellungnahme der SED

[...]

Gestern vormittag zusammenfanden sich Bauarbeiter aus der Stalinallee (Sowjetischer Sektor) zu Demonstrationszug, der zum Regierungsviertel zog. Allmählich mehrere Tausend zählender Zug von Volkspolizei nicht behindert. Zwischenfälle nur in Gestalt Verprügelung einzelner, an Abzeichen kenntlicher SED-Mitglieder. Streikende verlangten im Sprechchor Herabsetzung Arbeitsnormen sowie freie Wahlen. Schwerindustrie-Minister Selbmann wurde niedergeschrien. Rote Fahne Brandenburger Tor wurde heruntergerissen.

Heute vormittag erneuter Demonstrationszug in Stärke schwankend zwischen 3000 und 15000 zum Regierungsgebäude Ecke Leipziger- und Wilhelmstraße. Volkspolizei wiederum zunächst in Reserve. Auch Rotarmisten mit MG und Panzerspähwagen zugegen, die Demonstration jedoch nicht hinderten. Demonstrationszüge wurden vom Regierungsgebäude abgedrängt, aufmarschierten an Sektorengrenze Potsdamer Platz/Brandenburger Tor mit Versuchen, in Westsektor einzudringen. West-Berliner Polizeikette zurückhielt Demonstrationszug.

Gegen Mittag Zusammenstöße zwischen Demonstranten und Volkspolizei, die in die Luft schoß. Dennoch leider Verletzte, angeblich auch Tote. Behauptung, daß sowjetrussische Panzer Feuer auf die Menge eröffneten, bisher unbestätigt. Heute mittag in Sowjetsektor Ausnahmezustand verhängt unter Einsetzung von Kriegsgerichten. Ausgehverbot 21 bis 5 Uhr. Sämtliche öffentliche Verkehrsmittel in Ost-Berlin und von dort nach West-Berlin haben Betrieb eingestellt. In Auswirkung Ausnahmezustandes nach 13 Uhr sowjetische Panzer und sowjetisches Militär gegen Demonstranten eingesetzt. Demonstrationen im wesentlichen beendet. [...]

Größere Demonstrantengruppe eindrang heute in französischen Sektor zwecks Durchmarsch in Richtung Westen. Französischer Kommandant anwies West-Berliner Polizei, Marsch aufzuhalten, was allerdings mißlang. Englischer und amerikanischer Kommandant, mit denen ich verhandelte, einnahmen ähnliche Haltung wie französischer Kollege, falls Einmarsch oder Durchmarsch von Demonstrationszügen versucht, was bisher nicht geschah. Amerikanische Panzer für alle Fälle an Südwestgrenze amerikanischen Sektors aufgefahren. Direktor HICOG[272] mitteilte mir 15 Uhr, Kommandanten hätten beschlossen, unter allen Umständen Westsektoren aus den Ereignissen herauszuhalten, friedliche Demonstranten nicht zu stören, aber West-Berliner Polizei einzusetzen, sobald Ordnung gefährdende Zusammenrottungen oder Demonstrationszüge. SPD und Gewerkschaften veranstalten heute nachmittag Sympathiekundgebungen in Kreuzberg entgegen ausdrücklichem Wunsch dreier Kommandanten.

Heutige Erklärung Bundeskanzlers vor Bundestag[273] sehr gut aufgenommen. Bundesminister Kaiser eintraf Spätnachmittag. 21 Uhr außerordentliche Sitzung Abgeordneten-

---

272 T. S. Timberman; Direktor des „Berlin Element“ der High Commission for Occupied Germany (HICOG; Amerikanische Hohe Kommission) und zugleich US-Stadtkommandant von Berlin.

273 In dieser heißt es: „Wie auch die Demonstrationen der Ost-Berliner Arbeiter in ihren Anfängen beurteilt werden mögen, sie sind zu einer großen Bekundung des Frei-

hauses mit kurzen Erklärungen Parteien dahingehend, daß West-Berlin bereit, Kranke und Verletzte in Krankenhäuser aufzunehmen und Medikamente auszuteilen. Früherer Ost-Zonen-CDU-Minister Grobbel nach Berlin geflohen, ebenso Otto Nuschke West-Berlin eingetroffen, jedoch seine Situation noch unklar.

Stimmung Ost-Berliner Bevölkerung gegen SED, ostzonale Politiker und Sowjetbesatzung anscheinend äußerst erbittert. In „Regierungserklärung" Grotewohls Unruhen als Werk „faschistischer und anderer reaktionärer Elemente in West-Berlin" und von „Provokateuren und Agenten ausländischer Mächte und ihrer Helfershelfer aus deutschen kapitalistischen Metropolen"[274] bezeichnet.

Obiger Stand 18 Uhr.

67. Erklärung des Zentralkomitees der SED zum 17. Juni, 21. Juni 1953

Beschluß der 14. Tagung; DOKUMENTE DER SED, Bd. 4, S. 436–445, hier S. 436–441

Der Aufstand als Werk faschistischer Agenten

[...]

I. Die Entwicklung der Ereignisse

Die Ereignisse in der Deutschen Demokratischen Republik hängen unmittelbar mit der Entwicklung der internationalen und nationalen Lage zusammen. Das entscheidende Merkmal der internationalen Lage[275] besteht in dem gewaltigen Anwachsen der Kräfte des Weltfriedenslagers in den letzen Monaten. In Korea steht der Waffenstillstand bevor. In Italien hat das Volk einen großen Sieg über die Reaktion errungen. In England und Frankreich wächst der Widerstand gegen die Teilnahme an der amerikanischen Kriegspolitik. In Westdeutschland wächst die patriotische Bewegung[276] für die Wiedervereinigung Deutschlands. [...]

Dadurch sind die amerikanischen und die deutschen Kriegstreiber in eine schwere Lage geraten. Sie sehen ihre Pläne scheitern. Der dritte Weltkrieg, den sie möglichst rasch entfesseln wollen, rückt in die Ferne.

---

heitswillens des deutschen Volkes in der Sowjetzone und Berlin geworden. [...] Eine wirkliche Änderung des Lebens der Deutschen in der Sowjetzone und in Berlin kann nur durch die Wiederherstellung der deutschen Einheit in Freiheit erreicht werden. Der Weg hierzu ist, wie der Bundestag in seinem Beschluß vom 10. Juni 1953 erneut bekräftigt hat, 1. die Abhaltung freier Wahlen in ganz Deutschland; 2. die Bildung einer freien Regierung für ganz Deutschland; 3. der Abschluß eines mit dieser Regierung frei zu vereinbarenden Friedensvertrages; 4. die Regelung aller noch offenen territorialen Fragen in diesem Friedensvertrag; 5. die Sicherung der Handlungsfreiheit für ein gesamtdeutsches Parlament und eine gesamtdeutsche Regierung im Rahmen der Grundsätze und der Ziele der Vereinten Nationen." (AUFBAU, Dok. 8, S. 267f.; Absätze weggelassen).

274 *Richtig:* „Monopolen"; Auszug aus der Regierungserklärung vom 17. Juni oben S. 139, Anm. 271.

275 Seit April 1953 fanden Waffenstillstandsverhandlungen in Panmunjong statt, die zur Beendigung des Korea-Krieges führten. – Aus den italienischen Parlamentswahlen vom 7./8. Juni 1953 waren die Kommunisten als zweitstärkste Fraktion hervorgegangen.

276 Vgl. zu neutralistischen Gruppierungen in der Bundesrepublik Nr. 36 u. 48.

In ihrer Beunruhigung greifen sie zu abenteuerlichen Maßnahmen. Eine von ihnen ist die Ansetzung des Tages X, an dem sie von Berlin aus die Deutsche Demokratische Republik aufrollen wollten, auf den 17. Juni 1953. Das ist der Versuch, den Kriegsbrand, den die Völker der Welt in Korea eben austreten, mit Hilfe des Brückenkopfes Westberlin nach Deutschland hinüberzuwerfen. Er wird mißlingen.

Warum entschlossen sich die Kriegstreiber gerade in diesen Tagen zu ihrer faschistischen Provokation gegen die Deutsche Demokratische Republik? Die Regierung der Deutschen Demokratischen Republik hatte am 11. Juni Maßnahmen beschlossen[277], die zu einer weiteren Stärkung der Deutschen Demokratischen Republik führen und den Kampf um die Einheit Deutschlands, die Verständigung der Deutschen untereinander wesentlich fördern werden. Sie hatte, um eine entschiedene Hebung der Lebenslage der Werktätigen, vor allem auch der Arbeiter, in der Deutschen Demokratischen Republik herbeizuführen, eine Reihe von Maßnahmen beschlossen [...].

[...] In diesem Augenblick entschlossen sich die westlichen Agenturen zum Tage X, um die eingeleitete Wendung zur Verbesserung der Lebenslage in der Deutschen Demokratischen Republik zu durchkreuzen.

Über die Vorbereitung für den Tag X haben die Feinde des Volkes selber offen gesprochen. Jakob Kaiser erklärte: „Es liegt im Bereich der Möglichkeit, daß dieser Tag X rascher kommt ... Es ist unsere Aufgabe, für alle Probleme bestmöglichst vorbereitet zu sein. Der Generalstabsplan ist so gut wie fertig!“[278]

In Westdeutschland saßen und sitzen die amerikanischen Agenturen, die auf Anweisung von Washington die Pläne für Krieg und Bürgerkrieg ausarbeiten. In Westdeutschland und Westberlin organisierten die Adenauer, Ollenhauer, Kaiser und Reuter die unmittelbare Vorbereitung des Tages X. So wurde im Ministerium von Jakob Kaiser mit aktiver amerikanischer Unterstützung unter dem Tarnnamen „Forschungsbeirat“[279] ein spezieller Stab für Diversions- und Bürgerkriegsakte geschaffen, dem Millionen Mark aus dem Geheimfonds aus- und inländischer Imperialisten zuflossen. In Westberlin wurden von den Kaiser und Reuter systematisch Kriegsverbrecher, Militaristen und kriminelle Elemente in Terrororganisationen[280] vorbereitet und ausgerüstet. Zu den alten faschistischen Morderfahrungen kamen noch zusätzlich die Methoden der amerikanischen Gangster. So wurde der faschistische Auswurf wieder großgezogen. Neben den ausländischen Kriegstreibern tragen Adenauer, Ollenhauer, Kaiser und Reuter die volle Verantwortung für das Blut, das bei der Niederschlagung des faschistischen Abenteuers geflossen ist.

---

277 Beschluß des Ministerrates zum „Neuen Kurs“ (vgl. oben S. 133) vom 11. Juni.

278 Verfälschung einer Rede, die der Minister für gesamtdeutsche Fragen Jakob Kaiser am 24. März 1952 anläßlich der Gründung des Forschungsbeirates für Fragen der Wiedervereinigung gehalten hatte. Wohl hatte Kaiser die Formulierung „Tag X“ benutzt, dies aber ausschließlich auf den Zeitrahmen und die Chancen einer (friedlichen!) Wiedervereinigung beider deutscher Staaten bezogen. Vgl. hierzu FRICKE, Dimension, S. 8f. (das Redemanuskript Kaisers heranziehend).

279 Der im März 1952 offiziell gegründete und 1975 wegen der Ostverträge aufgelöste „Forschungsbeirat für Fragen der Wiedervereinigung Deutschlands“ mit Sitz in Berlin fungierte als deutschlandpolitischer Arbeitskreis von Wissenschaftlern, Vertretern der Ministerien, der Bundestagsfraktionen sowie zahlreicher Vereine und Organisationen aus Politik und Wirtschaft.

280 Hinweis auf antikommunistische Vereinigungen mit Sitz in Westberlin wie der „Untersuchungsausschuß Freiheitlicher Juristen“ und die „Kampfgruppe gegen Unmenschlichkeit“, die u. a. durch das Bundesministerium für gesamtdeutsche Fragen (vgl. Nr. 30) gefördert wurden.

Der Gegner benutzte zur Auslösung seiner Provokation die Mißstimmung einiger Teile der Bevölkerung, die durch Folgen unserer Politik im letzten Jahr entstanden war. [...]

Durch das rechtzeitige Eingreifen breiter Teile der Bevölkerung, die durch die Volkspolizei heldenhaft unterstützt wurden, sowie durch das Eingreifen der sowjetischen Besatzungsmacht, die den Ausnahmezustand verhängte, ist der niederträchtige Anschlag auf die Deutsche Demokratische Republik, auf Deutschland, auf den Weltfrieden innerhalb von 24 Stunden schmählich zusammengebrochen. Dadurch wurde das beabsichtigte Massenblutbad verhindert.

II. Die gegenwärtige Lage

In der Republik herrscht Ruhe. Es wird normal gearbeitet. Eine große Anzahl von Provokateuren ist verhaftet[281]. Der verbliebene Teil wagt gegenwärtig nicht, hervorzutreten. Aber die Ruhe ist noch keineswegs endgültig gesichert. [...]

Da große Massen der Arbeiter nunmehr erkennen, wozu ihre Mißstimmung mißbraucht werden sollte, versucht der Gegner, auf dem flachen Lande zu provozieren[282]. Er hetzt zur Sabotage der Versorgung der städtischen Bevölkerung, um dadurch eine neue Handhabe zu bekommen, unter den Arbeitern Mißstimmung zu säen.

Daher besteht die Aufgabe jetzt darin, den angeschlagenen Gegner entscheidend zu schlagen, die faschistischen Banden restlos zu liquidieren, die Ordnung aus eigenen Kräften auf feste Grundlagen zu stellen und die Durchführung des neuen Kurses von Partei und Regierung zu sichern. Was ist dazu erforderlich?

III. Unsere Partei und die Arbeiterklasse

Dazu ist vor allem erforderlich, daß diejenigen Teile der Arbeiterklasse, die sich vom Gegner täuschen ließen, aus der Verwirrung herausgerissen werden, daß sie[283], die, ohne es zu sehen und zu wollen, unter den Einfluß ihrer geschworenen Feinde, der Monopolkapitalisten und Faschisten, geraten sind, sich von diesem Einfluß frei machen, daß das Vertrauensverhältnis zwischen Arbeiterklasse, Partei und Regierung wiederhergestellt wird.

[...] Aber in vielen Betrieben, in denen gestreikt wurde und in denen nun wieder gearbeitet wird, ist ein Teil der Arbeiter verbittert. Sie glauben sich von der Partei und der Regierung verlassen. Ihnen ist noch nicht klar, daß die Niederschlagung der faschistischen Provokation auch ihnen nützt, daß sie die Grundlage für ihr weiteres Leben ist. Ihnen sind die Zusammenhänge noch nicht klar, daher haben sie nur ihre örtlichen oder betrieblichen Forderungen im Auge. Und daher verlieren sie die entscheidende Tatsache aus dem Auge, daß die faschistische Provokation einsetzte, *weil* und *nachdem* die Regierung eine Kette von Maßnahmen beschlossen hatte – nicht nur, um berechtigte Forderungen der Werktätigen zu befriedigen, sondern, um – das ist der neue Kurs! – ein solches Wirtschaftsleben und solche Verhältnisse in den Betrieben und in der ganzen Deutschen Demokratischen Republik zu schaffen, die verhindern, daß berechtigte Forderungen ein zweites Mal übersehen werden. [...]

---

281 Vgl. oben S. 139, Anm. 267.

282 Die Demonstrationen hatten sich auf rund 500 Städte und Gemeinden in der DDR ausgeweitet, und etwa 600 Betriebe wurden bestreikt. Nach: STEININGER, 17. Juni, S. 51.

283 Lies: „diejenigen".

68. „Die Flammenzeichen rauchen" von Marion Gräfin Dönhoff, 25. Juni 1953

Artikel in „Die Zeit" v. 25.6.1953 in: DÖNHOFF, Wartesaal, S. 79–82, hier S. 79–81

17. Juni und Wiedervereinigung – Krise der sozialistischen Systeme

[...] Der 17. Juni 1953 wird einst und vielleicht nicht nur in die deutsche Geschichte eingehen als ein großer, ein symbolischer Tag. Er sollte bei uns jetzt schon zum Nationaltag[284] des wiedervereinten Deutschland proklamiert werden. Denn an diesem 17. Juni hat sich etwas vollzogen, was wir alle für unmöglich hielten.

Hatte nicht schon Nietzsche gesagt: „Wer aber erst gelernt hat, vor der Macht der Geschichte den Rücken zu krümmen und den Kopf zu beugen, der nickt zuletzt chinesenhaft-mechanisch sein ‚Ja' zu jeder Macht ... und bewegt seine Glieder in dem Takt, in dem irgendeine Macht am Faden zieht." Hatten wir nicht längst resigniert vor der Macht des totalitären Apparates, gegen den jede Auflehnung zwecklos sei? Hatten nicht viele jene Jugend für verloren angesehen, die im totalen Staat Hitlers geboren und im totalen Staat der SED herangewachsen war? Und nun?

Nun kam der 17. Juni. Am Morgen hatten ein paar Bauarbeiter in der Stalinallee in Berlin gegen die Erhöhung der Arbeitsnorm revoltiert. [...]

Es ist Blut geflossen – vielleicht sehr viel Blut. Der Ausnahmezustand wurde verhängt, und dort, wo bisher die kommunistischen Bürgermeister herrschten, regieren wieder wie 1945 die Rotarmisten. [...] Also eine Revolution, die zu nichts geführt hat?

Nein, so ist es nicht. Diese Revolution hat im Gegenteil ein sehr wichtiges Ergebnis gehabt. Das, was der britischen Diplomatie und den amerikanischen Bemühungen nicht gelungen war, das haben die Berliner Arbeiter fertiggebracht: Sie haben am Vorabend der Viererverhandlungen[285] im Angesicht der ganzen Welt offenbar werden lassen, auf wie schwachen Füßen die Macht des Kreml und seiner Werkzeuge in Ostdeutschland (und vermutlich in allen Volksdemokratien) steht. Es ist deutlich geworden, daß dieses Gebiet, zu dessen Fürsprecher und Schutzpatron jene sich so gern aufwerfen, sie aus ganzem Herzen haßt und verachtet, ja, daß sie sich nicht einmal auf die Volkspolizei verlassen können. Es ist ferner offenbar geworden, daß mit dem richtigen Instinkt für die Schwächemomente des totalitären Regimes man selbst diesem schwere Schläge versetzen kann – ganz zu schweigen davon, daß dieses System in vollem Umfang: politisch, wirtschaftlich und psychologisch Schiffbruch erlitten hat. Und schließlich ist für alle noch eines ganz eindeutig klargeworden, daß nämlich jetzt die Einheit Deutschlands die wichtigste Etappe in der weiteren politischen Entwicklung sein muß. [...]

---

[284] Der 17. Juni wurde per Gesetz vom 4. August 1953 zum gesetzlichen Feiertag erhoben und blieb dies bis 1990.

[285] Adenauer hatte am 10. Juni 1953 – in Abänderung seiner bisherigen Strategie (vgl. oben S. 135) – nun selbst eine Viererkonferenz über Deutschland gefordert, die nach längerem Tauziehen schließlich vom 25. Januar bis zum 18. Februar 1954 in Berlin lediglich als Außenministerkonferenz (wiederum ergebnislos) abgehalten wurde. Vgl. Nr. 71–74.

69. Beschluß des Politbüros der SED, 23. September 1953

KOOP, 17. Juni 1953, Dok. 22, S. 397–401, hier S. 397–400

Kritik am Ministerium für Staatssicherheit (MfS) – Überwachung und Repression

Die Juni-Ereignisse in der DDR deckten große Mängel in der Arbeit der Organe der Staatssicherheit auf. Trotz der vorhandenen großen Anzahl operativer Mitarbeiter erwiesen sich die Organe des MfS der DDR nicht fähig, die Vorbereitung des faschistischen Putsches in Berlin und anderen Städten und Industriezentren der DDR aufzudekken, sie gaben nicht ein einziges Signal über die Vorbereitung der Provokationen. Trotzdem schon drei Monate seit den Ereignissen des 17. Juni vergangen sind, haben die Staatssicherheitsorgane auch bis jetzt nicht die Organisatoren der Provokationen entlarvt. [...]

Die Leitung des MfS hat die Verschärfung der politischen Situation in der DDR nicht beachtet und übersehen, daß gegen die DDR die Hauptschläge der Spionagezentren der Westmächte sowie der westdeutschen und Westberliner Spionage- und Diversionsorganisationen gerichtet sind, besonders um die mit der Durchführung des neuen Kurses zusammenhängenden Maßnahmen zu verhindern. Die Unterschätzung der Kräfte und der Fähigkeiten des Feindes führte zu einer schlechten Organisation der operativen Agenturarbeit auf allen wesentlichen Gebieten.

In Westdeutschland und in Westberlin haben die Organe des SfS[286] und des außenpolitischen Aufklärungsdienstes der DDR keine verläßlichen Agenturen in den Aufklärungsorganen und in den Besatzungsinstitutionen der USA, Englands, Frankreichs, in der Bonner Regierung, insbesondere dem Ministerium Kaiser[287] und in den Zentren der westdeutschen und Westberliner Besatzungsorganisationen. Innerhalb der DDR ist die operative Agenturarbeit nicht richtig aufgebaut. Sie ist gleichmäßig auf alle Objekte verteilt, ohne Beachtung der Bedeutung der einzelnen Abschnitte sowie der Konzentration faschistischer und anderer feindlicher Elemente. Die Staatssicherheitsorgane haben zwar eine Reihe von Spionen unschädlich gemacht, deckten aber die Zersetzungstätigkeit der faschistischen Untergrundorganisationen und des Ostbüros der SPD[288] nicht auf, führten keine konzentrierten Schläge gegen die großen feindlichen Nester. Der Informationsapparat der Staatssicherheitsorgane ist außerordentlich schwach. Das Netz ist mit Provokateuren, Doppelzünglern, Desinformatoren sowie mit solchen Informatoren und Agenten durchsetzt, die aufgrund ihrer persönlichen Eigenschaften und ihrer Verbindungen nicht fähig sind, die feindliche Untergrundbewegung und die Agenten ausländischer und westdeutscher Spionagedienste aufzuklären.

[...]

Der schlechte Zustand, in dem sich die Staatssicherheitsorgane der DDR befanden, erklärt sich in erster Linie durch schlechte Leitung. Der auf Beschluß des 15. Plenums

---

[286] Staatssekretariat für Staatssicherheitsdienst. Das Ministerium für Staatssicherheit (MfS) wurde am 8.2.1950 gebildet (zur Vorgeschichte: oben S. 43, Anm. 60). Im Juli 1953 wurde es in das SfS umgewandelt und wiederum dem Innenministerium unterstellt. Erst am 24.11.1955 wurde das SfS erneut als selbständiges Ministerium herausgelöst.

[287] Bundesministerium für gesamtdeutsche Fragen (vgl. Nr. 30).

[288] Vgl. oben S. 137, Anm. 261.

des ZK[289] der SED wegen fraktioneller und gegen die Einheit der Partei gerichteter Tätigkeit aus dem ZK ausgeschlossene ehemalige Minister für Staatssicherheit, Zaisser[290], leitete faktisch die Arbeit der Organe nicht an, sondern isolierte sie von der Parteileitung und ihrer Kontrolle. Die führende Rolle der Partei wurde mißachtet. Er informierte das Politbüro nicht über die wichtigsten Probleme der Arbeit der Organe. [...]

Zur Durchführung des Beschlusses des Politbüros des ZK vom 18. Juli über die Aufhebung des MfS als selbständiges Ministerium und seine Eingliederung in das Ministerium des Innern der Deutschen Demokratischen Republik als Staatssekretariat sowie zwecks grundlegender Verbesserung der Arbeit der Staatssicherheitsorgane beschließt das Politbüro des ZK der SED:

Die Leitung der Staatssicherheit ist verantwortlich für die Durchführung der Beschlüsse des ZK und des Politbüros. Sie ist verpflichtet, das Politbüro über die Ergebnisse der Arbeit und über den Zustand in den Organen der Staatssicherheit zu informieren, die Pläne und Absichten des Feindes zu signalisieren.

[...]

4. Dem Staatssekretariat für Staatssicherheit der Deutschen Demokratischen Republik werden folgende Aufgaben zur Durchführung übertragen:

Die Durchführung einer aktiven Aufklärungsarbeit in Westdeutschland und Westberlin mit dem Ziel des Eindringens in die wichtigsten Institutionen der westlichen Besatzungsmächte, der Bonner Regierung, in die Zentralvorstände der SPD und der bürgerlichen Parteien und besonders in ihre Ostbüros, in den Kreis westdeutscher Industrieller und anderer monopolistischer Vereinigungen, in wissenschaftliche Forschungsämter und Institutionen.

Die Durchführung einer aktiven Spionageabwehr in Westdeutschland und Westberlin sowie auf dem Territorium der Deutschen Demokratischen Republik. Das Eindringen der Informatoren in die Spionageorgane, Schulen und Zentren von Spionage- und Diversionsorganisationen zwecks Aufdeckung der Pläne und Absichten des Feindes sowie der in die DDR, UdSSR und in die Länder der Volksdemokratien eingeschleusten Agenten der feindlichen Spionagedienste, der westdeutschen und Westberliner Spionage-, Diversions- und terroristischen Organisationen.

Die Durchführung der Agenturarbeit in der Deutschen Demokratischen Republik innerhalb der bürgerlichen politischen Parteien, der gesellschaftspolitischen Massenorganisationen und der kirchlichen Organisationen, in den Kreisen der Intelligenz und der Jugend zwecks Aufdeckung von illegalen antidemokratischen Organisationen und Gruppen und Beseitigung ihrer Zersetzungstätigkeit.

Die Durchführung des Kampfes gegen Schädlingstätigkeit, Sabotage und Diversionen in der Volkswirtschaft, die rechtzeitige Aufdeckung und Abstellung der Zersetzungstätigkeit ausländischer Spionagedienste und ihrer Untergrundorganisationen in der Industrie, in der Landwirtschaft und im Transportwesen, um die Durchführung des neuen Kurses zu gewährleisten, der auf eine entschiedene Verbesserung der materiellen Lage der Bevölkerung der DDR gerichtet ist.

[...]

---

289 Zentralkomitee.

290 Ulbricht nutzte den 17. Juni, um seine Position zu festigen und sich politischer Opponenten wie Zaisser zu entledigen, der unter dem Vorwurf der „Fraktionstätigkeit" entmachtet worden war.

B. Die Berliner Konferenz

70. Kabinettsvorlage des amtierenden britischen Außenministers Salisbury[291], 3. Juli 1953

AUFBAU, Dok. 6, S. 265f. (auszugsw.; d. engl. Orig. in: STEININGER, Deutschland, Dok. 8, S. 131–136)

Viererkonferenz – Deutschland als „Schlüsselproblem" des Ost-West-Konfliktes – Westbindung der Bundesrepublik – keine Neutralisierung

[...]

Deutschland: Das Schlüsselproblem in den Beziehungen der Sowjetunion mit dem Westen

6. Die sowjetische Haltung in der Frage des österreichischen Staatsvertrages[292], den Präsident Eisenhower im April mit Korea[293] als Testfälle für die sowjetischen Absichten verknüpft hat, zeigt, daß ohne eine Diskussion der deutschen Frage kein wirklicher Fortschritt zu einer Verbesserung der Beziehungen mit der Sowjetunion in Europa erzielt werden kann. Die öffentliche Meinung in Europa und in Deutschland verlangt[294], daß dies zumindest versucht wird. Im Grundsatz sehen die Sowjetunion und die Westmächte Deutschland durchaus in ähnlicher Perspektive. Jede Seite hat das Wiederaufleben eines starken Deutschland gefürchtet, das mit der anderen Seite verbündet ist oder wenigstens in ihren Einfluß gerät. In Frankreich und bei den Russen fürchtet man auch das Wiederaufleben eines starken, unabhängigen und wiedervereinigten Deutschland. Seit dem endgültigen Zusammenbruch der Potsdamer Vereinbarungen in den Jahren 1947/48[295] kämpften die Sowjetunion und die Westmächte daher vor allem um die zukünftige Kontrolle Deutschlands. Wesentlich erfolgreicher als die Russen waren bis jetzt die drei Westmächte, die fast drei Viertel des Gebietes und der Bevölkerung von Deutschland nach der Potsdamer Konferenz besetzt hielten und bedeutende Erfolge beim politischen und wirtschaftlichen Wiederaufbau zu verzeichnen haben. Aber dieser Erfolg ist immer noch unsicher und hängt allzu sehr von der Persönlichkeit des deutschen Bundeskanzlers Dr. Adenauer ab.

Alternativen der sowjetischen Politik gegenüber Deutschland

7. Ganz allgemein gibt es zwei mögliche Alternativen in der sowjetischen Politik gegenüber Deutschland – (a) eine defensive und (b) eine expansionistische. Die defensive, bislang verfolgte Politik bestand darin, die Bundesrepublik als einen Vorposten des westlichen Kapitalismus abzuschreiben und die sowjetische Kontrolle über Ostdeutschland als eines weiteren Satellitenstaates zu verstärken und gleichzeitig sowjeti-

291 Salisbury amtierte in dieser Funktion für den gesundheitlich angeschlagenen Außenminister Eden von Juni bis Oktober 1953 und sollte diesen auch auf der von Churchill initiierten Viererkonferenz über die Deutsche Frage (vgl. oben S. 134) – hierzu die Kabinettsvorlage – vertreten.

292 Zu dessen Unterzeichnung sich die Sowjetunion erst am 15. Mai 1955 bereitfand.

293 Seit April 1953 fanden Waffenstillstandsverhandlungen in Panmunjong statt.

294 Vgl. die Umfrageergebnisse in Nr. 58.

295 Der Austritt der Sowjetunion aus dem alliierten Kontrollrat erfolgte am 20. März 1948.

sche Truppen an der Elbe beizubehalten sowie sich die Möglichkeit offenzuhalten, die westlichen Verbündeten in Berlin in den Würgegriff zu nehmen. Die alternative expansionistische sowjetische Politik hieße, das kommunistische Regime in Ostdeutschland aufzugeben, wirklich freie Wahlen zu erlauben und darauf zu setzen, daß die daraus hervorgehende gesamtdeutsche Regierung von einem Bündnis mit dem Westen abgebracht werden kann in der Hoffnung, daß sie früher oder später unter russische Herrschaft fallen würde. Wir müssen zwar immer damit rechnen, daß die Sowjetunion von der ersten zur zweiten Politik übergeht; bis jetzt gibt es jedoch kein Anzeichen dafür, daß die Russen beabsichtigen, ein solches Spiel zu betreiben, denn sie würden dann riskieren, weitere 18 Millionen antikommunistische Deutsche[296] der Bundesrepublik zuzuführen und damit den Westen zu stärken. In diesem Fall würden sie auch einen gefährlichen Präzedenzfall für einen Rückzug in Osteuropa schaffen. Der jüngste Aufstand in Berlin[297] und in der sowjetischen Zone war eine Warnung für sie vor den Gefahren einer offenkundig liberaleren Politik.

Die westliche Politik gegenüber Deutschland

8. Es war die Politik des Vereinigten Königreiches, die Teil der Dreimächtepolitik in Übereinstimmung mit den Amerikanern und Franzosen in der Alliierten Hohen Kommission ist, eine möglichst frühe Vereinigung der Bundesrepublik mit Westeuropa zu gewährleisten, und zwar mit den Zielen, (a) die deutsch-französische Erbfeindschaft zu beenden, (b) den wichtigen deutschen Beitrag für das westliche Verteidigungssystem zu sichern und (c) das Wiederaufleben eines gefährlichen deutschen Nationalismus zu verhindern. [...]

Die Stellung und Politik Adenauers

9. Ein relativ neuer Faktor in der deutschen Situation besteht darin, daß – obwohl die Bundesrepublik technisch gesehen besetzt bleibt – die Regierung Adenauers nun de facto ein Partner der drei westlichen Alliierten ist, dessen Stimme bei unseren Beratungen Gewicht hat und der das anerkannte Recht besitzt[298], in Fragen, die Deutschland betreffen, jederzeit konsultiert zu werden.

Der unbestrittene Erfolg seiner Innenpolitik und der Erfolg, den Adenauer bei der Veränderung des internationalen Status von Deutschland und auf dem Gebiet der westeuropäischen Integration[299] (Montanunion, Europäische Verteidigungsgemeinschaft und die Europäische Politische Gemeinschaft) hat, hätte normalerweise seinen Wahlerfolg Ende August[300] gesichert. Das Vereinigte Königreich und der Westen sind sehr daran interessiert, daß er siegt. Die Möglichkeit von Viermächteverhandlungen oder eines neuen sowjetischen Vorstoßes in der Frage der Einheit Deutschlands zusammen mit der elektrisierenden Wirkung des Aufstandes, der unlängst in Ostberlin und in der ganzen sowjetischen Zone stattgefunden hat, haben jedoch ein gefährliches Element

---

296 So meinten im August 1953 79% der westdeutschen Befragten daß die Menschen in der Ostzone ganz oder überwiegend gegen den Kommunismus seien (vgl. JAHRBUCH, Bd. 1, S. 313).

297 Vgl. zum 17. Juni 1953 **Nr. 64–67**.

298 Vgl. die Konsultationsrechte des Deutschlandvertrages (**Nr. 52**, Art. 3,3 u. Art. 7,4).

299 Vgl. zum Schuman-Plan bzw. zur 1952 gegründeten Montanunion (Kurzform für „Europäischen Gemeinschaft für Kohle und Stahl") **Nr. 34–35** u. zur Europäischen Verteidigungsgemeinschaft bzw. zu den Anfängen der westdeutschen Wiederbewaffnung **Nr. 40–41** u. **47–50**.

300 Bundestagswahlen im September 1953; die CDU erreichte 45,2% der Stimmen.

von Unsicherheit in das deutsche Wahlgeschehen gebracht. [...] Da die deutschen Sozialisten[301] ihren Wahlkampf gegen Adenauer mit einem Programm für baldige Viermächteverhandlungen über die deutsche Wiedervereinigung führen, ist es ganz wesentlich, daß solche Viermächteverhandlungen wenigstens solange verschoben werden, bis die Wahlen in Westdeutschland stattgefunden haben. [...]

Mögliche Alternativen in der Deutschlandpolitik

[...]

13. Man kann sich jedoch auf den Standpunkt stellen, daß es eine Alternative zu unserer gegenwärtigen Deutschlandpolitik geben sollte, die auf einer festen Verankerung der Bundesrepublik in der westlichen Welt durch die Europäische Verteidigungsgemeinschaft als einer Vorstufe für eine mögliche Wiedervereinigung Deutschlands beruht. Doch die Wiedervereinigung kann letztlich nur zusammen mit der Sowjetunion erreicht werden. Es gibt in der Tat zwei Alternativen:

(1) Eine direkte deutsche Mitgliedschaft in der NATO. Es ist jedoch völlig verfrüht, diesen Vorschlag gegenwärtig zu unterbreiten. Adenauer wünscht dies nicht, und auch für Frankreich wäre dies weniger akzeptabel als die EVG-Lösung. Wir sollten diese Möglichkeit jedoch in Reserve halten, wenn die EVG-Lösung doch noch scheitern sollte.

(2) Die Neutralisierung eines wiedervereinigten Deutschland. Das wäre zweifellos der einfachste Weg, um mit der Sowjetunion zu einem Übereinkommen zu gelangen. Aber abgesehen von der Tatsache, daß die Neutralisierung Deutschlands für Adenauer und für die Mehrheit der Deutschen[302] unannehmbar ist, wäre sie höchst gefährlich für den Westen. Ein neutralisiertes Deutschland ohne Bindungen an den Westen würde, wenn es waffenlos wäre, bald zur Beute Rußlands werden. Wenn es bewaffnet wäre, wie das die Russen im letzten Jahr vorgeschlagen haben[303], würde es bald in die traditionelle deutsche Schaukelpolitik zwischen Ost und West zurückfallen oder, noch schlimmer, in eine moderne Variante der Rapallo-Politik[304], mit der die Deutschen versuchen würden, ihre verlorenen östlichen Gebiete durch eine Anlehnung an die Sowjetunion wiederzugewinnen. Binnen kurzem wäre ein solches Deutschland nur wenig besser als ein sowjetischer Satellitenstaat, und das Gleichgewicht der Kräfte in Europa hätte sich entschieden zu unserem Nachteil verschoben. Wir hätten den wichtigen deutschen Beitrag für die NATO und die westliche Verteidigung verloren. Nach ihrem Abzug aus Deutschland würden die amerikanischen Truppen bald aus ganz Europa zurückgezogen werden. Eine solche Lösung könnten wir nur in Betracht ziehen, wenn alles übrige gescheitert ist und wir gezwungen wären, uns zu unserer zukünftigen Selbsterhaltung auf das Vertrauen in die guten Absichten der Sowjetunion zu verlassen, die auf diese Weise dann zur wirklichen oder potentiellen Vormacht in Europa werden würde. [...]

---

301 Vgl. zur Haltung der SPD **Nr. 79** u. unten S. 161, Anm. 335.

302 Vgl. dazu die amerikanischen Umfragen in Public Opinion Bd. 2, S. 26, Abb. 4.

303 Vgl. **Nr. 53** (Stalin-Note).

304 Vertrag von Rapallo zwischen Deutschland und der Sowjetunion vom 16.4.1922. Vgl. zu westlichen Befürchtungen, es könne eine neue deutsche Rapallo-Politik geben, **Nr. 56** u. **84**.

71. Plan des britischen Außenministers Eden zur Wiedervereinigung Deutschlands (Erstfassung), 29. Januar 1954

Die DEUTSCHE FRAGE 1952–1956, Nr. 26, S. 65–67, hier S. 65f.

„Eden-Plan" – Bündnisfreiheit einer gesamtdeutschen Regierung

Wiedervereinigungsmethode[305]

Die deutsche Wiedervereinigung und der Abschluß eines frei verhandelten Friedensvertrages mit einem vereinten Deutschland sollte in den folgenden Stadien vollzogen werden:

I. Freie Wahlen in ganz Deutschland.
II. Einberufung einer aus diesen Wahlen hervorgehenden Nationalversammlung.
III. Ausarbeitung einer Verfassung und Vorbereitung der Friedensvertragsverhandlungen.
IV. Annahme der Verfassung und Bildung einer gesamtdeutschen Regierung, die für die Aushandlung des Friedensvertrages zuständig ist.
V. Unterzeichnung und Inkrafttreten des Friedensvertrages.

I. Freie Wahlen in ganz Deutschland

Es sollten in ganz Deutschland (einschließlich Berlins) zum frühestmöglichen Zeitpunkt freie und geheime Wahlen abgehalten werden. [...]

Der Wahlgesetzentwurf muß Bestimmungen enthalten, die die echte Freiheit der Wahlen[306] gewährleisten. Hierzu gehören u. a.:[307] Freizügigkeit innerhalb ganz Deutschlands; Freiheit für das Vorschlagen von Kandidaten; Immunität der Kandidaten; Freiheit vor willkürlicher Festnahme (Verhaftung) oder Schikanierung (Verfolgung); Freiheit, Vereinigungen zu bilden und politische Versammlungen abzuhalten; Freiheit der Meinungsäußerung für alle; Presse-, Rundfunk- und Fernsehfreiheit und ungehinderte Verbreitung von Zeitungen, Zeitschriften usw.; Geheimnis der Stimmabgabe; Sicherheit der Wahllokale und der Wahlurnen.

[...]

Die Aufsicht sollte von einer Aufsichtskommission innerhalb ganz Deutschlands ausgeführt werden. [...]

Die Kommission sollte aus Vertretern der vier Mächte mit oder ohne Teilnahme Neutraler bestehen.

[...]

II. Die Nationalversammlung

Die gesamtdeutschen Wahlen werden eine gesamtdeutsche Nationalversammlung schaffen. Die erste Aufgabe dieser Versammlung wird die Vorbereitung einer Verfassung sein.

[...]

---

[305] Die sowjetische Delegation hatte am 1. und 4.2. (in: Die DEUTSCHE FRAGE 1952–1956, Nr. 28f., S. 67–69) einen Modus vorgeschlagen, der sich im wesentlichen an den Stalin-Noten (Nr. 53) orientierte und die umgekehrte Reihenfolge vorsah: 1. Friedensvertrag, 2. Bildung einer provisorischen Regierung, 3. freie gesamtdeutsche Wahlen, 4. Bildung einer gesamtdeutschen Regierung.

[306] Vgl. zu den Einheitslisten in der DDR Nr. 37.

[307] Absätze in der nachfolgenden Aufzählung weggelassen.

IV. Annahme der Verfassung und Bildung einer für die Friedensvertragsverhandlungen verantwortlichen gesamtdeutschen Regierung

Die Verfassung wird der Versammlung so bald wie möglich nach Vereinbarung des endgültigen Entwurfs vorgelegt. Sobald sie angenommen worden ist, wird eine gesamtdeutsche Regierung gebildet. Diese Regierung wird dann für die Verhandlung und den Abschluß eines Friedensvertrages verantwortlich sein. [...]

Die gesamtdeutsche Regierung soll befugt sein, die internationalen Rechte und Verpflichtungen der Bundesrepublik und der Sowjetzone Deutschlands zu übernehmen und andere von ihr gewünschte internationale Vereinbarungen abzuschließen.

Bis zum Inkrafttreten des Friedensvertrages wird jede der vier Mächte mit Bezug auf die Nationalversammlung und die gesamtdeutsche Regierung nur diejenigen ihrer Rechte ausüben, die sich auf die Stationierung von bewaffneten Streitkräften in Deutschland und den Schutz ihrer Sicherheit, auf Berlin, auf die Wiedervereinigung Deutschlands und auf einen Friedensvertrag beziehen.

Für Beschlüsse der Nationalversammlung und der gesamtdeutschen Regierung bei der Ausführung dieses Planes wird die Genehmigung der vier Mächte nicht erforderlich sein. Solche Beschlüsse dürfen nicht abgelehnt werden, es sei denn durch Stimmenmehrheit der vier Mächte.

[...]

72. Gespräch Adenauers mit Bundespräsident Heuss, 13. Januar 1954

ADENAUER – HEUSS, Nr. 27, S. 126–128, hier 126f.

Berliner Außenministerkonferenz (25.1.–18.2.1954) – Ziele der Sowjetunion – Aussichten und Verhandlungsstrategien

1. Berliner Konferenz

Bundeskanzler berichtet über die außenpolitische Lage im Hinblick auf die bevorstehende Berliner Konferenz. Er habe den Eindruck, daß die drei Westmächte – und vor allem die USA – entschlossen seien, die EVG[308] nicht etwa zum Handelsobjekt den Russen gegenüber zu benutzen. Auch auf die Forderung von freien Wahlen zu einer gesamtdeutschen Nationalversammlung werde nicht verzichtet werden. Die jetzigen langwierigen Verhandlungen über den Tagungsort in Berlin seien allerdings nicht von guter Vorbedeutung für die Konferenz; außerdem habe ihm der Britische Hohe Kommissar[309] erklärt, man vermute, daß die Russen die Berliner Verhandlungen mit einem Antrag eröffnen werden, diese Konferenz als Fortsetzung der Potsdamer Konferenz vom Jahre 1945 zu erklären, um auf diesem Wege China als Konferenzteilnehmer[310] heranziehen zu können. Er habe Sir Frederic Hoyer Millar die Unmöglichkeit dieses Planes auseinandergesetzt und ihm auch nochmals seinen dringenden Wunsch nahegelegt, freie Wahlen nicht nur zu einer Nationalversammlung, sondern gleichzeitig auch

308 Europäische Verteidigungsgemeinschaft.

309 F. Hoyer Millar.

310 In der Tat hatte die Sowjetunion ein Interesse daran, die internationale Stellung Rotchinas auf die Agenda der Konferenz zu setzen.

zur Volkskammer in der DDR durchzuführen. Nur wenn in der Sowjetzone die dortige Bevölkerung die Aussicht vor sich sähe, daß das kommunistische Regime in der Zone sich ändere, könnten dort wirklich freie Wahlen zur Nationalversammlung durchgeführt werden. Ein besonderes Problem seien noch die 150.000 Mann schwerbewaffneter kommunistischer Volkspolizei[311], die als Terror über der dortigen Bevölkerung laste. Es müsse darauf gedrungen werden, daß diese Volkspolizei vor Abhaltung der freien Wahlen aufgelöst werde.

[...]

73. Offener Brief Heinemanns an Adenauer, 23. Januar 1954

HERBST, Option, Dok. 8, S. 225–227, hier S. 225f.

Berliner Außenministerkonferenz – Wiedervereinigung durch Neutralisierung

[...]

Mit der Berliner Konferenz der Außenminister der vier Besatzungsmächte kommt die Politik, deretwegen wir uns im August 1950 entzweiten[312], zur kritischen Entscheidung. Sie boten damals den drei westlichen Besatzungsmächten westdeutsche Soldaten gegen die vierte Besatzungsmacht an. Ich erklärte daraufhin meinen Rücktritt aus der Bundesregierung, weil ich Ihre Politik für verhängnisvoll hielt und nicht mit zu verantworten vermochte. Sie haben bis heute an Ihrer Politik festgehalten und sie mit allen Mitteln durchzusetzen versucht.

Zur Berliner Konferenz ließen Sie in diesen Tagen an allen Plakatsäulen in Westdeutschland und Westberlin drei Forderungen anschlagen. Sie lauten:

Freie gesamtdeutsche Wahlen – Verfassunggebende
Nationalversammlung – Gesamtdeutsche Regierung
mit völliger Handlungsfreiheit.

Diese Forderungen klingen gut. Aber in demselben Maße, wie sie das deutsche Volk ansprechen, sind sie auch geeignet, dem deutschen Volk ihre gefährliche Tragweite zu verhüllen. Solange die USA und Sie samt den Mehrheitsparteien in der Bundesrepublik den Anschluß ganz Deutschlands an den Westblock betreiben, wird die Sowjetunion keiner gesamtdeutschen Regierung die „volle Handlungsfreiheit" gewähren, die ja nur der verschleiernde Ausdruck dieser Ihrer Absichten ist. Die Sowjetunion wird ihre Zone in Deutschland nicht räumen, um sie einer sich an den Westblock bindenden deutschen Regierung zu überlassen. Das Ergebnis Ihrer Forderung kann deshalb nur sein, daß die deutsche Wiedervereinigung nicht zustande kommt. Das wissen Sie, Herr Bundeskanzler. Warum sagen Sie es nicht dem deutschen Volk? Soll es nicht beizeiten erfahren, wohin Ihre Politik führt?

Die lebensentscheidenden Leitsätze friedlicher deutscher Außenpolitik müssen sein:

---

311 Vgl. zur Kasernierten Volkspolizei Nr. 41 u. oben S. 73.
312 Vgl. oben S. 105, Anm. 191.

1. Deutschland darf sich nicht einseitig an die Sowjetunion, aber auch nicht einseitig an die USA anschließen. Wir dürfen um des Friedens und des eigenen Lebens willen weder ein Satellit Moskaus noch ein Trabant Washingtons werden.

2. Deutschland muß mit seinen westlichen und östlichen Nachbarvölkern in ein friedliches Verhältnis kommen und in der Neuordnung seiner europäischen Beziehungen positiv daran mitarbeiten, daß sich Schritt für Schritt eine von den USA und der Sowjetunion unabhängige und gesunde europäische Völkergemeinschaft zwischen die USA und die Sowjetunion stellt, die für niemanden eine Drohung ist, selbständig leben kann, keiner außereuropäischen Macht Stützpunkte in Europa einräumt und friedliche Beziehungen nach Osten wie nach Westen pflegt.

3. In der Tatsache, daß die USA uns nicht der Sowjetunion und die Sowjetunion uns nicht den USA überlassen können, liegen mehr reale Möglichkeiten der eigenen Sicherheit und des Friedens in Europa als in der größten Rüstung, die errechenbar die Gefahren herbeiführt, vor denen sie schützen soll.

Das Ziel guter und friedlicher deutscher Außenpolitik lautet nicht: Westdeutschland und Westeuropa unter Mißbrauch des Namens Europa zum amerikanischen Brückenkopf gegen den Osten zu machen, sondern Deutschland friedlich zu einigen und zu einem Glied eines wachsenden europäischen Bundes zu entwickeln, der militärisch unabhängig von den USA und der Sowjetunion ist und friedliche Beziehungen nach beiden Seiten unterhält.

[...]

74. Aufzeichnung über eine Unterredung Dulles' mit Molotow in Berlin, 6. Februar 1954

RUPIEPER, Außenministerkonferenz, Dok. 3, S. 450–453, hier S. 451f.

Wiederbewaffnung der Bundesrepublik – sowjetisches Sicherheitsbedürfnis – Modus der Wiedervereinigung

[...]

Herr Molotow sprach erneut von der ernsten Sorge, die von der Sowjetunion unter dem Gesichtspunkt ihrer Sicherheit im Hinblick auf das Konzept einer europäischen Armee, die deutsche Streitkräfte einschließe, empfunden werde. Er sagte, sie verlangten keine Privilegien für die Sowjetunion, wollten aber auch nicht diskriminiert werden, und ganz abgesehen von den Erklärungen[313], die er auf der Konferenz abgegeben habe, verursache nicht allein in der Sowjetunion, sondern auch anderswo die Aussicht auf Deutschlands Wiederbewaffnung wirkliche Besorgnis. Er sagte, man brauche nur Äußerungen zu lesen, die in der westdeutschen Presse erschienen seien, besonders jene des Generals Kesselring[314], der vom ehemaligen deutschen Offizierskorps praktisch als

313 Die Plenarsitzungen der Konferenz wurden öffentlich abgehalten und im Gegensatz zu den nicht öffentlichen Unterredungen (so das vorliegende Dokument) vor allem als propagandistischer Schlagabtausch genutzt. Vgl. zu den deutschlandpolitischen Konzeptionen der sowjetischen Delegation oben S. 150, Anm. 305.

314 Generalfeldmarschall Albert Kesselring, 1945 wegen Kriegsverbrechen in Italien zum Tode

Führer akzeptiert worden sei. Er stellte die Frage, ob eine deutsche Armee, unter der Führung und der Kontrolle von Männern wie Kesselring, nicht bald sowohl in Deutschland wie in der EVG[315] den Ton angeben werde. Er setzte hinzu, daß das, was der Minister [Dulles] beschrieben habe, vielleicht der Anfang der EVG sei, aber wie werde das Ende sein? Er zweifle sehr daran, daß die anderen Mitgliedstaaten der EVG genügend Macht besäßen, um die deutschen Militaristen in Schranken zu halten, die am Ende nicht allein Deutschland, sondern auch die EVG beherrschen könnten.

Der Minister [Dulles] wiederholte seine Argumente zur EVG, wobei er erklärte, daß dies in der Tat eine schwierige Frage sei, daß das Konzept aber in keinem Sinne gegen die Sowjetunion gerichtet sei, sein Hauptzweck im Gegenteil in der Verhinderung einer Wiedergeburt des deutschen Militarismus bestehe, daß dieser Zweck, wie wir glaubten, nur in einem westeuropäischen Rahmen erreicht werden könne und daß jede deutsche Streitmacht auf einer nationalen Basis, wie begrenzt auch immer in ihren Anfängen, unweigerlich zu den gleichen Ergebnissen führen würde, die dem Vertrag von Versailles gefolgt seien. Der Minister bekräftigte die Überzeugung, daß ein Deutschland in der EVG der beste Schutz sei, den die Sowjetunion haben könne. Er sagte, einige Elemente in Frankreich, die gegen die EVG opponierten, gingen davon aus, daß sie Frankreich nicht in der EVG sehen wollten, weil das die Eliminierung einer französischen Nationalarmee bedeuten würde, so wie es die Eliminierung einer deutschen Nationalarmee bedeuten würde. Diese Elemente würden es vorziehen, Deutschland in der NATO zu sehen. Deutschland in der NATO, so sagte der Minister, würde nach seiner persönlichen Meinung der Sowjetunion geringere Sicherheit bieten als Deutschland in der EVG. In der NATO gebe es nicht die Zügel für die Nationalarmeen, die es in der EVG gebe. Wenn jedoch die EVG nicht Realität werden sollte[316], könnten die Vereinigten Staaten nicht die Möglichkeit ausschließen, daß eine akzeptable Alternative der Eintritt Westdeutschlands in die NATO sein werde. Er fragte Herrn Molotow, ob er in letzter Zeit einmal den Vertrag von Versailles gelesen habe, und sagte, daß die Lektüre sehr interessant sei. Herr Molotow sagte, er habe das getan. Der Minister sagte dann, daß Marschall Foch[317], der ein sehr guter General gewesen sei, in den Vertrag von Versailles fast jede vorstellbare Begrenzung und Kontrolle hineingeschrieben habe, einschließlich des Verbots von Sportverbänden, der Benutzung von Gewehren usw. Dennoch habe dies die Wiedergeburt deutscher Streitkräfte zugelassen, und er glaube, daß ein Versuch, diesen Prozeß zu wiederholen, die gleichen Resultate haben würde. Er sagte, andere Alternativen möge es geben, doch seien ihm keine eingefallen; vielleicht habe Herr Molotow in dieser Sache eine Idee.

Herr Molotow sagte, das Unheil habe darin bestanden, daß die Alliierten die Kontrolle über die deutsche Regierung nicht behalten hätten. Wenn die falsche Art von Regierung zur Macht komme, sei es schwierig, ihr Handeln zu kontrollieren. Es komme

---

verurteilt, im Oktober 1952 begnadigt und seither Bundesführer des 1951 wiedergegründeten, aber einflußlos gebliebenen „Stahlhelm – Bund der Frontsoldaten". Molotow bezieht sich wohl auf die Kampagnen der westdeutschen Presse zur Freilassung Kesselrings und die durch die Veröffentlichung von dessen Kriegserinnerungen (1953) hervorgebrachte Mythenbildung.

315 Europäische Verteidigungsgemeinschaft.

316 Der EVG-Vertrag scheiterte im August 1954 in der französischen Nationalversammlung.

317 1919 als Vorsitzender des Obersten Kriegsrates Teilnehmer der Versailler Friedenskonferenz. – Befürworter einer stark reduzierten deutschen Berufsarmee.

darauf an, sicher zu sein, daß es eine Regierung gebe, die wir kontrollieren könnten und die nicht gegen eine der vier Mächte arbeite.

Herr Dulles sagte, daß dies einen grundlegenden ideologischen Punkt aufwerfe, der uns trenne. Die sowjetkommunistische Überzeugung bestehe darin, daß den Menschen im allgemeinen nicht zu trauen und es deshalb notwendig sei, daß eine kleinere Gruppe die Kontrolle über die Wahlmaschinerie[318] behalte und so für die Wahl der „richtigen" Leute sorge. Wir glaubten nicht an dieses System und seien willens, den Menschen zu vertrauen und ihnen wahre Wahlfreiheit zu geben. Hier scheine, nach der Entwicklung dieser Konferenz, eine sehr grundsätzliche Frage zwischen uns zu stehen.

[...]

75. Erklärung der sowjetischen Regierung über die Souveränität der DDR, 25. März 1954[319]

DOKUMENTE DES GETEILTEN DEUTSCHLAND, Bd. 1, S. 329f.

Aufnahme diplomatischer Beziehungen – Auflösung der Hohen Kommission – Friedensvertrag mit Deutschland

Die Regierung der Sowjetunion läßt sich unbeirrt von dem Bestreben leiten, zur Regelung des Deutschlandproblems in Übereinstimmung mit den Interessen der Festigung des Friedens und der Sicherung der nationalen Wiedervereinigung Deutschlands auf demokratischer Grundlage beizutragen.

Diesen Zielen sollen praktische Maßnahmen zur Annäherung Ost- und Westdeutschlands, die Durchführung freier gesamtdeutscher Wahlen und der Abschluß eines Friedensvertrages mit Deutschland dienen.

Ungeachtet der Bemühungen der Sowjetunion wurden auf der vor kurzem durchgeführten Berliner Konferenz der Außenminister der vier Mächte keine Schritte zur Wiederherstellung der nationalen Einheit Deutschlands und zum Abschluß eines Friedensvertrages unternommen.

Angesichts dieser Lage und im Ergebnis von Verhandlungen der Sowjetregierung mit der Regierung der Deutschen Demokratischen Republik hält es die Regierung der Sowjetunion für notwendig, schon jetzt, vor der Vereinigung Deutschlands und dem Abschluß eines Friedensvertrages, weitere Schritte zu unternehmen, die den Interessen des deutschen Volkes entgegenkommen, und zwar:

---

318 Vgl. Nr. 71 u. dort Anm. 305. – Molotow hatte in einer Unterredung mit dem britischen Außenminister Eden am 27. Januar mit Hinweis darauf, daß auch Hitler durch freie Wahlen an die Macht gelangt sei, gefordert, daß die Sicherstellung freier Wahlen nicht genüge. Damit war praktisch die Viermächtekontrolle einer gesamtdeutschen Regierung und – zumindest in Teilen – die Rückkehr zum Potsdamer Abkommen (Nr. 3) angesprochen. Protokoll der Unterredung in deutscher Übersetzung: RUPIEPER, Außenministerkonferenz, Dok. 1, S. 447f.

319 Auf die sowjetische Souveränitätserklärung folgte eine Erklärung der Alliierten Hohen Kommission vom 8. April 1954, in der bekräftigt wurde, daß die Westmächte weiterhin nur die Regierung der Bundesrepublik Deutschland als legitime, da frei gewählte Vertretung des deutschen Volkes ansähen (abgedr. in DOKUMENTE DES GETEILTEN DEUTSCHLAND, Bd. 1, S. 330f.). – Vgl. zum Alleinvertretungsanspruch Nr. 29–30.

1. Die Sowjetunion nimmt mit der Deutschen Demokratischen Republik die gleichen Beziehungen auf wie mit anderen souveränen Staaten.

Die Deutsche Demokratische Republik wird die Freiheit besitzen, nach eigenem Ermessen über ihre inneren und äußeren Angelegenheiten einschließlich der Frage der Beziehungen zu Westdeutschland zu entscheiden.

2. Die Sowjetunion behält in der Deutschen Demokratischen Republik die Funktionen, die mit der Gewährleistung der Sicherheit in Zusammenhang stehen und sich aus den Verpflichtungen ergeben, die der Sowjetunion aus den Viermächteabkommen[320] erwachsen.

Die Sowjetregierung hat die Erklärung der Regierung der Deutschen Demokratischen Republik zur Kenntnis genommen, daß sie die Verpflichtungen einhalten wird, die sich für die Deutsche Demokratische Republik aus dem Potsdamer Abkommen[321] über die Entwicklung Deutschlands als eines demokratischen und friedliebenden Staates ergeben, sowie die Verpflichtungen, die mit dem zeitweiligen Aufenthalt sowjetischer Truppen auf dem Gebiet der DDR in Zusammenhang stehen.

3. Die Überwachung der Tätigkeit der staatlichen Organe der Deutschen Demokratischen Republik, die bisher vom Hohen Kommissar der Sowjetunion in Deutschland wahrgenommen wurde, wird aufgehoben.

In Übereinstimmung damit werden die Funktionen des Hohen Kommissars der Sowjetunion in Deutschland auf den Kreis der Fragen beschränkt, die mit der obengenannten Gewährleistung der Sicherheit und mit der Aufrechterhaltung der entsprechenden Verbindungen mit den Vertretern der Besatzungsbehörden der Vereinigten Staaten, Großbritanniens und Frankreichs in den Fragen gesamtdeutschen Charakters in Zusammenhang stehen und die sich aus den vereinbarten Beschlüssen der vier Mächte über Deutschland ergeben.

Die Regierung der Sowjetunion ist der Ansicht, daß das Bestehen des „Besatzungsstatuts“[322], das von den Vereinigten Staaten von Amerika, Großbritannien und Frankreich für Westdeutschland festgelegt wurde, nicht nur mit den demokratischen Prinzipien und den nationalen Rechten des deutschen Volkes unvereinbar ist, sondern unter den gegenwärtigen Verhältnissen, da es die Annäherung zwischen Ost- und Westdeutschland erschwert, auch eines der Haupthindernisse auf dem Wege zur nationalen Wiedervereinigung Deutschlands ist.

---

320 Die Deutschland als Ganzes betreffenden Fragen, die sich die Sowjetunion – wie auch die Westmächte in bezug auf die Bundesrepublik Deutschland (vgl. Nr. 52) – vorbehielt.
321 Nr. 3.
322 Nr. 28.

76. Diagramm: Umfragen über die Chancen der Wiedervereinigung (1952–1957)

Allensbach. – JAHRBUCH, Bd. 1, S. 315; Bd. 2, S. 318; Bd. 3, S. 481; Antwortvorgaben sind gekürzt wiedergegeben; Differenzen zu 100% entfallen auf die Kategorien „andere Antworten" bzw. „keine Angabe"

Frage: „Wie beurteilen Sie zur Zeit die Aussichten auf eine Wiedervereinigung der Ostzone mit der Bundesrepublik? [...]" (Angaben in Prozent)

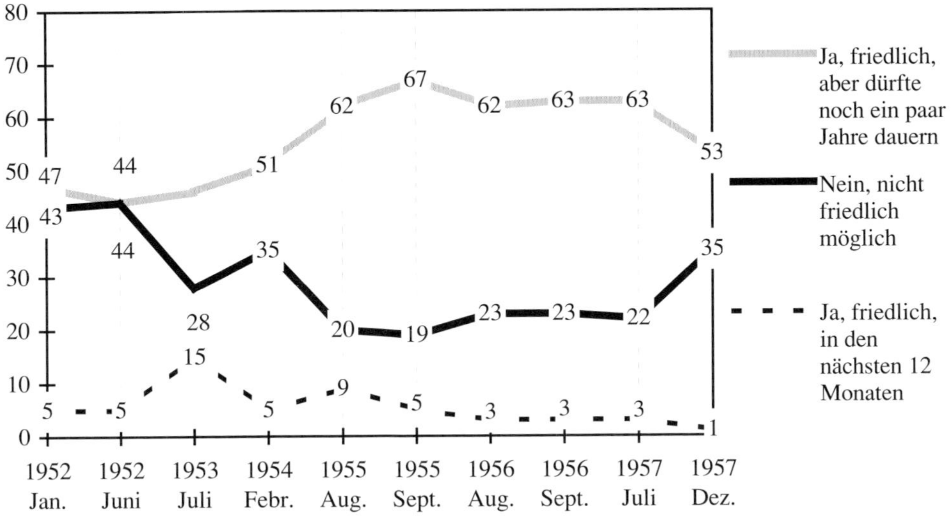

77. Tabelle: Umfrage über die Aufnahme direkter Verhandlungen mit der Sowjetunion, Juni 1954

Allensbach. – JAHRBUCH, Bd. 1, S. 336

Frage: „Was meinen Sie persönlich: sind Sie dafür oder dagegen, daß die Bonner Regierung oder Abgeordnete direkte Verhandlungen mit den Russen beginnen?"[323]

%	1954 Juni
Dafür	47
Dagegen	22
Unentschieden	31
	100

323 Diejenigen Befragten, die sich für direkte Verhandlungen aussprachen (= 47%), wurden dazu aufgefordert, diese Ansicht näher zu erklären: Als Grund nannten lediglich 5% die Wiedervereinigung, während die meisten Befragten angaben, Verhandlungen könnten „nichts schaden" (17%) und sie seien dafür, um „Entspannung zu erreichen" (13%). JAHRBUCH, Bd. 1, S. 336.

C. Pariser Verträge

78. „Opfer auf dem Wege“ von Hans Baumgarten, 25. Oktober 1954

Artikel in: Frankfurter Allgemeine Zeitung v. 25.10.1954, S. 1

Pariser Verträge[324] *– Sowjetisches Angebot einer Konferenz über Deutschland*

Die Hoffnungen sind Tatsache geworden. Zum Wochenende haben die Pariser Verhandlungen die letzte Hürde genommen. Der Bundeskanzler hat mit den westlichen Mächten die Außenpolitik verwirklicht, der die überwältigende Mehrheit des Volkes in den Adenauer-Wahlen[325] beigepflichtet hat. Jetzt genießt die Bundesrepublik die Souveränität; sie ist, zu gemeinsamer Arbeit und Verteidigung, in die Westeuropäische Union aufgenommen; sie wird gleichzeitig durch den Atlantikpakt geschützt. Vor allem werden die Beziehungen mit Frankreich auf eine enge Zusammenarbeit eingerichtet.

Beklemmender Verzicht

Ein schweres Stück Arbeit haben die Staatsmänner geleistet. Aber nicht nur den Schweiß haben die Götter vor den Erfolg gesetzt, sondern auch Verzichte. [...] Wir haben an der Saar beklemmende Zugeständnisse[326] machen müssen. „Le Monde“ geht so weit, zu behaupten, Deutschland hätte die Europäisierung der Saar zugestanden. [...]

Der russische Querschuß

In diese Lage hinein haben die Sowjets ihre neue Note[327] geworfen. Sie wollen die Ratifizierung in Bonn und Paris mit zusätzlichen Zweifeln belasten. Nach den Behaup-

---

324 Auf vier Konferenzen in Paris vom 19. bis 23. Oktober 1954 wurden die Beziehungen der Staaten der westlichen Gemeinschaft zu Westdeutschland in umfänglichen Vertragswerken (*Pariser Verträge*), die am 5. Mai 1955 in Kraft traten, neu geregelt: (1) Auf der *Viermächtekonferenz* der drei Westmächte mit der Bundesrepublik wurde der Deutschlandvertrag (**Nr. 52**) neu gefaßt, die Beendigung der Besatzung unter fortgeführter Stationierung alliierter Truppen in Deutschland (Truppenstationierungsvertrag) geregelt und Sicherheitsgarantien für Westberlin bekräftigt. Bezüglich der Wiedervereinigung wurde festgelegt, daß die Berlin und Deutschland als Ganzes betreffenden westalliierten Rechte bis zu einem Friedensvertrag unberührt bleiben; (2) Auf der *Neunmächtekonferenz* wurde die Gründung der Westeuropäischen Union beschlossen; (3) Die *Fünfzehnmächtekonferenz* lud die Bundesrepublik zum Eintritt in die NATO ein und erkannte erneut ihren Alleinvertretungsanspruch (**Nr. 29**) an; (4) Auf der *Zweierkonferenz* zwischen Frankreich und der Bundesrepublik wurde u.a. das Saarstatut unterzeichnet, das die Europäisierung des Saarlandes bei wirtschaftlicher Bindung an Frankreich vorsah. Frankreich hatte das Statut zur Bedingung für die Zustimmung zu den Pariser Verträgen gemacht, aber dem Vorbehalt einer Volksabstimmung der saarländischen Bevölkerung über ihre staatliche Zukunft zugestimmt (durchgeführt im Oktober 1955 mit dem mehrheitlichen Votum der Saarländer zur Bundesrepublik). – Die Pariser Verträge wurden erst durch das Inkrafttreten des Zwei-plus-Vier-Vertrages am 15.3.1991 (**Nr. 139**) ersetzt, durch den das wiedervereinigte Deutschland die volle Souveränität erlangte.

325 Vgl. zur Bundestagswahl 1953 oben S. 148, Anm. 300.

326 Saarstatut (wie oben Anm. 324).

327 Vom 23. Oktober 1954, also auf den Tag der Unterzeichnung der Pariser Verträge datiert, in der angeboten wurde, die Deutsche Frage erneut auf einer Viermächtekonferenz zu behandeln. Vorausgegangen waren seit März 1954 mehrere sowjetische Noten (der Notenwechsel bis Dezember 1954 in: Die DEUTSCHE FRAGE 1952–1956, Nr. 37–45, S. 75–96). – Vgl. auch oben S. 136.

tungen des Kremls würde sie den Frieden gefährden. An Frankreich gerichtet, malen die Sowjets die Schrecken „einer Militarisierung des Erzfeindes Deutschland“ an die Wand, und sie kündigen für diesen Fall den Bruch der französisch-russischen Freundschaft an. Den Deutschen halten sie die Wiedervereinigung vor Augen, die eine Ratifizierung der Pariser Verträge „auf lange Zeit“ unmöglich mache. Das alles ist oft gehört. Neu an der Note ist, daß schriftlich niedergelegt wird, was Molotow schon in Ost-Berlin gesagt hat[328]: Es sollen „zur Wiederherstellung der deutschen Einheit auf einer friedlichen und demokratischen Basis freie gesamtdeutsche Wahlen“ abgehalten werden. Bei aller Skepsis meinen wir, daß solche Vorschläge nicht beiseitegeschoben werden dürfen. Man muß sie sorgfältig prüfen. Man soll eine angebotene Konferenz annehmen. Aber man soll sich dadurch nicht auf dem Weg, der nach Paris führte, beirren lassen. Die Russen haben nach dem Krieg immer nur dann Angebote gemacht, wenn der Westen in seiner Einigung fortschritt. Ihr letztes Abrüstungsangebot kam ausgerechnet an dem Tag, als sich die Londoner Verhandlungen[329] der Westmächte zu einem Erfolg verdichteten. Die freien Wahlen für Deutschland wurden in derselben Stunde vorgeschlagen, in der die Außenminister ihre Verträge in Paris unterschrieben. Die Sowjets zwar tun in ihrer Note wieder so, als ob „vollendete Tatsachen“, also stärkere westliche Zusammenarbeit, künftige Verhandlungen mit ihnen unmöglich machten. [...] Sobald sich die Welt über die Abrüstung einigt – oder über einen deutschen Friedensvertrag mit deutscher Wiedervereinigung –, kann sie alles das, was vorher war, auch alle störenden Verträge, rückgängig machen. Die Ratifizierung der Pariser Verträge und ihre praktische Verwirklichung werden eine Abrüstung und eine Wiedervereinigung Deutschlands also nicht verzögern, wenn die Russen überhaupt darauf eingehen wollen. [...]

79. Rede Fritz Erlers vor dem Deutschen Bundestag, 15. Dezember 1954

Deutsche Parlamentsdebatten, Bd. 3, Dok. 3, S. 150–266, hier S. 235–238

Wiederbewaffnung – Wiedervereinigung – Erwartung östlicher Gegenmaßnahmen angesichts der Pariser Verträge – Wehrpflicht – „Ohne mich“-Stimmung

Erler (SPD): [...]

Wir sollten in allen Ausführungen außenpolitischer Art, die wir als die Sprecher eines Volkes, das im Zustande der Spaltung lebt, hier machen, ein wenig an die Gefühle all der Völker der freien Welt denken, die in anderen Beziehungen zur freien Welt leben als in denen eines militärischen Bündnisses über den Atlantikpakt. – (*Beifall bei der SPD.*) – Es gibt eben auch – das ist ein Punkt, den wir gelegentlich wahrscheinlich doch werden ausdiskutieren müssen, wenn wir je Deutschland in Freiheit und Frieden zusammenbringen wollen –, es gibt eben auch andere Beziehungen eines freien Volkes zu den gleichgesinnten Völkern dieser Erde als die der reinen, nackten Militärallianz. [...] Wir unterhalten uns doch bei der Würdigung dieses Vertragswerkes über die Frage, ob es im gegenwärtigen Zeitpunkt überhaupt richtig ist, diesen Schritt zu tun, – (*Sehr*

328 Rede vom 6. Oktober 1954 anläßlich des 5. Jahrestages der Gründung der DDR.

329 Londoner Neunmächtekonferenz (28.9.–3.10.1954).

wahr! bei der SPD.) – und man sollte hier nicht den zweiten Schritt vor dem ersten Schritt zu unternehmen versuchen. – (*Sehr richtig! bei der SPD.*) – Sehen Sie, wer es so eilig hat, dem können dabei die unmöglichsten Pannen passieren. Der kann z. B. einen Vertrag in seine Verfassung hineinschreiben, der nachher gar nicht zustande kommt[330], und dann hat er große Mühe, das wieder herauszubringen. – (*Heiterkeit und lebhafter Beifall bei der SPD.*) – Aber eines möchte ich mit allem Nachdruck allen denen, die diese Sorge zuinnerst bewegt, sagen: Sie werden die Sozialdemokraten überall dort finden, wo um jeden Zentimeter demokratischer Freiheit, um jeden Zentimeter parlamentarischer Kontrolle und um jeden Zentimeter Menschenwürde gerungen wird, auch in dieser Frage! – (*Lebhafter Beifall bei der SPD und bei Abgeordneten der FDP.*) – [...] Es sieht tatsächlich so aus, als ob die Menschen draußen in der Welt erwarten, daß die Regierungskoalition in Deutschland ihnen die Soldaten liefere und die Opposition dann die Demokraten stellen müsse, die auf die Soldaten aufzupassen hätten[331]. – (*Große Heiterkeit und Beifall bei der SPD.*) [...]

Nun ein letztes Wort noch zu dem Aufklingen des Wortes „Ohne mich"[332] in diesem Saal. Es ist hier gesprochen worden von der Seite der Regierungsparteien und etwas zu unseren Bänken hin, als seien wir also gewissermaßen diejenigen, die diese Parole im Lande bewußt ausstreuten und förderten. Dazu haben wir ja nun schon oft und oft Stellung genommen. Aber ich bitte Sie, doch einmal eines zu bedenken. Es gibt heute in unserem Volke – auch außerhalb der Reihen der unmittelbar betroffenen Jugend, über deren Einstellung Ihnen Herr Ollenhauer sehr zutreffend berichtet hat – eine große Zahl von Menschen, Hunderttausende, wahrscheinlich Millionen von Menschen, die sich in einem ernsten Gewissenskonflikt befinden, – (*Sehr richtig! bei der SPD.*) – angesichts der Tatsache, daß die Wehrpflicht in der Bundesrepublik die Wehrpflicht in der Sowjetzone[333] auslöst – (*Zuruf von der Mitte: Die ist schon längst vorhanden!*) – und daß wir nun auch einen Beitrag dazu leisten, daß sich jetzt zwei bis an die Zähne bewaffnete deutsche Armeen einander gegenüberstehen mit der fürchterlichen Perspektive eines

---

330 Anspielung auf den im August des Jahres gescheiterten Vertrag über die Europäische Verteidigungsgemeinschaft bzw. die im März 1954 in Kraft getretene (1.) Wehrergänzung des Grundgesetzes.

331 Demgegenüber hatte sich Helmut Schmidt – seit 1953 Mitglied des Deutschen Bundestages – schon am 6. März 1954 in einem Schreiben an den SPD-Vorsitzenden Ollenhauer kritisch über die Position der SPD zur Wiederbewaffnung geäußert: „Es sollten m. E. heute – bei aller nur zu verständlichen Abneigung gegen eine Mitarbeit [der SPD] am Aufbau einer neuen deutschen Wehrmacht – die ebenfalls nur zu verständlichen sozialdemokratischen Ressentiments nicht abermals [Bezug: wie in der Weimarer Republik] zu einer politischen Abstinenz auf diesem gerade auch für die zukünftige innenpolitische Entwicklung unseres Staatswesens entscheidenden Felde führen. Es ist vielmehr notwendig, sich nunmehr sehr schnell und sehr konkret mit dem ‚Wie' der Remilitarisierung zu beschäftigen." (auszugsw. abgedr. bei: KLOTZBACH, Staatspartei, S. 331f., Anm. 134).

332 In den 1950er Jahren verbreitetes Schlagwort („Ohne mich-Stimmung") für die in der westdeutschen Bevölkerung stark ausgeprägte Kriegsmüdigkeit und den Unwillen, nach der Katastrophe des Zweiten Weltkrieges erneut als Soldat dienen zu sollen. Nichtsdestotrotz votierten die Westdeutschen zum Zeitpunkt der hier wiedergegeben Bundestagsdebatte immerhin mit einer relativen Mehrheit für den Aufbau einer selbständigen deutschen Armee (45 % der Befragten im November 1954; **Nr. 80**). – Vgl. auch die Umfrageergebnisse in **Nr. 81**.

333 Erfolgte in der DDR erst im Januar 1962 mit dem Gesetz über die allgemeine Wehrpflicht.

möglichen Bruderkrieges. – (*Beifall bei der SPD.*) – Es gibt eine menschliche Klammer in unserem Volke, die bisher noch in erfreulichem Ausmaß völlig ohne Rücksicht auf die Hinderungsversuche durch das totalitäre Regime in der Zone drüben den Versuch unternommen hat, die Deutschen in Freiheit miteinander sprechen und sie das Erlebnis der Zugehörigkeit zum gleichen Volk haben zu lassen; diese Klammer ist z. B. die evangelische Kirche[334]. Jeder, der weiß, wie es in der sowjetischen Besatzungszone aussieht, wird mir recht geben, wenn ich sage, daß in der Wirksamkeit dieser Kraft ein gut Stück an Hoffnung auch für uns liegt, daß sich die Menschen nicht einfach in das Schicksal der totalitären Beherrschung ergeben. – (*Sehr gut! bei der SPD.*)

[...]

Nun meine letzten Bemerkungen. Sie beziehen sich auf einen Satz, den der Herr Bundeskanzler geprägt hat und den ich sehr gern aufgreifen möchte. Der Herr Bundeskanzler hat davon gesprochen, daß nach seiner Meinung Verhandlungen, und zwar insbesondere über die Wiedervereinigung Deutschlands, zum – wenn ich richtig gehört habe – frühestmöglichen Zeitpunkt, allerdings nach seiner Meinung erst nach Ratifizierung der Verträge aufgenommen werden sollten. Wir haben unsere Skepsis gegenüber der Nichtbeachtung gewisser warnender Stimmen, die in den Noten der Sowjetunion liegen[335], zum Ausdruck gebracht. Aber das möchte ich jetzt dahingestellt sein lassen. Wenn man Verhandlungen will, dann muß man auch wissen, worüber verhandelt wird. [...]

Herr Bundeskanzler, was uns mit brennender Sorge erfüllt, das ist, daß eine solche Haltung, wenn sie Richtschnur der westlichen Politik und der Politik der Bundesregierung bleibt, jede Hoffnung auf die Wiedervereinigung Deutschlands zerstört. In diesem Punkte muß man einmal wissen – ich habe es an dieser Stelle schon einmal ausgesprochen –: die deutsche Einheit gibt es nicht als sowjetischen Satellitenstaat, sie gibt es auch nicht als amerikanischen Truppenübungsplatz. Wer das eine oder das andere will, verhindert die Einheit. – (*Anhaltender Beifall bei der SPD.*)

---

334 Deren Funktion als ‚gesamtdeutsche Klammer' sich die SED-Führung zu entledigen versuchte. Vgl. Nr. 62.

335 Vgl. Nr. 78. Wenig später, im Januar 1955, wurde die Frage einer Viererkonferenz wieder öffentlich debattiert. Die Sowjetunion hatte eine „Erklärung zur deutschen Frage" (15.1.1955) abgegeben und offeriert, freien gesamtdeutschen Wahlen unter internationaler Kontrolle beim Verzicht auf die Ratifizierung der Pariser Verträge, die der Bundestag am 27. Februar 1955 vollzog, zuzustimmen. Der SPD-Vorsitzende Ollenhauer hatte in dieser Situation am 23. Januar 1955 einen offenen Brief an Adenauer gerichtet: „Die Annahme des [Pariser] Vertragswerkes führt nach unserer Überzeugung zu einer verhängnisvollen Verhärtung der Spaltung Deutschlands. [...] Die Sozialdemokratische Partei Deutschlands ist der Überzeugung, daß noch nicht alle Möglichkeiten erschöpft sind, um vor der Ratifizierung der Pariser Verträge endlich einen ernsthaften Versuch zu unternehmen, auf dem Wege von Vier-Mächte-Verhandlungen die Einheit Deutschlands in Freiheit wiederherzustellen. Die Erklärung der Sowjetregierung vom 15. Januar 1955 enthält hinsichtlich der in allen vier Zonen Deutschlands und Berlin durchzuführenden Wahlen Vorschläge, die Verhandlungen über diesen Punkt aussichtsreicher machen als während der Berliner Konferenz [Nr. 72–74] im Januar 1954. [...] Man muß die Sowjetunion jetzt beim Wort nehmen. Man hat es 1952 versäumt, die Ernsthaftigkeit der damaligen Angebote der Sowjetunion [Nr. 53–57] zu erproben. Uns jetzt der gleichen Unterlassung schuldig zu machen, würde vor dem deutschen Volk nicht verantwortet werden können." (WESTINTEGRATION, Dok. 56, S. 176–178).

80. Tabelle: Umfragen über die Akzeptanz der Wiederbewaffnung (1950–1955)

Allensbach. – [1:] JAHRBUCH, Bd. 1, S. 372f.; [2:] ebd. S. 360f.; andere Antworten sind jeweils weggelassen

[1] *Frage:* „Sind Sie für oder gegen den Aufbau einer selbständigen deutschen Armee?"
[2: *wie 1*] „... eine Teilnahme deutscher Truppen an einer westeuropäischen Armee?"

%	1950 Nov.	1951 Juni	1951 Sept.	1952 Feb.	1952 Juli	1952 Okt.	1953 Jan.	1953 Aug.	1954 Juni	1954 Juli	1954 Nov.	1955 Feb.
[1] Dafür	33	42	44	46	41	39	39	42	–	45	45	39
[2] Dafür	22	22	26	26	32	23	30	30	33	–	–	–

81. Tabellen: Umfragen über Wiedervereinigung und Pariser Verträge, Januar 1955

Allensbach. – [1:] JAHRBUCH, Bd. 1, S. 366; [2:] ebd. S. 365

[1] *Frage:* „Warum sind eigentlich so viele Deutsche gegen diese Verträge[336] [Pariser Verträge]?" (Mehrfachantworten)

%	1955 Jan.
Weil sie die Wiederbewaffnung ablehnen und Furcht vor einem neuen Krieg haben	41
Wegen des Saar-Abkommens[337]	20
Deutschland wird übervorteilt, nicht als gleichberechtigter Partner behandelt	13
Aus Abneigung und Mißtrauen gegen Frankreich	7
Weil die Verträge die Wiedervereinigung verhindern	5
Andere Angaben; weiß nicht	32
	118

[2] *Frage:* „Glauben Sie, daß diese Verträge [Pariser Verträge] irgendeinen Einfluß auf die Wiedervereinigung haben, oder glauben Sie, das hat nichts damit zu tun?"

%	1955 Jan.
Hat Einfluß	53
Nichts damit zu tun	18
Weiß nicht	22
Pariser Verträge unbekannt	7
	100

---

336 Im Februar 1955 sprachen sich 42% der Befragten dafür aus, daß der Bundestag die Pariser Verträge annehmen solle, während dies 24% ablehnten (JAHRBUCH, Bd. 1, S. 365).

337 Vgl. zum Saarstatut oben S. 158, Anm. 324.

IV. Zementierung der Teilung (1955 – 1963)

Einführung

Das Jahr 1955 schloß zumindest formal den Prozeß der deutschen Teilung ab und setzte allen Hoffnungen auf die Realisierbarkeit der Wiedervereinigung ein Ende. Im Mai war die Bundesrepublik souverän und Mitglied der NATO geworden, und die DDR unterzeichnete den Warschauer Pakt. Beide Staaten waren in ihrer politischen, wirtschaftlichen und gesellschaftlichen Ordnung unverrückbar mit dem Westen und dem Osten verwoben.

Hingegen bahnte sich in den Ost-West-Beziehungen eine *Tauwetterperiode* an. Während die Angebote der Sowjetunion zur Deutschen Frage und zur Abhaltung einer Deutschlandkonferenz von September bis November 1954 und im Januar 1955 im Westen überwiegend als Manöver zur Torpedierung der Pariser Verträge aufgefaßt wurden (**Nr. 78**), sah die Situation im Frühjahr 1955 günstiger aus. – Der aus den Machtkämpfen um Stalins Nachfolge gefestigt hervorgegangene Generalsekretär der KPdSU Nikita Chruschtschow bemühte sich im Verein mit dem neuen Ministerpräsidenten Bulganin (seit Februar 1955) darum, die UdSSR aus der außenpolitischen Isolation herausholen. Erstmals gab es greifbare politische Fortschritte: Zur allseitigen Überraschung hatte sich die Sowjetunion zur Zusammenarbeit in der Frage des österreichischen Staatsvertrages bereitgefunden, der am 15. Mai 1955 unterzeichnet werden konnte. Gegen den Preis der Neutralisierung Österreichs war die UdSSR dazu bereit gewesen, sich aus Österreich zurückzuziehen. Manch Zeitgenosse verstand daher die erfolgreiche Beendigung der österreichischen Teilung als Modellfall für die Deutsche Frage. Jedenfalls hatte die neue sowjetische Verhandlungsbereitschaft im Westen einen großen Eindruck hinterlassen. US-Außenminister Dulles sprach sogar davon, daß der „Eiserne Vorhang" am verschwinden sei[338].

In dieser günstigen Situation wurde zwischen März und Juni 1955 eine *Gipfelkonferenz der vier Mächte* in Genf ausgehandelt, die schon 1953 von Churchill vergeblich gefordert[339] worden war und schließlich vom 18. bis 23. Juli 1955 stattfinden konnte. Es war das erste Gipfeltreffen seit der Potsdamer Konferenz (**Nr. 2–3**) und nach all den gescheiterten Außenministerkonferenzen ein Lichtblick, denn Chruschtschow und Bulganin zeigten sich entgegen der gewohnten Konfrontationsmuster des Kalten Krieges von der besten Seite, so daß die Verhandlungen mit dem Etikett „Konferenz des Lächelns" versehen worden sind[340]. Was die Deutsche Frage anbelangte, gab es freilich keinen Fortschritt. Wie schon in Berlin im Januar/Februar 1954 (**Nr. 71–74**) standen

[338] „The Iron Curtain is going to disappear"; Bericht vor dem Nationalen Sicherheitsrat, 15. Mai 1955; zit. nach RUPIEPER, Chancen, S. 209.

[339] Vgl. oben S. 134f.

[340] Zudem ist die Abhaltung einer Außenministerkonferenz der vier Mächte in Genf (27. Oktober bis 16. November) vereinbart worden, die allerdings ergebnislos endete.

sich die Auffassungen über die deutsche Einheit unvereinbar gegenüber. Jedoch traten Probleme der Abrüstung und Entspannung gegenüber der Deutschen Frage deutlich in den Vordergrund. Der britische Außenminister Eden hatte wiederum einen Deutschlandplan vorgelegt („Zweiter Eden-Plan"), der auf seinem anläßlich der Berliner Außenministerkonferenz im Februar 1954 eingebrachten Wiedervereinigungsplan (**Nr. 71**) fußte und der in Übereinstimmung mit den sowjetischen Überlegungen von einem *System der kollektiven Sicherheit* ausging. Eden projizierte einen Beistandspakt unter Einschluß Gesamtdeutschlands, einen beiderseitigen Truppenabzug und die Schaffung einer entmilitarisierten Zone. Demgegenüber argumentierte die UdSSR, erst müßten beide deutsche Staaten in ein kollektives System der europäischen Sicherheit eingebunden werden, bevor man an die Lösung der Deutschen Frage denken könne. Damit sollte die Hinnahme der deutschen Teilung zum Ausgangspunkt kollektiver Sicherheitslösungen werden. Diese Verquickung von Wiedervereinigung und Sicherheitsfragen hieß also nichts anderes, als daß die Sowjetunion nun von der Existenz zweier deutscher Staaten ausging und es ihr um die Sicherung des Status quo in Europa zum Wohle einer allgemeinen Entspannung in den Ost-West-Beziehungen ging. Demonstrativ machte Chruschtschow nach dem Ende des Genfer Gipfels am 26. Juli einen Zwischenstop in Ostberlin und betonte auf einer öffentlichen Kundgebung (**Nr. 82**), daß es für ihn zwei deutsche Staaten gebe („*Zweistaatentheorie*").

Diese Wende in der sowjetischen Deutschlandpolitik trugen die Westmächte stillschweigend mit, die ihrerseits wenig Interesse zeigten, an dem gegenwärtigen Status quo zu rütteln. Doch die sowjetischen Entspannungsversuche hatten sie bereitwillig aufgenommen, was die Befürchtungen der Bundesregierung nährte, es könne zugunsten der Entspannung zu einer Verständigung der Mächte auf Deutschlands Kosten kommen (**Nr. 83**).

In dieser Situation war am 7. Juni 1955 die *Einladung der sowjetischen Regierung* an die Bundesregierung ergangen, in Moskau über die Aufnahme von diplomatischen und Wirtschaftsbeziehungen zu beraten. In diesem allseits auf Entspannung hinauslaufenden Klima konnte Adenauer die Offerte praktisch nicht ablehnen. Bis dahin konnte im Grunde genommen von einer bundesrepublikanischen Ostpolitik nicht die Rede sein. Alle Bemühungen Bonns zielten seit der Formulierung des Alleinvertretungsanspruches (**Nr. 29**) darauf ab, die DDR keinesfalls als Staat oder gar als Gesprächspartner, selbst in kulturellen Belangen (**Nr. 87**), anzuerkennen. Umgekehrt war die Sowjetunion intensiv darum bemüht, ein Zeichen der formalen Anerkennung der DDR zu erreichen, deren Führung ihrerseits ein vitales Interesse an der Respektierung ihrer staatlichen Existenz haben mußte. Doch die russische Einladung tangierte auch das Verhältnis der Bundesrepublik zu den westlichen Mächten. Denn dort war nach wie vor die Befürchtung lebendig, die Bundesrepublik könne sich dem Osten zuwenden. Diesen „Rapallo-Komplex" beobachtete die deutsche Delegation, die schließlich vom 8. bis 14. September 1955 in Moskau weilte, mit großer Sorge (**Nr. 84**). Die schwierigen Verhandlungen in Moskau, die einen guten Eindruck gewissermaßen von der Atmosphäre des Kalten Krieges geben (ebd.), gingen jedenfalls mit einem grandiosen Erfolg für Adenauer aus: Es gelang ihm, die Rückführung der noch in der Sowjetunion festgehaltenen deutschen Kriegsgefangenen zu erreichen. Doch der überschwengliche Empfang, der dem Kanzler bei seiner Rückkehr aus Moskau bereitet wurde, konnte nicht darüber hinwegtäuschen, daß er um den Preis der Aufnahme diplomatischer Beziehungen mit der Sowjetunion zustande gekommen war. Dies ließ, angesichts der Situation, daß es nun zwei deutsche Botschafter in Moskau geben würde und die DDR alleine durch diesen Umstand einen Hauch von Anerkennung erreicht hatte, eine Welle diplomatischer Anerkennungen der DDR befürchten. Die Folge war, daß noch auf dem Rückflug aus Moskau die sogenannte *Hallstein-Doktrin* (**Nr. 88**) in Grundzügen entwickelt wurde: Eine Anerkennung der DDR durch dritte Staaten würde die Bundesregierung als unfreundlichen Akt auffassen und ihrerseits schlimmstenfalls mit dem Abbruch der diplomatischen Beziehungen beantworten. Die deutschlandpolitische Tragweite dieser drastischen außenpolitischen Maßnahme brachte Außenminister von Brentano ein Jahr später auf den Punkt: Würde die Bundesrepublik die Anerkennung der DDR gestatten, so würden die „vier Mächte aus ihrer Verantwortung für die Wiederherstellung der staatlichen Einheit Deutschlands entlassen" und es würde den Machthabern in der DDR wie „Pieck, Grotewohl und Ulbricht ein Vetorecht gegen die Wiedervereinigung" eingeräumt werden (**Nr. 90**). Adenauer beharrte auf der Viermächteverantwortung, weil die Bundesrepublik alleine nicht in der Position gewesen wäre, auf Augenhöhe mit der Sowjetunion zu verhandeln, um eine Wiedervereinigung unter tragbaren Bedingungen zu erreichen, so daß der Kanzler in Moskau darauf gedrungen hatte, daß die „Sowjetunion erneut die Verpflichtung der vier Siegermächte zur Wiederherstellung der deutschen Einheit" anerkannte. Adenauer dachte nicht daran, die „russische Taktik", die „deutsche Frage auf eine gemeinsame Verhandlung zwischen DDR und Bundesrepublik abzudrehen", mitzumachen (**Nr. 85**). Dies blieb bis zur ostpolitischen Neuorientierung der Regierung Brandt (Kapitel V.B und V.C) eine deutschlandpolitische Grundlinie.

Die Tauwetterperiode nach Genf, welcher sich auf dem XX. Parteitag der KPdSU die Entstalinisierung und die Erhebung der friedlichen Koexistenz zum außenpolitischen Programm anschlossen, war nur von kurzer Dauer. Seit Oktober 1956 entbrannten in Ungarn – und zuvor im Juni in Polen – Aufstände, die von der Sowjetunion, wie 1953 in der DDR (**Nr. 64–69**), brutal niedergeschlagen wurden. Während die Aufstände zwar erneut die innere Krise der Ostblockstaaten vor Augen führten, konnte die Sowjetunion sich in militärischer und machtpolitischer Hinsicht festigen. Durch den erfolgreichen Start des ersten sowjetischen Satelliten Sputnik im Oktober 1957 wurde im Westen ein regelrechter Schock ausgelöst, schien es doch nun möglich, daß die Atommacht UdSSR dazu in der Lage sein könnte, einen Krieg mit Interkontinentalraketen zu führen. Zudem war Chruschtschow im Februar 1958 in Personalunion Generalsekretär der KPdSU und Ministerpräsident geworden und damit aus den russischen Machtkämpfen als Sieger hervorgegangen. Aus dieser machtbewußten Position heraus ging er das Berlin-Problem an, löste die (zweite) *Berlin-Krise* (1958–62) aus und brach mit der in Genf gefundenen Formel, den Status quo in Europa unangetastet zu lassen.

Sowohl für die Sowjetunion als auch für die DDR erschien Westberlin als Stachel im eigenen Fleisch. Einerseits stand Berlin seit der Blockade von 1948 als ein westliches Freiheitssymbol (**Nr. 27**) inmitten des kommunistischen Machtbereiches, und andererseits besaß es als „Schaufenster" (**Nr. 94**) des Westens auch eine ökonomische und soziale Strahlungskraft, die sich an den Flüchtlingszahlen aus der DDR ablesen ließ (**Nr. 102 [2]**). Von den Westmächten toleriert demonstrierte die Bonner Politik Präsenz in Westberlin[341]: Es wurden bundesdeutsche Behörden dorthin verlegt, Sitzungen des Bundestages abgehalten und damit der Hauptstadtcharakter der Stadt provokant unterstrichen.

Chruschtschow versuchte nun, die Westmächte *ultimativ zur Lösung des Berlin-Problems* zu drängen, indem er Anfang November 1958 den Viermächtestatus nach dem Potsdamer Abkommen (**Nr. 3**) als anachronistisch bezeichnete und ankündigte, den sowjetischen Sektor der staatlichen Hoheit der DDR zu übergeben (**Nr. 91**), sofern die Westmächte sich binnen einer gesetzten Frist nicht zu Verhandlungen bereitfänden. Letztere lehnten zwar den ultimativen Ton der Note kategorisch ab, zeigten sich aber zu Verhandlungen bereit. Der daraufhin, im Januar 1959, vorgelegte sowjetische Friedensvertragsentwurf hielt sich in Kernpunkten an die bekannten Bedingungen der Stalin-Note (**Nr. 53**) – Neutralisierung Gesamtdeutschlands, Anerkennung der Grenzen – und ging wie auf dem Genfer Gipfel 1955 von der Existenz zweier deutscher Staaten (**Nr. 82**) aus. Doch jetzt sollte Berlin als freie, entmilitarisierte Stadt entstehen, ein Friedensvertrag von den beiden deutschen Staaten unterzeichnet werden oder in eine Konföderation[342] dreier deutscher Staaten münden. Chruschtschows Pläne liefen somit auf eine Dreistaatentheorie hinaus, und Westberlin wäre überdies als Freistadt, nach Abzug der westlichen Besatzungstruppen, schutzlos dem Osten ausgeliefert gewesen. Zu Adenauers größter Besorgnis (**Nr. 92**) zeigten sich Amerikaner und Briten, statt die Einheit des Westens zu demonstrieren, nachgiebig. Insbesondere bekamen die schon 1955 in Genf ins Spiel gebrachten Planungen einer atomwaffenfreien Zone in Mitteleuropa erneut Aufwind. Sie hatten schon zuvor eine weite öffentliche Verbreitung und Diskussion erfahren. Zu den prominenten Fürsprechern, so durch seine Vortragsreihe im November 1957, gehörte der Vater der Eindämmungs-Strategie George F. Kennan (**Nr. 8, 20**), dem man eine nachgiebige Haltung gegenüber dem Kommunismus nun wirklich nicht nachsagen konnte. Die Errichtung einer atomwaffenfreien Zone war in diesem Konzept des Auseinanderrückens der Blöcke (*Disengagement*) letztlich als Vorstufe gedacht: Es sollte langfristig ein Rückzug der Großmächte aus den geographischen Gefahrenräumen des Kalten Krieges erfolgen, um diese in politischer wie rechtlicher Hinsicht zu neutralisieren. Für Adenauer waren solche Konzepte inakzeptabel, würden sie doch die Bindungen der Bundesrepublik zum Westen weitgehend kappen und Westdeutschland dem Kommunismus schutzlos aussetzen (**Nr. 92**).

Nachdem Chruschtschow Anfang März damit gedroht hatte, einen separaten Friedensvertrag mit der DDR abzuschließen, kamen doch noch *Viermächteverhandlungen* zustande, die Mai/Juni und Juli/August 1959 wiederum in Genf stattfanden. Der im Zeichen der Disengagement-Konzepte stehende Wiedervereinigungsplan („Herter-Plan"), mit dem die Westmächte auf die Genfer Außenministerkonferenz zogen, war bereits Ausdruck einer Wende: Jetzt sollten freie Wahlen zuerst in Berlin und anschließend in ganz Deutschland abgehalten werden. Im Verlauf der Konferenz, zu der Vertreter beider deutscher Staaten als „Berater" geladen waren, entfernten sich die Westmächte immer mehr von den gesamtdeutschen Verpflichtungen, auf deren Einhaltung die Bundesregierung beharrte (**Nr. 90**). Die Genfer Konferenz scheiterte wie alle Deutschlandkonferenzen zuvor – sie sollte, sieht man von den Berlin-Verhandlungen

---

341 Vgl. zum Sonderstatus Berlins im einzelnen unten S. 181, Anm. 375.
342 Auf sowjetische Initiative hin hatte die DDR schon 1958 derartige Konföderationspläne propagiert.

von 1970/71 (Nr. 114) ab, die letzte bis 1989 werden und sie mag in der Tat als das „Ende der westlichen Deutschlandpolitik“[343] erscheinen. Denn von da an galt es, zu einer separaten Lösung des Berlin-Problems zu kommen und die Deutsche Frage insgesamt abzukoppeln, ja diese zugunsten von Entspannung und Rüstungskontrolle aus der Konfliktlinie herauszunehmen. Nur weil Chruschtschow eine für Mai 1960 in Paris angesetzte Gipfelkonferenz, die das Berlin-Problem in diesem Sinne bereinigen sollte, platzen ließ, blieb einstweilen der Status quo in Berlin erhalten.

Zwischenspiel blieben Deutschlandplanungen, die unter dem Druck der Ereignisse in Bonn angestellt wurden. Adenauer hatte sich deutschlandpolitisch durchaus flexibel gezeigt und im März 1958 dem sowjetischen Botschafter in Bonn eine *Österreich-Lösung* für die DDR, also deren Neutralisierung, offeriert, woraufhin im Bundeskanzleramt 1959/60 ein Deutschlandplan[344] entworfen, aber rasch zu den Akten gelegt worden war. – Doch zunächst hatte die sozialdemokratische Opposition angesichts der Berlin-Krise auf das Disengagement-Konzept gesetzt und im März 1959 einen eigenen *Deutschlandplan* (Nr. 93) publik gemacht. Dieser Stufen-Plan zur Wiedervereinigung sollte die Militärbündnisse NATO und Warschauer Pakt durch ein kollektives Sicherheitssystem ablösen, doch er wurde viel zu spät in die Diskussion geworfen und blieb wirkungslos. Zudem hatte Herbert Wehner in einer Grundsatzrede Ende Juni 1960 die bisherigen Leitsätze der *sozialdemokratischen Außen- und Deutschlandpolitik* einer gewichtigen Korrektur unterzogen: Von dem Deutschlandplan der SPD, der ganz unter dem Leitmotiv der Verknüpfung von Wiedervereinigung und kollektiver Sicherheit stand, rückte er ab und bekannte sich demgegenüber zur NATO. Bereits zuvor, im November 1959, war durch das Godesberger Programm der SPD die grundsätzliche Opposition zur Westbindung und Wiederbewaffnung aufgegeben und damit der schon 1954/55 (Nr. 79) absehbaren Entwicklung Rechnung getragen worden, daß es einer Politik mit dem „Nahziel ‚Wiedervereinigung‘ auf unabsehbare Zeit an jeglicher realer Basis mangelte“[345]. Personell fand diese Wende Ausdruck in der Nominierung Willy Brandts zum Kanzlerkandidaten der SPD (November 1960).

Daß die beiden Großmächte vor dem Hintergrund eines Atomkrieges die beiderseitigen Machtbereiche zu akzeptieren gezwungen waren, machte kein Ereignis deutlicher als das Symbol der deutschen Teilung schlechthin: der *Mauerbau*. Der im November 1960 aus den amerikanischen Präsidentschaftswahlen als Sieger hervorgegangene John F. Kennedy hatte weder ein Interesse daran, den Kalten Krieg wie gehabt auf Konfrontationskurs fortzuführen, noch den Russen untragbare Konzessionen einzuräumen. Im Juli 1961 hatte er in einer Fernsehansprache (Nr. 94) die Entschlossenheit der Vereinigten Staaten bekräftigt, Westberlin zu verteidigen. Von Berlin als Ganzem war nun keine Rede mehr. Es ging ausschließlich um Westberlin, für das Kennedy unmißverständlich die Rechte der Westmächte einforderte, dort präsent zu bleiben. Was im Ostsektor geschah, war folglich Sache der Sowjetunion. Der Testfall für dieses Konzept war der 13. August 1961.

---

343 BESSON, Außenpolitik, S. 216.

344 Sog. „Globke-Plan“; in der Fassung vom 17. November 1960 abgedr. in: SICHERHEITSPOLITIK, Bd. 2, S. 525–531.

345 KLOTZBACH, Staatspartei, S. 348.

Daß der DDR ihre Bürger und nicht zuletzt die für den wirtschaftlichen und gesellschaftlichen Aufbau dringend benötigten Akademiker davonliefen, bedeutete für das SED-Regime einen permanenten Gesichtsverlust (**Nr. 102 [2]**). Es wußte sich – nachdem 1957 bereits der Strafbestand der Republikflucht eingeführt worden war – nicht anders zu helfen, um die Lage zu konsolidieren, als das Schlupfloch Berlin zu schließen. Während die übrige deutsch-deutsche Grenze schon im Mai 1952 (**Nr. 60**) durch eine sich weit ins Hinterland erstreckende Sperrzone und den Ausbau von Grenzbefestigungen als abgeriegelt gelten konnte, war Berlin bis dahin als Fluchtweg offen geblieben. Offiziell wurde die in den Morgenstunden des 13. August 1961 beginnende *Sperrung der Sektorengrenze* durch den Ministerrat, wie schon 1953 (**Nr. 67**), damit begründet, daß man sich gegen die feindliche „Tätigkeit der revanchistischen und militaristischen Kräfte Westdeutschlands" (**Nr. 95**) schützen müsse. Zu den „betrügerischen Manöver[n]" des Westens wurden nun auch „freie Wahlen" gezählt (ebd.), während die Menschen in Ostberlin das gänzlich anders sahen: „Wir sind doch diejenigen, die spalten" (**Nr. 96**), empörten sich Passanten. Mit einem beträchtlichen Maß an Realitätsferne, die für den Apparat der SED bis zum bitteren Ende charakteristisch blieb, glaubte man, die DDR-Flüchtlinge würden in einer Art „Torschlußpanik" der „gegnerischen Propaganda" von einem besseren Leben im Westen erliegen (**Nr. 98**). Daß die DDR um ihre nackte Existenz rang, wußte auch Chruschtschow, der die von Ulbricht forcierten Maßnahmen letztlich billigte (**Nr. 100**). Tatsächlich akzeptierten die Westmächte die jetzt eintretende Lage. Einer direkten Intervention des Regierenden Bürgermeisters von Berlin, Willy Brandt, bei Präsident Kennedy (**Nr. 97**) war es zu verdanken, daß die Vereinigten Staaten überhaupt eine Reaktion zeigten. Brandt mußte erst darauf hinweisen, daß völlige Untätigkeit bei den Westberlinern Zweifel an der „Reaktionsfähigkeit und Entschlossenheit der drei Mächte" wecke (ebd.). Kennedy gewährte daraufhin eine Geste, indem die Berliner US-Garnison leicht verstärkt und die Symbolfigur der Luftbrücke von 1948/49, Lucius D. Clay, nach Berlin entsandt wurde. Bei Gesten blieb es freilich. Kennedys Rede vor dem Schöneberger Rathaus im Juni 1963 sollte emotional und vertrauenerweckend wirken, wenn der populäre Präsident den Zuhörern versicherte, sie „leben auf einer verteidigten Insel der Freiheit" und mit den berühmten Worten schloß: „Ich bin ein Berliner"[346] – doch er meinte Westberliner.

Der Mauerbau stellte die bisherige Bonner Deutschlandpolitik in Frage, die Ära Adenauer neigte sich ihrem Ende zu, und die Politik der Stärke, mit deren Hilfe der Sowjetunion die ‚Zone' abgerungen werden sollte, war gescheitert. Die DDR mußte ihre Bürger einmauern, und die deutsche Teilung war buchstäblich zementiert worden. Nun stand eine zunehmende Entfremdung der Deutschen in Ost und West durch diesen Gewaltakt des SED-Regimes zu befürchten. Eine solche Entwicklung, warnten bald einzelne, würde die psychologischen Mauern nur verstärken, die sich durch die verhärteten Fronten des Kalten Krieges „in der Vorstellungswelt der Deutschen auf beiden Seiten der Trennungslinie" (**Nr. 101**) gebildet hätten. Und in der Tat geriet die Bonner Politik in den kommenden Jahren zusehends unter Druck, das Verhältnis zum Osten und insbesondere zur DDR auf eine neue Basis zu stellen.

---

346 KENNEDY, Dämme, S. 183f., hier S. 184.

A. Genfer Konferenz und Moskau-Reise

82. Rede Chruschtschows in Ostberlin, 26. Juli 1955

DzD, Reihe III, Bd. 1, S. 227–236, hier S. 233–235

Gipfelkonferenz der vier Mächte in Genf (18.–23. Juli 1955) – Zweistaatentheorie

Auf der Genfer Konferenz fand ein Meinungsaustausch über eine so wichtige Frage wie die deutsche Frage statt. Wir verstehen gut, daß dies in erster Linie das deutsche Volk zutiefst bewegt. Was die Sowjetunion angeht, so strebt sie konsequent und aufrichtig eine Lösung des Deutschlandproblems im Interesse des Friedens und der Sicherheit der Völker an.

[...]

Es ist angebracht, daran zu erinnern, daß zu der Zeit, als die Pariser Verträge ausgearbeitet wurden, die die Remilitarisierung Westdeutschlands und seine Einbeziehung in den Nordatlantikblock zum Ziel haben, die Sowjetregierung wiederholt gewarnt hat, daß dieser Schritt die Lösung der Frage der Vereinigung Deutschlands komplizieren wird[347]. Aber leider wurde diesen Warnungen kein Gehör geschenkt. Mehr noch, einige Staatsmänner[348] hatten es mit der Ratifizierung der Pariser Verträge eilig und behaupteten, die Verwirklichung dieser Verträge würde den Westdeutschen die Möglichkeit geben, mit der Sowjetunion von einer Position der Stärke aus zu sprechen. Ich denke, daß nunmehr allen klar ist, daß diese Berechnungen fehlgeschlagen sind. – (*Beifall*)

[...]

Man kann nicht umhin zu berücksichtigen, daß jetzt in Europa neue Verhältnisse entstanden sind und daß wir auf der Suche nach Wegen zur Vereinigung Deutschlands diese Verhältnisse in Rechnung stellen müssen. Ist denn nicht klar, daß die mechanische Vereinigung beider Teile Deutschlands, die sich in verschiedenen Richtungen entwikkeln, eine unreale Sache ist? In der entstandenen Situation ist der einzige Weg zur Vereinigung Deutschlands die Schaffung eines Systems der kollektiven Sicherheit in Europa[349], die Festigung und Entwicklung wirtschaftlicher und politischer Kontakte zwischen beiden Teilen Deutschlands.

Man kann die deutsche Frage nicht auf Kosten der Interessen der Deutschen Demokratischen Republik lösen. – (*Langanhaltender Beifall*) – Wir sind davon überzeugt, daß die Werktätigen der Deutschen Demokratischen Republik sich nicht mit einem Standpunkt einverstanden erklären können, der nur die Interessen der westlichen Ländergruppierung zuungunsten der Interessen der Deutschen Demokratischen Republik berücksichtigt. Kann die Deutsche Demokratische Republik damit einverstanden sein, daß sie in den Nordatlantikpakt und in die westeuropäische Union einbezogen wird und auf ihre Schultern die Lasten des Wettrüstens abgewälzt werden? Können die Werktätigen

---

347 Vgl. Nr. 78.

348 Vor allem auf Adenauer abzielende Äußerung. Vgl. zur „Politik der Stärke" Nr. 54.

349 Einen diesbezüglichen Vertragsentwurf vom 20.7.1955 hatte die UdSSR in Genf eingebracht (abgedr. in: Die DEUTSCHE FRAGE 1952–1956, Nr. 54, S. 114f.).

der Deutschen Demokratischen Republik auf die Beseitigung aller ihrer politischen und sozialen Errungenschaften, auf die Beseitigung aller ihrer demokratischen Umgestaltungen eingehen? Wir sind überzeugt, daß sich die Werktätigen der Deutschen Demokratischen Republik niemals einverstanden erklären werden, einen solchen Weg zu gehen. – (*Starker Beifall*) –

[...]

Große Bedeutung für die Vereinigung Deutschlands kann die Annäherung zwischen der Deutschen Demokratischen Republik und der Deutschen Bundesrepublik haben. Diese beiden Staaten könnten im Interesse des ganzen deutschen Volkes eine umfassende Zusammenarbeit auf allen Gebieten des innerdeutschen Lebens herstellen, was zweifelsohne die Lösung der Aufgabe der Wiedervereinigung Deutschlands erleichtern würde.

[...]

83. Kabinettssitzung der Bundesregierung, 27. Juli 1955

KABINETTSPROTOKOLLE, Bd. 8, 93. Sitzung, S. 451–466, hier S. 452–455

Genfer Gipfelkonferenz der vier Mächte (18.–23. Juli 1955) – Wiedervereinigung und Sicherheitssystem – Ziele der Sowjetunion

[*v. Brentano:*] [...] Nur der Einmütigkeit der Westmächte sei es zu verdanken, daß der sowjetische Wunsch nach Behandlung der Frage der politischen Entspannung ohne Diskussion über die Wiedervereinigung[350] nicht verwirklicht worden sei. Die in Genf geführten Besprechungen über die an die Außenminister zu erteilenden Direktiven[351] hätten gezeigt, wie hartnäckig die Sowjetunion um den Vorrang des Entspannungs- und Sicherheitsproblems gekämpft habe. Die Schlußrede Bulganins[352] sei auch für illusionslose Teilnehmer und Beobachter der Konferenz überraschend gewesen. Bulganin habe eigentlich dort noch schärfer gesprochen als die sowjetischen Vertreter auf der Berliner Konferenz im Januar/Februar 1954[353]. Er habe mit brutaler Offenheit betont, daß die deutsche Teilung eine Realität sei und daß angesichts der wirtschaftlich und sozial verschieden strukturierten Teile Deutschlands eine gegenseitige Anpassung nur in einer langsamen innerdeutschen Entwicklung möglich sei. Gemeint habe er damit

---

350 Vgl. oben S. 163f. – Daß eben jene „Einmütigkeit" ausbleiben könnte, war Adenauers Befürchtung, denn, so Felix von ECKARDT (–, Unordentliches Leben, S. 365), der der westdeutschen Delegation in Genf angehörte, in der Rückschau: „Es gab keine Möglichkeit einer Entspannung, es sei denn auf Kosten Deutschlands. Es gehört zweifelsohne zu Adenauers größten Erfolgen, daß er den Beitritt der Bundesrepublik zur NATO erwirkte, ehe sich die ‚Großen Vier' zu einer Entspannungskonferenz trafen. Wäre diese Frage zu Beginn der Genfer Konferenz noch offen gewesen, ich glaube, daß in Genf eine Vereinbarung zustande gekommen wäre, die die Zweiteilung Deutschlands und die Neutralisierung der Bundesrepublik praktisch besiegelt hätte."

351 Für die geplante Außenministerkonferenz in Genf vom 27. Oktober bis 16. November 1955.

352 Am 23. Juli 1955, in der er ausführte: „Inzwischen haben sich zwei Deutschland gebildet" (in: DzD, Reihe III, Bd. 1, S. 205–210, hier S. 209).

353 Vgl. Nr. 74.

wohl, daß sich die Bundesrepublik an die politischen Formen der sogenannten DDR anpassen müsse.

[*Blücher:*] [...] Man müsse in der Öffentlichkeit dem Vorwurf begegnen, daß der Westen einschließlich der Bundesrepublik nicht dem „legitimen Sicherheitsbedürfnis der Sowjet-Union Rechnung trage". Im übrigen gelte es, für die Zukunft die Möglichkeit auszuschließen, daß die sogenannte DDR international auf gleicher Ebene wie die Bundesregierung zu deutschen Problemen gehört werde. Dieser Gesichtspunkt werde auch entscheidend bei der Reise des Bundeskanzlers nach Moskau ins Gewicht fallen. [...] Bundesminister [für Sonderaufgaben] *Strauß* betont, bei der Beurteilung der Genfer Ergebnisse könne man nicht von den vorher gehegten Erwartungen ausgehen. Ungeklärt sei bisher noch, welche Absichten die Sowjet-Union auf der Genfer Konferenz wirklich verfolgt habe. Vielleicht sei es der Sowjet-Union nur auf eine Atempause angekommen, nach der die alte Politik notfalls der Gewaltanwendung fortgeführt werden sollte. Nach Veränderung des psychologischen Klimas werde dann aber eine harte Reaktion des Westens vielleicht kaum noch möglich sein. Er, der Minister [*Strauß*], sei erschrocken über die Bewertung des Konferenzergebnisses in den westalliierten und auch westdeutschen Zeitungen. Man spreche von einem Erfolg des Westens, während nach seiner Überzeugung nur die Sowjet-Union gewonnen habe. Die S[owjet-]U[nion] habe ein günstiges psychologisches Klima für ihr weiteres Vorgehen geschaffen, ohne einen Preis dafür zu zahlen. Das Junktim zwischen Sicherheit und Wiedervereinigung sei entgegen den gegebenen Versicherungen praktisch aufgehoben worden. Der Standpunkt der Westmächte hätte eher sein müssen, keine Entspannung auf der Grundlage des Status quo, keine Sicherheit ohne Rückkehr der Sowjet-Union auf bestimmte Grenzen, keine Abrüstung, ohne daß die Sowjetunion einen Preis zahlt. Man dürfe sich auch nicht verhehlen, daß ein Absinken der politischen Bedeutung der Bundesrepublik als Ergebnis von Genf zu verzeichnen sei. Die Sieger und Konferenzteilnehmer von Potsdam[354] hätten sich in Genf wiederum in gewissem Maße zusammengefunden. Der Westen dürfe nach wie vor ohne echte sowjetische Konzessionen den Sowjets nicht eine Stunde der Entspannung und Erholung gönnen. [...]

Der Bundesminister für Familienfragen [*Wuermeling*] ist in der Bewertung des Genfer Ergebnisses mit Bundesminister Strauß weitgehend einig, es könne so scheinen, als ob Genf die außenpolitische Haltung der SPD bestätige[355]. Es werde zweifellos auf alle Antikommunisten, besonders auf die unterdrückte Bevölkerung hinter dem Eisernen Vorhang niederdrückend wirken, daß sich die Vertreter der Westmächte mit den für ungezählte Verbrechen und Vertragsbrüche verantwortlichen sowjetischen Repräsentanten in so freundschaftlicher Weise unterhalten hätten. Es müsse in der Öffentlichkeit betont werden, daß jeder Vertrag mit der Sowjet-Union nur solange Bedeutung habe, als seine Einhaltung durch die Macht des Westens erzwungen werden könne. [...]

354 Nr. 2–3.
355 Vgl. Nr. 79.

84. Felix von Eckardt über die Moskau-Reise im September 1955 (1967)

ECKARDT, Unordentliches Leben, S. 378f., 389–391, 402–404

Furcht der Westalliierten vor einem neuen Rapallo – Atmosphäre des ersten Zusammentreffens auf höchster Ebene

[S. 378f.:] Adenauer hatte sich nicht leicht entschlossen, die Einladung nach Moskau[356] anzunehmen. Ihm war deutlich anzumerken, daß er noch mit dem Gedanken spielte, den ganzen Besuch unter irgendeinem Vorwand abzusagen. Zu seinen hervorstechendsten Eigenschaften gehört eine klare und nüchterne Einschätzung der eigenen Situation. Was konnte bei dem Besuch in Moskau herauskommen? Die Genfer Konferenz[357] hatte deutlich gezeigt, daß es für die Wiedervereinigung nur einen Preis gab: Unterwerfung. Nun, die Gefahr, daß Adenauer sich unterwerfen würde, bestand nicht, aber auch die Stimmung unserer Alliierten war dem Besuch nicht günstig. Man spürte deutlich das Mißtrauen gegen uns Deutsche. Man fürchtete, wir könnten für eine scheinbare Freiheit bereit sein, uns mit den Russen zu einigen. Das Wort „Rapallo"[358] tauchte immer häufiger in der alliierten Presse auf. Man unterstellte uns nicht direkt die Absicht des Verrats an unseren westlichen Freunden, aber „Rapallo", selbst mit Fragezeichen versehen, stellte schon eine gefährliche Beeinflussung der Stimmung dar. Dabei wurde dieses Wort, das ein Zusammengehen mit den Russen symbolisierte, von Leuten angewandt, die in der Geschichte schlecht Bescheid wußten. Als 1922 Rathenau den Vertrag von Rapallo abschloß, war die Situation Deutschlands grundverschieden von derjenigen der Bundesrepublik im Jahre 1955. Damals versuchte Deutschland, aus einer geradezu tödlichen Isolierung herauszukommen, einer Isolierung, die der russischen ziemlich genau entsprach. [...] So sah die Welt aber jetzt nicht aus. Die Bundesrepublik war Mitglied der stärksten Allianz, die die Welt je gesehen hatte. Unsere Wirtschaft entwickelte sich unerwartet günstig und gab uns schon eine gewisse Position auf den Weltmärkten. Dieses politische und wirtschaftliche Kapital wieder aufs Spiel zu setzen, wäre absoluter Wahnsinn gewesen. Der Kanzler dachte nicht einen Moment daran, aber manche Politiker in der Welt glaubten, wir würden sowjetischen Verführungskünsten verfallen und an den „Köder Wiedervereinigung" anbeißen, auch wenn russische Versprechungen noch so unglaubwürdig blieben.

[S. 389–391:] Bulganin eröffnete die Sitzung mit einer vorbereiteten Rede, die kühl, aber nicht allzu unfreundlich gehalten war. Zwei Themen beherrschten seine Ausführungen. Einmal unterstrich er die geschichtliche Erkenntnis, daß in allen Perioden des Zusammenlebens der beiden Völker gute russisch-deutsche Beziehungen immer Zeiten des Friedens und des gegenseitigen großen Nutzens gewesen seien. Es sollten also wieder normale Beziehungen zwischen den beiden Staaten hergestellt werden. Damit war bereits der Hauptkern, Aufnahme Beziehungen zwischen der Sowjetunion und der Bundesrepublik, angesprochen. Seine Ausführungen über die Frage der Wiedervereinigung

---

[356] Einladung der UdSSR vom 7. Juni 1955, woraufhin vom 8. bis 14. September eine deutsche Delegation unter Führung Adenauers mit der sowjetischen Staatsführung in Moskau über die Beziehungen der Bundesrepublik zur Sowjetunion und die Frage der in der UdSSR verbliebenen deutschen Kriegsgefangenen verhandelte.

[357] Gipfelkonferenz, 17.–23.7.1955. Vgl. Nr. 83.

[358] Vertrag zwischen Deutschland und der Sowjetunion vom 16.4.1922.

entsprachen dem vorangegangenen Notenwechsel[359]. Die Eingliederung der Bundesrepublik in die NATO bezeichnete er als Haupthindernis. Er verlangte ferner, daß die Existenz zweier deutscher Staaten[360] anzuerkennen sei und die Zusammenführung der beiden Teile Deutschlands in erster Linie eine Angelegenheit der Deutschen selbst sei. Das sagen die Russen heute noch.

Der Kanzler antwortete in einer längeren, ebenfalls im Wortlaut vorher festgelegten Grundsatzerklärung, deren Hauptakzent naturgemäß auf der zwingenden Notwendigkeit der Wiederherstellung der Einheit des Reiches lag. Er trug dieses Anliegen des ganzen deutschen Volkes mit großem Ernst und Nachdruck vor. Auch er hielt sich inhaltlich ziemlich eng an die früher ausgetauschten Noten. Die Freilassung der noch immer in russischer Gefangenschaft schmachtenden deutschen Soldaten bildete das zweite Kernstück seiner Rede. Adenauer fand sehr warmherzige Worte, die die rein menschliche Seite des Problems wirkungsvoll hervorhoben. [...] Doch eines wurde an diesem Vormittag ganz klar: Es würde ein erbittertes Ringen geben, denn die Sowjets wollten die Aufnahme diplomatischer Beziehungen ohne jede Voraussetzung. Der Kanzler war dazu ohne sowjetische Konzessionen nicht bereit. Man konnte sich also ausrechnen, daß, wenn die Delegationsführer zur freien Rede übergehen würden, noch einiges zu erwarten war. Mit diesen beiden abgelesenen Erklärungen ging der erste Konferenztag zu Ende.

Anschließend gab Bulganin dem Kanzler und seiner Begleitung ein großes Frühstück im Speisesaal des Palais[361]. Hier trat zum erstenmal Chruschtschow in der ihm eigenen Art in Aktion. Am Vormittag hatte er kein Wort gesprochen. Die Russen gaben sich sehr liebenswürdig, das heißt, man täte ihnen wohl unrecht, wenn man diese fröhliche Gastlichkeit als gespielt oder berechnend bezeichnen würde. [...] Der Kanzler paßte sich der Atmosphäre mit dem ihm eigenen Talent sofort an. Es wurde gescherzt und gelacht und eben geplaudert. Nur einmal verloren die Russen den Humor. Adenauer erkundigte sich nach der Vergangenheit des Palais. Bulganin erzählte ihm, daß es von irgendeinem Großfürsten erbaut, später dann aber an einen reichen Zuckerindustriellen verkauft worden sei, der dort seine Geliebte untergebracht habe. Scherzhaft fragte der Kanzler: „Und von wem haben Sie es gekauft?" Bulganins Gesicht versteinerte sich, als er erwiderte: „Es wurde vom Volk enteignet!" Chruschtschow fügte noch bestätigend hinzu: „Natürlich alles ganz legal" Hier konnte man spüren, wo die Grenze des Humors bei den Russen lag.

[S. 402–404:] Von einem gesellschaftlichen Ereignis während der Moskauer Tage sprach damals die ganze Welt. Ich meine den Galaabend im Bolschoi-Theater. [...] Als der Kanzler in Begleitung von Bulganin und Chruschtschow die einstige Zaren-, jetzt Ehrenloge betrat, erhob sich das ganze Publikum. Das Orchester intonierte die beiden Nationalhymnen. Adenauer stand wie aus Stein gemeißelt zwischen den

359 Im Juli/August 1955; zusammengefaßt in der Regierungserklärung Adenauers vor dem Bundestag am 22.9.1955 (VERHANDLUNGEN, Sten. Ber., 2. WP, Bd. 26, 101. Sitzung, S. 5643–5647; die folgenden Zitate ebd. S. 5647), in der er Verlauf und Ergebnis der Moskau-Reise darstellte und bereits die auf dem Rückflug von Moskau entstandene sog. Hallstein-Doktrin (Nr. 88 u. 90) vertrat, also die Wertung der „Aufnahme diplomatischer Beziehungen mit der DDR durch dritte Staaten" als einen „unfreundlichen Akt" gegenüber der Bundesrepublik.

360 Vgl. zur sog. Zweistaatentheorie Nr. 82.

361 Spiridonowka-Palais.

beiden russischen Staatsmännern, die er um Haupteslänge überragte. Nach der Aufführung applaudierte das Publikum minutenlang. Plötzlich streckten Bulganin und Chruschtschow dem Kanzler ihre Hände hin. Adenauer blieb gar keine andere Wahl, als die ihm dargebotenen Hände zu schütteln. Diesen Augenblick hielten die Fotografen fest, und das Bild erschien in der gesamten Weltpresse. Ich glaube, es hat mehr dazu beigetragen, das Mißtrauen gegen die Bundesrepublik im Westen und den Mythos von „Rapallo" zu beleben, als noch so spitzfindige Leitartikel. Es wirkte wie der Abschluß eines neuen Freundschaftspaktes zwischen Rußland und der Bundesrepublik. [...]

Als wir das Theater verließen, geriet ich mit ein oder zwei Herren der Delegation noch in eine etwas eigenartige Situation. Wir hatten wohl einen falschen Ausgang benutzt, unsere Wagen waren nicht da. Sofort umringten uns einige hundert Russen, meist junge Leute. Im ersten Augenblick fand ich unsere Lage nicht so besonders angenehm, doch die Menschen benahmen sich äußerst freundlich und auch sehr höflich. Sie bildeten einen Kreis um uns, ohne irgendwie zu drängen, und stellten uns Fragen. Immer wieder wollten sie wissen, ob die deutsche Jugend auch den Frieden so sehr liebe wie sie selbst. Adenauer erregte ihr höchstes Interesse. Seine Erscheinung war in Moskau schnell populär geworden, denn die Zeitungen hatten täglich Bilder von ihm und der Konferenz gebracht und sehr viel über ihn geschrieben. Dieses kleine Zwischenspiel – einer unserer Herren dolmetschte – ließ in mir den Eindruck von einem liebenswerten und freundlichen Volk entstehen. Wir alle wissen, daß Russen auch anders sein können, doch das einfache Volk wirkt sympathisch.

85. Gespräch Adenauers mit Heuss über die Moskau-Reise, 16. September 1955

Adenauer – Heuss, Nr. 43, S. 176–180, hier 178f.

Sowjetische Verhandlungsziele – Anerkennung der DDR

[...]

Die sowjetischen Verhandlungspartner und die Atmosphäre der Verhandlungen

Bundeskanzler berichtet, daß die Nachfolge Stalins offensichtlich ein Duumvirat, nämlich Ministerpräsident Bulganin und der Parteigeneralsekretär Chruschtschow, angetreten habe. Bei aller Bonhomie sei Bulganin ein eiskalter, energischer und zielbewußter Rechner, während Chruschtschow eine aufbrausende, emotionale und polternde Art habe. [...]

Der Empfang sei äußerlich sehr herzlich gewesen. Hinter diesen Freundschaftsbezeugungen zittere aber klar die Psychose des Krieges, zwar der Respekt, aber auch die Furcht vor den Deutschen nach. Die Verhandlungen hätten zum Teil außerordentlich hart geführt werden müssen, und die Russen hätten in eiskalter Weise die Frage der Kriegsgefangenen zum politischen Verhandlungsobjekt gemacht. Die deutsche Delegation habe unter stärkster Pression gestanden, als die Russen die Freigabe der Kriegsgefangenen von der Wiederaufnahme normaler Beziehungen klar abhängig gemacht hätten. Von sowjetischer Seite sei dagegen kein Versuch gemacht worden, uns mit Vertretern der DDR zusammenzubringen. Auch die Forderung, die Kriegsgefangenenfrage an einem Tisch mit der DDR zu besprechen, sei später fallengelassen worden.

[...]

Das Verhandlungsergebnis

Bundeskanzler berichtet, daß der deutschen Delegation nach Herstellung des russischen Junktims zwischen Kriegsgefangenenfrage und Herstellung der diplomatischen Beziehungen gar nichts anderes übrig geblieben sei, als dem baldigen Austausch von Botschaftern zuzustimmen. Die Frage der deutschen Wiedervereinigung[362] habe nur wenig vorwärtsgetrieben werden können. Immerhin habe die Sowjetunion erneut die Verpflichtung der vier Siegermächte zur Wiederherstellung der deutschen Einheit anerkannt. Die russische Taktik gehe jedoch dahin, die deutsche Frage auf eine gemeinsame Verhandlung zwischen DDR und Bundesrepublik abzudrehen. Die DDR sei nach dem Eindruck der Delegation für die Sowjetunion weniger ein Sicherheitsproblem als eine ideologische Frage. In den Augen der Russen habe sich die DDR ein fortschrittliches, soziales und wirtschaftliches System geschaffen, dessen freiwillige Preisgabe an das westliche „kapitalistische" Regime ein schwerer Prestigeverlust für die Sowjetunion und besonders auch eine Gefahr für die Entwicklung in den anderen Satellitenstaaten bedeuten würde. [...]

86. Tabelle: Umfragen über die Ziele der Sowjetunion (1955–1966)

Allensbach. – JAHRBUCH, Bd. 2, S. 370; Bd. 4, S. 456

Frage: „Manche Leute sagen, die Russen werden es immer für ihr wichtigstes Ziel halten, die ganze Welt kommunistisch zu machen. Halten Sie diese Ansicht für richtig oder falsch?"

%	1955 Juni	1955 Sept.	1965 April	1966 April
Richtig	54	60	61	59
Falsch	17	14	14	16
Unentschieden, keine Angaben	29	26	25	25
	100	100	100	100

362 Über den betreffenden Passus des deutsch-sowjetischen Schlußkommuniqués wurde – um nichts auf eine Anerkennung der DDR hindeuten zu lassen – zäh gerungen. Er lautete schließlich: „Beide Seiten gehen davon aus, daß die Herstellung und Entwicklung normaler Beziehungen zwischen der Bundesrepublik Deutschland und der Sowjetunion zur Lösung der ungeklärten Fragen, die das ganze Deutschland betreffen, beitragen und damit auch zur Lösung des nationalen Hauptproblems des gesamten deutschen Volkes – der Wiederherstellung eines deutschen demokratischen Staates – verhelfen werden." (in: DOKUMENTE ZU DEUTSCHLAND, Dok. 16, S. 102f.).

87. Rundfunkansprache von Franz Thedieck[363], 6. November 1954

Gesendet im RIAS; THEDIECK, Politik, S. 1905f.

Deutsch-deutscher Kulturaustausch – Problem der Anerkennung der DDR

Von der Sowjetzone her tönen uns seit einiger Zeit immer lauter kulturpolitische Sirenenklänge in die Ohren. Johannes R. Becher[364], seines Zeichens Minister für Kultur der sogenannten „Deutschen Demokratischen Republik", hat vor einigen Monaten dazu die Losung vom „Gesamtdeutschen Kulturausschuß"[365] ausgegeben. Ich weiß nicht, wie vielen es aufgefallen ist – das Wort „Kultur-Austausch" nämlich. Klingt es nicht schon, als ob hier zwei Seiten etwas Verschiedenes zu geben hätten? Allerdings trifft das ja auch zu, wenigstens insoweit Becher und seine Funktionäre uns etwas bieten wollen. Gemäß der alten kommunistischen Taktik, bekannten Begriffen einen neuen, verfälschenden Sinn zu unterschieben, dann aber getrost das alte Wort weiter zu verwenden, damit zu täuschen, ja, im letzten Sinne zu betrügen, hat man nun auch den Begriff „Humanismus" verbogen und entstellt. Wir sollten uns seinen neuen Inhalt ansehen und uns dann allerdings davon abwenden, damit unsere Sprache nicht auch noch unter uns einen zwiefachen Sinn bekommen möge. Man braucht in allen amtlichen Kulturverlautbarungen aus der Zone einfach statt des Wortes „humanistisch" „sowjetisch" zu lesen, um zu wissen, was gemeint ist.

[...]

Aber lassen Sie mich versuchen, von dieser grotesken Frucht sogenannten deutschen Kulturaustausches eine Verbindung herzustellen zu den Problemen, denen wir uns im Kulturgespräch tagtäglich gegenübersehen. Das Gespräch soll natürlich geführt werden, so intensiv und so oft wie irgend möglich. Aber es soll nicht geführt werden mit den Funktionären, sondern mit den Trägern der Kultur. Im anderen Falle ist es eine Beleidigung all derer, die in der sowjetischen Besatzungszone an der Ausübung ihrer künstlerischen und kulturellen Fähigkeiten gehindert werden, die ungeahnte Qualen leiden, wenn zu der Vernichtung jedes freien Schaffenswillens auch noch Verhandlungen über ein festeres Knüpfen der bereits gelungenen kommunistischen Kontakte hinzukommen.

Das ist die Kehrseite von Herrn Bechers Kultur-Medaille. Aber es wird mit kulturellen Vorwänden noch ein weiteres Ziel verfolgt. Kulturkontakte spielen sich in einem höflichen Rahmen ab. Man bemüht sich, in einer angenehmen Umgebung einander liebenswürdig gegenüberzutreten. Und Tagungen, auch kultureller Art, haben die Eigenschaft, sich fortzuzeugen: aus einem Kontakt wird eine Beziehung, werden viele Kontakte und enge Beziehungen. Daraus soll dann allmählich gerade im unpolitischen Raum die Gewohnheit in der Anerkennung[366] des Pankower Systems werden. Die

---

[363] Staatssekretär im Bundesministerium für gesamtdeutsche Fragen (vgl. Nr. 30).

[364] Am 7. Januar 1954 wurde das Ministerium für Kultur der DDR unter seinem ersten Minister, dem Schriftsteller Johannes R. Becher, gebildet.

[365] Zurückgehend auf den Vorschlag des sowjetischen Außenministers Molotow vom 17. Februar 1954, die deutsch-deutschen Beziehungen durch ein gemeinsames Komitee, das u.a. für Sport, Handel und Kultur zuständig sein sollte, zu verbessern. Der Vorschlag (abgedr. in: Die DEUTSCHE FRAGE 1952–1956, Nr. 33, S. 70) war auf der Berliner Außenministerkonferenz im Februar 1954 (Nr. 71–74) eingebracht worden.

[366] Vgl. zum Alleinvertretungsanspruch Nr. 29–30 u. zur Hallstein-Doktrin Nr. 88 u. 90.

Kommunisten versuchen also, durch die unpolitische Hintertür zu erreichen, was ihnen auf politischem Wege nicht gelingt: ihre Legitimation. [...] Wir haben Anhaltspunkte dafür, daß die Zersetzungs- und Infiltrationstaktik nach dem Abschluß der Londoner und Pariser Konferenz mit neuer Intensität aufgenommen werden soll. Man wird sich in verstärktem Maße der Möglichkeiten auf dem Gebiet der Kultur, der Wissenschaft und des Sportes bedienen. Wir werden also der Politik mit der Geige, der Feder und dem Fußball zu begegnen haben und müssen uns darauf vorbereiten.

88. Interview mit dem Leiter der Politischen Abteilung des Auswärtigen Amtes, Grewe, 11. Dezember 1955

BULLETIN Nr. 233 v. 13.12.1955, S. 1993f.

Begründung der Hallstein-Doktrin

[...]

Frage: Ist es richtig, daß auf dieser Botschafter-Konferenz[367] die Politik der Bundesregierung dahingehend definiert worden ist, daß sie die diplomatischen Beziehungen mit jedem Staat abbrechen würde, der etwa Pankow anerkennt?

Antwort: Man wird zunächst sagen müssen, daß man nicht ganz generell festlegen kann, in welchem Augenblick eine Anerkennung im völkerrechtlichen Sinne vorliegt. Es gibt da eine Reihe von Zwischenstufen, die sowohl in der Staats-Praxis wie im Völkerrecht umstritten sind. Klar ist – und das haben wir oft genug deutlich gemacht –, daß die Intensivierung der Beziehungen mit Pankow von uns als eine unfreundliche Handlung empfunden wird. Auf unfreundliche Akte anderer Staaten kann man mit verschieden gestuften Maßnahmen reagieren, kann entweder seinen Botschafter zunächst einmal zur Berichterstattung zurückberufen, oder man kann auch einen weiteren Abbau einer solchen Mission vornehmen. Kurz, es gibt eine ganze Reihe von Maßnahmen, die noch vor dem Abbruch der diplomatischen Beziehungen liegen. Und es ist klar, daß man einen so schwerwiegenden Schritt wie den Abbruch diplomatischer Beziehungen immer nur nach sehr reiflicher Überlegung und in einer sehr ernsten Situation tun wird. Aber so viel ist klar, daß diese ganze Frage für uns in der Tat eine äußerst ernste Frage ist und daß in dem Augenblick, in dem das Problem der Doppelvertretung Deutschlands bei dritten Staaten auftaucht, wir wahrscheinlich gar nicht anders können, als sehr ernste Konsequenzen daraus zu ziehen.

Frage: Daß wir jede Anerkennung Pankows als unfreundlichen Akt betrachten würden, haben wir ja auch schon vorher gesagt?

Antwort: Das ist bereits im Bundestag[368] und bei verschiedenen Gelegenheiten deutlich genug gesagt worden.

---

[367] Des Auswärtigen Amtes vom 8. bis 10. Dezember in Bonn, auf der die nach dem Staatssekretär im Auswärtigen Amt Walter Hallstein benannte, aber bereits auf dem Rückflug der deutschen Delegation von Moskau (Nr. 84–85) von Wilhelm Grewe ausgearbeitete Doktrin diskutiert wurde. Nach Abschluß der Botschafterkonferenz hatte Grewe dem Nordwestdeutschen Rundfunk vorliegendes Interview gegeben.

[368] Vgl. oben S. 173, Anm. 359.

Frage: Nun könnte natürlich jemand einwenden: Warum stellt ihr keine diplomatischen Beziehungen zu Polen, der CSR oder den südosteuropäischen Staaten her, nachdem ihr ja solche mit Moskau eingegangen seid?

Antwort: Ich begrüße es sehr, daß Sie gerade diese Frage stellen, denn diese nach meinem Gefühl falsche Analogie wird in der Tat immer wieder gezogen. Wenn wir in Moskau die Tatsache hinnehmen, daß in Zukunft dort neben unserem Botschafter auch ein Botschafter des Pankow-Regimes sein wird, so nur deswegen, weil die Sowjetunion in ihren Beziehungen zu uns eben eine ganz besondere Stellung einnimmt. Sie gehört zu den ehemaligen vier Besatzungsmächten. Sie gehört zu denjenigen vier Mächten, die die Spaltung Deutschlands durch die Einteilung Deutschlands in militärische Besatzungszonen herbeigeführt haben und die daher auch allein im Zusammenwirken die Einheit Deutschlands wiederherstellen können. Wenn wir die Beziehungen mit Moskau aufgenommen haben, obgleich solche Beziehungen zur DDR bestehen, so doch nur mit der Maßgabe, die ja auch in dem Notenwechsel mit Moskau ihren Ausdruck gefunden hat, daß diese diplomatischen Beziehungen ein Mittel sein sollen auf dem Wege zur Überwindung der Spaltung und zur Wiederherstellung der Einheit Deutschlands. Dazu können uns aber diplomatische Beziehungen mit Polen, Ungarn, Rumänien und anderen kommunistischen Staaten[369] nicht verhelfen. Das ist der große Unterschied.

89. Tabelle: Umfrage über die Anerkennung der DDR, Dezember 1955

Allensbach. – Jahrbuch, Bd. 2, S. 326

Frage: „Jetzt haben die Westmächte die westdeutsche Bundesrepublik als Staat anerkannt, und die Russen haben die ostdeutsche demokratische Republik [DDR] als Staat anerkannt[370]. Aber gegenseitig erkennen sich die beiden deutschen Regierungen nicht an. [...] Sollen wir die Ostzonen-Republik als selbständigen Staat anerkennen oder nicht?"

%	1955 Dez.
Anerkennen	8
Nicht anerkennen	65
kein Urteil	27
	100

[369] Vgl. zur Aufnahme diplomatischer Beziehungen zu den osteuropäischen Staaten und zur Problematik der Hallstein-Doktrin unten S. 200.

[370] Gemeint ist die Anerkennung der Souveränität der Bundesrepublik Deutschland (Inkrafttreten der Pariser Verträge [vgl. Nr. 78] im Mai 1955) und der DDR (Souveränitätserklärung für Ostdeutschland im März 1954 [Nr. 75] und Staatsvertrag vom September 1955) durch die Westmächte bzw. die Sowjetunion.

90. Rede von Außenminister Heinrich von Brentano, 28. Juni 1956

Adenauer-Ära, Dok. 6, S. 152f. (auszugsw.)

Wiedervereinigung – staatliche Anerkennung der DDR – Hallstein-Doktrin – Alleinvertretungsanspruch

Eine Anerkennung der sogenannten „DDR" ist unter keinem Gesichtspunkt zu verantworten: Sie wäre für die deutsche Einheit ebenso verhängnisvoll wie für das Schicksal der Zonenbevölkerung und darüber hinaus für eine gesunde Entwicklung der europäischen Staatenordnung und der internationalen Beziehungen überhaupt. Es ist ein leider sehr weit verbreiteter Irrtum, anzunehmen, daß es sich für die Bundesregierung dabei lediglich um eine Prestigefrage oder um einen juristischen Formalismus handele; es geht vielmehr um eine eminent politische Frage: Die Anerkennung der „DDR" bedeutet die völkerrechtliche Anerkennung der Teilung Deutschlands in zwei Staaten. Die Wiedervereinigung ist dann nicht mehr die Beseitigung einer vorübergehenden Störung im Organismus unseres gesamtdeutschen Staates; sie verwandelt sich vielmehr in die unendlich viel schwierigere Aufgabe, zwei verschiedene deutsche Staaten zu vereinigen. Die Geschichte der deutschen Einigung im 19. Jahrhundert beweist, was das bedeuten kann. Würde die Bundesrepublik mit dieser Anerkennung vorangehen, so würde sie selbst dazu beitragen, daß Europa und die Welt das Bewußtsein für die Anomalie des gegenwärtigen Zustandes verlieren und sich mit ihm abfinden. Sie würde die vier Mächte aus ihrer Verantwortung für die Wiederherstellung der staatlichen Einheit Deutschlands entlassen, die sie bisher stets – auch die Sowjetunion – anerkannt haben. Stattdessen würde sie den Pieck, Grotewohl und Ulbricht ein Vetorecht gegen die Wiedervereinigung einräumen. Darüber hinaus würde die Anerkennung der „DDR" den Verzicht der Bundesrepublik auf ihren Anspruch bedeuten, Sprecher des ganzen deutschen Volkes zu sein[371], eines Anspruchs, der in unserer Verfassung erhoben wird und dem sich keine Bundesregierung entziehen kann.

Die Bundesregierung kann nicht umhin, erneut klarzustellen, daß sie auch in Zukunft die Aufnahme diplomatischer Beziehungen mit der sogenannten „DDR" durch dritte Staaten, mit denen die Bundesrepublik diplomatische Beziehungen unterhält, als einen unfreundlichen Akt ansehen müßte, der die Spaltung Deutschlands vertiefen und verhärten würde. Die Bundesregierung würde in einem solchen Falle ihre Beziehungen zu dem betreffenden Staat einer Überprüfung[372] unterziehen müssen.

[...]

[371] Vgl. zum Alleinvertretungsanspruch Nr. 29–30.

[372] Erstmals durch den Abbruch der diplomatischen Beziehungen zu Jugoslawien im Jahr 1957 und dann zu Kuba (1963) angewandt.

B. Das Berlin-Ultimatum

91. Rede Chruschtschows in Moskau, 10. November 1958

DzD, Reihe IV, Bd. 1,1, S. 3–24, hier S. 16–20

Viermächtestatus Berlins – Vorbereitung des Berlin-Ultimatums[373]

[...] Keinerlei Reden des Kanzlers Adenauer oder seines Ministers Strauß sind imstande, das Kräfteverhältnis zugunsten des Imperialismus zu ändern. Ein Marsch Westdeutschlands gegen Osten wäre für Westdeutschland ein Marsch in den Tod.

Es wäre erforderlich, jetzt endlich zu begreifen, daß die Zeiten, wo die Imperialisten ungestraft „von der Position der Stärke aus" agieren konnten, unwiderruflich vorbei sind. [...]

Würde die westdeutsche Regierung nicht in Worten, sondern in Taten die Lösung der Frage der Vereinigung Deutschlands erstreben, so würde sie den einzig möglichen Weg beschreiten, der zu diesem Ziel führt. Es ist der Weg der Aufnahme der Kontakte mit der Regierung der Deutschen Demokratischen Republik [...].

Die deutsche Frage, wenn man darunter die Vereinigung der zwei jetzt bestehenden deutschen Staaten versteht, kann nur durch das deutsche Volk selbst mittels Annäherung dieser Staaten gelöst werden. Eine andere Sache ist der Abschluß eines Friedensvertrags mit Deutschland. Das ist tatsächlich eine Aufgabe, die vor allem von den vier Teilnehmermächten der Antihitlerkoalition in Zusammenarbeit mit den Vertretern

373 Die Sowjetregierung hatte in einer Note vom 27. November 1958 an die Westmächte ultimativ eine Regelung der Berlin-Frage verlangt: „Der vierseitige Status Berlins ist seinerzeit in Verbindung damit aufgekommen, daß Berlin als Hauptstadt Deutschlands zum Sitz des Kontrollrats bestimmt war [...]. Dieser Status wurde von der Sowjetunion bis zum heutigen Tage gewissenhaft eingehalten, obgleich der Kontrollrat bereits vor zehn Jahren [20.3.1948] sein Bestehen eingestellt hat und in Deutschland bereits seit langem zwei Hauptstädte existieren. [...] In Verhältnissen, da die Westmächte sich weigern, an der Vorbereitung eines Friedensvertrags mit Deutschland teilzunehmen, und die Bundesregierung mit Unterstützung eben dieser Mächte eine Politik betreibt, die die Vereinigung Deutschlands verhindert, muß die Frage Berlin in nächster Zeit einer selbständigen Lösung zugeführt werden. Man muß darauf hinwirken, daß Westberlin kein Sprungbrett für verstärkte Spionage-, Diversions- und sonstige Wühlarbeit gegen die sozialistischen Länder, gegen die DDR und die UdSSR [... sein kann]. [...] In Anbetracht aller dieser Erwägungen würde es die Sowjetregierung ihrerseits für möglich erachten, daß die Frage Westberlin gegenwärtig durch die Umwandlung Westberlins in eine selbständige politische Einheit – eine Freistadt – gelöst werde, in deren Leben sich kein Staat, darunter auch keiner der bestehenden zwei deutschen Staaten, einmischen würde. [...] Wird die erwähnte Frist [= innerhalb eines halben Jahres] jedoch nicht dazu ausgenutzt, zu einer entsprechenden Einigung zu gelangen, so wird die Sowjetunion durch Übereinkommen mit der DDR die geplanten Maßnahmen durchführen. Hierbei wird in Betracht gezogen, daß die Deutsche Demokratische Republik wie jeder andere selbständige Staat ganz für die Fragen zuständig sein muß, die ihren Raum betreffen, das heißt, ihr Hoheitsrecht zu Lande, zu Wasser und in der Luft ausüben muß." (DzD, Reihe IV, Bd. 1,1, S. 151–177, hier S. 171, 173f., 176; Absätze weggelassen).

Deutschlands gelöst werden muß. Die Unterzeichnung eines deutschen Friedensvertrags würde zur Normalisierung der gesamten Lage in Deutschland und in Europa als Ganzes beitragen.

Die Sowjetunion schlug und schlägt weiterhin vor, ohne Verzug an diese Sache heranzugehen.

Spricht man von den Verpflichtungen der vier Mächte Deutschland gegenüber, so muß von den Verpflichtungen die Rede sein, die sich aus dem Potsdamer Abkommen[374] ergeben.

[...]

Niemand kann bestreiten, daß die Sowjetunion ihrerseits alle diese Abkommen einwandfrei eingehalten hat und daß sie im östlichen Teil Deutschlands, das heißt in der DDR, vollkommen verwirklicht sind. Und nun sehe man, wie das Potsdamer Abkommen im westlichen Teil Deutschlands – in der Bundesrepublik Deutschland – eingehalten wird, für deren Entwicklung den drei Westmächten, den USA, England und Frankreich, die Verantwortung auferlegt ist.

Man muß geradeheraus sagen, daß der Militarismus in Westdeutschland nicht nur nicht ausgerottet ist, [sondern] im Gegenteil, daß er dort immer höher das Haupt erhebt. Jene Mächte, die gegen das Wiederaufleben des deutschen Militarismus kämpfen sollten, haben Westdeutschland in den von ihnen geschaffenen Militärblock – die NATO – hineingezogen. [...]

Welche der Hauptbestimmungen des Potsdamer Abkommens betreffs der Entmilitarisierung Westdeutschlands und der Nichtzulassung des Wiederauflebens des Faschismus wir uns immer auch zuwenden mögen, gelangen wir unvermeidlich zur Feststellung, daß diese Bestimmungen, unter denen die Unterschriften der Vereinigten Staaten, Englands und Frankreichs stehen, von ihnen verletzt wurden.

Was ist nach alledem vom Potsdamer Abkommen übriggeblieben?

Übriggeblieben ist faktisch nur eins: Der sogenannte vierseitige Status Berlins[375], d.h. eine Lage, wo die drei Westmächte, die USA, England und Frankreich, in West-

---

374 Nr. 3.

375 Seit der Berliner Blockade (**Nr. 24, 27**) war der Ostsektor von der deutschen Stadtverwaltung abgespalten, aber die UdSSR hielt, obwohl sie sich aus der Alliierten Kommandantur zurückgezogen hatte, formal am seit 1944 geregelten (vgl. oben S. 19, Anm. 12f.) Drei- bzw. Viermächtestatus Berlins fest. Während der Ostsektor im Oktober 1949 zur Hauptstadt der DDR erklärt worden war (mit Anspruch auf ganz Berlin am 7.9.1961 15. Bezirk der DDR; 22.8.1962 Übergabe der sowjetischen Kommandantur), verhinderten die Westmächte Bemühungen der Bundesrepublik, die Westsektoren rechtlich als Bundesland zu behandeln. Letzterer, im Artikel 23 des Grundgesetzes verankerter Anspruch ist von den Westmächten suspendiert worden, ebenso wie die Bestimmungen der (West-)Berliner Verfassung vom 1.9.1950, die Berlin als Bundesland definierten. Somit galt die Regelung, daß die Bundesregierung keine *unmittelbare* Staatsgewalt in Berlin ausüben, sie jedoch Berlin nach außen und völkerrechtlich vertreten könne. Bundesgesetze wurden mit einer „Berlin-Klausel" versehen, d.h. sie konnten nur durch einen besonderen Akt in Berlin gültig werden, sofern sie dem Viermächtestatus nicht widersprachen (etwa Wehrpflicht). Schließlich hatten die drei Westmächte in der „Erklärung über Berlin" vom 5.5.1955 – das sog. „Kleine Besatzungsstatut" war durch die Pariser Verträge (v.a. **Nr. 78**) aufgehoben worden – bekräftigt, daß sie als Schutzmächte das Besatzungsregime in Westberlin im deutschen Interesse aufrechterhalten und sie tolerieren würden, daß Berlin von der Bundesrepublik als Bundesland betrachtet werde, während sie sonstige staatliche Bindungen zwischen Westdeutschland und Westberlin ohnehin förderten. – Vgl. **Nr. 114** (Viermächteabkommen über Berlin, 1971).

berlin schalten und walten können und diesen Teil der Stadt, die die Hauptstadt der DDR ist, gewissermaßen zu einem Staat im Staat machen und, dies benutzend, von Westberlin aus Wühlarbeit gegen die DDR, gegen die Sowjetunion und andere Länder des Warschauer Vertrages treiben. Und überdies genießen sie noch das Recht eines ungehinderten Verkehrs zwischen Westberlin und Westdeutschland durch den Luftraum, über Eisenbahnen, Autobahnen und Wasserstraßen der DDR, die sie nicht einmal anerkennen wollen.

Es fragt sich, für wen ist diese Lage vorteilhaft und warum verletzen die USA, Frankreich und England nicht auch diesen Teil des vierseitigen Abkommens? Das ist vollkommen klar: Sie denken nicht daran, diesen Teil der Potsdamer Beschlüsse zu verletzen, im Gegenteil, sie klammern sich mit allen Mitteln daran, denn das Abkommen über Berlin ist für die Westmächte und nur für sie allein vorteilhaft. Die Westmächte wären natürlich nicht abgeneigt, diese „Alliierten"-Privilegien endlos zu verlängern, obgleich sie die rechtliche Grundlage, auf der ihr Verbleib in Berlin beruhte, schon längst vernichtet haben.

[...]

Offensichtlich ist die Zeit gekommen, daß die Staaten, die das Potsdamer Abkommen unterzeichnet haben, die Überreste des Besatzungsregimes in Berlin ablehnen und damit ermöglichen, eine normale Lage in der Hauptstadt der DDR herbeizuführen. Die Sowjetunion wird ihrerseits der souveränen Deutschen Demokratischen Republik jene Funktionen in Berlin übertragen, die die sowjetischen Organe noch innehaben. Ich glaube, daß dies richtig wäre.

Mögen die USA, Frankreich und England selber ihre Beziehungen zur DDR gestalten, sich selbst mit ihr verständigen, wenn sie sich für irgendwelche Fragen interessieren, die Berlin betreffen. Was die Sowjetunion anbelangt, so werden wir unsere Bündnisverpflichtungen gegenüber der DDR heilig einhalten, d.h. jene Verpflichtungen, die sich aus dem Warschauer Vertrag ergeben und die wir der DDR wiederholt bestätigt haben.

Sollten irgendwelche aggressiven Kräfte gegen die DDR, die ein gleichberechtigtes Mitglied des Warschauer Vertrages ist, vorgehen, so werden wir es als ein Vorgehen gegen die Sowjetunion, gegen alle dem Warschauer Vertrag [an]gehörenden Länder betrachten. Wir werden uns dann zur Verteidigung der DDR erheben und das wird [die] Verteidigung der grundlegenden Interessen, der Sicherheit der Sowjetunion, des gesamten sozialistischen Lagers und der Sache des Friedens in der ganzen Welt bedeuten.

[...]

92. Informationsgespräch Adenauers mit britischen Journalisten, 28. Januar 1959

ADENAUER, Teegespräche 1959–1961, Nr. 1, S. 5–19, hier S. 5–9

Sowjetischer Friedensvertrag (Konföderation beider deutscher Staaten) – Ziele der Sowjetunion – Sicherheit und Abrüstung – Einheit des Westens

Adenauer: Die außenpolitischen Erwägungen, die in verschiedenen Ländern einschließlich der Bundesrepublik zur Zeit angestellt werden, scheinen mir die ganze Situation nicht richtig zu sehen.

Es wird Sie vielleicht überraschen, wenn ich Ihnen sage, daß die Frage der deutschen Wiedervereinigung nicht die entscheidende Frage ist. Die entscheidende Frage in der Welt ist die Spannung zwischen den kommunistischen und nichtkommunistischen Ländern unter Führung der Vereinigten Staaten. Das ist die entscheidende Frage, was man da tut, und wenn durch ein Wunder des Himmels Deutschland jetzt plötzlich vom Erdboden verschwände, wäre die Spannung ungefähr dieselbe.

[...] Aber die Zerreißung Deutschlands ist eine Folge der Entwicklung der Spannungen zwischen den vier Siegermächten nach dem Sieg, und vielleicht darf ich doch ganz kurz einmal darauf hinweisen, wie das anfing.

Schon vor dem deutschen Zusammenbruch fing ja unter den Siegermächten der Krach an. Ich erinnere mich noch, daß gerade Sir Winston Churchill mir mal vor einigen Jahren mit großer Erregung sagte, wie er gegen den Fehler protestiert hätte[376], daß damals die Amerikaner Truppen nach Japan abgezogen hätten hier aus Europa und infolgedessen die Russen so weit nach dem Westen hätten vordringen können. [...]

Bei mir ist gar kein Zweifel gewesen, daß gerade diese Tendenz Sowjetrußlands, den Kommunismus weiter nach dem Westen vorzutreiben, jedenfalls einer der Hauptgründe gewesen ist, warum die drei Westalliierten oder zunächst zwei Westalliierte die Bizone[377] gemacht hatten, dann die Trizone und schließlich die Bundesrepublik Deutschland. Nachdem die Russen gesehen hatten, daß die westlichen freien Mächte nicht mehr ein weiteres Vordringen in Europa – 1945 hatte Rußland die Satellitenstaaten geschaffen – dulden wollten, konzentrierten sie sich andererseits nunmehr auf die Entwicklung des Kommunismus in ihrer Zone, in der DDR. Deswegen glaube ich – das gilt namentlich von Amerika, was ich jetzt sage, auch von Mitgliedern der amerikanischen Regierung –, sieht man die Sache gar nicht richtig genug. Die Amerikaner meinen, es handele sich um Europa; es handelt sich in Wirklichkeit um die Vereinigten Staaten bei dem Ganzen.

Wenn auch Herr Chruschtschow ein höchst nebensächlicher Faktor des ganzen Geschehens ist, auch die Bundesrepublik und Deutschland überhaupt, so sind wir doch, und zwar mit vollem Recht, nur ein wesentlicher Faktor für Chruschtschow in Verbindung mit den Vereinigten Staaten. Ohne die Vereinigten Staaten im Rücken haben wir ja gar keine Bedeutung gegenüber dieser ungeheuren Macht Sowjetrußlands.

Wenn Sie nun einmal die russische Politik zurückverfolgen und daneben alles das, was die Westmächte getan und unterlassen haben, dann muß man doch eines sagen: Die Russen haben – und das hat die russische Politik immer gemacht, auch unter den Zaren – eine sehr weitsichtige Politik, und das Ziel ist ja ganz klar. Chruschtschow hat mir das einmal gesagt, als ich 1955 in Moskau war[378] – er brauchte da nicht pathetisch aufzutrumpfen –, daß er nämlich sagte: „Euer Kapitalismus geht zugrunde, und wir, die Kommunisten, wir werden die Erde beherrschen!“

Und das ist der leitende Gesichtspunkt der Russen, unter diesem Gesichtspunkt muß man die ganze Situation betrachten – auch jetzt, was sie gemacht haben. Der Berlinvorschlag[379] beabsichtigt, den Westen in die Zange zu nehmen, in Unruhe zu bringen und

---

376 Telegramm vom 12. Mai 1945 (Nr. 7).

377 Vgl. Nr. 15, 17 und die Karte „Deutschland nach 1945“ (Nr. 6).

378 Vgl. Nr. 84–85.

379 Vgl. zu dem sowjetischen Friedensvertragsentwurf mit dem Vorschlag einer Konföderation beider deutscher Staaten oben S. 166.

verschiedene Meinungen zutage treten zu lassen. Die sind ja schon zutage getreten, das haben sie schon erreicht, die verschiedenen Meinungen!

Aber der Friedensvorschlag zeigt ja nun ganz klar, welches Ziel sie verfolgen. Denn in dem Friedensvertragsvorschlag ist ja nicht nur das Ausscheiden Deutschlands aus [der] NATO enthalten, sondern man macht auch alle diese europäischen Konstruktionen, die wir jetzt haben, unmöglich durch das Meistbegünstigungsrecht[380]; ich meine die wirtschaftliche Montanunion[381], Gemeinsamen Markt, zollfreie Zone dadrin – das macht man alles zunichte.

Das Ziel ist also ein doppeltes: Erstens, durch die DDR, durch diese Konföderation ganz Deutschland zu einem kommunistischen Land zu machen. [...]

[...] Bis 1955 war es doch da, und von da an war es nicht mehr der Fall, weil in Deutschland die Außenpolitik, obgleich es sich um Lebensfragen des deutschen Volkes und Europas handelte, zu einer Funktion der Innenpolitik[382] gemacht wurde. Weil man sah, daß man sonst von seiten der Opposition innenpolitisch nicht weiterkam, da die Menschen zufrieden waren mit ihrem Leben, da ist man auf das Außenpolitische gegangen, und das hat der Russe mit großer Freude vermerkt. Der kann sich gar nichts Besseres wünschen, als daß hier in der Bundesrepublik ganz offen und ungeniert doch Dinge gesagt werden, die konsequenterweise zu einer solchen Konföderation führen.

Ich sage Ihnen, wenn etwas Derartiges käme, sind wir verloren und Sie [England] mit, und ganz Westeuropa ist verloren; das ist dann erledigt. Und das ist das Ziel auch dieses Friedensvertrages.

Und was bedeutet das im Hinblick auf Amerika? Das sehen leider nur wenige Amerikaner ein. [...]

[...] Nehmen Sie einmal die Frage der Verwendung der großen Atomwaffen, was erreichen wir denn damit? Das ist, glaube ich, nicht mehr akut, und zwar solange nicht akut, als die Amerikaner so stark oder auf nuklearem Gebiet noch stärker sind als Sowjetrußland. Amerika wird niemals aggressiv werden mit nuklearen Waffen, und Rußland wird nicht aggressiv werden mit nuklearen Waffen, solange es mit gutem Grund annehmen muß, daß durch den Gegenschlag – wenn sie anfingen – auch von Rußland kaum mehr etwas übrigbleiben könnte.

Die Russen wollen aber gar nicht die Erde vernichten; die wollen die Erde beherrschen, und sie wollen Menschen haben, die sie beherrschen können. [...]

Wenn Sie oder ich im Kreml säßen und überlegten nun jetzt, wie erobern wir die Erde, dann ist doch der einfachste Weg der, daß man Deutschland ganz kommunistisch macht und auch versucht, Westeuropa in die kommunistische Machtsphäre hereinzubekommen. Denn wenn die Bundesrepublik in den kommunistischen Bereich hineingerät, dann ist es mit Frankreich dahin, dann ist es mit Italien dahin und mit all den andern Ländern Westeuropas wahrscheinlich auch dahin und wahrscheinlich auch England. Daher diese Politik der Russen, die sie jetzt machen mit dem Friedensvertrag. Alle Welt schreit nach Friedensvertrag.

---

380 Begriff aus dem Wirtschaftsrecht, nach dem allen Unterzeichnern eines Handelsvertrages gleiche Rechte und Vorteile eingeräumt werden, da diese zuvor bereits anderen Vertragspartnern gewährt wurden.

381 Europäische Gemeinschaft für Kohle und Stahl. Vgl. Nr. 34–35.

382 Anspielung auf die Haltung der SPD zur Wiederbewaffnung und zu den Pariser Verträgen (vgl. Nr. 79).

Ich kann mir lebhaft vorstellen, daß man bei Ihnen in Großbritannien, daß man in Frankreich, daß man in den nordischen Staaten und in Amerika sich sagt: Mit der verdammten deutschen Wiedervereinigung – wir sind die Sache satt; wir denken doch gar nicht daran, darum einen Weltkrieg entstehen zu lassen. – Das kann ich sehr gut verstehen, und darin liegt eben die Gefahr. Deswegen bemühe ich mich, wo ich kann, aufzuklären, was das bedeutet, was das Ziel der Russen ist jetzt bei diesem Plan, und daß es sich um weit, weit mehr handelt als um die deutsche Frage. Die deutsche Frage ist eine Funktion der ganzen Spannung.

[...]

Nun werden Sie fragen, was für eine Politik soll man treiben? Ich bin der Auffassung, man sollte nicht in Genf[383] – nebenbei bemerkt – Konzessionen machen, während die Russen in Berlin Feuer anstecken. Man muß die Dinge doch im Zusammenhang sehen: Wie kann ich mit den Russen ehrlich verhandeln, wenn sie in Berlin Feuer anstecken, das eines Tages Gott weiß was anrichtet. Ich bin weiter der Auffassung, wir müssen unbedingt zu der kontrollierten Abrüstung kommen. [...]

93. Deutschland-Plan der SPD, 18. März 1959

SICHERHEITSPOLITIK, Bd. 2, S. 521–525, hier S. 521–524

Stufen-Plan zur Wiedervereinigung – kollektives Sicherheitssystem – Austritt beider deutscher Staaten aus der NATO bzw. dem Warschauer Pakt

[...]

Militärische Entspannung und Sicherheit in Europa

Die Sozialdemokratische Partei Deutschlands fordert die sofortige Einberufung einer Konferenz der Vier Großmächte, die nach grundsätzlicher Einigung einer ständigen Kommission unter beratender Teilnahme der Bundesrepublik und der „DDR" den Auftrag erteilt, Vorschläge für ein europäisches Sicherheitssystem und den Entwurf eines Friedensvertrages mit Gesamtdeutschland auszuarbeiten.

Die zugespitzte West-Ost-Situation läßt die Entspannung in Europa nur noch zu, wenn man sich zu einer schritt- und stufenweisen Regelung der militärischen und politischen Frage entschließt.

Die SPD hält Vereinbarungen über regionale und kontrollierte Rüstungsbeschränkungen in Mitteleuropa für dringend erforderlich, weil ohne diese die politischen Probleme dieses Raumes nicht zu lösen sind.

Die SPD schlägt vor:

1. Festlegung einer Entspannungszone, die vorerst beide Teile Deutschlands, Polen, die Tschechoslowakei und Ungarn umfaßt.

2. Innerhalb dieser Entspannungszone und ihrer möglichen Erweiterungen treten Vereinbarungen über die Rüstungsbeschränkungen der nationalen Truppen und über den gleichwertigen Abzug der Fremdtruppen der NATO und des Warschauer Paktes in Kraft.

---

[383] Seit dem 31. Oktober 1958 tagende Abrüstungskonferenz der drei Atommächte USA, UdSSR und Großbritannien in Genf.

Die nationalen Streitkräfte besitzen keine Atom- und Wasserstoffwaffen. Solche Waffen der im Zonenbereich noch stationierten Fremdtruppen werden „eingefroren“, d. h. weder vermehrt noch verstärkt.

[...]

4. Die Unverletzbarkeit der Teilnehmerstaaten in der Entspannungszone ist durch ein kollektives Sicherheitsabkommen aller interessierten Staaten, einschließlich der USA und der UdSSR, zu garantieren.

5. Mit dem Wirksamwerden des europäischen Sicherheitssystems scheiden die in der Entspannungszone gelegenen Staaten aus der NATO und aus dem Warschauer Pakt aus.

Die Staaten in der Entspannungszone werden dann im Rahmen dieses europäischen Sicherheitssystems zur eigenen und europäischen Sicherheit mit angemessenen Leistungen beitragen.

6. Beibehaltung des gegenwärtigen Rechtsstatus und der militärischen Sicherung Berlins bis zur Regelung der deutschen Frage. [...]

Die politische und wirtschaftliche Zusammenführung Deutschlands

[...]

Die erste Stufe

Die politische Zusammenführung beginnt in der ersten Stufe mit der Bildung einer Gesamtdeutschen Konferenz. Beide deutschen Regierungen entsenden Beauftragte auf der Grundlage der Parität. Die Gesamtdeutsche Konferenz hat die Aufgabe, Regelungen über innerdeutsche Angelegenheiten zu vereinbaren. Soweit diese Regelungen die Zustimmung verfassungsmäßiger Organe der Teile Deutschlands bedürfen, bleiben deren Zuständigkeiten unberührt. Die Gesamtdeutsche Konferenz ist von allen Gesetzesvorlagen des Bundestages und der Volkskammer zu unterrichten und muß sich hierzu äußern. Die Gesamtdeutsche Konferenz setzt zur Wahrung der Einheitlichkeit in der Auslegung der Menschenrechte und Grundfreiheiten ein Gesamtdeutsches Gericht ein, das in letzter Instanz entscheidet. Seine Mitglieder werden auf die Charta der Menschenrechte der Vereinten Nationen vereidigt.

Die wirtschaftliche Zusammenführung beginnt ebenfalls mit der Bildung paritätisch besetzter Institutionen. Die Embargobestimmungen gegenüber der DDR und die güterwirtschaftlichen Kontingentierungen durch die Bundesrepublik müssen fortfallen. Der Interzonenhandel muß ausgeweitet werden, weitere Zonengrenzübergänge sind zu öffnen. Ein Gesamtdeutscher Investitionsfonds und eine Bank für innerdeutschen Zahlungsausgleich werden gebildet. Der Fonds hat Investitionen in das Verkehrs- und Energieversorgungsnetz sowie zur Anpassung der beiden Volkswirtschaften zu planen und zu finanzieren. [...]

Die zweite Stufe

In der zweiten Phase der politischen Zusammenführung wird ein Gesamtdeutscher Parlamentarischer Rat errichtet. Seine Mitglieder, die in ganz Deutschland Immunität genießen, werden je zur Hälfte in beiden Teilen Deutschlands gewählt. Die Gesamtdeutsche Konferenz schreibt diese Wahl aus. Dem Gesamtdeutschen Parlamentarischen Rat wird die gesetzgeberische Zuständigkeit insbesondere für Eisenbahn, Straßenverkehr, Binnenschiffahrt, Post und Fernmeldewesen und zur Förderung der volkswirtschaftlichen Erzeugung übertragen. [...]

Die dritte Stufe

In der dritten Stufe der Zusammenführung befaßt sich der Gesamtdeutsche Parlamentarische Rat mit der Vorbereitung von gesamtdeutschen Gesetzen zum Steuersystem, Finanzausgleich zur Zollunion, zur Währungsunion und zur sozialpolitischen Anpassung. [...]

Der Gesamtdeutsche Parlamentarische Rat ist befugt, jederzeit mit Zweidrittelmehrheit ein Gesetz für die Wahl einer Verfassunggebenden Nationalversammlung zu erlassen. Ist er hierzu nicht in der Lage, so erhält für diesen Fall eine Volksabstimmung uneingeschränkte Gesetzeskraft, wenn zwei Drittel aller abgegebenen Stimmen sich für die Wahl einer Verfassunggebenden Nationalversammlung aussprechen. Die Nationalversammlung löst den Gesamtdeutschen Parlamentarischen Rat ab und beschließt die gesamtdeutsche Verfassung.

Während der stufenweisen Zusammenführung Deutschlands ist Berlin Sitz aller gesamtdeutschen Institutionen.

Die Wiedervereinigung

Nach dem Inkrafttreten der gesamtdeutschen Verfassung werden allgemeine, freie und geheime Wahlen zum Gesamtdeutschen Parlament abgehalten. Aus ihm geht die Gesamtdeutsche Regierung hervor.

[...]

C. Der Mauerbau

94. Rundfunk- und Fernsehansprache John F. Kennedys, 25. Juli 1961

DzD, Reihe IV, Bd. 6,2, S. 1348–1356, hier S. 1348–1350

Rechte der Westmächte in Westberlin – Westberlin als „Insel der Freiheit"

[...]

Die unmittelbare Bedrohung der freien Menschen liegt in Westberlin. Aber dieser isolierte Vorposten ist kein isoliertes Problem.

Die Bedrohung ist weltumfassend. Unsere Anstrengung muß gleichermaßen umfassend und stark sein und nicht von einer einzelnen angezettelten Krise allein beherrscht [werden]. Wir sehen uns einer Bewährungsprobe in Berlin gegenüber. Aber auch in Südostasien[384], wo die Grenzen weniger bewacht sind und der Feind schwerer auszumachen ist und die Gefahren des Kommunismus denen, die so wenig ihr eigen nennen, oft weniger in die Augen fällt, müssen wir eine solche Herausforderung bestehen. Wir sehen uns in unserer eigenen Hemisphäre, ja wo immer sonst die Freiheit der Menschen auf dem Spiel steht, einer derartigen Herausforderung gegenüber.

---

384 Vietnam. Vgl. oben S. 88, Anm. 142.

Lassen Sie mich Sie daran erinnern, daß das Geschick des Krieges und der Diplomatie die freie Bevölkerung Westberlins im Jahre 1945 110 Meilen hinter dem Eisernen Vorhang ließ. Aus dieser Karte wird das Problem, dem wir uns gegenüber sehen, sehr klar. Hier liegt Westdeutschland und im Osten das von der Sowjetunion kontrollierte Gebiet[385]. Wie Sie aus der Karte ersehen können, liegt Westberlin 110 Meilen in dem Gebiet, das die Sowjets jetzt beherrschen und das unter unmittelbarer Kontrolle des sogenannten ostdeutschen Regimes steht. Unsere Anwesenheit hier ist ein Resultat unseres Sieges über Nazideutschland – und zu unseren Grundrechten, dort zu sein, die aus diesem Sieg stammen, gehört sowohl unsere Anwesenheit in Westberlin wie auch die Wahrnehmung des Rechtes auf Zugang durch Ostdeutschland.

Diese Rechte sind wiederholt in besonderen Abkommen[386] mit der Sowjetunion bestätigt und anerkannt worden. Berlin ist nicht ein Teil Ostdeutschlands, sondern ein separates Gebiet unter der Kontrolle der alliierten Mächte. Somit sind unsere diesbezüglichen Rechte klar definiert und tief verwurzelt. Aber zu diesen Rechten kommt noch unsere Verpflichtung hinzu, mehr als zwei Millionen Menschen die Selbstbestimmung ihrer Zukunft und die freie Wahl ihrer Lebensform zu gewährleisten – und diese Möglichkeit notfalls zu verteidigen.

Deshalb kann unserer Anwesenheit in Westberlin und unserem Zugang zu dieser Stadt nicht durch irgendwelche Handlungen der Sowjetregierung ein Ende gesetzt werden. Schon vor langer Zeit wurde Westberlin unter die Obhut des NATO-Schildes genommen, und wir haben unser Wort gegeben, daß wir jeden Angriff auf diese Stadt als einen gegen uns alle gerichteten Angriff betrachten werden.

Denn Westberlin – in seiner exponierten Lage 110 Meilen inmitten Ostdeutschlands, umgeben von sowjetischen Truppen und dicht an den sowjetischen Versorgungslinien – spielt eine vielgestaltige Rolle. Es ist mehr als ein Schaufenster der Freiheit, ein Symbol, eine Insel der Freiheit inmitten der kommunistischen Flut. Es ist noch weit mehr als ein Bindeglied zur freien Welt, ein Leuchtfeuer der Hoffnung hinter dem Eisernen Vorhang und ein Schlupfloch für die Flüchtlinge.

Westberlin ist all das. Aber darüber hinaus ist es jetzt – mehr denn je zuvor – zu dem großen Prüfstein für den Mut und die Willensstärke des Westens geworden, zu einem Brennpunkt, in dem unsere feierlichen, durch all die Jahre bis 1945 zurück reichenden Verpflichtungen jetzt mit den sowjetischen Ambitionen in grundsätzlicher Gegenüberstellung zusammentreffen.

[...]

Wir können und werden es nicht zulassen, daß die Kommunisten uns – sei es allmählich oder mit Gewalt – aus Berlin treiben. Denn die Erfüllung unseres dieser Stadt gegebenen Versprechens ist für die Moral und Sicherheit Westdeutschlands, für die Einheit Westeuropas und das Vertrauen der gesamten freien Welt wesentlich. Die sowjetische Strategie hat seit langem schon nicht nur auf Berlin abgezielt, sondern auf die Teilung und Neutralisierung ganz Europas, um uns an unsere eigenen Küsten zurück-

385 Vgl. die Karte „Deutschland nach 1945" (Nr. 6).

386 Die Drei- bzw. Viermächteverwaltung Berlins ist bereits im Londoner Protokoll vom 12.9.1944 (vgl. oben S. 19, Anm. 13) geregelt und u.a. am 14.11.1944 ergänzt worden, doch hatte die Sowjetunion die westlichen Zugangsrechte während der Berlin-Blockade (Nr. 24, 27) in Abrede gestellt. Eine Bereinigung der mit Berlin zusammenhängenden Fragen erfolgte erst im Berlin-Abkommen vom 3.9.1971 (Nr. 114). – Vgl. zum Status Berlins auch oben S. 181, Anm. 375.

zuwerfen. Wir müssen unser der freien Bevölkerung Westberlins gegebenes und oft wiederholtes Versprechen halten und unsere Rechte und ihre Sicherheit selbst angesichts von Gewalt bewahren, um das Vertrauen der anderen freien Völker in unser Wort und unsere Entschlossenheit nicht zu verlieren. Die Stärke der Allianz, von der unsere Sicherheit abhängt, ist wiederum von unserer Bereitschaft abhängig, unseren Verpflichtungen ihnen gegenüber nachzukommen.

[...]

95. Beschluß des Ministerrates der DDR, 12. August 1961

DOKUMENTE DES GETEILTEN DEUTSCHLAND, Bd. 1, S. 383–385

Sperrung der Sektorengrenze – westliche „Diversionstätigkeit“

Auf Grund der Erklärung der Teilnehmerstaaten des Warschauer Paktes[387] und des Beschlusses der Volkskammer beschließt der Ministerrat der Deutschen Demokratischen Republik:

Die Erhaltung des Friedens erfordert, dem Treiben der westdeutschen Revanchisten und Militaristen einen Riegel vorzuschieben[388] und durch den Abschluß eines deutschen Friedensvertrages den Weg zu öffnen für die Sicherung des Friedens und die Wiedergeburt Deutschlands als friedliebender, antiimperialistischer, neutraler Staat. Der Standpunkt der Bonner Regierung, der Zweite Weltkrieg sei noch nicht zu Ende[389], kommt der Forderung gleich auf Freiheit für militaristische Provokationen und Bürgerkriegsmaßnahmen. Diese imperialistische Politik, die unter der Maske des Antikommunismus geführt wird, ist die Fortsetzung der aggressiven Ziele des faschistischen deutschen Imperialismus zur Zeit des dritten Reiches. Aus der Niederlage Hitler-Deutschlands im Zweiten Weltkrieg hat die Bonner Regierung die Schlußfolgerung gezogen, daß die räuberische Politik des deutschen Monopolkapitals und seiner Hitler-Generale noch einmal versucht werden soll, indem auf eine deutsche nationalstaatliche

---

387 Auf einer Konferenz der Warschauer-Pakt-Staaten in Moskau, 3.–6.8.1961.

388 Übergriffen aus dem Westen vorzubeugen, war die offizielle, auch von der UdSSR benutzte Begründung. Vgl. die Note der UdSSR an die drei Westmächte, 18. August 1961 (DzD, Reihe IV, Bd. 7,1, S. 133–138, hier S. 133): „1. Die Sowjetregierung begreift und unterstützt restlos die Schritte der Regierung der Deutschen Demokratischen Republik, die an der Grenze mit Westberlin eine wirksame Kontrolle eingerichtet hat, um der Wühltätigkeit von Westberlin aus gegen die DDR und andere Länder der sozialistischen Gemeinschaft den Weg zu verlegen. [... 2. ...] Westberlin ist in ein Zentrum der subversiven Tätigkeit, der Diversion und der Spionage, in ein Zentrum politischer und wirtschaftlicher Provokationen gegen die deutsche Demokratische Republik, die Sowjetunion und andere sozialistische Länder verwandelt worden.“ – Vgl. zu den Zwangsaussiedlungen an der innerdeutschen Grenze nach dem Mauerbau oben S. 128, Anm. 250.

389 Angriff auf den Standpunkt der Bundesregierung, daß das Potsdamer Abkommen (**Nr. 3**) keine abschließende Regelung in bezug auf Deutschland darstelle, v. a. im Hinblick auf die Grenzfragen (**Nr. 32**), sondern diese erst durch einen Friedensvertrag mit Gesamtdeutschland erfolgen könne.

Politik verzichtet und Westdeutschland in einen NATO-Staat, in einen Satellitenstaat der USA, verwandelt wurde.

Diese neuerliche Bedrohung des deutschen Volkes und der europäischen Völker durch den deutschen Militarismus konnte zu einer akuten Gefahr werden, weil in der westdeutschen Bundesrepublik und in der Frontstadt Westberlin die grundlegenden Bestimmungen des Potsdamer Abkommens über die Ausmerzung des Militarismus und Nazismus[390] fortlaufend gebrochen worden sind.

[...]

Wie aus offiziellen Regierungsdokumenten und aus der Grundsatzerklärung der Parteiführung der CDU/CSU zu entnehmen ist, hat diese aggressive Politik und Störtätigkeit das Ziel, ganz Deutschland in den westlichen Militärblock der NATO einzugliedern und die militaristische Herrschaft in der Bundesrepublik auch auf die Deutsche Demokratische Republik auszudehnen. Die westlichen Militaristen wollen durch alle möglichen betrügerischen Manöver, wie z. B. „freie Wahlen", ihre Militärbasis zunächst bis zur Oder ausdehnen, um dann den großen Krieg zu beginnen.

Die westdeutschen Revanchisten und Militaristen mißbrauchen die Friedenspolitik der UdSSR und der Staaten des Warschauer Vertrages in der Deutschlandfrage, um durch feindliche Hetze, durch Abwerbung und Diversionstätigkeit nicht nur der Deutschen Demokratischen Republik, sondern auch anderen Staaten des sozialistischen Lagers Schaden zuzufügen.

Aus all diesen Gründen beschließt der Ministerrat der Deutschen Demokratischen Republik [...] folgende Maßnahmen:

Zur Unterbindung der feindlichen Tätigkeit der revanchistischen und militaristischen Kräfte Westdeutschlands und West-Berlins wird eine solche Kontrolle an den Grenzen der Deutschen Demokratischen Republik[391] einschließlich der Grenze zu den Westsektoren von Groß-Berlin eingeführt, wie sie an den Grenzen jedes souveränen Staates üblich ist. Es ist an den Westberliner Grenzen eine verläßliche Bewachung und eine wirksame Kontrolle zu gewährleisten, um der Wühltätigkeit den Weg zu verlegen. Diese Grenzen dürfen von Bürgern der Deutschen Demokratischen Republik nur noch mit besonderer Genehmigung passiert werden. Solange Westberlin nicht in eine entmilitarisierte neutrale Freie Stadt[392] verwandelt ist, bedürfen Bürger der Hauptstadt der Deutschen Demokratischen Republik für das Überschreiten der Grenzen nach Westberlin einer besonderen Bescheinigung. Der Besuch von friedlichen Bürgern Westberlins in der Hauptstadt der Deutschen Demokratischen Republik (das demokratische Berlin) ist unter Vorlage des Westberliner Personalausweises möglich. Revanchepolitikern und Agenten des westdeutschen Militarismus ist das Betreten der Hauptstadt der DDR (demokratisches Berlin) nicht erlaubt. [...]

---

[390] Nr. 3, Abschnitt III.A.3–7.

[391] Dort galt seit 1952 ein verschärftes Grenzregime (vgl. Nr. 60).

[392] So die Forderung des sowjetischen Ultimatums, das Ende 1958 die Berlin-Krise ausgelöst hatte (Nr. 91 u. dort Anm. 373).

96. Bericht der Abteilung Parteiorgane im Zentralkomitee der SED, 14. August 1961

Die DDR vor dem Mauerbau, Dok. 40, S. 395–398, hier S. 395f.

Stimmungslage in Ostberlin

a) Die Lage in der Zeit von 9.30 bis 11.30 [am 13. August 1961]

Nach Berichten unserer Mitarbeiter gibt es am Übergang in der Wollankstraße und an der Warschauer Straße Ansammlungen von ca. 500 bis 600 Menschen, meist Jugendliche.

Am Übergang Wollankstraße wurde von Jugendlichen und Frauen provokatorisch ein Übergang nach Westberlin gefordert.

> So schrie eine Frau: „Gehen wir doch in die Straßenmitte und machen einen gewaltsamen Durchbruch, wir sind alles Deutsche, wir wollen rüber zu unseren Brüdern."
> Jugendliche brüllten: „Es ist eine Schande, daß ihr euch dafür hergebt, die Grenze zu bewachen und uns nicht rüberzulassen. Ihr seid keine Deutschen."

Die Diskussion mit der Bevölkerung führt fast ausschließlich die Volkspolizei. Es sind keine Agitatoren der Partei offen in Erscheinung getreten.

Die Bezirksleitung[393] wurde von diesem Zustand unterrichtet und hat sofort 70 Agitatoren nach dem Übergang Wollankstraße in Marsch gesetzt.

In der Nähe des Brandenburger Tores versammeln sich gegenwärtig ca. 100 neugierige Passanten, ohne daß von seiten der Agitatoren mit diesen Menschen gesprochen wird.

Nach Ansicht der Mitarbeiter unseres Hauses ist die Postenkette der Armee und der Volkspolizei in diesem Abschnitt zu schwach, um die volle Sicherheit zu gewährleisten.

[...]

Die letzten Berichte der Bezirksleitung Berlin besagen, daß die negativen und zum Teil sehr aggressiven Äußerungen zunehmen.

> „Wir sind doch diejenigen, die spalten."
> „Das ist doch keine Freiheit oder Demokratie, wenn man nicht einmal die Verwandten besuchen kann."
> „Es wird immer schöner, jetzt machen wir schon Grenzen innerhalb der Stadt."
> „Mit Panzern kann man doch nicht für den Frieden sein."
> „Die Maßnahmen sind die schmutzigste Sache, die es gibt. Wir sind alles Deutsche und Deutschsein heißt treu sein."
> „Wir haben ja bald ‚freie' Wahlen, da werden wir uns revanchieren. Da müssen sie uns mit dem Knüppel hintreiben."
> Auf die Drahthindernisse hinweisend, sagte ein anderer: „Der Sozialismus siegt, er schreitet unaufhaltsam vorwärts!"

---

393 Der SED.

97. Brandt an Kennedy über den Bau der Mauer, 16. August 1961

DzD, Reihe IV, Bd. 7,1, S. 48f.

Forderung nach Präsenz und Handeln der USA

Nach den Entwicklungen der letzten drei Tage in meiner Stadt möchte ich Ihnen in diesem persönlichen und informellen Schreiben einige der Gedanken und Gesichtspunkte mitteilen, die mich bewegen.

Die Maßnahmen des Ulbricht-Regimes, gestützt durch die Sowjetunion und den übrigen Ostblock, haben die Reste des Vier-Mächte-Status nahezu völlig zerstört. Während früher die Kommandanten der alliierten Mächte in Berlin bereits gegen Paraden der sogenannten Volksarmee protestierten, haben sie sich jetzt mit einem verspäteten und nicht sehr kraftvollen Schritt nach der militärischen Besetzung des Ostsektors durch die Volksarmee begnügen müssen. Die illegale Souveränität der Ostberliner Regierung ist durch Hinnahme anerkannt worden, soweit es sich um die Beschränkung der Übergangsstellen und des Zutritts zum Ostsektor handelt. Ich halte dies für einen ernsten Einschnitt in der Nachkriegsgeschichte dieser Stadt, wie es ihn seit der Blockade[394] nicht mehr gegeben hat.

Die Entwicklung hat den Widerstandswillen der Westberliner Bevölkerung nicht verändert, aber sie war geeignet, Zweifel in die Reaktionsfähigkeit und Entschlossenheit der drei Mächte zu wecken. Dabei ist ausschlaggebend, daß der Westen sich stets gerade auf den existierenden Vier-Mächte-Status berufen hat. Ich weiß wohl, daß die gegebenen Garantien für die Freiheit der Bevölkerung, die Anwesenheit der Truppen und den freien Zugang allein für Westberlin gelten. Dennoch handelt es sich um einen tiefen Einschnitt im Leben des deutschen Volkes und um ein Herausdrängen aus Gebieten der gemeinsamen Verantwortung (Berlin und Deutschland als Ganzes), durch die das gesamte westliche Prestige berührt wird. Die politisch-psychologische Gefahr sehe ich in doppelter Hinsicht:

1. Untätigkeit und reine Defensive könnten eine Vertrauenskrise zu den Westmächten hervorrufen. 2. Untätigkeit und reine Defensive könnten zu einem übersteigerten Selbstbewußtsein des Ostberliner Regimes führen, das heute bereits in seinen Zeitungen mit dem Erfolg seiner militärischen Machtdemonstration prahlt.

Die Sowjetunion hat die Hälfte ihrer Freistadtvorschläge[395] durch den Einsatz der deutschen Volksarmee erreicht. Der zweite Akt ist eine Frage der Zeit. Nach dem zweiten Akt würde es ein Berlin geben, das einem Ghetto gleicht, das nicht nur seine Funktion als Zufluchtsort der Freiheit und als Symbol der Hoffnung auf Wiedervereinigung verloren hat, sondern das auch vom freien Teil Deutschlands abgeschnitten wäre. Dann könnten wir statt der Fluchtbewegung nach Berlin den Beginn einer Flucht aus Berlin erleben.

Ich würde es in dieser Lage für angemessen halten, wenn die Westmächte zwar die Wiederherstellung der Viermächteverantwortung verlangen, aber gleichzeitig einen Drei-Mächte-Status Westberlins proklamieren würden. Die drei Mächte sollten die Garantie ihrer Anwesenheit in Westberlin[396] bis zur deutschen Wiedervereinigung wie-

[394] Vgl. Nr. 24, 27.

[395] Vgl. Nr. 91 u. dort Anm. 373.

[396] Eine solche Erklärung gaben die USA, jedoch am Viermächtestatus festhaltend, am 19. August.

derholen und gegebenenfalls von einer Volksabstimmung der Bevölkerung in Westberlin und der Bundesrepublik unterstützen lassen. Es bedarf auch eines klaren Wortes, daß die deutsche Frage für die Westmächte keineswegs erledigt ist, sondern daß sie mit Nachdruck auf einer Friedensregelung bestehen werden, die dem Selbstbestimmungsrecht des deutschen Volkes und den Sicherheitsinteressen aller Beteiligten entspricht. Außerdem würde ich es für gut halten, wenn der Westen das Berlin-Thema durch eigene Initiative vor die Vereinten Nationen brächte, mindestens mit der Begründung, die Sowjetunion habe in eklatanter Weise die Erklärung der Menschenrechte verletzt. Es scheint mir besser zu sein, die Sowjetunion in einen Anklagezustand zu versetzen, als dasselbe Thema nach Anträgen anderer Staaten diskutieren zu müssen.

Ich verspreche mir von derartigen Schritten keine wesentliche materielle Änderung der augenblicklichen Situation und kann nicht ohne Bitterkeit an die Erklärungen denken, die Verhandlungen mit der Sowjetunion mit der Begründung abgelehnt haben, man dürfe nicht unter Druck verhandeln[397]. Wir haben jetzt einen Zustand vollendeter Erpressung, und schon höre ich, daß man Verhandlungen nicht werde ablehnen können. In einer solchen Lage ist es um so wichtiger, wenigstens politische Initiative zu zeigen, wenn die Möglichkeit der Initiative des Handelns schon so gering ist.

Nach der Hinnahme eines sowjetischen Schrittes, der illegal ist und als illegal bezeichnet worden ist, und angesichts der vielen Tragödien, die sich heute in Ostberlin und in der Sowjetzone abspielen, wird uns allen das Risiko letzter Entschlossenheit nicht erspart bleiben. Es wäre zu begrüßen, wenn die amerikanische Garnison demonstrativ eine gewisse Verstärkung erfahren könnte.

Ich schätze die Lage ernst genug ein, um Ihnen, verehrter Herr Präsident, mit dieser letzten Offenheit zu schreiben, wie sie nur unter Freunden möglich ist, die einander voll vertrauen.

98. MfS-Bericht über Motive von Republikflüchtlingen, 3. Oktober 1961[398]

STEININGER, 17. Juni, Dok. 15, S. 156–162, hier S. 157–162 (auszugsw.)

Republikflucht als „Torschlußpanik“

[...]

a) Ursachen und Anlässe der R[epublik]-Flucht:

Neben der organisierten Abwerbung, auf die im Abschnitt 5[399] ausführlich eingegangen wird, sind mit als wesentliche Ursache für die im Berichtszeitraum angestiegenen R[epublik]-Fluchten die Versuche des Gegners zu sehen, im Zusammenhang mit dem Vorschlag zum Abschluß eines Friedensvertrages und zur Lösung des Westberlin-Problems[400] unter der Bevölkerung der DDR eine „Torschlußpanik“ zu organisieren.

---

397 Auf die Haltung Adenauers während der Berlin-Krise seit 1958 abzielende Formulierung, daß der „Westen nicht unter Drohung eines Ultimatums verhandelt“ (ADENAUER, Teegespräche 1955–1958, Nr. 31, 2.12.1958, S. 304–308, hier S. 306). – Vgl. auch **Nr. 92**.

398 Vgl. auch den MfS-Bericht in **Nr. 131**.

399 In der Vorlage nicht abgedruckt.

400 Seit dem 11. Juni 1961 bekannt gewordener sowjetischer Vorschlag über einen Friedensvertrag

Übereinstimmend wird in den vorliegenden Berichten darauf hingewiesen, daß vor allem indifferente und ideologisch schwankende Personen aller Bevölkerungsschichten dem Argument des Gegners, mit dem Abschluß eines Friedensvertrages und der Regelung der Westberlinfrage würden auch die Grenzen nach Westdeutschland und Westberlin geschlossen und jeder Verkehr unterbunden, bedenkenlos Glauben schenkten. Da diese Personenkreise vielfach auch starke familiäre und verwandtschaftliche Bindungen nach Westdeutschland und Westberlin unterhielten, ließen sie sich dadurch verleiten, illegal die DDR zu verlassen.

Im Zusammenhang damit stehen auch die zunehmenden Unzufriedenheiten und negativen Diskussionen über das Genehmigungsverfahren bei Reisen nach Westdeutschland. Bereits im 1. Quartal 1961 machten sich derartige Stimmungen bemerkbar, die sich im Berichtszeitraum jedoch wesentlich verstärkten. Bedingt durch die R[epublik]-Fluchten in den letzten Jahren hat sich der Anteil der Antragsteller, die republikflüchtige Angehörige in Westdeutschland besuchen möchten, stark vermehrt.

Wie Feststellungen ergaben, wurden ablehnende Bescheide in der Mehrzahl der Fälle von den Antragstellern nicht mehr anerkannt, sondern versucht, mit Androhung von Beschwerden oder von R[epublik]-Fluchten die Genehmigung zu erzwingen. In den Diskussionen dieser Personen wurde stets die „Freizügigkeit" im Reiseverkehr von Westdeutschland nach der DDR den „Beschränkungen" im Reiseverkehr von der DDR nach Westdeutschland gegenübergestellt.

In einer Vielzahl von Fällen war die Ablehnung einer PM 12a[401] tatsächlich auch der einzige Anlaß für Personen, illegal die DDR zu verlassen, wobei jedoch die unqualifizierte und bürokratische Arbeitsweise der V[olks]P[olizei] mit den Ausschlag gegeben hat.

Gleichzeitig ist die Mehrzahl dieser Personen aber auch der Meinung, durch ihren illegalen Verzug nach Westdeutschland würden sie, ungeachtet eines erneuten Existenzaufbaues, ein besseres und leichteres Leben führen und ihre persönlichen Bedürfnisse schneller befriedigen können. Diese Meinung wurde und wird gegenwärtig noch von großen Teilen der Bevölkerung, vor allem von Jugendlichen und Kreisen der Intelligenz vertreten und dabei auf die andauernden Schwierigkeiten in der Versorgung der DDR verwiesen, sowie Unglaube gegenüber einer Besserung dieser Situation geäußert. Diese Ansichten dürften ihren Ursprung ebenfalls in der verstärkten gegnerischen Propaganda zu diesen Fragen haben. Im wesentlichen wurden deshalb für alle Personenkreise folgende Ursachen der R[epublik]-Flucht als gleichermaßen zutreffend festgestellt:

1. Ideologische Unklarheiten über die Deutschlandpolitik der Sowjetunion und die Bestrebungen der Partei im Kampf um den Abschluß eines Friedensvertrages und die Wiedervereinigung Deutschlands, sowie über die Perspektive des Sozialismus in Deutschland.

2. Starke Beeinflussung von Bürgern der DDR durch Verwandte, Bekannte und bereits früher geflüchtete Personen aus Westdeutschland, indem diese zum Verlassen der DDR auffordern und Versprechungen in bezug auf Arbeits-, Verdienst- und Wohnungsmöglichkeiten unterbreiten.

---

für Deutschland und die Entmilitarisierung und Neutralisierung Westberlins.

401 Personaldokument der DDR, das u.a. an Ausreisewillige nach Einziehung des offiziellen Personalausweises ausgegeben wurde.

[...]

3. Nichtgewährung von PM 12a[402] für Reisen zu Verwandten oder bereits flüchtigen Familienangehörigen nach W[est]D[eutschland].

Weitere Ursachen und Anlässe waren:

- schlechte Wohnverhältnisse
- herzloses, bürokratisches und sektiererisches Verhalten des Staatsapparates, der Betriebsleitungen u. a. Organe
- Angst vor Bestrafungen
- Erbschaften oder Heirat in Westdeutschland.

[...]

b) Falsches, die R[epublik]-Flucht begünstigendes Verhalten:

Erheblich groß an Umfang waren auch im Berichtszeitraum wieder die Beispiele, wo bürokratische und administrative Arbeitsweise, ungenügender Kontakt zur Bevölkerung, Nichtbeachten von Kritiken und Vorschlägen sowie diktatorisches und herzloses Verhalten durch Organe des Staatsapparates und durch die Parteien und Massenorganisationen die R[epublik]-Flucht begünstigten.

Folgende typische, den vorliegenden Materialien entnommene Beispiele beweisen, daß derartige Erscheinungen Anlaß zur R[epublik]-Flucht wurden:

Vom Kaliwerk „Glückauf" in Sondershausen wurde der Diplom-Maschinen-Ingenieur xx r[epublik]-flüchtig. Er sah in seinem Einsatz als Maschinensteiger keine Perspektive. Obwohl er sich darüber mehrmals bei der Betriebsleitung beschwerte, erfolgte keine Klärung seiner beruflichen Perspektive. Außerdem bereitete ihm die Beschaffung einer geeigneten Wohnung in Sondershausen Schwierigkeiten.

[...]

In der Krankenanstalt Perleberg/Schwerin, einem Schwerpunkt der R[epublik]-Flucht von Krankenschwestern, ergaben Untersuchungen, daß die jungen Kräfte äußerst schlecht behandelt werden, indem z. B. ihr Einsatz fortwährend zu äußerst ungünstigen Zeiten erfolgt. Außerdem wird ihnen laufend Unerfahrenheit und Dummheit in ihrer Arbeit vorgeworfen und werden sie entgegen ihrem Willen von der dortigen Oberschwester ständig mit religiösen Dingen belästigt, was bereits Ursache zur R[epublik]-Flucht war.

[...]

Aus Fürstenberg/Frankfurt/O. äußerte die Rückkehrerin xx die Absicht, wieder die DDR zu verlassen. Befragungen nach dem Grund ergaben, daß ihr Wunsch auf eine entsprechende Arbeitsstelle vom verantwortlichen Mitarbeiter beim Rat des Kreises mit der Bemerkung abgetan wurde, daß sie gleich eine Rückfahrkarte bekommen kann, wenn ihr die zugewiesene Arbeitsstelle nicht gefalle.

Derartiges herzloses Verhalten gegenüber Rückkehrern und Erstzuziehenden ist kein Einzelfall und dürfte mit Ursache sein für den starken Anteil wieder flüchtig gewordener Rückkehrer und Erstzuziehender.

Gleiche und ähnliche Beispiele der Begünstigung der R[epublik]-Flucht durch die Organe des Staatsapparates, die Betriebsleitungen, Parteien, Massenorganisationen u. a. könnten noch beliebig angeführt werden. [...]

402 Wie Anm. 401.

99. Tabelle: Umfrage zum Mauerbau, Dezember 1961

Allensbach. – JAHRBUCH, Bd. 3, S. 524

Frage: „Seit dem 13. August ist ja quer durch Berlin die Mauer gezogen. Hier unterhalten sich zwei über die Mauer. Welchem würden Sie zustimmen, dem ersten oder dem zweiten?“

%	1961 Dez.
Dem ersten: „Das Wichtigste ist jetzt, daß zunächst mal die Mauer in Berlin wegkommt. Erst wenn die Mauer weg ist, sollte man mit dem Osten verhandeln, auf keinen Fall früher“	32
Dem zweiten: „Da bin ich anderer Meinung. Die Mauer steht nun mal, daran kann man zunächst nichts ändern. Jetzt bleibt einfach nichts anderes übrig, als zu verhandeln, damit die Lage sich nicht noch mehr zuspitzt“	54
Unentschieden	14
	100

100. Hans Kroll über ein Gespräch mit Chruschtschow, Herbst 1961[403]

KROLL, Lebenserinnerungen, S. 512 u. 514

Hintergründe des Mauerbaus – Drängen Ulbrichts

[...] Ich sagte ihm [Chruschtschow], daß nicht nur die Berliner Bevölkerung, sondern das ganze deutsche Volk die Sperrmauer durch seine alte Hauptstadt als Provokation empfinde, und bat ihn, auf die nationalen Gefühle unseres Volkes etwas mehr Rücksicht zu nehmen.

Zu meiner Überraschung gab Chruschtschow zu, daß er diese Gefühle des deutschen Volkes verstehe. Wörtlich fuhr er fort:

„Ich weiß, die Mauer ist eine häßliche Sache. Sie wird auch eines Tages wieder verschwinden. Allerdings erst dann, wenn die Gründe fortgefallen sind, die zu ihrer Errichtung geführt haben. Was sollte ich denn tun? Mehr als 30 000 Menschen, und zwar mit die besten und tüchtigsten Menschen aus der DDR, verließen im Monat Juli das Land[404]. Man kann sich unschwer ausrechnen, wann die ostdeutsche Wirtschaft zusammengebrochen wäre, wenn wir nicht alsbald etwas gegen die Massenflucht unternommen hätten. Es gab aber nur zwei Arten von Gegenmaßnahmen: die Lufttransportsperre oder die Mauer. Die erstgenannte hätte uns in einen ernsten Konflikt mit den Vereinigten Staaten gebracht, der möglicherweise zum Krieg geführt hätte. Das konnte und wollte ich nicht riskieren. Also blieb nur die Mauer übrig. Ich möchte Ihnen auch nicht verhehlen, daß ich es gewesen bin, der letzten Endes den Befehl dazu gegeben hat. Ulbricht

403 Genaues Datum des Gesprächs nicht ermittelt; in der Vorlage steht vor der wörtlichen Rede kein Absatz. – Kroll war 1958 bis 1962 Botschafter der Bundesrepublik Deutschland in Moskau.

404 Vgl. zu den Flüchtlingszahlen Nr. 102 [2].

hat mich zwar seit längerer Zeit und in den letzten Monaten immer heftiger gedrängt, aber ich möchte mich nicht hinter seinem Rücken verstecken. Er ist viel zu schmal für mich. [...]"

[...]

Chruschtschows Antwort hat mich in meiner Ansicht bestärkt, daß er es wegen der Mauer wie überhaupt über Berlin nicht zu einem atomaren Krieg mit den Vereinigten Staaten hätte kommen lassen. [...]

101. „Mauern, die wir selber bauen" von Margret Boveri, 9. Februar 1962

Artikel in „Die Zeit" v. 9.2.1962 in: KLEßMANN, Zwei Staaten, Dok. 13, S. 502f.

Ebenso schlimm wie die Mauer aus Steinen, Mörtel und Zement, die am 13. August quer durch Berlin gebaut worden ist, scheint mir die Mauer zu sein, die sich im Laufe der letzten fünfzehn Jahre fast unmerklich in der Vorstellungswelt der Deutschen auf beiden Seiten der Trennungslinie gebildet hat. Vielleicht ist sie sogar noch schlimmer, weil die Steinmauer sich einmal, wenn die politischen Voraussetzungen gegeben sein werden, mit physischen Mitteln von einem Tag auf den anderen abtragen läßt [...].

Dagegen die immaterielle und doch so undurchdringliche Mauer, von der hier die Rede sein soll, kann nicht auf Grund von Beschlüssen der verantwortlichen Regierenden einfach abgebaut werden. Sie hat keinen geographischen Ort und ist doch in der Landschaft des Kalten Krieges in ihrer Doppelseitigkeit allgegenwärtig: gebaut aus vermeintlichen Erkenntnissen und propagandistisch erzeugten Vorstellungen, zementiert durch immer neu aufwallende und wieder erstarrende Lagen hochgepeitschter Erregungen. [...]

Lassen wir die Propagandisten drüben ruhig weiter in ihrer plumpen Art auf unsere angeblichen Faschisten und Militaristen schimpfen, sie mögen alles, was in der Bundesrepublik geschieht, schlechtmachen, auf jeden westlichen Politiker, ob es ein sturer Regierungschef oder ein verständigungsbereiter Publizist ist, unterschiedslos hetzen – es wird ins Leere gehen, sofern nicht täglich mit derselben Art von Munition zurückgeschossen wird. Viel wäre schon gewonnen, wenn Klischee-Ausdrücke wie „Konzentrationslager" und „17 Millionen Sklaven" aus dem täglichen Vokabularium des Westens wegfielen. [...]

Das alles soll nicht heißen, daß man plötzlich Herrn Ulbricht lieben lernen muß – es gibt ja auch andere regierungsfähige Männer in der DDR –, aber man sollte durch eigene Vermauerung Ulbrichts Position wenigstens nicht weiter festigen. Es heißt auch nicht, daß man weich sein und zu allen Forderungen Moskaus oder Pankows „ja" sagen soll. Es heißt aber, daß der Westen zum Verhandeln erst wirklich fähig ist, wenn er sich nicht durch das Aufrechterhalten von Fiktionen und Geschichtsmythen selbst dumm und schwach macht, und daß er mit jedwedem Gegner nur zurechtkommen kann, wenn er ihm die Qualitäten des Menschseins nicht schon im voraus abspricht.

[...]

Sicherheit, die Devise der Bonner Außenpolitik in den letzten Jahren, ist schön, wenn sie nicht zuletzt in die Katastrophe führt. Doch ohne Risiko und ohne den Mut, es auf sich zu nehmen, wird keine Politik uns aus dem Irrgarten der Mauern herausführen. [...]

102. Tabellen: Grenzopfer, Flucht und Übersiedlung aus der DDR (1949–1990)

[1:] Angaben der Berliner Staatsanwaltschaft nach JAHNTZ, Aufarbeitung, S. 312f.; [2:] ZWAHR, Umbruch, S. 440 u. [1945–48, 1961, 1990:] PÖTZSCH, Geschichte, S. 292

[1] Todesopfer und Versehrte an der innerdeutschen Grenze (1948–1989)

Nachweisliche Todesfälle[405] an der innerdeutschen Grenze (einschließlich Berlin), 31.7.1948 – 5.2.1989		270
davon: durch Schußwaffengebrauch	237	
durch Minendetonationen und Selbstschußanlagen	33	
Durch Minendetonationen versehrte Überlebende		150

[2] Übersiedler und Flüchtlinge aus der DDR[406] (1945–1990)

1945–1948	721 232	**1970**	17 519
1949	129 245	**1971**	17 408
1950	197 788	**1972**	17 164
1951	165 648	**1973**	15 189
1952	182 393	**1974**	13 252
1953	331 390	**1975**	16 285
1954	184 198	**1976**	15 168
1955	252 870	**1977**	12 078
1956	279 189	**1978**	12 117
1957	261 622	**1979**	12 515
1958	204 092	**1980**	12 763
1959	143 917	**1981**	15 433
1960	199 188	**1982**	13 208
1.1.–12.8.1961	207 026	**1983**	11 343
13.8.–31.12.1961	51 624	**1984**	40 974
1962	21 356	**1985**	24 912
1963	42 632	**1986**	26 178
1964	41 876	**1987**	18 958
1965	29 552	**1988**	39 832
1966	24 131	**1989**	343 854
1967	19 573	**bis 30.6.1990**	249 264
1968	16 036		
1969	16 975		**4 668 967**

405 Gegenüber den juristisch nachweisbaren Todesfällen ist die Anzahl insgesamt registrierter Todesfälle im Zusammenhang mit dem Grenzregime der DDR wesentlich höher: nach den – allerdings umstrittenen – Angaben der „Arbeitsgemeinschaft 13. August“ über 1000. Für die Berliner Mauer wird jüngst von 125 nachweislichen Todesfällen ausgegangen (nach: FINGER, Opfer, S. 5).

406 Für die Jahre 1945 bis 1961 sind Übersiedler nicht erfaßt.

V. Annäherungen an den Wandel (1963 – 1974)

Einführung

Allmählich leitete der Mauerbau (**Nr. 94–102**) in Westdeutschland einen *Prozeß des Umdenkens* ein. Denn die vollzogene Abschottung der DDR bei gleichzeitiger Steigerung ihrer wirtschaftlichen Leistungsfähigkeit zu Beginn der 1960er Jahre ließ ein schleichendes Auseinanderleben der Deutschen diesseits und jenseits des Eisernen Vorhangs befürchten und zeigte, daß die Wiederherstellung der Einheit in weite Ferne gerückt war. Die USA und die Sowjetunion würden aufgrund der *nuklearen Pattsituation* die jeweiligen Machtbereiche akzeptieren. Das hatte die seit 1958 schwelende Krise um Berlin (**Nr. 91f.**) und vor allem die Kuba-Krise des Jahres 1962 gezeigt (**Nr. 106**). Ebenso verhielt es sich später angesichts der Niederschlagung des „Prager Frühlings" im August 1968, den der französische Außenminister Michel Debré als einen „Verkehrsunfall auf dem Wege zur Entspannung"[407] bezeichnet hatte. – Der Mauerbau setzte der deutschlandpolitischen Konzeption faktisch ein Ende, daß man durch eine Politik der Stärke und die konsequente Nichtanerkennung der DDR diese nach gewisser Zeit der Sowjetunion abringen könne. Nun gab es die steingewordene Spaltung, und durch den Mauerbau hatte die DDR gewissermaßen ihre schrittweise Anerkennung erzwungen, da direkte deutsch-deutsche Gespräche über menschliche Erleichterungen in Berlin fortan unumgänglich wurden. Die Mauer, so emotional die Existenz dieser unmenschlichen Grenzanlage damals wie heute behandelt wurde, nötigte die westliche Politik, über die Basis der Deutschlandpolitik und der Ost-West-Beziehungen nachzudenken.

Der Hauptexponent der These, daß nur eine Politik der Stärke gegenüber der Sowjetunion eine Wiedervereinigung möglich machen könne, Konrad Adenauer, hatte im Oktober 1963 das Amt des Bundeskanzlers an *Ludwig Erhardt* abgegeben. Im deutsch-deutschen und westdeutsch-sowjetischen Verhältnis gab es unter der Regierung Erhard (1963–66) freilich mehr Gesten als wesentliche Annäherungen. Es waren aber Ansätze wirtschaftlicher und kultureller Beziehungen durch das Passierscheinabkommen (1963), woraufhin die Westberliner ihre Verwandten in Ostberlin über Weihnachten besuchen konnten, und die ersten Journalisten-Reisen in die DDR geschaffen worden. Dies waren durchaus Fortschritte, bedenkt man, daß von einer westdeutschen Ostpolitik im Grunde erst seit 1955, seit Adenauers Moskau-Reise (**Nr. 84–85**), überhaupt die Rede sein konnte. Doch derartige Bemühungen um eine Entspannung im Ost-West-Verhältnis entkräfteten sich letztlich durch das Festhalten an dem Grundpfeiler westdeutscher Ostpolitik, der Nichtanerkennung der DDR. Erhards Außenminister Gerhard Schröder, der das Amt schon in den beiden letzten Regierungsjahren Adenauers innegehabt hatte, setzte ganz darauf, die westdeutschen Wirtschaftsbeziehungen zu den Staaten Ostmittel- und Südosteuropas zu intensivieren, um damit die DDR im eigenen Lager zu isolieren.

---

[407] Zit. nach: BENDER, Ostpolitik, S. 157.

So sind in den Jahren 1963/64 Handelsverträge mit Polen, Rumänien, Ungarn und Bulgarien abgeschlossen und Handelsmissionen eingerichtet worden. Doch die Sowjetunion, die Folgen für die DDR erfassend, durchkreuzte den Fortgang dieser Entwicklung, so daß die Ostpolitik durch die osteuropäische Hintertür ausgebremst wurde. Der damalige Staatssekretär im Auswärtigen Amt und spätere Bundespräsident Karl Carstens hat am Ende der Kanzlerschaft Erhardts in einer aufschlußreichen Aufzeichnung einen deutschlandpolitischen Kassensturz gewagt (**Nr. 104**). Carstens resümierte die bisherigen Leitsätze der Deutschlandpolitik – Alleinvertretungsanspruch, Selbstbestimmung, Viermächteverantwortung, Grenzvorbehalt – und ihre Probleme: Sie seien „dem eigentlichen Ziel, der Wiedervereinigung, nicht nähergekommen", es seien eine innere „Entfremdung der beiden Teile unseres Volkes", eine „Deutschland-Müdigkeit" der Westmächte und Anerkennungserfolge der DDR in den Ländern der Dritten Welt zu beobachten. Obgleich Carstens gerade im Hinblick auf die Sowjetunion Änderungen der bisherigen Ostpolitik „für möglich und nötig" erachtete, gipfelte seine Aufzeichnung in der Feststellung, daß eine „friedliche Koexistenz zwischen uns und dem Regime in der Zone" letztlich unerreichbar sei, womit, bei aller Klarheit, die jene Lagebeurteilung auszeichnete, sie doch ein markantes Beispiel für das deutschlandpolitische „Dilemma" (ebd.) abgibt, in dem sich die Bundesrepublik befand.

Mit der *Großen Koalition* (1966–69) nahmen die Schritte zum Osten hin zu – Willy Brandt war Außenminister und Herbert Wehner war Minister für gesamtdeutsche Fragen geworden. Erstmals war in der Regierungserklärung des neuen Bundeskanzlers Kurt Georg Kiesinger die Ostpolitik vor der Westpolitik betont worden (**Nr. 107**). Jedoch hielt Kiesinger, wie zuvor Erhardt, an der Hallstein-Doktrin (**Nr. 88**) fest, obwohl diese spätestens mit der Aufnahme diplomatischer Beziehungen zu Rumänien (1967) ausgehöhlt worden war und ihren politischen Nutzen augenfällig eingebüßt hatte. Immerhin konnte die DDR im Jahr 1969 diplomatische Beziehungen mit dem Irak, Kambodscha, Sudan, Ägypten und Südjemen aufnehmen. Im deutsch-deutschen Verhältnis wurden große Schritte dementsprechend nicht getan. Abgesehen von dem Briefwechsel Stoph-Kiesinger, der im Mai/Juni 1967 begann und vormals – als Aufwertung der DDR – undenkbar gewesen wäre, versuchte auch die Große Koalition eine Entspannungspolitik mit den Ostblockstaaten und der Sowjetunion unter Aussparung der DDR zu erreichen. Letzteres konnten weder die Sowjetunion noch die DDR akzeptieren, so daß der deutschlandpolitischen Stoßrichtung, die anderen Ostblockstaaten als Hebel gegen die DDR zu benutzen, ein Riegel vorgeschoben wurde. Die im Februar 1967 tagende Außenministerkonferenz der Warschauer-Pakt-Staaten einigte sich auf den Beschluß, wirtschaftliche oder politische Beziehungen zur Bundesrepublik nicht zu intensivieren oder aufzunehmen, solange die DDR keine Beziehungen zur Bundesrepublik unterhält bzw. von dieser nicht staatlich anerkannt wird. Diese auch unter dem Namen des Staats- und Parteichefs der DDR firmierende „*Ulbricht-Doktrin*"[408] bedeutete faktisch ein östliches Gegenstück zur Hallstein-Doktrin. Damit war die bundesrepublikanische Deutschlandpolitik abermals in eine Sackgasse geraten. Die DDR reagierte auf die Ostpolitik der Großen Koalition mit einer strengen *Abgrenzungspolitik* und demonstrativen Absagen an die deutsche Nation: Zahlreiche Institutionen, die die

[408] Auszug unten S. 213, Anm. 435.

Wörter „deutsch“ oder „Deutschland“ im Namen trugen, wurden umbenannt, so das 1965 eingerichtete „Staatssekretariat für gesamtdeutsche Fragen“, daß nun „Staatssekretariat für westdeutsche Fragen“ hieß. Im Februar 1967 wurde ein Gesetz über die Staatsbürgerschaft erlassen, welches die bisherige gemeinsame deutsche Staatsangehörigkeit durch die DDR-Staatsbürgerschaft ersetzte, und schließlich wurde in der neuen Verfassung von 1968 (**Nr. 121**), die eine sozialistische Verfassung sein sollte und demzufolge den ohnehin unangefochtenen Führungsanspruch der SED zum Verfassungselement erhob, die DDR als „sozialistischer Staat deutscher Nation“ (ebd., Artikel 1) in scharfen Gegensatz zur ‚imperialistischen‘ Bundesrepublik gerückt. In der Verfassung von 1949 hieß es noch, Deutschland sei „eine unteilbare Republik“ und es gebe „nur eine deutsche Staatsangehörigkeit“ (ebd., Artikel 1). Seit Juni 1968 galt dann schließlich die Paß- und Visapflicht für Reisen zwischen Westdeutschland und Westberlin. Außenpolitisch wurde die DDR seit März 1967 durch Verträge über „Freundschaft, Zusammenarbeit und gegenseitigen Beistand“ mit Polen, der Tschechoslowakei, Ungarn und Bulgarien noch tiefer in den Ostblock eingebunden. Seit der *Breschnew-Doktrin*, die die Niederschlagung des „Prager Frühlings“ im August 1968 durch die Warschauer-Pakt-Staaten rechtfertigte, war die sowjetische Dominanz über den gesamten Ostblock verbindlich erklärt worden. Die Formel, daß ein sozialistischer Staat dann eingeschränkt souverän sei, wenn die sozialistische Ordnung gefährdet werde, erleichterte nun das gewaltsame Zusammenhalten des Ostblocks.

Daß sich unter Fortsetzung der bisherigen Politik die Verhärtung der Fronten, die durch den Wandel der deutschlandpolitischen Lage seit dem Mauerbau entstanden war, nicht aufbrechen ließ, war ein Grundpfeiler der Ostpolitik der *Regierung Brandt* (1969–1974). Nun kamen Politiker zum Zuge, die einem Ausgleich zwischen Ost und West und einer Neugestaltung der deutsch-deutschen Beziehungen offen gegenüberstanden. Gustav Heinemann, einer der aktivsten Neutralisten in der Adenauer-Ära (**Nr. 48**), war bereits im März 1969 Bundespräsident geworden. Egon Bahr, einer der ostpolitischen Köpfe der SPD, wurde Staatssekretär im Bundeskanzleramt. 1963 hatte er das Konzept *„Wandel durch Annäherung“* entwickelt, das er auf den Nenner brachte: „Die Zone muß mit Zustimmung der Sowjets transformiert werden.“ (**Nr. 103**).

Aktives politisches Handeln mußte unweigerlich bei den jahrzehntelang überkommenen Leitsätzen deutscher Ostpolitik ansetzen, nämlich der Grenzfrage (Oder-Neiße-Grenze; **Nr. 31–32, 104**) und der Anerkennung der DDR. Da an eine Neuordnung der deutsch-deutschen Beziehungen ohne Moskau nicht zu denken war, mußten diese Fragen mit der Sowjetunion verhandelt werden. Doch auch die Regierung Brandt konnte einer förmlichen (völkerrechtlichen) Anerkennung der DDR nicht zustimmen. Da die Versuche der UdSSR in letzterer Hinsicht erfolglos blieben, ging sie zumindest auf das deutsche Zugeständnis ein, zu einer Regelung der Grenzfragen zu gelangen. Damit wurde im *Moskauer Vertrag* (12. August 1970) schließlich auch die Unverletzbarkeit der Grenzen der DDR und der Oder-Neiße-Linie anerkannt. Letztere wurde im *Warschauer Vertrag* (Dezember 1970) ausdrücklich mit Polen bestätigt und vereinbart, daß beiderseits keine Gebietsansprüche erhoben würden[409]. Damit war die seit dem Görlit-

[409] Den Schlußstein der Ostverträge bildete der Prager Vertrag mit der Tschechoslowakei vom 11. Dezember 1973. Hauptstreitpunkt der sich über zwei Jahre hinziehenden Verhandlungen war

zer Abkommen (1950) von bundesrepublikanischer Seite leidenschaftlich vorgetragene Rechtsposition, daß alle Grenzfragen erst nach der Wiedervereinigung in einem Friedensvertrag mit den vier Siegermächten geregelt werden könnten (Nr. 32), praktisch erloschen. Die deswegen einsetzende heftige *Kritik der Opposition* warf der Regierung Brandt ein Unmöglichmachen der Wiedervereinigung vor: „Die Konsequenz wird sein", so einer der entschiedensten Gegner der Brandtschen Ostpolitik, von Guttenberg (CDU), „daß es kein Deutschland mehr gibt im Urteil der Welt, sondern eine deutsche, demokratische Republik, eine Bundesrepublik Deutschland oder besser eine ‚deutsche Bundesrepublik' und vielleicht noch für eine Zwischenphase ein Westberlin, das dann eines Tages in der deutschen, demokratischen Republik begraben werden wird." (Nr. 109). Dementsprechend betrachteten die Westdeutschen, die der Sowjetunion weiterhin mißtrauten und ihr Bedrohungspotential fürchteten (Nr. 111–113), die Ostverträge mit Skepsis. Nicht umsonst hatte sich Brandt noch in Moskau in einer Fernsehansprache an die Bevölkerung gewandt und eindringlich betont, daß der Moskauer Vertrag „in keiner Weise die feste Verankerung" der Bundesrepublik „im Bündnis des Westens" beeinträchtige und „nichts und niemanden" gefährde (Nr. 108).

Für die *Westmächte* war die Brandtsche Ostpolitik tatsächlich ein Novum. Sie paßte zwar in das Konzept der amerikanischen Entspannungspolitik unter Präsident Nixon, doch man war von dem außergewöhnlichen Aktivismus der Bonner Regierung durchaus überrascht. Denn Deutschlandpolitik war bis dato eine Domäne der Westmächte gewesen, und Adenauer hatte sie stets gedrängt, ihre Verantwortung für Deutschland als Ganzes auch wahrzunehmen (Nr. 85, 90). Ohne Adenauers tiefe Verwurzelung der Bundesrepublik in den Westen wäre die neue Ostpolitik nicht möglich gewesen, sie wäre an den beständigen Besorgnissen der Westmächte (Nr. 84) gescheitert, es könne eine neue Rapallo-Politik geben. Doch auch die Sozialdemokratie hatte die Voraussetzungen dafür geschaffen, daß die Ostpolitik gangbar werden konnte, indem sie sich seit ihrem Kurswechsel 1959/60[410] auf den Boden der Westintegration und des nordatlantischen Bündnisses gestellt hatte. – Im Gegensatz zu den zweiseitigen Abkommen, die aus der Ostpolitik hervorgingen, waren alle den Status von Berlin betreffenden Belange allerdings unbestreitbar Angelegenheiten, die ein Zusammenwirken der vier Mächte voraussetzten. Es war die günstige Atmosphäre der Ostverträge, die eben jenes, in den zurückliegenden Phasen des Kalten Krieges stets gescheiterte Zusammenwirken ermöglichte und namentlich die Sowjetunion dazu bewegte, einer Regelung der Berlin-Frage zuzustimmen. Das Anfang September 1971 unterzeichnete *Viermächteabkommen über Berlin* (Nr. 114) bekräftigte die Existenz der westlichen Sektoren und die Gesamtverantwortung der vier Mächte für Berlin als Ganzes, sicherte die Verkehrsverbindungen – erstmals auch die zivilen – und erkannte förmlich die Bindungen Westberlins zur Bundesrepublik an, auch wenn der bisherige Status, daß Westberlin kein „konstitutiver Teil" (ebd., Abschnitt II.B) Westdeutschlands sei, nun festgeschrieben wurde[411]. Die demonstrativ den Hauptstadtanspruch unterstreichenden Sitzungen von Ver-

die Behandlung des Münchener Abkommens von 1938. Letztlich hatte die deutsche Seite ihren Standpunkt durchsetzen können, indem das Münchener Abkommen für ungültig erklärt und damit die befürchteten Restitutionen ausgeschlossen wurden. Auch im Prager Vertrag wurde die Unverletzbarkeit der Grenzen erklärt.

410 Vgl. oben S. 167.

411 Vgl. zur Entwicklung des Berlin-Status oben S. 181, Anm. 375.

fassungsorganen der Bundesrepublik Deutschland, vor allem des Bundestages, in Westberlin mußten nun unterbleiben. Umgekehrt blieben Störaktionen der DDR-Regierung im Transitverkehr zwischen Ost- und Westberlin fortan aus. Aufgrund des Abkommens konnte sich eine neuerliche Krise, wie sie das sowjetische Berlin-Ultimatum von 1958 (**Nr. 91**) ausgelöst hatte, an der Berlin-Frage nicht mehr entzünden.

Im deutsch-deutschen Verhältnis sind die ersten vorsichtigen Fühler im März 1970 mit dem *Erfurter Treffen* (**Nr. 116**) von Bundeskanzler Brandt und DDR-Ministerpräsident Stoph ausgestreckt und im Mai des Jahres mit dem Treffen in Kassel fortgeführt worden. Freilich ging es der DDR-Führung wie ehedem um die staatliche Anerkennung. Doch auch Brandt, der in seiner ersten Regierungserklärung die Formel der Beziehungen „besonderer Art"[412] zwischen beiden deutschen Staaten gefunden hatte, konnte eine formale Anerkennung nicht akzeptieren. Der schließlich im *Grundlagenvertrag* (**Nr. 119**) zwischen Bundesrepublik und DDR vom 21. Dezember 1972 realisierte Kompromiß der Einrichtung ständiger Vertretungen (ebd., Artikel 8) – also keiner Botschaften, wie es im diplomatischen Verkehr mit dem Ausland (!) üblich ist – lief aber faktisch auf eine Anerkennung der DDR hinaus (ebd., Artikel 6), zumal die Bundesregierung ausdrücklich den Alleinvertretungsanspruch (**Nr. 29**) suspendierte (**Nr. 119**, Artikel 4). Da zu befürchten stand, daß eine staatliche Anerkennung der DDR überhaupt die Möglichkeit einer Wiedervereinigung langfristig verbauen würde, war diese Frage ein heftiger parteipolitischer Streitpunkt, so daß auch bei den Westdeutschen die Auffassungen über den Grundlagenvertrag stark von der Parteipräferenz beeinflußt waren (**Nr. 120**). Tatsächlich folgte nach Abschluß des Grundlagenvertrages eine Welle *diplomatischer Anerkennungen* der DDR: vom 21. Dezember 1972 bis zum 29. November 1973 waren es 61[413]. Zudem wurde die DDR ein Jahr später, im September 1973, zusammen mit der Bundesrepublik Mitglied der UNO. Dies waren Entwicklungen, die der bisherige Kurs der deutsch-deutschen Beziehungen, den die Bundesregierungen von Adenauer bis Kiesinger beibehalten hatten, stets verhindern sollte. Die harsche parlamentarische Kritik an der Brandtschen Ostpolitik erhob daher den Vorwurf des Ausverkaufs deutscher Rechtspositionen und verwies auf das unmenschliche Grenzregime (**Nr. 60, 102 [1], 115**) und die Menschenrechtsverletzungen in der DDR (R. Barzel in **Nr. 116**). Mit Hinweis auf das in der Präambel des Grundgesetzes verankerte *Wiedervereinigungsgebot*[414] ist von der bayerischen Staatsregierung, kurz nachdem der Grundlagenvertrag im Mai 1973 knapp Bundestag und Bundesrat passiert hatte, (erfolglos) Klage vor dem Bundesverfassungsgericht erhoben worden. In der Tat klammerte der Grundlagenvertrag die Frage der Wiedervereinigung aus. Daher ist im Vorfeld der Unterzeichnung des Grundlagenvertrags – ebenso zuvor im Vorfeld des Moskauer Vertrages – in einem „Brief zur deutschen Einheit" an den Ministerrat der DDR demonstrativ betont worden, daß die Deutsche Frage hierdurch nicht erledigt sei.[415]

---

412 Auszug: unten S. 223, Anm. 452.

413 Eine Zeittafel der Aufnahme diplomatischer Beziehungen zur DDR seit 1949 in: DREI JAHRZEHNTE AUßENPOLITIK, S. 857–859.

414 Auszug: **Nr. 126 [2]**.

415 Vgl. zum Urteil des Bundesverfassungsgerichtes und zum „Brief zur deutschen Einheit" unten S. 227, Anm. 458.

Der Regierung Brandt ging es darum, zu einem Ausgleich zwischen West und Ost und zu einer Annäherung der beiden deutschen Staaten zu gelangen. Hierfür räumte sie zentrale deutsche Rechtspositionen. Doch sowohl für die Sowjetunion als auch für die DDR lag in dieser an sich vorteilhaften Entwicklung ein nicht geringes Risiko. Es stand zu befürchten, daß eine deutsch-deutsche Annäherung unter den Bürgern der DDR das Verlagen nach Demokratisierung und Wiederherstellung der Einheit mit dem prosperierenden westdeutschen Teilstaat nähren könnte. Jetzt rückte die SED von ihrer seit der doppelten Staatsgründung verfolgten Linie ab (**Nr. 39, 44**), durch Vorschläge, Angebote und Noten die Wiederherstellung der Einheit zu propagieren. Durch die Aussicht auf staatliche – wenn auch nicht völkerrechtliche – Anerkennung und das Abrücken der Bundesregierung von den Grenzvorbehalten und dem Alleinvertretungsanspruch (**Nr. 29**) war der DDR-Führung ihr bislang beharrlich vorgetragenes Leitmotiv abhanden gekommen, daß die den Frieden gefährdenden ‚Spalter' Deutschlands einzig die Bonner „Revanchisten" (z.B. **Nr. 95**) seien. Die SED geriet in Zugzwang, und es war unvermeidlich, sich auf die Bonner Kehrtwende einzulassen. Unmittelbar nach Unterzeichnung des Moskauer Vertrages im August 1970 beeilte sich der sowjetische Parteichef Breschnew, dem neuen Favoriten Moskaus, Honecker, klarzumachen, daß auch die Regierung Brandt darauf aus sei, die DDR zu erschüttern. Die DDR sei „unsere Errungenschaft", es sei wichtig, sie im Innern und im Kreis der sozialistischen Staaten zu festigen: „Deutschland gibt es nicht mehr", sondern zwei unabhängige deutsche Staaten (**Nr. 117**). Dies war mehr als Chruschtschows Zweistaatentheorie (**Nr. 82**), auf die auch die SED seit 1955 gesetzt hatte. Es war die eingeforderte *Absage an die Nation* und den Einheitsgedanken. Dieser Linie folgte Honecker unverzüglich, nachdem er 1971 mit russischer Rückendeckung Ulbricht aus dem Amt des 1. Sekretärs der SED verdrängt hatte. Nun galt es, die „Einheit der deutschen Nation" als „Gerede im Westen" abzuwerten und statt dessen die „sozialistische Nation" emporzuheben (**Nr. 118**), um der Sowjetunion zu demonstrieren, daß die DDR weiterhin fest im östlichen Lager stand. Das bislang stets vorgetragene Ziel der Wiedervereinigung beider deutscher Staaten wurde nun aufgegeben, die Souveränität und staatliche Existenz der DDR betont[416] und schließlich sogar der Begriff der „deutschen Nation" und der Anspruch der Wiedervereinigung im Oktober 1974 aus der DDR-Verfassung gestrichen (**Nr. 121**).

[416] So bezüglich des Grundlagenvertrages, bei dem es sich, so Honecker, „um einen normalen völkerrechtlichen Vertrag" handele, der „zwischen zwei voneinander unabhängigen, souveränen Staaten mit unterschiedlicher Gesellschaftsordnung abgeschlossen" worden sei (Rede Honeckers auf der 9. Tagung des Zentralkomitees der SED, 28. Mai 1973; auszugsw. abgedr. bei MAIBAUM, Geschichte, S. 78).

A. Stagnation und Prozesse des Umdenkens

103. Rede Egon Bahrs[417] in Tutzing, 15. Juli 1963

SICHERHEITSPOLITIK, Bd. 2, S. 550–553, hier S. 550

„Wandel durch Annäherung"

[...]

Heute ist klar, daß die Wiedervereinigung nicht ein einmaliger Akt ist, der durch einen historischen Beschluß an einem historischen Tag auf einer historischen Konferenz ins Werk gesetzt wird, sondern ein Prozeß mit vielen Schritten und vielen Stationen. Wenn es richtig ist, was Kennedy sagte, daß man auch die Interessen der anderen Seite anerkennen und berücksichtigen müsse, so ist es sicher für die Sowjetunion unmöglich, sich die Zone zum Zwecke einer Verstärkung des westlichen Potentials entreißen zu lassen. Die Zone muß mit Zustimmung der Sowjets transformiert werden. Wenn wir soweit wären, hätten wir einen großen Schritt zur Wiedervereinigung getan.

[...] Wenn es richtig ist, und ich glaube, es ist richtig, daß die Zone dem sowjetischen Einflußbereich nicht entrissen werden kann, dann ergibt sich daraus, daß jede Politik zum direkten Sturz des Regimes drüben aussichtslos ist. Diese Folgerung ist rasend unbequem und geht gegen unser Gefühl, aber sie ist logisch. Sie bedeutet, daß Änderungen und Veränderungen nur ausgehend von dem zur Zeit dort herrschenden verhaßten Regime erreichbar sind. [...]

Ich komme zu dem Ergebnis, daß sich unterhalb der juristischen Anerkennung[418], unterhalb der bestätigten Legitimität dieses Zwangsregimes bei uns so viel eingebürgert hat, daß es möglich sein muß, diese Formen auch gegebenenfalls in einem für uns günstigeren Sinne zu benutzen. [...]

[...] Wir haben gesagt, daß die Mauer ein Zeichen der Schwäche ist. Man könnte auch sagen, sie war ein Zeichen der Angst und des Selbsterhaltungstriebs des kommunistischen Regimes.[419] Die Frage ist, ob es nicht Möglichkeiten gibt, diese durchaus berechtigten Sorgen dem Regime graduell soweit zu nehmen, daß auch die Auflockerung der Grenzen und der Mauer praktikabel wird, weil das Risiko erträglich ist. Das ist eine Politik, die man auf die Formel bringen könnte: Wandel durch Annäherung. Ich bin fest davon überzeugt, daß wir Selbstbewußtsein genug haben können, um eine solche Politik ohne Illusionen zu verfolgen, die sich außerdem nahtlos in das westliche Konzept der Strategie des Friedens einpaßt, denn sonst müßten wir auf Wunder warten, und das ist keine Politik.

---

417 Derzeit Leiter des Presse- und Informationsamtes in Berlin (seit 1960) unter dem Regierenden Bürgermeister Brandt.

418 Der DDR.

419 Vgl. zum Mauerbau **Nr. 94ff.** bzw. **Nr. 100** zu den Hintergründen aus sowjetischer Sicht sowie **Nr. 102** [2] zu Übersiedlung und Flucht aus der DDR.

104. Aufzeichnung des Staatssekretärs im Auswärtigen Amt Karl Carstens[420], 17. Oktober 1966

AAPD, 1966, Bd. 2, Nr. 333, S. 1374–1383

Probleme der Deutschlandpolitik (Alleinvertretungsanspruch, Anerkennung der DDR, Grenzfragen) – Wiedervereinigung – Verhältnis zu den Westmächten – Berlin – Entspannung im Ost-West-Konflikt

Die Problematik unserer Deutschland-Politik:

Die zunehmenden Schwierigkeiten, auf die unsere Deutschland-Politik stößt, veranlassen mich zu der nachfolgenden zusammenfassenden Darstellung.

I. Kennzeichnung unserer Deutschland-Politik

1) Das Ziel unserer Deutschland-Politik ist die Wiedervereinigung der beiden getrennten Teile unseres Volkes in Frieden und Freiheit, d. h. unter Bedingungen, die [die] Sicherheit und die freiheitliche Lebensform des vereinigten Volkes nicht in Frage stellen.

Als Mittel zur Erreichung dieses Ziels dienen uns vor allem[421]:

- der Alleinvertretungsanspruch
- die Forderung nach Selbstbestimmung für das ganze deutsche Volk
- das Festhalten an der Vier-Mächte-Verantwortung
- die Verklammerung von Abrüstungs- und Entspannungsmaßnahmen mit der deutschen Frage.

2) Das wohl wichtigste Mittel unserer Deutschland-Politik ist unser Alleinvertretungsanspruch, d. h. unser von den Westmächten unterstützter Anspruch, für das ganze deutsche Volk in internationalen Angelegenheiten zu sprechen.

Im einzelnen ziehen wir aus diesem Anspruch nachstehende Folgerungen:

Wir erkennen die SBZ[422] nicht als Staat, das SBZ-Regime nicht als Regierung an[423].

Wir lehnen amtliche Kontakte zu diesem Regime ab. [...]

Wir bekämpfen das internationale Vordringen der SBZ in dritten Ländern und in internationalen Organisationen. Wir wenden uns gegen Einladungen führender Persönlichkeiten aus der SBZ (Ulbrichts in die VAR[424]). Wir suchen schon ihre Ausreise aus der SBZ zu verhindern [...]. Wir wenden uns gegen die Herstellung amtlicher Kontakte zwischen der SBZ und dritten Ländern durch Austausch von Missionen, durch die Aufnahme konsularischer oder diplomatischer Beziehungen und gegen die Anerkennung der SBZ als einen Staat. [...] Wir behandeln die Einwohner der SBZ als deutsche Staatsangehörige und stellen sie in vieler Hinsicht den Bewohnern des Bundesgebietes gleich. Das Gebiet der SBZ behandeln wir in gewissem Umfang als „Inland".

---

420 Ausgefertigt für einen Vortrag im Kabinett am 14. Oktober 1966. Die Aufzeichnung lag den Außenministern Gerhard Schröder und Willy Brandt – seit Dezember 1966 Vizekanzler und Außenminister im Kabinett Kiesinger – vor. Vgl. AAPD, 1966, Bd. 2, S. 1374, Anm. 1.

421 Vgl. zum Alleinvertretungsanspruch **Nr. 29, 30** und zur Viermächteverantwortung **Nr. 90**.

422 Sowjetische Besatzungszone.

423 Zur Hallstein-Doktrin: **Nr. 88 u. 90**; zur Ablehnung amtlicher Kontakte: **Nr. 87**.

424 Vereinigte Arabische Republik. Ägypten hatte aufgrund der westdeutschen Unterstützung für Israel Ulbricht zu einem Besuch eingeladen, zu dem es im Februar/März 1965 kam und dem ein Abkommen über wirtschaftliche, wissenschaftliche und kulturelle Zusammenarbeit folgte.

3) Ein weiteres Element unserer Deutschland-Politik bildet die These, daß Deutschland in seinen Grenzen von 1937 fortbesteht. Demgemäß erkennen wir die Oder-Neiße-Linie nicht als deutsch-polnische Grenze an[425]. Wir vertreten den Standpunkt, daß diese Grenze nur in einem Friedensvertrag mit dem wiedervereinigten Deutschland festgesetzt werden kann. Wir betrachten uns, d.h. die Bundesrepublik Deutschland als mit dem Deutschen Reich identisch und ziehen daraus – nicht in praxi, aber in der Theorie – die Folgerung, daß auch die Gebiete östlich der Oder und Neiße „Inland" im Sinne unserer Gesetze seien.

4) Wir fordern das Selbstbestimmungsrecht für das ganze deutsche Volk und fordern konkret freie Wahlen in ganz Deutschland, aus denen eine gesamtdeutsche Regierung hervorgehen soll.

5) Wir fordern den Abzug der sowjetischen Truppen aus der SBZ.

6) Als Mittel der Einleitung des Wiedervereinigungsprozesses sehen wir die Vier-Mächte-Verantwortung[426] an. Wir halten an diesem Prinzip fest, wenn wir es auch in letzter Zeit nicht mehr in den Vordergrund gestellt haben, da seit längerem ein gemeinsames Vorgehen schon der drei Westmächte unmöglich erscheint, von einem solchen der vier Mächte ganz zu schweigen.

7) Hinsichtlich West-Berlins vertreten wir – im Gegensatz zu der Auffassung der drei Westmächte und selbstverständlich der Sowjetunion – den Stand[punkt], daß dieser Teil der Stadt ein deutsches Land[427] und demnach Teil der Bundesrepublik Deutschland ist. [...]

8) In der Frage, wie unsere Deutschland-Politik mit der Abrüstungs- und Entspannungs-Politik zu verknüpfen sei, hat sich unsere Haltung mehrfach geändert. [...]

Wir erklären uns jetzt mit umfassenden Abrüstungsmaßnahmen ohne Verknüpfung mit der Deutschlandfrage einverstanden, wenn sie weltweit sind. Europäische Sicherheitsprojekte wollen wir dagegen nur im Zusammenhang mit der Deutschland-Frage erörtern.

Es ist jedoch zweifelhaft, wie lange wir diese letzte These noch werden aufrechterhalten können.

[...]

III. Schwierigkeiten unserer Deutschland-Politik

1) Unsere vorstehend gekennzeichnete Deutschland-Politik leidet darunter, daß wir trotz 16jähriger konsequenter Verfolgung dieser Politik dem eigentlichen Ziel, der Wiedervereinigung, nicht nähergekommen sind. Infolgedessen breitet sich in beiden Teilen Deutschlands Resignation aus. [...] Die dauernde Trennung führt zu einer inneren Entfremdung der beiden Teile unseres Volkes; diese Entwicklung wird besonders seit dem Bau der Berliner Mauer[428] – August 1961 – deutlich.

2) Zugleich vermindert sich die internationale Unterstützung, die unsere Deutschland-Politik in den 50er Jahren fand. Auch bei unseren Freunden tritt eine gewisse „Deutschland-Müdigkeit" ein. Unsere sich ständig wiederholenden Bitten um Unter-

425 Vgl. zu den Grenzen von 1937 und zur Oder-Neiße-Linie Nr. 32 sowie oben S. 65.
426 Wie in Artikel 2 und 7,2 des Deutschlandvertrages (Nr. 52) vorgesehen.
427 Vgl. oben S. 181, Anm. 375.
428 Vgl. Nr. 94–102.

stützung in Fragen unserer Deutschland-Politik nutzen den guten Willen, den uns die meisten Regierungen entgegenbringen, ab.

3) In dritten Ländern[429] stoßen wir auf zunehmende Schwierigkeiten. Kaum ein Tag vergeht, an dem nicht irgendwo trotz unserer Proteste eine Flagge der SBZ gezeigt wird, Vertreter der SBZ von Regierungsvertretern eines neutralen Staates empfangen werden oder andere, von uns als unerwünscht angesehene Kontakte stattfinden.

[...]

4) Die entscheidende Schwierigkeit unserer Deutschland-Politik resultiert aus der veränderten weltpolitischen Gesamtlage. Anstatt einer Zurückdrängung[430] des Kommunismus in Europa fordern die führenden Staatsmänner des Westens jetzt:

- Entspannung
- Verständigung
- Zusammenarbeit
- Versöhnung

zwischen der Sowjetunion und den anderen osteuropäischen Staaten einerseits und den Ländern der freien Welt andererseits. [...]

Unsere bisherige Deutschland-Politik steht also nicht mehr mit der von den führenden westlichen Staaten verfolgten allgemeinen Ostpolitik im Einklang. Kein westlicher Staat ist bereit, einen Druck auf die Sowjetunion im Sinne der Erfüllung der deutschen Wiedervereinigungsforderung auszuüben. Bestimmte Entspannungsprojekte erscheinen dem Westen wichtiger als etwa die konsequente Unterstützung der Nichtanerkennungspolitik. [...]

5) Unsere Deutschland-Politik bringt uns in einen scharfen Gegensatz zur Sowjetunion und zu anderen osteuropäischen Staaten, besonders zu Polen. In den jüngsten öffentlichen Erklärungen der Sowjetunion wurden hauptsächlich wir (und bisher auch die USA) attackiert. [...]

6) Die geschilderte Situation führt in jedem Fall zu einer besonders starken Abhängigkeit der Bundesrepublik Deutschland von der Bündnisgarantie der USA, da letztlich nur die USA in der Lage sind, die anspruchsvolle Deutschland-Politik, die wir betreiben, gegen sowjetischen Druck abzusichern.

7) Unsere Deutschland-Politik führt uns in eine zunehmende Isolierung. Die Sowjetunion ist bestrebt, ihr Verhältnis zu ihren Nachbarn und zu einer großen Zahl weiterer Staaten zu normalisieren, um sich in der von ihr befürchteten Auseinandersetzung mit Rotchina zu entlasten. [...]

8) Unsere Deutschland-Politik behindert unsere außenpolitische Bewegungsfreiheit. Mit Rücksicht auf sie unterlassen wir Schritte, die wir aus anderen Gründen für nützlich halten würden (Aufnahme diplomatischer Beziehungen zu den osteuropäischen Staaten). [...]

---

[429] Vgl. zur Aufnahme diplomatischer Beziehungen zur DDR seit 1949 oben S. 203, Anm. 413.

[430] Die vorliegende Aufzeichnung entstand im Umfeld der programmatischen Rede von US-Präsident Lyndon B. Johnson am 7. Oktober 1966 in New York (in: DzD, Reihe IV, Bd. 12,2, S. 1478–1482), in der dieser einer aktiven Deutschlandpolitik eine deutliche Absage erteilte. Die Wiedervereinigung, so Johnson, sei langfristig nur durch die fortgesetzte Einigung Europas zu erreichen. – Vgl. zur Politik der Zurückdrängung des Kommunismus („Roll back“) oben S. 134 u. zur Eindämmungs-Strategie Nr. 8, 20.

9) Wie mehrfach dargelegt worden ist, besteht die Gefahr, daß wir uns bei äußerster Konsequenz in der Verfolgung unserer Deutschland-Politik aus dem internationalen Verkehr selbst ausschalten. Dies würde der Fall sein, wenn weitere Staaten diplomatische Beziehungen zur SBZ aufnehmen und wir unsere Beziehungen zu ihnen daraufhin abbrechen würden, oder wenn wir uns aus internationalen Gremien oder von internationalen Veranstaltungen zurückziehen würden, falls die SBZ zugelassen wird. Im ganzen haben wir diese Gefahr bisher in Grenzen halten können; ich glaube, daß dies auch weiterhin möglich sein wird.

10) Schließlich müssen wir feststellen, daß manche Länder unsere Deutschland-Politik als ein Mittel betrachten, um uns zu erpressen. Mehrfach haben uns Entwicklungsländer zu verstehen gegeben, daß sie ihre Beziehungen zur SBZ intensivieren würden, wenn unsere Leistungen ihren Erwartungen nicht entsprächen. [...]

IV. Das Dilemma unserer Deutschland-Politik

1) Die vorstehenden Darlegungen könnten die Schlußfolgerung nahelegen, daß wir unsere Deutschland-Politik ändern müssen, um größere außenpolitische Bewegungsfreiheit zu erlangen, um uns von einem übermäßig starken Druck zu befreien und um womöglich das schwindende Zusammengehörigkeitsgefühl unseres Volkes wieder zu stärken. Zu denken wäre etwa an

- eine Änderung unserer Haltung zur Entspannungspolitik
- die Modifizierung unseres Alleinvertretungsanspruchs und der Folgerungen, die wir aus ihm ziehen
- die Änderung unserer Berlin-Politik [...]
- die Änderung unseres Standpunktes in der Grenzfrage.

Nach meiner Auffassung müssen diese Probleme gründlich durchdacht werden. Ich halte Modifikationen für möglich und nötig.

Aber was auch immer das Ergebnis dieser Überlegungen sein wird, über eins müssen wir uns im klaren sein: Wir werden aus dem Dilemma, in dem wir uns befinden, nicht herauskommen.

2) Diejenigen, die uns eine entgegenkommendere Haltung gegenüber dem Zonen-Regime anraten, übersehen meines Erachtens, daß dieses Regime uns gegenüber eine durchaus feindselige Haltung einnimmt.

[...]

Nach meiner Überzeugung ist eine dauerhafte friedliche Koexistenz zwischen uns und dem Regime in der Zone nicht erreichbar. Es handelt sich um ein aus fanatisierten Deutschen bestehendes politisches System, welches sich zum Ziel gesetzt hat, ganz Deutschland kommunistisch zu machen. [...]

[...] Ich halte es eher für möglich, daß wir uns mit den Sowjets selbst werden arrangieren können, als daß ich ein dauerhaftes Arrangement mit dem Zonen-Regime für erreichbar halte. Vom Standpunkt der Sowjets wird das China-Problem die deutsche Frage voraussichtlich mehr und mehr in den Schatten stellen. Vom Standpunkt der SBZ wird das nicht der Fall sein.

Durch Konzessionen gegenüber dem Zonen-Regime werden wir also die Gefahr, die den Grundlagen unserer eigenen Gesellschaftsordnung von dort droht, nicht abwenden, sondern wir werden sie vielleicht vergrößern.

3) Wir müssen auch die innenpolitischen Folgen der etwa notwendig werdenden Korrekturen unserer Deutschland-Politik sorgfältig vorher überdenken, und wir müssen

diese Folgen, soweit es geht, einzufangen und unter unsere Kontrolle zu bringen versuchen. Ein offenes Wort mit den Vertriebenenverbänden wird unumgänglich sein.

[...]

V. Folgerungen

Was auch immer wir tun, ob wir die alte Deutschland-Politik fortsetzen oder ob wir eine veränderte Deutschland-Politik konzipieren, wir werden unsere Ziele nur durch kraftvolles Handeln erreichen. Dabei müssen wir zwei Dinge ständig im Auge behalten:

- Unsere eigene Sicherheit darf nicht gefährdet werden.
- Wir müssen uns die Unterstützung unserer Freunde in der Welt sichern.

[...]

105. Diagramm: Umfragen über Weltkriegsängste (1956–1968)

Emnid. – SCHWARZ, Die Westdeutschen, Tab. 14, S. 130; Differenzen zu 100% entfallen auf die Kategorie „keine Angabe"

Frage: „Glauben Sie, daß es innerhalb der nächsten drei Jahre einen neuen Weltkrieg gibt?" (Angaben in Prozent)

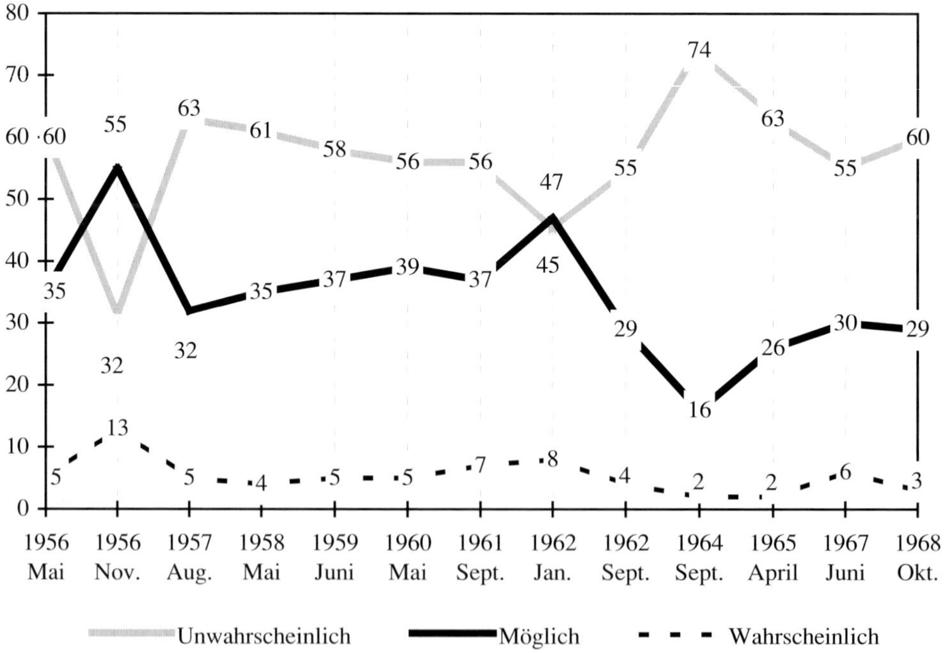

106. Tabelle: Umfragen über das militärische Kräfteverhältnis (1954–1967)

Allensbach. – JAHRBUCH, Bd. 3, S. 556; Bd. 4, S. 421

Frage: „Angenommen, ein neuer Weltkrieg bricht jetzt aus: Wer hat dann die größeren Aussichten, ihn zu gewinnen – die Russen oder die Amerikaner?"

%	1954 Sept.	1957 Nov.	1958 Dez.	1960 Aug.	1961 Okt.	1963 Okt.	1967 Juli/Aug.
Die Amerikaner	43	22	27	21	27	32	21
Die Russen	22	20	16	17	14	11	13
Keiner gewinnt	15	26	28	32	38	34	41
kein Urteil	20	32	29	30	21	23	25
	100	100	100	100	100	100	100

107. Regierungserklärung Bundeskanzler Kiesingers, 13. Dezember 1966

VERHANDLUNGEN, Sten. Ber., 5. WP, Bd. 63, 80. Sitzung, S. 3656–3665, hier S. 3662–3664 (auszugsw. in: KLEẞMANN, Zwei Staaten, Dok. 31, S. 526–531)

Friedens- und Entspannungspolitik – Deutschlandpolitik – Verhältnis zu den Westmächten – Grenzfragen – Anerkennung der DDR

Dr. h. c. Kiesinger, Bundeskanzler: [...] Die deutsche Regierung tritt für eine konsequente und wirksame Friedenspolitik ein, durch die politische Spannungen beseitigt und das Wettrüsten eingedämmt werden. Wir werden an Vorschlägen zur Rüstungskontrolle, Rüstungsminderung und Abrüstung mitarbeiten. Die Bundesrepublik hat gegenüber ihren Bündnispartnern auf die Herstellung von Atomwaffen verzichtet und sich entsprechenden internationalen Kontrollen unterworfen. Wir streben keine nationale Verfügungsgewalt über Atomwaffen und keinen nationalen Besitz an solchen Waffen an. – (*Beifall bei den Regierungsparteien*)

Wir sind entschlossen, mit allen Völkern Beziehungen zu unterhalten, die auf Verständigung, auf gegenseitiges Vertrauen und auf den Willen der Zusammenarbeit gegründet sind.

Dies gilt auch für unser Verhältnis zur Sowjetunion, obwohl unsere Beziehungen immer noch durch das ungelöste Problem der Wiedervereinigung unseres Volkes belastet sind. Ich gehörte im Jahre 1955 bei unserem Besuch in Moskau[431] – erlauben Sie mir diese persönliche Erinnerung – zu denjenigen, die mit Nachdruck für die Aufnahme diplomatischer Beziehungen zwischen der Bundesrepublik und der Sowjetunion eintraten. Sicherlich hat die Entwicklung dieser Beziehungen die Erwartungen auf beiden Seiten enttäuscht. Das soll für uns kein Anlaß sein, unsere Bemühungen um eine Verständigung Schritt für Schritt und um zunehmendes, gegenseitiges Vertrauen zu verringern. [...] – (*Beifall bei den Regierungsparteien*)

431 Vgl. Nr. 84–85.

Die letzte Bundesregierung hat in der Friedensnote[432] vom März dieses Jahres auch der Sowjetunion den Austausch von Gewaltverzichtserklärungen angeboten, um erneut klarzustellen, daß sie nicht daran denke, unsere Ziele anders als mit friedlichen Mitteln anzustreben. Die Bundesregierung wiederholt heute dieses auch an die anderen osteuropäischen Staaten gerichtete Angebot. Sie ist bereit, das ungelöste Problem der deutschen Teilung in dieses Angebot einzubeziehen. – (*Beifall bei Abgeordneten der SPD*) – Im übrigen hoffen wir, das gegenseitige Verständnis und Vertrauen durch die Entwicklung unserer wirtschaftlichen, geistigen und kulturellen Beziehungen beständig zu fördern und zu vertiefen, um so die Voraussetzungen für künftige erfolgreiche Gespräche und Verhandlungen zu schaffen.

Deutschland war jahrhundertelang die Brücke zwischen West- und Osteuropa. Wir möchten diese Aufgaben auch in unserer Zeit gerne erfüllen. Es liegt uns darum daran, das Verhältnis zu unseren östlichen Nachbarn, die denselben Wunsch haben, auf allen Gebieten des wirtschaftlichen, kulturellen und politischen Lebens zu verbessern und, wo immer dies nach den Umständen möglich ist, auch diplomatische Beziehungen aufzunehmen.

In weiten Schichten des deutschen Volkes besteht der lebhafte Wunsch nach einer Aussöhnung mit Polen, dessen leidvolle Geschichte wir nicht vergessen haben und dessen Verlangen, endlich in einem Staatsgebiet mit gesicherten Grenzen[433] zu leben, wir im Blick auf das gegenwärtige Schicksal unseres eigenen geteilten Volkes besser als in früheren Zeiten begreifen. Aber die Grenzen eines wiedervereinigten Deutschlands können nur in einer frei vereinbarten Regelung mit einer gesamtdeutschen Regierung festgelegt werden, einer Regelung, die die Voraussetzungen für ein von beiden Völkern gebilligtes, dauerhaftes und friedliches Verhältnis guter Nachbarschaft schaffen soll. – (*Beifall bei den Regierungsparteien*) [...]

Mit den Vereinigten Staaten von Amerika sind wir durch vielfache freundschaftliche Beziehungen und im Nordatlantischen Pakt eng verbunden, dessen Festigung und zeitgerechte Fortentwicklung uns ein wichtiges Anliegen ist. Diese Regierung wird keine der großen Hilfen vergessen, die uns die Vereinigten Staaten in den vergangenen beiden Jahrzehnten geleistet haben. – (*Beifall bei den Regierungsparteien*) – Sie weiß, daß das Bündnis mit den Vereinigen Staaten und den übrigen Partnern des Nordatlantischen Paktes auch heute und in der Zukunft, die wir zu überblicken vermögen, für uns lebenswichtig ist. Jedes Bündnis, meine Damen und Herren, ist nur so viel wert und hat nur so viel Festigkeit wie das Vertrauen der Bündnispartner zueinander, daß ihre vitalen Interessen vom Partner verstanden und berücksichtigt werden. Das gilt auch für die Beziehungen zwischen den Vereinigten Staaten und uns. Vielleicht haben wir in den vergangenen Jahren im Verhältnis zu den Vereinigten Staaten[434] manchmal zu sehr unsere eigenen Sorgen, Nöte und Anliegen betont, was bei einem schwächeren und bedrängten Partner naheliegt, und übersehen, daß auch eine große Macht wie die Verei-

[432] An alle Staaten der Welt, mit denen die Bundesrepublik Deutschland diplomatische Beziehungen unterhielt bzw. aufnehmen wollte – also unter Aussparung der DDR – gesandte „Note zur Abrüstung und Sicherung des Friedens" vom 25. März 1966 (abgedr. in: DOKUMENTE DES GETEILTEN DEUTSCHLAND, Bd. 1, S. 515–520).

[433] Vgl. zur Oder-Neiße-Grenze v.a. **Nr. 31–32** u. **104**.

[434] Gemeint sind insbesondere die Differenzen während der Berlin-Krise (vgl. oben S. 166 u. **Nr. 92**) und im Verhältnis zu Präsident Kennedy.

nigten Staaten ihre Sorgen und Probleme hat, für die sie bei ihren Verbündeten Verständnis und, wo dies möglich ist, Unterstützung erwartet. [...]

Wir sind unseren Verbündeten dafür dankbar, daß sie unseren Standpunkt in der Frage unseres geteilten Volkes und seines Rechtes auf Selbstbestimmung unterstützen. Die politischen Gegebenheiten haben die Wiedervereinigung unseres Volkes bisher verhindert. Und noch ist nicht abzusehen, wann sie gelingen wird. Auch in dieser für unser Volk so entscheidend wichtigen Frage geht es uns um Frieden und Verständigung. Wir sind keine leichtfertigen Unruhestifter, denn wir wollen ja gerade den Unruheherd der deutschen Teilung, die ja auch eine europäische Teilung ist, durch friedliche Verständigung beseitigen und unserem Volk seinen Frieden mit sich und der Welt wiedergeben. Auch diese Bundesregierung betrachtet sich als die einzige deutsche Regierung, die frei, rechtmäßig und demokratisch gewählt und daher berechtigt ist, für das ganze deutsche Volk zu sprechen. – (*Beifall bei den Regierungsparteien*) – Das bedeutet nicht, daß wir unsere Landsleute im anderen Teil Deutschlands, die sich nicht frei entscheiden können, bevormunden wollen. Wir wollen, soviel an uns liegt, verhindern, daß die beiden Teile unseres Volkes sich während der Trennung auseinanderleben. – (*Beifall bei den Regierungsparteien*)

Wir wollen entkrampfen und nicht verhärten, Gräben überwinden und nicht vertiefen. Deshalb wollen wir die menschlichen, wirtschaftlichen und geistigen Beziehungen mit unseren Landsleuten im anderen Teil Deutschlands mit allen Kräften fördern. Wo dazu die Aufnahme von Kontakten zwischen Behörden der Bundesrepublik und solchen im anderen Teil Deutschlands notwendig ist, bedeutet dies keine Anerkennung eines zweiten deutschen Staates. Wir werden diese Kontakte von Fall zu Fall so handhaben, daß in der Weltmeinung nicht der Eindruck erweckt werden kann, als rückten wir von unserem Rechtsstandpunkt[435] ab. – (*Beifall bei den Regierungsparteien*)

[...]

---

435 Alleinvertretungsanspruch (Nr. 29–30) und Hallstein-Doktrin (Nr. 88 u. 90). Allerdings durchkreuzte der Staatsratsvorsitzende Ulbricht die Zielsetzung der Regierung Kiesinger, die Beziehungen zu den osteuropäischen Staaten unter Aussparung der DDR zu intensivieren, indem ein östliches Gegenstück (sog. „Ulbricht-Doktrin") zur Hallstein-Doktrin initiiert wurde. Auf ihrer Außenministerkonferenz vom 8. bis 10. Februar 1967 einigten sich die Warschauer-Pakt-Staaten darauf, den Ausbau oder die Aufnahme wirtschaftlicher bzw. politischer Beziehungen zur Bundesrepublik von der staatlichen Anerkennung der DDR durch Westdeutschland bzw. von der Suspendierung des Alleinvertretungsanspruches abhängig zu machen: „Die Beratung der Außenminister verurteilte die von der Regierung Kiesinger/Strauß aufrechterhaltene Alleinvertretungsanmaßung, die der konzentrierte Ausdruck der Expansionspolitik und des Hegemoniestrebens des westdeutschen Imperialismus und damit das Haupthindernis gegen die europäische Sicherheit ist. Ohne Verzicht auf die Alleinvertretungsanmaßung kann es keine normalen Beziehungen zwischen den europäischen Staaten geben. Der Staatsrat der Deutschen Demokratischen Republik begrüßt die einmütige Feststellung der Konferenz, daß die Anerkennung der Deutschen Demokratischen Republik eine Kernfrage für den Frieden und die internationale Entspannung ist." (Beschluß des Staatsrates der DDR vom 16.2.1967; in: DOKUMENTE DES GETEILTEN DEUTSCHLAND, Bd. 1, S. 426–428, hier S. 427; Absätze weggelassen).

B. Neue Ostpolitik I: Ostverträge und Berlin-Abkommen

108. Fernsehansprache Willy Brandts aus Moskau, 12. August 1970

OSTPOLITIK, S. 13–15, hier S. 14f.

Moskauer Vertrag – Beziehungen zur UdSSR – Westintegration

[...]

Ich weiß mich frei von Wunschdenken – wie die meisten unter Ihnen. Dieses Jahrhundert – von Blut und Tränen und harter Arbeit gezeichnet – hat uns Nüchternheit gelehrt. Diese Nüchternheit hat sich gerade dann zu bewähren, wenn wir Zeugen und Partner geschichtlicher Wandlungen sind. Sie dürfen wir auch dann nicht preisgeben, wenn wir Anlaß zu Genugtuung und neuer Hoffnung haben, wenn wir – ich scheue das Wort nicht – mit gutem Recht von einem Erfolg sprechen können.

Und dieser Vertrag[436] mit der Sowjetunion ist ein Erfolg deutscher Nachkriegspolitik. Er ist ein entscheidender Schritt, um unsere Beziehungen zur Sowjetunion und zu unseren östlichen Nachbarn zu verbessern – ein Vierteljahrhundert nach der Katastrophe, die von den Völkern, im Osten noch mehr als im Westen, unsägliche Opfer gefordert hat.

Es entspricht dem Interesse des ganzen deutschen Volkes, die Beziehungen gerade zur Sowjetunion zu verbessern. Sie ist nicht nur eine der großen Weltmächte – sie trägt auch ihren Teil der besonderen Verantwortung für Deutschland als Ganzes und für Berlin.

Morgen sind es neun Jahre her, daß die Mauer gebaut wurde. Heute haben wir, so hoffe ich zuversichtlich, einen Anfang gesetzt, damit der Zerklüftung entgegengewirkt wird, damit Menschen nicht mehr im Stacheldraht sterben müssen[437], bis die Teilung unseres Volkes eines Tages hoffentlich überwunden werden kann.

Europa endet weder an der Elbe[438], noch an der polnischen Ostgrenze. Rußland ist unlösbar in die europäische Geschichte verflochten, nicht nur als Gegner und Gefahr, sondern auch als Partner – historisch, politisch, kulturell und ökonomisch. Nur wenn wir in Westeuropa diese Partnerschaft ins Auge fassen und nur wenn die Völker Osteuropas dies auch sehen, können wir zu einem Ausgleich der Interessen kommen.

Liebe Mitbürgerinnen und Mitbürger, mit diesem Vertrag geht nichts verloren, was nicht längst verspielt worden war. Wir haben den Mut, ein neues Blatt in der Geschichte aufzuschlagen. Dies soll vor allem der jungen Generation zugute kommen, die im Frie-

---

436 Vertrag zwischen der Bundesrepublik Deutschland und der Union der Sozialistischen Sowjetrepubliken, 12. August 1970 (abgedr. in DOKUMENTE ZU DEUTSCHLAND, Dok. 24, S. 123–126).

437 Möglicherweise bezog sich Brandt, vormals Regierender Bürgermeister von Berlin, hier auf das Schicksal des Ostberliner Bauarbeiters Peter Fechter, der im August 1962 beim Fluchtversuch an der Mauer angeschossen worden und im Todesstreifen verblutet war.

438 Anspielung auf die von Adenauer häufig benutzte Formulierung, daß „Asien", also die Sowjetunion als Gegensatz zur westlichen Kultur, an der Elbe stehe. Vgl. oben S. 65.

den und ohne Mitverantwortung für die Vergangenheit aufgewachsen ist und die dennoch die Folgen des Krieges mittragen muß, weil niemand der Geschichte seines Volkes entfliehen kann.

Dieser Vertrag beeinträchtigt in keiner Weise die feste Verankerung der Bundesrepublik und ihrer freien Gesellschaft im Bündnis des Westens. Die zuverlässige Partnerschaft mit Amerika bleibt ebenso gewahrt wie die Aussöhnung mit Frankreich. Es bleibt auch bei dem beharrlichen Willen, immer mehr Staaten Europas mit dem Ziel einer politischen Gemeinschaft immer enger aneinander zu binden.

Der Vertrag gefährdet nichts und niemanden. Er soll mithelfen, den Weg nach vorn zu öffnen. Wenn er dies tut, dann wird er dem Frieden, Europa und uns allen nützen.

109. Rede v. Guttenbergs vor der CDU/CSU-Fraktion, 25. November 1970

OSTPOLITIK, S. 112–121, hier S. 117–119

Warschauer Vertrag – Kritik an der Ostpolitik – westdeutsche Rechtspositionen

[...] Nützt oder schadet dieser Vertrag[439] unserer Nation? Nach meiner Überzeugung ist der wesentliche Punkt bei unserer Betrachtung dieses Vertrages nicht in erster Linie das deutsch-polnische Verhältnis, sondern die Frage der Deutschlandpolitik. Und ich sage hierzu, daß die Bundesregierung die Grundlagen der Deutschlandpolitik, so wie wir sie unter allen Demokraten gemeinsam in diesem Hause entwickelt und getragen haben und so wie sie dem Auftrag des Grundgesetzes entspricht[440], verlassen hat. Sie hat sie verlassen zum ersten Mal, als sie im Parlament davon sprach, daß es zwei deutsche Staaten gäbe, und sie ist jetzt einen entscheidenden Schritt weitergegangen, indem sie erklärt hat, daß die Bundesregierung nur für die Bundesrepublik handeln könne.

Diese Erklärung reiht sich leider würdig an jenen verhängnisvollen Tag der Regierungserklärung an, als Brandt von zwei deutschen Staaten sprach[441]. Meine Freunde, eine Regierung, die sagt, daß sie nur für die Bundesrepublik handeln könne und ein Bundeskanzler, der erklärt – und er hat dies in einem Gespräch mit einem Kollegen von uns getan –, daß diese Bundesregierung bereit sei, jene „Identitätstheorie“ – wie die Juristen sagen – aufzugeben, nach welcher die Bundesrepublik die Nachfolgerin des Deutschen Reiches sei[442] – eine Bundesregierung, die so redet und sich so vertraglich bindet, muß sich vorhalten lassen, daß sie dem deutschen Volk den Mandatar genommen hat, der in Zukunft für die Rechte aller Deutschen, in Freiheit und Einheit zu leben, eintreten kann.

Meine Damen und Herren, ein polnischer Journalist hat nach dem Polenvertrag gesagt: Deutschland? Den Begriff finde er nicht mehr auf der Landkarte! Und eben dies

439 Vertrag zwischen der Bundesrepublik Deutschland und Polen über die Grundlagen der Normalisierung ihrer gegenseitigen Beziehungen, 7.12.1970 (abgedr. in DOKUMENTE ZU DEUTSCHLAND, Dok. 25, S. 127f.), der die Unverletzbarkeit der polnischen Westgrenze regelte. Ein entsprechender Vertrag mit der Tschechoslowakei folgte am 11.12.1973 (ebd., Dok. 36, S. 167).

440 Wiedervereinigungsgebot des Grundgesetzes (Präambel). Auszug: Nr. 126 [2].

441 In der Regierungserklärung am 28. Oktober 1969; betreffender Auszug unten S. 223, Anm. 452.

442 Vgl. Nr. 32 u. oben S. 65.

ist unser schwerster Vorwurf gegen diese Politik. Ich frage nicht danach, weil ich mir das nicht anmaße, ob die Regierung das so will. Aber ich habe danach zu fragen und darüber zu urteilen, was die Konsequenz dieser Politik sein wird.

Die Konsequenz wird sein, daß es kein Deutschland mehr gibt im Urteil der Welt, sondern eine deutsche, demokratische Republik, eine Bundesrepublik Deutschland oder besser eine „deutsche Bundesrepublik" und vielleicht noch für eine Zwischenphase ein Westberlin, das dann eines Tages in der deutschen, demokratischen Republik begraben werden wird.

Dies, meine Damen und Herren, sind meine entscheidenden Bedenken und dies wollte ich ausdrücken, als ich sagte, hier gehe es nicht in erster Linie um das uns alle auf dem Gewissen lastende deutsch-polnische Verhältnis, sondern hier stellt sich vielmehr die entscheidende Frage, ob die Bundesrepublik weiter entschlossen bleiben wird, für die Freiheit der ganzen Nation einzutreten oder nicht. Und komme mir hier doch keiner mit diesen windigen Formeln, die man da in Moskau und in Warschau ausgehandelt hat, die vielleicht in Karlsruhe[443] so oder anders bewertet werden mögen.

Meine Damen und Herren, der materielle Vorgriff, von dem ich vorhin sprach, steckt doch in folgendem: wer denn in aller Welt wird noch glauben, daß es einen Friedensvertragsvorbehalt für ganz Deutschland gibt, wenn die „DDR" sich vertraglich zu endgültigen Grenzen bekannt hat[444] und wenn die Bundesrepublik sich in gleicher Weise vertraglich verpflichtet hat? Dann ist doch diese Frage praktisch und materiell entschieden und dies mit all den Folgen, die ich geschildert habe. [...]

110. Tabellen: Umfragen über die Anerkennung der Oder-Neiße-Linie (1951–1991)

Allensbach. – [1–2:] Glaab, Deutschlandpolitik, Tab. 45, S. 242

[1] *Frage:* „Meinen Sie[445], wir sollten uns mit der jetzigen deutsch-polnischen Grenze (der Oder-Neiße-Linie) abfinden oder nicht abfinden?"

%	1951 März	1956 Dez.	1959 Sept.	1962 März	1964 Sept.	1966 Feb.	1969 Nov.	1970 Apr.	1991 Sept.
Nicht abfinden	80	73	67	50	59	54	29	23	13
Abfinden	8	9	12	26	22	27	53	58	71
Unentschieden	12	18	21	24	19	19	18	19	16
	100	100	100	100	100	100	100	100	100

443 Zum Grundlagenvertrag (Nr. 119) erging allerdings ein Urteil des Bundesverfassungsgerichtes; vgl. unten S. 227, Anm. 458.

444 Im Görlitzer Abkommen von 1950 (vgl. Nr. 32).

445 1951: „Finden Sie".

[2: *Frageformulierung wie 1; jedoch 1969 und 1970 nur Vertriebene und 1991 Befragte, die selbst zu den Vertriebenen gehören oder ein Familienmitglied haben, das vertrieben wurde*]

%	1951 März	1956 Dez.	1959 Sept.	1962 März	1964 Sept.	1966 Feb.	1969 Nov.	1970 Apr.	1991 Sept.
Vertriebene:									
Nicht abfinden	–	–	–	–	–	–	44	33	30
Abfinden	–	–	–	–	–	–	44	57	60
Unentschieden	–	–	–	–	–	–	12	10	10
	–	–	–	–	–	–	100	100	100

111. Diagramm: Umfragen über die Bedrohung durch Rußland (1952–1971)

Allensbach. – JAHRBUCH, Bd. 1, S. 352; Bd. 2, S. 371; Bd. 3, S. 559; Bd. 4, S. 456; Bd. 5, S. 575

Frage: „Haben Sie das Gefühl, daß wir durch Rußland bedroht sind oder nicht bedroht sind?" (Angaben in Prozent)

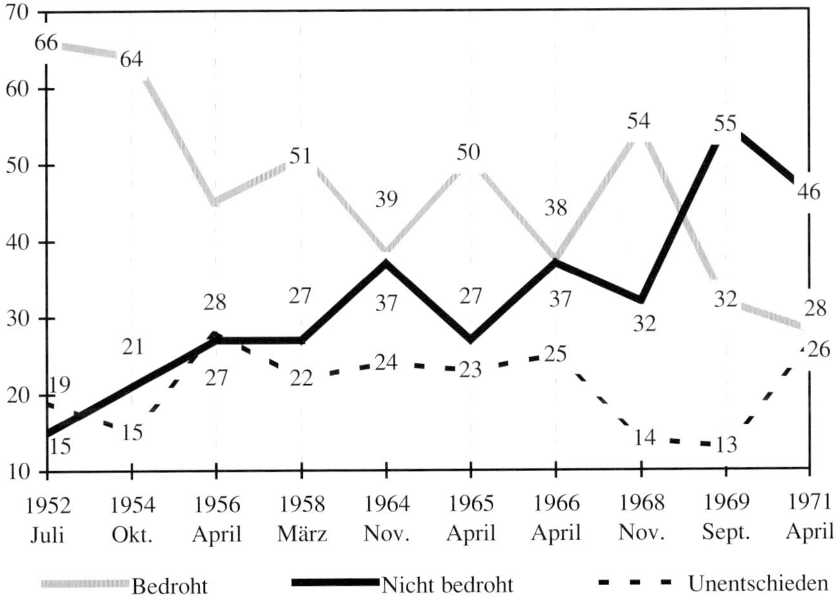

112. Tabelle: Umfragen über den Verständigungswillen Rußlands (1959–1971)

Allensbach. – JAHRBUCH, Bd. 3, S. 559; Bd. 4, S. 458; Bd. 5, S. 576

Frage: „Glauben Sie, daß die Russen heute im Grunde den guten Willen zur Verständigung mit dem Westen haben, oder glauben Sie das nicht?“

%	1959 April	1960 Nov.	1965 April	1966 April	1970 März/April	1971 Juni
Glaube ich	17	17	23	26	33	34
Glaube ich nicht	57	57	56	54	46	50
Unentschieden, kein Urteil	26	26	21	20	21	16
	100	100	100	100	100	100

113. Tabellen: Umfragen über das Vertrauen zu Rußland und zu den Russen als Volk (1965–1971)

Allensbach. – [1:] JAHRBUCH, Bd. 5, S. 576; [2:] ebd., S. 534

[1] *Frage:* „Hier unterhalten sich zwei Männer über Rußland. Wem von beiden würden Sie eher zustimmen?“

%	1965 April	1966 April	1970 März/April	1971 April
„Ich finde, wir haben keinen Grund, Rußland gegenüber heute weniger mißtrauisch zu sein als in früheren Jahren. Rußland hat sich nicht gewandelt, sondern hat nur die Methoden gewechselt. Im Grunde ist Rußland für uns heute genauso gefährlich wie früher“	55	51	52	45
„Ich finde, wir sollten damit aufhören, Rußland gegenüber nur mißtrauisch zu sein und so zu tun, als seien das immer noch die bösen Russen wie zu der Zeit, als Stalin noch lebte. In Rußland hat sich in den Jahren seither viel gewandelt“	27	30	34	34
Unentschieden	18	19	14	21
	100	100	100	100

[2] *Frage:* „Manchmal ist es ja so, daß man von vornherein weiß, ob man jemandem vertrauen kann oder nicht. Ich möchte Sie jetzt über verschiedene Völker fragen, wieweit Sie zu den Angehörigen dieser Völker Vertrauen haben oder nicht" (März 1970)

%	Viel Vertrauen	Einiges Vertrauen	Weniger Vertrauen	Gar kein Vertrauen	Unentschieden	
Es haben zu den:						
Schweizern	48	39	5	1	7	= 100
Amerikanern	29	43	13	4	6	= 100
Engländern	17	55	17	5	6	= 100
Franzosen	10	48	27	8	7	= 100
Italienern	3	23	41	24	9	= 100
Russen	2	15	33	43	7	= 100
Chinesen	1	6	21	55	17	= 100

114. Viermächteabkommen über Berlin, 3. September 1971

DOKUMENTE DES GETEILTEN DEUTSCHLAND, Bd. 2, S. 94–122, hier S. 95f.

Viermächtestatus – Reise- und Transitverkehr – gemeinsame Verantwortung der vier Mächte

[...]

I. Allgemeine Bestimmungen

1. Die Vier Regierungen werden bestrebt sein, die Beseitigung von Spannungen und die Verhütung von Komplikationen in dem betreffenden Gebiet zu fördern.

2. Unter Berücksichtigung ihrer Verpflichtungen nach der Charta der Vereinten Nationen stimmen die Vier Regierungen darin überein, daß in diesem Gebiet keine Anwendung oder Androhung von Gewalt erfolgt und daß Streitigkeiten ausschließlich mit friedlichen Mitteln beizulegen sind.

3. Die Vier Regierungen werden ihre individuellen und gemeinsamen Rechte und Verantwortlichkeiten, die unverändert bleiben, gegenseitig achten.

4. Die Vier Regierungen stimmen darin überein, daß ungeachtet der Unterschiede in den Rechtsauffassungen die Lage, die sich in diesem Gebiet entwickelt hat und wie sie in diesem Abkommen sowie in den anderen in diesem Abkommen genannten Vereinbarungen definiert ist, nicht einseitig verändert wird.

II. Bestimmungen, die die Westsektoren Berlins betreffen

A. Die Regierung der Union der Sozialistischen Sowjetrepubliken erklärt, daß der Transitverkehr von zivilen Personen und Gütern zwischen den Westsektoren Berlins und der Bundesrepublik Deutschland auf Straßen, Schienen- und Wasserwegen durch das Territorium der Deutschen Demokratischen Republik ohne Behinderung sein wird, daß dieser Verkehr erleichtert werden wird, damit er in der einfachsten und schnellsten Weise vor sich geht und daß er Begünstigung erfahren wird.

Die diesen zivilen Verkehr betreffenden konkreten Regelungen, wie sie in Anlage I[446] niedergelegt sind, werden von den zuständigen deutschen Behörden vereinbart.

B. Die Regierungen der Französischen Republik, des Vereinigten Königreichs und der Vereinigten Staaten von Amerika erklärten, daß die Bindungen zwischen den Westsektoren Berlins und der Bundesrepublik Deutschland aufrechterhalten und entwickelt werden, wobei sie berücksichtigen, daß diese Sektoren so wie bisher kein Bestandteil (konstitutiver Teil) der Bundesrepublik Deutschland sind und auch weiterhin nicht von ihr regiert werden.

Konkrete Regelungen, die das Verhältnis zwischen den Westsektoren Berlins und der Bundesrepublik Deutschland betreffen, sind in Anlage II[447] niedergelegt.

C. Die Regierung der Union der Sozialistischen Sowjetrepubliken erklärt, daß die Kommunikationen zwischen den Westsektoren Berlins und Gebieten, die an diese Sektoren grenzen, sowie denjenigen Gebieten der Deutschen Demokratischen Republik, die nicht an diese Sektoren grenzen, verbessert werden. Personen mit ständigem Wohnsitz in den Westsektoren Berlins werden aus humanitären, familiären, religiösen, kulturellen oder kommerziellen Gründen oder als Touristen in diese Gebiete reisen und sie besuchen können, und zwar unter Bedingungen, die denen vergleichbar sind, die für andere in diese Gebiete einreisende Personen gelten.

[...]

D. Die Vertretung der Interessen der Westsektoren Berlins im Ausland und die konsularische Tätigkeit der Union der Sozialistischen Sowjetrepubliken in den Westsektoren Berlins können wie in Anlage IV[448] niedergelegt ausgeübt werden.

[...]

---

446 In der Anlage I (Mitteilung der UdSSR an die drei Westmächte) wurde in Artikel 1 präzisiert: „Der Transitverkehr von zivilen Personen und Gütern zwischen den Westsektoren Berlins und der Bundesrepublik Deutschland auf Straßen-, Schienen- und Wasserwegen durch das Territorium der Deutschen Demokratischen Republik wird erleichtert werden und ohne Behinderung sein. Er wird in der einfachsten, schnellsten und günstigsten Weise erfolgen, wie es in der internationalen Praxis vorzufinden ist.“ (DOKUMENTE DES GETEILTEN DEUTSCHLAND, Bd. 2, S. 97f., hier S. 97). – Die konkrete Ausgestaltung des Transitverkehrs ist von den beiden deutschen Staaten im Transitabkommen vom 17.12.1971 geregelt worden.

447 In Anlage II (Mitteilung der drei Westmächte an die UdSSR) heißt es: „1. In Ausübung ihrer Rechte und Verantwortlichkeiten erklären sie, daß die [...] [West-]Sektoren wie bisher kein Bestandteil (konstitutiver Teil) der Bundesrepublik Deutschland sind und auch weiterhin nicht von ihr regiert werden. Die Bestimmungen des Grundgesetzes der Bundesrepublik Deutschland und der in den Westsektoren Berlins in Kraft befindlichen Verfassung, die zu dem Vorstehenden in Widerspruch stehen, sind suspendiert worden und auch weiterhin nicht in Kraft. 2. Der Bundespräsident, die Bundesregierung, die Bundesversammlung, der Bundesrat und der Bundestag, einschließlich ihrer Ausschüsse und Fraktionen, sowie sonstige staatliche Organe der Bundesrepublik Deutschland werden in den Westsektoren Berlins keine Verfassungs- oder Amtsakte vornehmen [...].“ (ebd., S. 98f.; Absätze weggelassen). – Vgl. hierzu oben S. 181, Anm. 375.

448 Dort wurde vereinbart, daß die UdSSR in den Westsektoren ein Generalkonsulat einrichten werde, und die drei Westmächte bekräftigten, weiterhin die Interessen Westberlins und seiner Bewohner im Ausland und in internationalen Organisationen vertreten zu wollen sowie an ihrer Verantwortung für die Sicherheit und den Status Berlins festzuhalten (vgl. DOKUMENTE DES GETEILTEN DEUTSCHLAND, Bd. 2, S. 100–102).

C. Neue Ostpolitik II: Deutsch-deutsche Beziehungen

115. „Narbe der Nation“ von Sepp Binder, 13. Juni 1969

Artikel in: „Die Zeit“ v. 13.6.1969 nach: Das GESPALTENE LAND, S. 24f.

Grenzanlagen der DDR – Grenzregime

[...]

Vom Prexerwald im Bayerischen reicht diese Grenze bis an die Pötenitzer Wiek vor der Ostsee und ist 1381 Kilometer lang. Einmal heißt sie Zonengrenze, ein andermal Eiserner Vorhang, dann wieder Staatsgrenze West oder Demarkationslinie, Zaun, Todesstreifen, Ulbrichts längster Staatspark – die Bezeichnungen sind beliebig auswechselbar. Doch unverrückbar in der Landschaft bleiben stets Grenze und Graben. [...]

Unmittelbar am Grenzstrich: verrottende Pfähle, rostiger Stacheldrahtverhau; vor den ziegelroten Dörfern meterhohe Sichtblenden aus Beton. Straßen enden jäh an Gräben, Wege verlieren sich in wildwuchernden Hecken. Die Welt ist hier mit Brettern vernagelt. Der alte Zehnmeterstreifen, früher sorgfältig geeggt und zweimal täglich nach Fußspuren abgesucht: zugewachsen. Ein Schonraum für Fasane, eine Promenade für Rotwild. Zum Abschuß sind freigegeben: Republikflüchtige.

Hauptmann Zumkley vom Bundesgrenzschutz kennt hier jeden Baum und jede Ecke. Er kennt auch die siebzehn Jahre alte, modifizierte „Verordnung des DDR-Ministerrats“ zum Ausbau der Grenzsicherheitsanlagen[449]: „raffiniert ist gar kein Ausdruck dafür. Der Bewegungsfreiheit sind drüben zwar sichtbare Grenzen gesetzt, dem traurigen Erfindergeist scheinbar nicht. Vorn verzichtet man auf Stacheldraht und Kontrollstreifen. Das machen die aus optischen Gründen. Landeinwärts aber erstreckt sich die fast unüberwindliche Sperrzone. Fünf Kilometer tief.“

Wir fahren langsam. Es regnet leicht. Nach Meiningen 19 km ... Wegweiser sind geduldig. Hinter Eußenhausen zieht der Landrover durch einige Kurven. „Halt! Zonengrenze.“ Quer über die Straße ein sperriger Balken, harte Bohlen sind in die Erde gerammt.

„Moderne Grenze, so nennen sie das. Maschendrahtzaun, Minengürtel[450], wieder Maschendrahtzaun. Und erst hinter dem Kraftfahrzeugsperrgraben der neue Kontrollstreifen. Doch damit ist der Einfallsreichtum noch nicht zu Ende. Dahinter erstreckt sich ein tückisches Machwerk aus Stolperdrähten und elektrischen Alarmanlagen. Hunde an Laufleinen, auf Menschen dressiert, ergänzen es.“ In der Mitte, drohend wie die Spinne im Netz, ein hölzerner Wachturm auf seinen staksigen Beinen. „583 Stück von Prex bis Priwall.“

[...]

449 Umgesetzt in Form der Polizeiverordnung vom 26. Mai 1952 (Nr. 60).

450 Erdminenfelder wurden entlang der Grenzlinie seit Oktober 1961 angelegt.

116. Debatte im Deutschen Bundestag, 20. März 1970

DEUTSCHE PARLAMENTSDEBATTEN, Bd. 3, Dok. 5, S. 295–316, hier S. 295f. u. 299–301

Treffen Brandt/Stoph in Erfurt[451] *– deutsch-deutsches Verhältnis – Grenzregime*

[...]

Brandt, Bundeskanzler – (*von den Regierungsparteien mit Beifall begrüßt*): Herr Präsident! Meine Damen und Herren! Meine kurze Reise nach Erfurt war, von allem anderen abgesehen, gewiß ein starkes menschliches Erlebnis. Dies gilt besonders für die Begegnung mit den Landsleuten, die in der DDR leben. Es hat sich gezeigt – und Sie werden verstehen, wenn ich nicht mehr darüber sage –, daß es sich nicht um eine Fiktion, sondern um eine Realität handelt, wenn ich gestern in Erfurt erneut von der fortdauernden und lebendigen Wirklichkeit einer deutschen Nation gesprochen habe. – (*Beifall bei den Regierungsparteien und bei Abgeordneten der CDU/CSU.*) – Auch dies ist eine Realität, die man erkennen muß.

Ich möchte hinzufügen, daß mir meine erste Begegnung mit Herrn Stoph, dem Vorsitzenden des Ministerrats der DDR, auch politisch starke Eindrücke vermittelt hat. Die Erfahrung zeigt immer wieder, daß das direkte Gespräch es möglich macht, einen Partner und seine Auffassungen besser begreifen, besser verstehen zu lernen, als es durch Briefe, durch diplomatische Noten oder öffentliche Reden möglich ist. Wir machen es uns im übrigen nicht immer genügend klar, daß, von den ganz umstrittenen politischen Sachverhalten abgesehen, auch diejenigen, die im anderen Teil Deutschlands politische Verantwortung tragen, auf vielen Gebieten in ihrer täglichen Arbeit mit denselben oder ähnlichen Problemen zu ringen haben wie wir selbst. Auch dies ist, wenn man so will, ein Stück Gemeinsamkeit.

[...]

Es war von vornherein klar, daß es sich in Erfurt nur um einen beginnenden Gedankenaustausch handeln konnte, bei dem die tiefgreifenden Differenzen zwischen den beiden Seiten offen zutage treten mußten. Niemand konnte erwarten, daß über generelle Feststellungen zur Sicherung des Friedens und über die Erörterung einiger praktischer Fragen hinaus eine Annäherung der Standpunkte erreicht werden könnte, und niemand hat dies erwartet. Es wird zahlreicher solcher Gespräche, auf welchen Ebenen auch immer, bedürfen, wenn wir vorwärtskommen und eine Verbesserung der Beziehungen zwischen den beiden Staaten in Deutschland erreichen wollen. Erfurt konnte nur ein Anfang sein. Es war ein Anfang. Ich hatte mir von vornherein kein kühneres Ziel gesetzt, als zu erreichen, daß dieser ersten Begegnung eine zweite folgen wird. Dies ist in vollem Einvernehmen mit Herrn Stoph gelungen. Beide Seiten werden sich in den nun folgenden acht Wochen bis zum 21. Mai überlegen, welche Schlußfolgerungen sie aus dem Erfurter Treffen ziehen können und auf welche Weise praktische Ergebnisse für das Treffen in Kassel [21.5.1970] anzustreben sind. Daß derartige praktische Ergebnisse möglich sein können, daß eine schrittweise Milderung der Folgen, die sich aus der Spaltung Deutschlands ergeben, denkbar ist – denkbar!, wenn auch alles andere als sicher –, das halte ich heute bei aller gebotenen Skepsis eher für möglich als vorgestern.

---

[451] Erstes deutsch-deutsches Gipfelgespräch am 19.3.1970 zwischen Brandt und dem Vorsitzenden des Ministerrates Stoph, das ergebnislos endete. Jedoch wurde Brandt – entgegen der Abgrenzungspolitik der DDR-Führung (vgl. oben S. 200) – von den Erfurtern begeistert empfangen.

Ich halte dies für möglich, meine Damen und Herren, obwohl nicht zu sehen ist, wie eine Annäherung in prinzipiellen Fragen erreicht werden kann.

Die Regierung der DDR konzentriert sich ganz und gar auf die Anerkennung[452], wie sie sie auffaßt, ohne zu erkennen zu geben, welche positiven Veränderungen sie für das Zusammenleben der Deutschen und die Zusammenarbeit der beiden Staaten in Deutschland ins Auge faßt.

[...]

Dr. Barzel (CDU/CSU): Herr Präsident! Meine Damen und Herren! Im Namen der Bundestagsfraktion der CDU/CSU habe ich die folgende Erklärung abzugeben.

Die Bundestagsfraktion der CDU/CSU hat das Treffen des Bundeskanzlers mit dem Vorsitzenden des Ministerrates unterstützt und alles unterlassen, was etwa dieses Treffen hätte verhindern oder seinen Erfolg beeinträchtigen können. – (*Unruhe bei der SPD.*) – Wir haben den Bericht des Herrn Bundeskanzlers und seine gestrigen Einlassungen mit großer Aufmerksamkeit gehört. Der Beifall von Erfurt spricht für sich selbst und beweist nach 25 Jahren der Teilung, daß die Deutschen sich als ein Volk empfinden und die Selbstbestimmung wünschen. – (*Beifall bei der CDU/CSU.*) – [...] Die CDU/CSU ist für Gespräche und Verhandlungen mit Ost-Berlin, mit Polen, mit der Sowjetunion und mit anderen. Wir werden nach den Ergebnissen urteilen. Gelingt es, wirkliche Fortschritte für die Menschen und für eine europäische Friedensordnung zu erreichen, so würden wir das begrüßen. Dagegen würde etwa ein Gewaltverzichtsabkommen zwischen Bonn und Ost-Berlin, das lediglich in den Archiven verstaubt, während an der Mauer in Berlin und entlang der Demarkationslinie weiter geschossen wird, von uns bekämpft werden. – (*Beifall bei der CDU/CSU.*) – Wir wollen Frieden nicht auf dem Papier, sondern in der Wirklichkeit. Und Frieden, das ist nicht nur eine Sache des Fern-

---

452 Die im Sinne einer förmlichen und völkerrechtlichen auch von der Regierung Brandt abgelehnt wurde. Dazu – und auch im allgemeinen zu den Veränderungen in den deutsch-deutschen Beziehungen – hatte Brandt in seiner Regierungserklärung am 28. Oktober 1969 Stellung genommen (DOKUMENTE DES GETEILTEN DEUTSCHLAND, Bd. 2, S. 167–169, hier S. 168): „Aufgabe der praktischen Politik in den jetzt vor uns liegenden Jahren ist es, die Einheit der Nation dadurch zu wahren, daß das Verhältnis zwischen den Teilen Deutschlands aus der gegenwärtigen Verkrampfung gelöst wird. Die Deutschen sind nicht nur durch ihre Sprache und ihre Geschichte – mit ihrem Glanz und ihrem Elend – verbunden; wir sind alle in Deutschland zu Haus. Wir haben auch noch gemeinsame Aufgaben und gemeinsame Verantwortung für den Frieden unter uns und in Europa. 20 Jahre nach Gründung der Bundesrepublik Deutschland und der DDR müssen wir ein weiteres Auseinanderleben der deutschen Nation verhindern, also versuchen, über ein geregeltes Nebeneinander zu einem Miteinander zu kommen. Dies ist nicht nur ein deutsches Interesse, denn es hat seine Bedeutung auch für den Frieden in Europa und für das Ost-West-Verhältnis. [...] Die Bundesregierung setzt die im Dezember 1966 durch Bundeskanzler Kiesinger [**Nr. 107**] und seine Regierung eingeleitete Politik fort und bietet dem Ministerrat der DDR erneut Verhandlungen beiderseits ohne Diskriminierung auf der Ebene der Regierungen an, die zu vertraglich vereinbarter Zusammenarbeit führen sollen. Eine völkerrechtliche Anerkennung der DDR durch die Bundesregierung kann nicht in Betracht kommen. Auch wenn zwei Staaten in Deutschland existieren, sind sie doch füreinander nicht Ausland; *ihre Beziehungen zueinander können nur von besonderer Art sein.*" (Hervorheb. v. Verf.).

seins von Krieg. Frieden ist da am sichersten, wo sich jedermann ungehindert aus allen Quellen informieren kann, wo er ebenso seine kritische Meinung sagen darf. [...]

Der Herr Bundeskanzler hat das Erfurter Gespräch als einen Beginn bezeichnet, und er hat in Erfurt und vorher – was sein gutes Recht ist – viel Grundsätzliches dazu gesagt. Dazu bestand und besteht auch Anlaß. Denn dieser historische Vorgang wirft doch die Frage auf, wie wir unsere Staatlichkeit und unsere geschichtliche Kontinuität begreifen. Eine Nation, die aufhört, ihre Einheit zu wollen, gibt sich selbst auf. – (*Beifall bei der CDU/CSU.*) – Eine Demokratie, die sich darauf einläßt, über Preise zu diskutieren, zu denen das Selbstbestimmungsrecht zum Handelsobjekt werden könnte, gibt sich selbst auf. – (*Beifall bei der CDU/CSU.*) – Ein Rechtsstaat, der geltendes Recht als politisch hinderliche Zwirnsfäden abtut, hört auf, Rechtsstaat zu sein. – (*Beifall bei der CDU/CSU.*) [...]

Für uns sind Berlin und die Lage ganz Deutschlands nicht lästiger Ballast, den man möglichst bald loswerden sollte, um nach allen Himmelsrichtungen politisch freier zu werden. Für uns ist diese Last eine menschliche und geschichtliche Verpflichtung.

[...] Sollte irgendwer glauben, er würde mehr politischen Spielraum für die Bundesrepublik Deutschland gewinnen, wenn er zuvor diesen Ballast abgeworfen hätte, so müßte er vorher die Frage beantworten, wie man wohl europäisch freier werden kann, indem man die sowjetrussische Vormachtstellung stärkt. – (*Zustimmung bei der CDU/CSU.*) – Am Weg der deutschen Geschichte stehen, Herr Bundeskanzler, die Toten von Buchenwald, denen Sie die Ehre erwiesen haben, stehen Tote durch Hitler ebenso wie Tote durch Stalin, – (*Beifall bei der CDU/CSU*) – aber da stehen auch die Toten der Mauer und des Stacheldrahts, Tote durch Ulbricht. – (*Beifall bei der CDU/CSU.*) – Und an diesem Wege stehen Vertriebene und Flüchtlinge, gefallene Soldaten und Hinterbliebene. Alle diese Opfer der Gewalt wären das nicht geworden, wenn statt Gewalt Recht und Selbstbestimmung geherrscht hätten. – (*Beifall bei der CDU/CSU.*)

[...]

117. Gespräch Honeckers mit Breschnew in Moskau, 20. August 1970[453]

PRZYBYLSKI, Tatort, Bd. 2, Dok. 1, S. 340–345, hier S. 341–343

Deutsch-deutsche Beziehungen – sozialistische Nation: „Deutschland gibt es nicht mehr“ – Moskauer Vertrag – Ziele der Regierung Brandt aus sowjetischer Sicht

[...]

3. [...] Wichtig ist, daß die DDR eine Struktur haben muß wie die S[owjet]U[nion] und [die] sozialistischen Länder, sonst bekommen wir Schwierigkeiten. Es ist notwendig, auch in Zukunft einen festen Kurs auf die Stärkung der Position des Sozialismus in

[453] Es handelt sich um die Abschrift handschriftlicher Notizen Honeckers (vgl. DDR-GESCHICHTE, Dok. D13, S. 516) über das Gespräch, an dem auch weitere Mitglieder der SED-Führung – mit Ausnahme Ulbrichts – teilnahmen und welches sich hinsichtlich der bundesrepublikanischen Ostpolitik inhaltlich im Rahmen einer Unterredung bewegte, die Honecker und Breschnew am 28. Juli 1970 geführt hatten (abgedr. in: PRZYBYLSKI, Tatort, Bd. [1], Dok. 15, S. 280–288).

der DDR zu halten. Die DDR ist für uns, die S[owjet]U[nion] [und] für die vereinigten sozialistischen Bruderländer[,] ein wichtiger Posten. Sie ist das Ergebnis des 2. Weltkrieges, sie ist unsere Errungenschaft, die mit dem Opfer des Sowjetvolkes, mit dem Blut der Sowjetsoldaten erzielt wurde. Die DDR ist nicht nur eure, sie ist unsere gemeinsame Sache. Die DDR ist für uns etwas, das man nicht erschüttern kann und darf. Ich habe bereits gesagt, der Vertrag[454] (S[owjet]U[nion]–BRD) hat nicht nur eine positive Seite, sondern auch eine negative Seite. Besonders für die DDR. Hier tut sich durch die Brandt-Regierung eine Gefahr auf. Die Politik der Reg[ierung] Brandt ist darauf gerichtet, die DDR zu erschüttern. Weder wir [können uns] noch ihr könnt euch gleichgültig gegenüber einer solchen Gefahr verhalten. Nun, bei euch ist die Lage anders als in der CSSR[455]. [Das] P[olit]B[üro] der SED nimmt eine feste Haltung ein. Man darf die Rolle der westdeutschen Sozialdemokratie nicht unterschätzen. Gestern habe ich dies klar gesagt. Nochmals – die Existenz der DDR entspricht unseren Interessen, den Interessen aller sozialistischen Staaten. Sie ist das Ergebnis des Sieges über Hitlerdeutschland. Deutschland gibt es nicht mehr. Das ist gut so. Es gibt die sozialistische DDR und die kapitalistische Bundesrepublik. Das ist so. Das darf man nicht übersehen. Wir müssen gemeinsam die Position der DDR festigen. Der Vertrag kann sich hier günstig auswirken. Er grenzt die DDR von der BRD weiter ab. Die Zukunft der DDR liegt in der sozialistischen Gemeinschaft. Wir haben unsere Truppen bei ihnen. Das ist gut so und wird so bleiben.

Mit dem Vertrag sind nicht alle Fragen gelöst, aber sein Abschluß ist ein Erfolg für uns, für die DDR, für die sozialistischen Länder. Die DDR wird durch den Vertrag gewinnen. Ihre internationale Autorität wird sich erhöhen. Ihre Grenzen, ihre Existenz ist vor aller Welt bestätigt worden, ihre Unverletzlichkeit. Viele Staaten werden mit der Zeit mit der DDR diplomatische Beziehungen aufnehmen. Wie gesagt, mit dem Vertrag wurde die DDR noch deutlicher von Westdeutschland abgegrenzt, ein festerer Bestandteil der sozialistischen Gemeinschaft. Das ist für unsere gemeinsame Sache nur von Vorteil. Gewiß, Brandt verspricht sich auch Vorteile. Er will bei ihnen eindringen, mit sozialdemokratischer Ideologie und wirtschaftlich. Das wird ihm aber mit der Zeit immer schwerer. Wichtig ist, man muß weiterhin in der DDR eine prinzipienfeste Politik machen.

4. Wir haben in bezug auf Brandt, auf die westdeutsche Sozialdemokratie keine falschen Vorstellungen. Illusionen sind nicht am Platz, dürfen erst gar nicht zugelassen werden. [...] Es gibt, es kann und es darf zu keinem Prozeß der Annäherung zwischen der DDR und der BRD kommen. Das will Brandt, das will Strauß, das will die westdeutsche Bourgeoisie. [...] Für uns ist wichtig die Festigung der Position der DDR, ihre weitere positive politische und ökonomische Entwicklung, die entsprechende Erhöhung der Lebensbedingungen der Arbeiterklasse, der Bauern, der Bevölkerung der DDR. Auf diese Aufgabe muß man sich weiter konzentrieren. Es wächst bei ihnen, das habe ich selbst gesehen, eine gute Jugend heran. Sie ist für die sozialistische DDR. Diese Entwicklung muß man weiter fördern. Also alles konzentrieren auf die Festigung der sozialistischen DDR. Brandt hat in bezug auf die DDR andere Ziele als wir.

[...]

---

454 Moskauer Vertrag vom 12. August 1970. Vgl. Nr. 108.
455 Hinweis auf die Aufstände in der Tschechoslowakei („Prager Frühling") im August 1968.

118. Rede Honeckers auf dem VIII. Parteitag der SED, 15. Juni 1971

PROTOKOLL 1971, Bd. 1, S. 34–70, hier S. 49 u. 56

VIII. Parteitag vom 15. bis 19. Juni 1971 – Absage an die Einheit der Nation – „sozialistische Nation"

[...]

Genossinnen und Genossen! Das Zentralkomitee unserer Partei hat unmißverständlich ausgesprochen, daß zwischen unserer sozialistischen Deutschen Demokratischen Republik und der imperialistischen BRD allein Beziehungen der friedlichen Koexistenz[456] entsprechend den Regeln des Völkerrechts möglich sind. Beziehungen anderer Art kann es zwischen Staaten mit gegensätzlichen Gesellschaftsordnungen nicht geben. Alles Gerede im Westen von der sogenannten „Einheit der deutschen Nation" und einem angeblich besonderen Charakter[457] der Beziehungen zwischen der Deutschen Demokratischen Republik und der BRD soll offensichtlich jenen Vorschub leisten, deren Politik nach wie vor auf die Untergrabung der gesellschaftlichen und wirtschaftlichen Fundamente unserer Republik gerichtet ist. Die prinzipielle Linie unserer Partei geht davon aus, daß der gesamte Verlauf der Entwicklung und Festigung unseres sozialistischen Staates objektiv dahin führt und führen muß, daß die Gegensätzlichkeit zwischen uns und der BRD, die den kapitalistischen Weg geht, sich verstärkt, und daß darum der Prozeß der Abgrenzung zwischen den beiden Staaten in allen Bereichen des gesellschaftlichen Lebens immer tiefgehender wird.

[...] So und nur so sind die Dinge zu beurteilen, solange die BRD ein imperialistischer Staat ist. Und wenn im Westen noch irgend jemand den Gedanken hegt, die Deutsche Demokratische Republik „schlucken", unsere sozialistische Gesellschaftsordnung liquidieren zu können, so wird es zweckmäßig sein, diese Herren daran zu erinnern, daß die Deutsche Demokratische Republik ein stabiler sozialistischer Staat, ein untrennbarer Bestandteil der machtvollen sozialistischen Gemeinschaft ist, daß hinter der Deutschen Demokratischen Republik die ganze Kraft der Sowjetunion, der vereinten Länder des Sozialismus steht. – (*Beifall*)

[...]

Man muß bei der Einschätzung der nationalen Frage von ihrem Klasseninhalt ausgehen. Die sozialistische Revolution, die zur Erneuerung aller Existenzformen der menschlichen Gesellschaft führt, erneuert auch von Grund auf die Nation. [...]

Im Gegensatz zur BRD, wo die bürgerliche Nation fortbesteht, und wo die nationale Frage durch den unversöhnlichen Klassenwiderspruch zwischen Bourgeoisie und den werktätigen Massen bestimmt wird, der – davon sind wir überzeugt – im Verlauf des welthistorischen Prozesses des Übergangs vom Kapitalismus zum Sozialismus seine Lösung finden wird, entwickelt sich bei uns in der Deutschen Demokratischen Republik, im sozialistischen deutschen Staat, die sozialistische Nation.

[...]

---

[456] Seit dem XX. Parteitag der KPdSU im Februar 1956 außenpolitisches Programm der UdSSR.

[457] Anspielung auf die Regierungserklärung Willy Brandts vom 28. Oktober 1969; Auszug oben S. 223, Anm. 452.

119. Grundlagenvertrag, 21. Dezember 1972

DOKUMENTE DES GETEILTEN DEUTSCHLAND, Bd. 2, S. 301–303

Neuordnung der deutsch-deutschen Beziehungen – Gewaltverzichtserklärung – Unverletzbarkeit der Grenzen – Einrichtung ständiger Vertretungen beider deutscher Staaten – Ausklammerung der Deutschen Frage[458]

Die Hohen Vertragschließenden Seiten[,] eingedenk ihrer Verantwortung für die Erhaltung des Friedens, in dem Bestreben, einen Beitrag zur Entspannung und Sicherheit in Europa zu leisten, in dem Bewußtsein, daß die Unverletzlichkeit der Grenzen und die Achtung der territorialen Integrität und der Souveränität aller Staaten in Europa in ihren gegenwärtigen Grenzen eine grundlegende Bedingung für den Frieden sind, in der Erkenntnis, daß sich daher die beiden deutschen Staaten in ihren Beziehungen der Androhung oder Anwendung von Gewalt zu enthalten haben, ausgehend von den historischen Gegebenheiten und unbeschadet der unterschiedlichen Auffassungen der Bundesrepublik Deutschland und der Deutschen Demokratischen Republik zu grundsätzlichen Fragen, darunter zur nationalen Frage, geleitet von dem Wunsch, zum Wohle der Menschen in den beiden deutschen Staaten die Voraussetzungen für die Zusammenarbeit zwischen der Bundesrepublik Deutschland und der Deutschen Demokratischen Republik zu schaffen, sind wie folgt übereingekommen:[459]

Artikel 1
Die Bundesrepublik Deutschland und die Deutsche Demokratische Republik entwickeln normale gutnachbarliche Beziehungen zueinander auf der Grundlage der Gleichberechtigung.

Artikel 2
Die Bundesrepublik Deutschland und die Deutsche Demokratische Republik werden sich von den Zielen und Prinzipien leiten lassen, die in der Charta der Vereinten Natio-

[458] Die Frage der Wiedervereinigung ist im Vorfeld der Vertragsunterzeichnung von Egon Bahr in einem „Brief zur deutschen Einheit" an den Staatssekretär beim Ministerrat der DDR Michael Kohl separat aufgegriffen worden. In dem kurzen, schon anläßlich des Moskauer Vertrages (vgl. **Nr. 108**) übergebenen und gleichlautenden bzw. nur in der Vertragsbezeichnung abweichenden Brief heißt es: „Im Zusammenhang mit der heutigen Unterzeichnung des Vertrages [...] beehrt sich die Regierung der Bundesrepublik Deutschland festzustellen, daß dieser Vertrag nicht im Widerspruch zu dem politischen Ziel der Bundesrepublik Deutschland steht, auf einen Zustand des Friedens in Europa hinzuwirken, in dem das deutsche Volk in freier Selbstbestimmung seine Einheit wiedererlangt." (hier in der von Walter Scheel gezeichneten Fassung anläßlich des Moskauer Vertrages: BENDER, Ostpolitik, Dok. 11, S. 301). – Dem Grundlagenvertrag waren zudem ein Einzelheiten näher bestimmendes Zusatzprotokoll sowie eine Erklärung dazu beigefügt (in: DOKUMENTE DES GETEILTEN DEUTSCHLAND, Bd. 2, S. 304–306), in welcher die Bundesregierung betonte, daß Staatsangehörigkeitsfragen durch den Grundlagenvertrag nicht geregelt worden seien. – In dem Urteil des Bundesverfassungsgerichtes zum Grundlagenvertrag vom 31.7.1973 wurde festgestellt, daß dieser nicht dem Wiedervereinigungsgebot des Grundgesetzes (vgl. **Nr. 126 [2]**) widerspreche, jedoch: „Kein Verfassungsorgan der Bundesrepublik Deutschland darf die Wiederherstellung der staatlichen Einheit als politisches Ziel aufgeben" (in: DOKUMENTE DES GETEILTEN DEUTSCHLAND, Bd. 2, S. 359–383, hier S. 359f.).

[459] In der Präambel enthaltene Absätze wurden weggelassen.

nen niedergelegt sind, insbesondere der souveränen Gleichheit aller Staaten, der Achtung der Unabhängigkeit, Selbständigkeit und territorialen Integrität, dem Selbstbestimmungsrecht, der Wahrung der Menschenrechte und der Nichtdiskriminierung.

Artikel 3

Entsprechend der Charta der Vereinten Nationen werden die Bundesrepublik Deutschland und die Deutsche Demokratische Republik ihre Streitfragen ausschließlich mit friedlichen Mitteln lösen und sich der Drohung mit Gewalt oder der Anwendung von Gewalt enthalten.

Sie bekräftigen die Unverletzlichkeit der zwischen ihnen bestehenden Grenze jetzt und in der Zukunft und verpflichten sich zur uneingeschränkten Achtung ihrer territorialen Integrität.

Artikel 4

Die Bundesrepublik Deutschland und die Deutsche Demokratische Republik gehen davon aus, daß keiner der beiden Staaten den anderen international vertreten oder in seinem Namen handeln[460] kann.

Artikel 5

Die Bundesrepublik Deutschland und die Deutsche Demokratische Republik werden friedliche Beziehungen zwischen den europäischen Staaten fördern und zur Sicherheit und Zusammenarbeit in Europa beitragen.

Sie unterstützen die Bemühungen um eine Verminderung der Streitkräfte und Rüstungen in Europa, ohne daß dadurch Nachteile für die Sicherheit der Beteiligten entstehen dürfen.

Die Bundesrepublik Deutschland und die Deutsche Demokratische Republik werden mit dem Ziel einer allgemeinen und vollständigen Abrüstung unter wirksamer internationaler Kontrolle der internationalen Sicherheit dienende Bemühungen um Rüstungsbegrenzung und Abrüstung, insbesondere auf dem Gebiet der Kernwaffen und anderen Massenvernichtungswaffen, unterstützen.

Artikel 6

Die Bundesrepublik Deutschland und die Deutsche Demokratische Republik gehen von dem Grundsatz aus, daß die Hoheitsgewalt jedes der beiden Staaten sich auf sein Staatsgebiet beschränkt. Sie respektieren die Unabhängigkeit und Selbständigkeit jedes der beiden Staaten in seinen inneren und äußeren Angelegenheiten.

Artikel 7

Die Bundesrepublik Deutschland und die Deutsche Demokratische Republik erklären ihre Bereitschaft, im Zuge der Normalisierung ihrer Beziehungen praktische und humanitäre Fragen zu regeln. Sie werden Abkommen schließen[461], um auf der Grundlage dieses Vertrages und zum beiderseitigen Vorteil die Zusammenarbeit auf dem Gebiet der Wirtschaft, der Wissenschaft und Technik, des Verkehrs, des Rechtsverkehrs, des Post- und Fernmeldewesens, des Gesundheitswesens, der Kultur, des Sports, des Um-

---

460 Dies bedeutete die Aufgabe des bundesrepublikanischen Alleinvertretungsanspruches (Nr. 29).

461 Vgl. zu den Folgeverträgen des Grundlagenvertrages unten S. 231.

weltschutzes und auf anderen Gebieten zu entwickeln und zu fördern. Einzelheiten sind in dem Zusatzprotokoll[462] geregelt.

Artikel 8
Die Bundesrepublik Deutschland und die Deutsche Demokratische Republik werden ständige Vertretungen austauschen. Sie werden am Sitz der jeweiligen Regierung errichtet.

[...]

Artikel 9
Die Bundesrepublik Deutschland und die Deutsche Demokratische Republik stimmen darin überein, daß durch diesen Vertrag die von ihnen früher abgeschlossenen oder sie betreffenden zweiseitigen und mehrseitigen internationalen Verträge und Vereinbarungen nicht berührt werden.

[...]

120. Tabelle: Umfrage über Wiedervereinigung und Grundlagenvertrag, Dezember 1972

Allensbach. – JAHRBUCH, Bd. 5, S. 520

Frage: „Hier unterhalten sich zwei über den Grund[lagen]vertrag [...] Welchem von beiden würden Sie zustimmen, dem ersten oder dem zweiten?" (Dezember 1972)

%	Gesamt	Anhänger von SPD	CDU/CSU	FDP
Der eine sagt: „Mit dem Grund[lagen]vertrag wird die DDR praktisch als zweiter deutscher Staat anerkannt; deshalb ist meiner Meinung nach mit diesem Vertrag die Teilung Deutschlands endgültig beschlossen."	41	27	62	23
Der andere sagt: „Im Grund[lagen]vertrag wird zwar davon ausgegangen, daß es zwei deutsche Staaten gibt, aber dadurch ist meiner Meinung nach eine Wiedervereinigung keineswegs ausgeschlossen."	40	55	23	59
Unentschieden	19	18	15	18
	100	100	100	100

462 In: DOKUMENTE DES GETEILTEN DEUTSCHLAND, Bd. 2, S. 304–306. – Vgl. oben S. 227, Anm. 458.

121. Die Nation in den DDR-Verfassungen (1949, 1968, 1974)

Nach der Zusammenstellung in: DDR-GESCHICHTE, Dok. D2, S. 508f.

Präambel

[*1949:*] Von dem Willen erfüllt, die Freiheit und die Rechte des Menschen zu verbürgen, das Gemeinschafts- und Wirtschaftsleben in sozialer Gerechtigkeit zu gestalten. dem gesellschaftlichen Fortschritt zu dienen, die Freundschaft mit allen Völkern zu fördern und den Frieden zu sichern, hat sich das deutsche Volk diese Verfassung gegeben.

[*1968:*] Getragen von der Verantwortung, der ganzen deutschen Nation den Weg in eine Zukunft des Friedens und des Sozialismus zu weisen, in Ansehung der geschichtlichen Tatsache, daß der Imperialismus unter Führung der USA im Einvernehmen mit Kreisen des westdeutschen Monopolkapitals Deutschland gespalten hat, um Westdeutschland zu einer Basis des Imperialismus und des Kampfes gegen den Sozialismus aufzubauen, was den Lebensinteressen des Volkes widerspricht, hat sich das Volk der Deutschen Demokratischen Republik, fest gegründet auf den Errungenschaften der antifaschistisch-demokratischen und der sozialistischen Umwälzung der gesellschaftlichen Ordnung, einig in seinen werktätigen Klassen und Schichten das Werk der Verfassung vom 7. Oktober 1949 in ihrem Geiste fortführend und von dem Willen erfüllt, den Weg des Friedens, der sozialen Gerechtigkeit, der Demokratie, des Sozialismus und der Völkerfreundschaft in freier Entscheidung unbeirrt weiterzugehen, diese sozialistische Verfassung gegeben.

[*1974:*] In Fortsetzung der revolutionären Traditionen der deutschen Arbeiterklasse und gestützt auf die Befreiung vom Faschismus hat das Volk der Deutschen Demokratischen Republik in Übereinstimmung mit den Prozessen der geschichtlichen Entwicklung unserer Epoche sein Recht auf sozial-ökonomische, staatliche und nationale Selbstbestimmung verwirklicht und gestaltet die entwickelte sozialistische Gesellschaft. Erfüllt von dem Willen, seine Geschicke frei zu bestimmen, unbeirrt auch weiter den Weg des Sozialismus und Kommunismus, des Friedens, der Demokratie und der Völkerfreundschaft zu gehen, hat sich das Volk der Deutschen Demokratischen Republik diese sozialistische Verfassung gegeben.

Artikel 1

[*1949:*] Deutschland ist eine unteilbare Republik; sie baut auf den deutschen Ländern auf. [...] Es gibt nur eine deutsche Staatsangehörigkeit.

[*1968:*] Die Deutsche Demokratische Republik ist ein sozialistischer Staat deutscher Nation. Sie ist die politische Organisation der Werktätigen in Stadt und Land, die gemeinsam unter Führung der Arbeiterklasse und ihrer marxistisch-leninistischen Partei den Sozialismus verwirklichen.

[*1974:*] Die Deutsche Demokratische Republik ist ein sozialistischer Staat der Arbeiter und Bauern. Sie ist die politische Organisation der Werktätigen in Stadt und Land unter Führung der Arbeiterklasse und ihrer marxistisch-leninistischen Partei.

VI. Deutsche Identität und deutsche Einheit (1974 – 1989/90)

Einführung

Die Regierung Brandt hatte die Konsequenzen aus der Realität der Teilung gezogen und das deutsch-deutsche Verhältnis ebenso wie die Beziehungen der Bundesrepublik zur Sowjetunion entspannt und dazu beigetragen, das Klima in den Ost-West-Beziehungen zu bessern: „Mit primitivem Antikommunismus“, so Brandt in einer Bundestagsrede, „ist kein Staat zu machen, schon gar kein demokratischer“[463]. Es nimmt nicht Wunder, daß die Affäre um den DDR-Spion Guillaume, die Brandts Rücktritt im Mai 1974 auslöste, einen herben Rückschlag bedeutete, zumal die sozialliberale Koalition nach dem Mißtrauensvotum gegen die Bundesregierung im November 1972 gestärkt aus den anschließenden Bundestagswahlen hervorgegangen war und das günstige Wahlergebnis überdies als Zeichen für die Akzeptanz der Ostpolitik verbuchen konnte.

Helmut Schmidt und sein Außenminister Hans-Dietrich Genscher führten dementsprechend den eingeschlagenen ostpolitischen Kurs fort, im übrigen ebenso Helmut Kohl, so daß man insgesamt von einer *Kontinuität der Deutschlandpolitik* in den 70er und 80er Jahren sprechen kann. Schmidt hatte schon in seiner ersten Regierungserklärung seine deutschlandpolitischen Leitsätze mit den Begriffen Kontinuität sowie Konzentration auf Realismus und Nüchternheit umschrieben. Letztere Attribute waren nicht fehl am Platze, denn es galt, die im deutsch-deutschen Verhältnis gesponnenen Fäden fortzusetzen und die unter Brandt eingeleiteten Entwicklungen in den Ost-West-Beziehungen auszureifen. Auf der Agenda stand die konkrete Ausgestaltung der im Grundlagenvertrag (**Nr. 119**, Artikel 7) vereinbarten *Folgeverträge*. Es war also die nicht minder schwierige Feinarbeit und die praktische Abwicklung zu vollziehen, was in einer Reihe deutsch-deutscher Abkommen – insgesamt über 30 – geschah, die das ganze Spektrum staatlichen Nebeneinanders abdeckten, darunter Transitpauschalen und Verkehr (Dezember 1975, November 1978, Oktober 1979, April 1980), Post- und Fernmeldewesen (März 1976, Dezember 1978), Grenzbegradigungen (November 1978), Energie- (September 1979) und Veterinärwesen (Dezember 1979), Jugendaustausch und Umweltschutz (jeweils September 1982).

Daß diese Abkommen zustande kommen konnten, war in besonderem Maße auf das Gelingen der *Konferenz für Sicherheit und Zusammenarbeit in Europa* (KSZE) zurückzuführen (**Nr. 122–123**). Das im Juli 1973 eröffnete, 35 Staaten – darunter die beiden deutschen – umfassende Gremium beruhte auf den Gewaltverzichtserklärungen der Ostverträge[464]. Zudem waren UdSSR und USA nach der seit Ende 1969 geführten ersten Verhandlungsphase der Strategic Arms Limitation Talks (SALT-I) im Mai 1972 zu Abkommen über eine Begrenzung strategischer Nuklearwaffen gelangt. Die nach langwierigen Verhandlungen am 1. August 1975 in Helsinki unterzeichnete *KSZE-*

---

463 VERHANDLUNGEN, Sten. Ber., 7. WP, Bd. 81, 10. Sitzung, 26.1.1973, S. 368.

464 So auch in Artikel 3 des Grundlagenvertrages (**Nr. 119**).

Schlußakte (Nr. 123) war dem Schema der Ostverträge nachempfunden und setzte nun multilateral den als praktikabel bewährten Lösungsansatz fort, durch Geben und Nehmen der politischen Gegenspieler einen Fortschritt in den Ost-West-Beziehungen zu erzielen: Der Westen erreichte erstmals eine Festlegung der Sowjetunion und ihrer Satellitenstaaten auf Grund- und Menschenrechte, Informationsaustausch und die Lockerung von Reisebeschränkungen, während der Osten durch die Zusicherung der Unverletzbarkeit der Grenzen eine Sanktionierung der Nachkriegsordnung und damit auch der sowjetischen Vormachtstellung in Osteuropa erreichte. Somit wurde die seit 1954/55 vorgetragene sowjetische Forderung nach einem kollektiven Sicherheitssystem[465], das zugleich den politischen und territorialen Status quo billigen würde, erfüllt. – Freilich waren die unmittelbaren Auswirkungen der KSZE und ihrer Folgekonferenzen (seit Oktober 1977) begrenzt, zumal es sich bei der Schlußakte nicht um einen rechtlich bindenden Vertrag, sondern lediglich um eine Absichtserklärung handelte. Problematisch blieben die Ausgestaltung von Reiseerleichterungen, Informationsaustausch und die Einhaltung von Grund- und Menschenrechten, die im sozialistischen Lager über kosmetische Maßnahmen kaum hinausgingen. Aber nun war es Oppositionellen möglich, sich auf das KSZE-Dokument zu berufen. In der DDR stiegen zwar nach Helsinki die gestellten Ausreiseanträge sprunghaft an, doch die Auswirkungen der KSZE waren langfristig, denn sie hielt die Hoffnungen der Ostdeutschen auf eine Liberalisierung ihres Staates und auf die Einhaltung der Menschenrechte wach. So hat die evangelische Kirche in der DDR 1985 die Fortsetzung und Einhaltung der KSZE eingefordert (Nr. 128). Damit setzte eine Entwicklung ein, die die DDR-Führung angesichts der seit 1969 einsetzenden politischen Entspannung stets befürchtet hatte und die letztlich ihren Beitrag zum Zusammenbruch der DDR im November 1989 beisteuerte (Nr. 130, 131).

Die KSZE-Schlußakte (Nr. 123) wurde am 1. August 1975 auch von den beiden deutschen Staaten unterzeichnet, und Honecker und Schmidt hatten in Helsinki die Gelegenheit zu einem ersten persönlichen Zusammentreffen genutzt (Nr. 122). Die beiden Delegationen waren entlang des Gangs im Konferenzraum nebeneinander plaziert – dies „entbehre nicht der Symbolik“ (ebd.), so Helmut Schmidt. In der Tat versinnbildlichte dieser Umstand das Für und Wider der neuen Ostpolitik, wie sie die Regierung Brandt begonnen hatte: im negativen der sichtbare Ausdruck der staatlichen *Eigenständigkeit beider deutscher Staaten* und damit ihrer Teilung und im positiven die neuen Möglichkeiten, die das Räumen alter Rechtspositionen erbracht hatte; denn nun war es machbar, zu europäischen und internationalen politischen Fortschritten zu gelangen, die bis dato alleine schon daran gescheitert waren, daß beide deutsche Staaten nicht zusammen an einen Konferenztisch zu bringen waren. Zur Verdeutlichung des Neuen sei auf das Jahr 1955 verwiesen, als Adenauer in Moskau verhandelte und man das um die Welt gehende Bild eines Händedrucks mit den kommunistischen Führern fürchtete (Nr. 84). Oder 1966, als sich eine kurze Episode des (gescheiterten) Redneraustausches zwischen SED und SPD anbahnte und die Sozialdemokraten darüber debattierten, ob man – angesichts der fatalen, an das SED-Emblem erinnernden Symbolik – den östlichen Gesprächspartnern öffentlich die Hand geben dürfe[466]. – Die Position Honeckers in der Deutschen Frage, die er sogleich seinem westlichen Gesprächspartner in Helsinki

465 Vgl. oben S. 135 u. 163.
466 Vgl. BENDER, Ostpolitik, S. 18.

offenbarte, war nicht neu: „Als nüchterne Leute wüßten er und der Bundeskanzler von der Existenz zweier souveräner Staaten. Wem nutze nun das Reden von der Wiedervereinigung? Dies erwecke doch nur Hoffnungen und bringe Enttäuschungen." (Nr. 122). Schmidt, der sich auf eine Diskussion über den bundesrepublikanischen *Wiedervereinigungsanspruch* nicht einließ, verwies lediglich darauf, daß es für ihn in dieser Hinsicht einen gewissen „Nachholbedarf" (ebd.) gebe. – Freilich stellte sich der Regierung Schmidt nicht in erster Linie die Deutschlandpolitik als dringendstes Problem, denn es gab weitaus gravierendere: die Wirtschaftskrise, die aus den Nachwehen der Ölkrise 1973/74 entstandene Energiekrise, Arbeitslosigkeit, Terrorismus (RAF) und schließlich die neuen sozialen Bewegungen (Umweltschutz-, Frauen- und Friedensbewegung).

Erst im März 1977 setzte ein direkter fortdauernder Meinungsaustausch zwischen Bundeskanzler Schmidt und Erich Honecker ein. *Informations- und Gesprächskanäle* in die Schaltzentralen der DDR bestanden seit langem, doch nun gab es Gespräche – genauer gesagt: Telefonate – auf höchster Ebene, die nach und nach in eine freundliche, bisweilen joviale Atmosphäre übergingen. Damit gab es einen direkten Draht zu dem nunmehr mächtigsten Mann in Ostberlin – Honecker hatte 1976 neben dem Amt des ZK-Sekretärs auch den Staatsratsvorsitz übernommen –, den auch Schmidts Amtsnachfolger Kohl nutzte. Im übrigen hatte sich auch die CDU, deren Vorsitzender im Juni 1973 Helmut Kohl geworden war, seit Anfang 1975 Gesprächskanäle zu hochrangigen DDR-Funktionären erschlossen. Dagegen hatte sich die CDU durch scharfe Proteste gegen Helsinki zu profilieren versucht und mit der Haltung, die KSZE komme der Sanktionierung der sowjetischen Vormachtstellung in Europa gleich, wenig Erfolg gehabt, so daß sie bald ad acta gelegt wurde.

Das sich stabilisierende deutsch-deutsche Verhältnis hatte bald, in den Jahren 1979/80, eine Bewährungsprobe zu bestehen. Denn die Sowjetunion hatte sich entgegen der in Helsinki getroffenen Vereinbarungen durch Berater und Waffenlieferungen in Angola und Äthiopien engagiert und zudem seit 1976 damit begonnen, ihre nach Westeuropa gerichteten Mittelstreckenraketen mit dem neuen Typ SS-20 umzurüsten. Die SS-20, ausgestattet mit drei atomaren Sprengköpfen und einer Reichweite von rund 5000 Kilometern, war dazu geeignet, das atomare Gleichgewicht aus der Bahn zu werfen, die mühsam austarierten Ost-West-Beziehungen zu schädigen und nicht zuletzt erneut das Schreckensbild eines auf deutschem Territorium ausgetragenen Nuklearkrieges zu beleben. Kanzler Schmidt hatte nun selbst Gegenmaßnahmen der NATO angeregt, die am 12. Dezember 1979 zum dem *Doppelbeschluß der NATO-Mitgliedsstaaten* führten: Es wurde die Stationierung atomarer Mittelstreckenwaffen (vor allem des Typs Pershing-II) bei gleichzeitiger Reduktion von Nuklearwaffen in Europa beschlossen und mit einer zeitlichen Verzögerung bis 1983 versehen, um bis dahin in Verhandlungen mit der Sowjetunion über die Wiederherstellung des nuklearen Gleichgewichtes eintreten zu können. Von der UdSSR ist das Verhandlungsangebot als Ultimatum aufgefaßt und abgelehnt worden. Zwei Wochen später, am 27. Dezember, erfolgte der sowjetische Einmarsch in Afghanistan. Die USA reagierten darauf mit einem Stop der Abrüstungsgespräche[467], und Anfang 1980 folgten sogar Wirtschaftssanktionen gegen die Sowjet-

467 Die im September 1972 aufgenommenen SALT-II-Gespräche waren 1979 zu ihrem Abschluß gelangt, doch setzten die Vereinigten Staaten nach dem sowjetischen Einmarsch in Afghanistan

union. Dieses erneute Aufflammen des Ost-West-Konfliktes, das auch im verbalen Umgang der Supermächte miteinander Erinnerungen an die Auseinandersetzungen der ‚heißen' Phasen des Kalten Krieges weckte, verschärfte sich noch unter dem seit Januar 1981 amtierenden US-Präsidenten Ronald Reagan.

Die drastische Verschlechterung der internationalen Beziehungen hat auch das *deutsch-deutsche Verhältnis* überlagert, doch nun war nicht die Deutsche Frage Auslöser der Konfrontation, sondern die beiden deutschen Staaten bemühten sich, im Rahmen ihrer Bündnisverpflichtungen und Möglichkeiten, zu einer Milderung der Spannungen beizutragen. Zwar wurden geplante Treffen zwischen Honecker und Schmidt unter dem Druck der Ereignisse abgesagt, doch riß der Gesprächsfaden zwischen Bonn und Ostberlin nicht ab, und die laufenden deutsch-deutschen Verhandlungen konnten fortgeführt werden. Honecker hat, gegen Widerstände in den eigenen Reihen, Schmidt bei einem Treffen in Belgrad im Mai 1980 geradezu dazu gedrängt, direkt mit Breschnew zusammenzutreffen. Dazu kam es am 30. Juni/1. Juli 1980 in Moskau, wo zwar in den Fragen Afghanistan und Doppelbeschluß keine Einigung erzielt wurde, jedoch erklärte sich Breschnew zu neuen Abrüstungsgesprächen bereit, zu denen es erst im November 1981 kam. Auch wenn Honecker während des Belgrader Gespräches erklärte, die „ganze Welt scheine erstaunt zu sein", daß die deutsch-deutschen Beziehungen „intakt geblieben seien"[468], wußte er doch, daß die DDR mittlerweile von den Außenhandelsbeziehungen mit den westlichen Industrienationen abhängig war. Denn eine Intensivierung der Beziehungen zur Bundesrepublik blieb für die DDR stets ein gefährliches Unterfangen: Einerseits würde die Annäherung beider deutscher Staaten Hoffnungen in der eigenen Bevölkerung auf Wiedervereinigung und Demokratisierung wecken, und andererseits mußte Sorge dafür getragen werden, daß sich in Moskau nicht der Eindruck verfestigt, die DDR könnte aus dem sozialistischen Lager ausscheren. Beidem versuchte die DDR-Führung mit Akten der Abgrenzung Herr zu werden[469]. Doch eine neue Qualität bekamen solche Bemühungen durch die seit August 1980 aktive polnische Gewerkschaftsbewegung Solidarność. Ein Überspringen des Funkens von Polen auf die DDR war möglich, und die Furcht vor einem neuen 17. Juni 1953 (**Nr. 64ff.**) wog um so schwerer. Andererseits war im Politbüro angesichts der Verdichtung der deutsch-deutschen Beziehungen eine Front gegen Honecker im Entstehen – man opponierte in Moskau bereits gegen ihn. Vor diesem Hintergrund ist Honeckers *Rede in Gera* am 13. Oktober 1980 zu verstehen, die mit deutschlandpolitischen Maximalzielen aufwartete und in Bonn Besorgnisse über den neuen Kurs der DDR-Führung auslöste: Honecker forderte die Anerkennung der Staatsbürgerschaft der DDR, die Umwandlung der Ständigen Vertretungen (Grundlagenvertrag: **Nr. 119**, Art. 8) in Botschaften und die Auflösung der Erfassungsstelle für DDR-Verbrechen in Salzgitter. Wenige Tage zuvor war ohne Ankündigung eine drastische Erhöhung der Mindestumtauschsätze für Reisende in die DDR umgesetzt worden. Nach Gera hatte Honecker dem Leiter der Ständigen Vertretung der Bundesrepublik in der DDR am 3. November 1980 eröffnet, „es

die Ratifizierung der Verträge aus. Erst im November 1981 konnten die Gespräche in Genf wieder aufgenommen werden.

468 BONN UND OST-BERLIN, Dok. 45, S. 516–527 u. S. 527–534, hier S. 516.

469 So im Oktober 1974 durch eine Verfassungsänderung (Nr. 121; vgl. oben S. 204). Dem schloß sich im Oktober 1975 ein neuer Vertrag über Freundschaft, Zusammenarbeit und gegenseitigen Beistand zwischen der DDR und der Sowjetunion an.

gebe kein Deutschland mehr", die Bundesrepublik müsse den „Gedanken der ‚Wiedervereinigung' endlich aufgeben" (**Nr. 125**). Damit wiederholte Honecker teils wörtlich Forderungen, die ihm der sowjetische Staatschef Breschnew im August 1970 (**Nr. 117**) ins Stammbuch geschrieben hatte – die neue Gangart Honeckers war also ein Signal an Moskau, und Schmidt beantworte sie kurz darauf in einer Regierungserklärung mit einem Appell an die Einheit der Nation.

Die von Honecker vollzogene Wende führte nicht zu einer fortdauernden Krise in den deutsch-deutschen Beziehungen, die auch während der Kanzlerschaft (1982–1998) *Helmut Kohls* im Zeichen der Kontinuität standen. Entgegen allen Befürchtungen setzte Kohl, der nach dem Mißtrauensvotum im Oktober 1982 Bundeskanzler geworden war, die Deutschlandpolitik seines Amtsvorgängers fort. Nicht zuletzt bürgte auch der alte und neue Außenminister Genscher für Kontinuität. Doch im Gegensatz zu Schmidt handhabte Kohl den Wiedervereinigungsanspruch wieder offensiver, so daß in seiner ersten Regierungserklärung der Einheitsgedanke und das Recht der Deutschen auf die Wiederherstellung der Einheit unterstrichen wurde.

Daß hieraus keine Krise im Verhältnis zwischen beiden deutschen Staaten erwuchs, war auch auf die wirtschaftliche Abhängigkeit vom Außenhandel mit der Bundesrepublik zurückzuführen, in die die DDR geraten war: 1983 hatte die Bundesregierung, unter Vermittlung eines der schärfsten Gegner der Brandtschen Ostpolitik, Franz Josef Strauß, einen *Milliardenkredit* an die DDR bewilligt und in den folgenden Jahren hohe Bürgschaften übernommen, was die DDR-Führung mit menschlichen Erleichterungen quittierte, darunter der Abbau der Selbstschußanlagen an der innerdeutschen Grenze (1984), die das *Grenzregime* (**Nr. 60, 102 [1], 115**) der DDR unerträglich verschärft hatten. – Diese Entwicklung im deutsch-deutschen Verhältnis ist von Moskau mit Besorgnis betrachtet worden und entsprach im übrigen den weiterhin gespannten Ost-West-Beziehungen, die seit Afghanistan, NATO-Doppelbeschluß (1979), dem Kriegsrecht in Polen (Dezember 1981) und dem Abbruch der Genfer Abrüstungsverhandlungen (November 1983) weiterhin auf Konfrontationskurs eingestellt waren. Nun konnte man aus sowjetischen Parteiorganen Angriffe auf den Kurs der DDR-Führung vernehmen, und auf Druck Moskaus wurde abermals ein für Herbst 1984 geplanter Besuch Honeckers in Bonn abgesagt. – So nahm die seit 1985 beginnende Tauwetterperiode unter den neuem Generalsekretär der KPdSU *Michail Gorbatschow* zunächst den Druck aus den Beziehungen der DDR zur Sowjetunion und wurde daher anfänglich von der DDR-Führung positiv aufgenommen. Doch als deutlich wurde, daß Gorbatschow innere Reformen im Sinn hatte, ging die DDR-Führung – eine neuerliche Krise wie den 17. Juni fürchtend – auf Abstand, und im April 1987 hat sie erstmals offen ihre Opposition zur Politik Gorbatschows zum Ausdruck gebracht.

Anfang September 1987 kam es zu dem immer wieder verschobenen *Besuch des Staats- und Parteichefs Honecker* in der Bundesrepublik. Es war damit das Ziel der DDR-Führung erreicht, einen unmittelbaren und unzweifelhaften Ausdruck der staatlichen Anerkennung durch die Bundesrepublik zu erlangen. War in dieser Hinsicht zwar auch die Teilnahme beider deutscher Staaten an der KSZE in Helsinki (**Nr. 122–123**) zu verwerten, so wurde Honecker nun mit allen Ehren, die in der internationalen Diplomatie Vertretern souveräner Staaten zuteil werden, in Bonn empfangen, so daß die DDR-Seite diesen Akt im Nachgang als völkerrechtliche Anerkennung wertete (**Nr. 129**). Um der fatalen Wirkung auf die Wahrnehmung der Deutschen Frage bei den Deutschen in West und Ost entgegenzuwirken, hatte die westdeutsche Seite vorab eine gewichtige Konzession durchsetzen können: Die Tischrede Helmut Kohls, die dieser anläßlich des Staatsempfangs halten würde und in der er deutlich machte, daß die Bundesregierung weiterhin das Ziel der Einheit der Nation verfolgen werde[470], sollte in Echtzeit im Fernsehen übertragen werden. Die von Honecker mit versteinerter Mine hingenommene Rede war als Signal an die DDR-Bevölkerung gedacht und dürfte ihre Wirkung nicht verfehlt haben; doch ein Signal zur Einheit der Nation war auch gegenüber den Westdeutschen angebracht, bei denen sich Mitte der 1980er Jahre in erheblichem Maße die Auffassung eingestellt hatte, daß es eine einzige deutsche Nation nicht mehr gebe, während andererseits der Wunsch danach, den Anspruch auf die Wiedervereinigung weiterhin als Verfassungsziel aufrecht zu halten, bestehen blieb (**Nr. 126**). Zwei Jahre vor dem Honecker-Besuch in Bonn hatte Bundespräsident Richard von Weizsäcker die richtigen Worte gefunden, um an die *gesamtdeutsche Identität* in der Zeit der Teilung zu erinnern: „Fragen verschwinden nicht einfach deshalb vom Erdboden, bloß weil man sie nicht beantworten kann. [...] Die deutsche Frage ist so lange offen, als das Brandenburger Tor zu ist.“ (**Nr. 127**).

Freilich stand die Mauer unabänderlich, und die längst erstarrte DDR-Führung hielt vehement an der überkommenen *Gesellschafts- und Wirtschaftspolitik* fest. Die Herrschaftsstrukturen blieben unverändert und auf den ersten Blick stabil. Der Apparat der Partei und ihrer Massenorganisationen funktionierte und schien die Basis dafür zu bieten, sich als Hüter des Sozialismus dem neuen Wind aus Moskau entgegenzustellen, über den Honecker intern schärfstens als Verrat urteilte. Doch die Krisenerscheinungen wirkten spätestens seit den 80er Jahren unterschwellig, selbst in Partei und Massenorganisationen, und kamen aus der Gesellschaft selbst. Die das starre System von „unten“ aushöhlende Unzufriedenheit war nicht durch die namentlich von Honecker forcierte Hebung des Lebensstandards in der DDR – formal der höchste unter den Ostblockstaaten – aufzuhalten. Unter der Formel „Einheit von Wirtschafts- und Sozialpolitik“ waren die Haushaltseinkommen gestiegen, Leistungen im Sozialsystem ausgebaut, der Wohnungsbau vorangetrieben und die Versorgung mit Konsumgütern verbessert worden. Erkauft wurden diese Maßnahmen mit massiven staatlichen Subventionen, welche die DDR schon Anfang der 80er Jahre an den Rand des Staatsbankrotts geführt hatten – ein finanzielles Fiasko, das durch die bundesdeutschen Finanzhilfen nur halbwegs gelindert werden konnte. Es blieben die dauernden Engpässe vor allem im Konsumgüterbereich, die Warteschlangen und die steigenden Sparvermögen, für die man sich kaum noch etwas kaufen konnte. Durch die im Osten rege genutzten West-Medien und nicht zuletzt durch die persönlichen Bindungen, die aufgrund der Ostpolitik aufrechterhalten werden konnten, spiegelte sich die eigene Lage kraß gegenüber der westlichen Konsumgesellschaft des deutschen Nachbarn. Hinzu kam die tiefe Unzufriedenheit über die politische Lage, der Drang nach Mitbestimmung und Reformen. Nun ging ausgerechnet die immerwährende Schutzmacht Sowjetunion mit kleinen Schritten voran, und die DDR-Führung zeigte sich unwillig, auf den Moskauer Kurs einzuschwenken, galt dies doch als Einstieg in die Auflösung. Ende 1988 kam es zu dem beispiellosen Ereignis, daß

470 Auszug unten S. 250, Anm. 494.

eine sowjetische Zeitschrift, die den Reformkurs vertrat, in der DDR faktisch verboten wurde. Immer offener traten Gegenkräfte zutage, gerade aus den Reihen der evangelischen Kirche, die zwar ihren Burgfrieden mit dem Staat geschlossen hatte, aber doch die Einhaltung von Grundrechten einzufordern begann. Hierzu hat der KSZE-Prozeß (**Nr. 123**) einen gewichtigen Anteil beigetragen (**Nr. 128**). Ende der 80er Jahre wurde der Autoritätsverlust des Staates immer offenkundiger. Kritik und Opposition zur Staats- und Parteiführung wurden immer unverhohlener geäußert. Die mit den üblicherweise überwältigenden Endergebnissen ausgehenden Kommunalwahlen Anfang Mai 1989 waren erstmals von öffentlichen Boykotterklärung von Theologen und kirchlichen Organisationen begleitet, die ihren Unmut über die seit dem Wahljahr 1950 obligatorischen Einheitslisten (**Nr. 37**) zum Ausdruck brachten. Im Nachgang zu den Wahlen wurde vielfach Anzeige wegen Wahlfälschung erstattet. Seit dem Frühjahr 1989 stiegen *Republikfluchten und Übersiedlungen* (**Nr. 102 [2]**) wieder dramatisch an, bis im August/September 1989 die Bilder von den besetzen Botschaften in Prag, Budapest, Warschau und der Ständigen Vertretung in Ostberlin um die Welt gingen. – Dies alles ist von der alten Garde in Staat und Partei in ihrer über Jahrzehnte eingespielten Abkoppelung von den Bürgern nur bruchstückhaft und realitätsfern wahrgenommen worden. Ein Erich Mielke, Mann der ersten Stunde in der SBZ/DDR (**Nr. 14**), hat im August 1989 die in seinem Apparat zunehmend hilflos registrierte *Opposition zu Partei und Staat* als „eine Frage der Macht, weiter nichts“ abqualifiziert. Ausreisewillige galten ihm als fehlgeleitete, ja undankbare Menschen, die die „Vorzüge des Sozialismus“ zwar anerkennen aber das „als Selbstverständlichkeit“ betrachten: „deshalb wollen sie weg“ (**Nr. 130**). Dem weitläufigen Apparat des Stasi-Chefs offenbarten sich die krisenhaften Erscheinungen des Staates in ihrer ganzen Breite und Tragweite. Anfang September 1989 faßte ein Bericht über die Motive von Ausreisewilligen den frappierenden Umfang und Tiefgang der Krise zusammen (**Nr. 131**), von der politischen, wirtschaftlichen und persönlichen Lage, über die Berichterstattung der DDR-Medien, das Fehlen von Reisefreiheit bis zu bürokratischem Fehlverhalten. „Bei der gesamten Einschätzung ist zu beachten“, schloß der Bericht, daß Ausreiseantragsteller und Republikflüchtlinge „in der Regel politisch nichts mehr mit der DDR verbindet.“ (ebd.). – Kurz darauf überschlugen sich die Ereignisse. Im September/Oktober, um nur einige Eckpunkte zu nennen, drängten die Reformbewegungen, vor allem das „Neue Forum“, und die Kirchen auf Mitbestimmung. Die Friedensgebete, Protestmärsche und Montagsdemonstrationen zogen ganze Menschenmassen an. In all dem zelebrierte Honecker am 7. Oktober mit aufwendigem Pomp den 40. Jahrestag der DDR. Knapp zwei Wochen später, am 18. Oktober, trat er zurück, einen Monat später, am 7./8. November auch der Ministerrat und das Politbüro. Während Honeckers Nachfolger Krenz von der Einleitung einer „Wende“ redete, öffnete sich am 9. November 1989 die Mauer und leitete das Ende der DDR ein.

Die DDR hatte 1961 (**Nr. 94ff.**) den Zustand der Teilung zementiert. Mit dem Mauerfall war die *Deutsche Frage* wieder offen und dies unverhofft im Sinne des Machbaren und Greifbaren. Die Deutschlandpolitik, wie sie Brandt begonnen und Schmidt und Kohl ausgebaut hatten, hielt die Kontakte zwischen den Menschen bei allen Hindernissen wach und ermöglichte, daß es nicht nur im Politischen, sondern auch bei den Deutschen in Ost und West noch eine lebendige Deutsche Frage gab.

Nun ging es, wie die Sprechchöre der DDR-Bürger ab Ende November aller Welt offenbarten, um die *Wiedervereinigung*. Doch diesmal gab es keinen 17. Juni[471] (**Nr. 64–69**) – die Annahme war im übrigen nicht selbstverständlich –, und die Signale aus Moskau waren überdies günstig, wenn auch wechselhaft, jedenfalls hatte Gorbatschow am 15. November das Thema Wiedervereinigung öffentlich aufgegriffen und diese als interne Sache beider deutscher Staaten bezeichnet. Das war sie freilich nicht, denn mit der schlagartig wieder offenen Deutschen Frage war auch das Relikt der *Viermächteverantwortung* für Deutschland als Ganzes nolens volens reaktiviert, welche seit dem Berlin-Abkommen 1971 (**Nr. 114**) geruht hatte. Formal waren die Westmächte durch den seit 1955 in Kraft befindlichen Deutschlandvertrag (**Nr. 52**, Artikel 7,2) dazu verpflichtet, „mit friedlichen Mitteln ihr gemeinsames Ziel zu verwirklichen: ein wiedervereinigtes Deutschland". Doch die deutsche Seite registrierte bei Briten und Franzosen wenig Neigung, dieses Ziel aktiv zu verfolgen (**Nr. 132**). Tatsächlich entstand in der ereignisreichen Zeit nach dem 9. November weniger ein Zusammenwirken der Westmächte als eine Achse Washington-Bonn, die – unter unablässiger gegenseitiger Kontaktierung (**Nr. 137**) – die Entwicklungen vorantrieb. Präsident Bush war es auch, der gegenüber Gorbatschow klargestellt hatte, daß es keine Viermächteverhandlungen über den Kopf der Bundesregierung hinweg geben werde. Eben dies hatte Gorbatschow am 4. Dezember vorgeschlagen und war damit in London und Paris auf bereitwillige Zustimmung gestoßen. Angesichts all der gescheiterten Viererverhandlungen über die Deutsche Frage – der letzte Gipfel war 1959 in Genf (vgl. oben S. 166) – war eine Urangst der Bundesregierung seit Adenauer (**Nr. 83**) besänftigt.

Obschon sich die internationale Lage durch die tiefe Krise der Sowjetunion grundlegend gewandelt hatte und eine aussichtsreichere Behandlung der Deutschen Frage erlaubte, erlebte notwendigerweise manch Anspruch und Vorbehalt, der seit der doppelten Staatsgründung an der Deutschen Frage haftete, eine Renaissance. So verhielt es sich mit dem Schlüsselproblem, ob ein vereintes Deutschland sich *militärischen Bündnissen* anschließen können sollte oder in welchem Umfang diesem Streitkräfte zu gestatten seien. Dies war seit den Anfängen westdeutscher Wiederbewaffnung (**Nr. 40ff.**) und am deutlichsten im Umfeld der Stalin-Note von 1952 (**Nr. 53**) die zentrale Frage. Zu bewältigen waren hingegen die Grenzfragen, deren endgültige Regelung vor allem ein polnisches Interesse war, da die Anerkennung der *Oder-Neiße-Grenze* bereits durch die Ostverträge (vgl. oben S. 201) der Regierung Brandt und seitens der DDR durch das Görlitzer Abkommen von 1950 (vgl. **Nr. 32**) ausgesprochen worden war. Doch es waren innenpolitische Gründe, vor allem die Wahlerfolge der rechtsradikalen Republikaner, die Kohl dazu veranlaßten, in der Grenzfrage zu taktieren und deren Regelung hinauszuzögern. Nicht zuletzt wurden bei den Siegermächten des Zweiten Weltkrieges in verschiedenem Maße Befürchtungen vor einem erstarkten wiedervereinigten Deutschland belebt (**Nr. 132**), die insbesondere bei Franzosen und Engländern eine lange Tradition hatten (**Nr. 23, 34–35, 70**).

Zwar beeilte sich die Bundesregierung, zu versichern, daß man keinen nationalen Alleingang vollführen werde, doch Kohl hatte erkannt, daß jetzt Handeln gefragt war,

---

[471] Anfang Juli 1989 hatte Gorbatschow in Bukarest die Breschnew-Doktrin (vgl. oben S. 201) für ungültig erklärt, indem er zugestand, daß jeder sozialistische Staat seine eigene Entwicklung wählen könne.

denn es galt, die Initiative der demonstrierenden Menschenmassen in der DDR aufzunehmen. Zudem hatte die Sowjetunion unterdessen signalisiert, daß sie eine Konföderation beider deutscher Staaten möglicherweise akzeptieren könnte. Am 28. November hatte Helmut Kohl in einer Bundestagsrede einen *Zehn-Punkte-Plan* (**Nr.** 133) zur Wiederherstellung der Einheit vorgelegt, auch wenn einstweilen noch von „konföderative[n] Strukturen" (ebd., Punkt 5) die Rede war. Die Reaktionen in Paris und London lagen zwischen Reserviertheit und Ablehnung, in Moskau bei offener Ablehnung, während sich US-Präsident Bush umgehend hinter Bonn stellte, nicht zuletzt, weil die historische Situation dazu geeignet war, den Zusammenbruch des Kommunismus in Osteuropa mitsamt der sowjetischen Vormachtstellung zu beschleunigen. Gorbatschows Versuch, während des amerikanisch-sowjetischen Gipfels auf der „Maxim Gorki" (2. Dezember), auf die alte Zweistaatentheorie (**Nr. 82**) zu pochen und damit den Bestand der DDR und des Warschauer Paktes zu retten, war jetzt schon fernab der politischen Realitäten.

Amerika blieb zusammen mit der Bundesregierung Motor der Entwicklung, doch Anfang Dezember 1989, auf der NATO-Tagung in Brüssel, hatte Bush die amerikanische Bedingung für die Wiedervereinigung festgelegt, nämlich die Absicherung der Westbindung und im speziellen den Verbleib Deutschlands in der NATO. Deren Aufgabe war für den ‚Adenauer-Enkel' Kohl ohnehin indiskutabel, denn die Alternative wäre die Neutralisierung des vereinten Deutschland gewesen. So entstand vor allem zwischen Moskau auf der einen und Washington-Bonn auf der anderen Seite ein Tauziehen um die „Schlüsselfrage" der *NATO-Mitgliedschaft* (**Nr.** 136). Die Sowjetunion nutzte die Frage als Hebel und Handelsobjekt. Gorbatschow ging es vor allem um die Milderung der innenpolitischen Folgen, denn die politischen Realitäten hatten nun eine völlig andere Situation geschaffen: Das konstante Interesse der Sowjetunion, die nach 1945 entstandene politische und territoriale Ordnung zu erhalten und zu sanktionieren[472] und damit ihre Vormachtstellung bis zum „Eisernen Vorhang" abzusichern, verlor zusehends an Bedeutung, denn diese Ordnung befand sich in gänzlicher Auflösung. Als Gorbatschow während des Besuchs von Bundeskanzler Kohl in Moskau am 10./11. Februar 1990 (**Nr.** 135) das sensationelle Zugeständnis machte, die *Wiedervereinigung auf direktem Wege* vollziehen zu können, kam das einer Liquidierung des militärischen und strategischen Schutzraumes gleich, den die DDR darstellte und den die Sowjetführer stets als blutig erkämpftes Ergebnis des Krieges gegen Nazi-Deutschland (**Nr.** 117) aufgefaßt hatten. Es ging Gorbatschow also im Hinblick auf die innenpolitischen Schwierigkeiten vor allem um das Verhindern eines Gesichtsverlustes (**Nr.** 132, 136), denn er wurde des Ausverkaufs sowjetischer Rechtspositionen bezichtigt – durchaus vergleichbar den Vorwürfen, die gegen Willy Brandt erhoben wurden (**Nr. 109, 116**), als die Ostpolitik einsetzte. Doch im Gegensatz zu den früheren politischen Konstellationen, unter denen sich das Ringen um die Deutsche Frage vollzog, befand sich die Sowjetunion nun in einer Position der Schwäche – hierauf hatte Adenauer stets hingewiesen (z.B. **Nr. 54**) –, da es ihr an Stabilität im Innern mangelte und es westlicher Kredite bedurfte, um dem Staatsbankrott zu entgehen. So erreichte Bonn sowjetische Zugeständnisse in der Frage der Wiedervereinigung vor allem durch die Zusicherung

472 Was durch die KSZE-Schlußakte (vgl. **Nr.** 123 u. oben S. 231) faktisch erreicht worden war.

von Milliardenhilfen[473]. Vor diesem Hintergrund gelang es auch, die seit Anfang Mai 1990 stattfindenden *Zwei-plus-Vier-Gespräche*, die auf amerikanische Initiative hin als Forum für die Regelung der mit der Wiedervereinigung zusammenhängenden Fragen fungierten, erfolgreich durchzuführen und die nicht unbegründete Gefahr abzuwenden, daß die Sowjetunion Vorschläge einbringen könnte, die die Gespräche platzen ließen. Was für die sowjetische Deutschlandpolitik stets inakzeptabel war, nahm Gorbatschow nun in Kauf: Während der amerikanisch-sowjetischen Gespräche in Washington vom 30. Mai bis zum 3. Juni 1990 stimmte er der amerikanischen Auffassung zu, daß nach der *KSZE-Schlußakte* (Nr. 123, Abschnitte I und VIII) jeder Staat seine Bündnisse selbst wählen könne (Nr. 137). Damit war die NATO-Mitgliedschaft des vereinigten Deutschland im Prinzip sanktioniert. Im Gegenzug wurden deutsche Sicherheitsgarantien vereinbart: der Verzicht auf nukleare, biologische, chemische Waffen und die Truppenreduzierung des Bundeswehr auf 370 000 Mann. Den anderen Teil der Vereinbarungen erfüllte die NATO selbst, indem sie auf dem Londoner Sondergipfel im Juli (Nr. 138) ihre gegenüber dem Warschauer Pakt offensive militärische Strategie modifizierte. Die „Atlantische Gemeinschaft", so hieß es feierlich in der Londoner Erklärung (ebd.), „wendet sich den Ländern Mittel- und Osteuropas zu, die im Kalten Krieg unsere Gegner waren, und reicht ihnen die Hand zur Freundschaft."

Das endgültige Einverständnis zur Wiedervereinigung und zum Verbleib des vereinten Deutschland in der NATO erreichte Helmut Kohl während seines Besuchs in Moskau und im Kaukasus vom 14. bis 16. Juli, so daß die Entwicklung abgeschlossen werden konnte. Im *Einigungsvertrag* vom 31. August 1990 wurde der Beitritt der DDR zum Geltungsbereich des Grundgesetzes zum 3. Oktober 1990 geregelt. Die Zwei-plus-Vier-Gespräche konnten am 12. September 1990 durch die Unterzeichnung des „Vertrages über die abschließende Regelung in bezug auf Deutschland" (*Zwei-plus-Vier-Vertrag*; Nr. 139) in Moskau abgeschlossen werden. Er trat am 15. März 1991 in Kraft, jedoch wurden die alliierten Vorbehaltsrechte und Verantwortlichkeiten schon zum 3. Oktober 1990 suspendiert. Damit erloschen die alliierten Rechte in bezug auf Deutschland als Ganzes, wie sie bislang im Deutschlandvertrag von 1955 verbindlich waren, der Abzug der alliierten Streitkräfte aus Deutschland wurde vereinbart, der Sonderstatus Berlins[474] wurde durch die Auflösung der alliierten Kommandanturen beendet, die Bundesrepublik erhielt die volle staatliche Souveränität und die Außengrenzen des wiedervereinigten Deutschland wurden endgültig festgelegt. Es war also, auch wenn der Begriff vermieden wurde, faktisch der Friedensvertrag mit Deutschland, um den seit der Potsdamer Konferenz im Jahre 1945 (Nr. 3) gerungen worden war und der nach 45 Jahren die Teilung Deutschlands beendete.

---

473 Am 22. Mai 1990 hatte die Bundesregierung eine Bürgschaft über fünf Milliarden DM zugesichert, später kamen noch 12 Milliarden und ein zinsloser Kredit von drei Milliarden DM für die Finanzierung des sowjetischen Truppenabzugs aus der DDR hinzu.

474 Vgl. oben S. 181, Anm. 375, S. 202f. u. Nr. 114.

A. Normalität des Abnormalen

122. Gespräch zwischen Honecker und Schmidt in Helsinki, 30. Juli 1975

Westdeutsches Protokoll; BONN UND OST-BERLIN, Dok. 26, S. 329–338, hier S. 329–331

Konferenz für Sicherheit und Zusammenarbeit in Europa (KSZE) – Folgeverträge des Grundlagenvertrages – Kontinuität in den deutsch-deutschen Beziehungen – Wiedervereinigung

Der Bundeskanzler äußerte in seinen einleitenden Ausführungen Genugtuung, daß die Konferenz, wie es früher ins Auge gefaßt worden sei, Gelegenheit zu einem persönlichen Treffen geboten hatte. Daß während der 2jährigen Verhandlungen über die KSZE die beiden deutschen Delegationen gemäß dem französischen Alphabet nebeneinander gesessen hätten, entbehre nicht der Symbolik. Er wolle betonen, daß er genauso wie sein Vorgänger [Brandt] an der Weiterführung der 1969 eingeleiteten Politik interessiert sei. [...]

Das Jahr 1975 stehe nun im Zeichen der Bemühungen, die einzelnen Punkte der Palette in die Wirklichkeit umzusetzen und über die noch ausstehenden Folgevereinbarungen[475] aus dem Grund[lagen]vertrag weiter zu verhandeln.

[...]

Herr Honecker dankte für die Ausführungen des Bundeskanzlers. Er schätze ihn als einen Realpolitiker ein. Dies sei gut, denn damit seien Probleme eher lösbar als unter anderen Umständen.

Seit 1969 habe sich eine große Wandlung im Verhältnis der beiden Staaten vollzogen. Daß die Entwicklung nicht geradlinig verlaufe, müßten beide in Kauf nehmen, zumal sie Mitglieder verschiedener Bündnisse seien. Gemeinsam aber sei den beiden deutschen Staaten die besondere Verantwortung für die Fragen des Friedens, nicht nur auf der Grundlage der geschichtlichen Vergangenheit, sondern auch aufgrund der Gegenwart. Die durch die KSZE getroffenen Vereinbarungen würden sich günstig auf den Normalisierungsprozeß zwischen unseren Staaten auswirken. Sie seien eine gute Grundlage. Allerdings spreche man in jüngster Zeit in der Bundesrepublik sehr viel von Wiedervereinigung. Als nüchterne Leute wüßten er und der Bundeskanzler von der Existenz zweier souveräner Staaten[476]. Wem nutze nun das Reden von der Wiedervereinigung? Dies erwecke doch nur Hoffnungen und bringe Enttäuschungen. Selbst wenn man unterstelle, daß derartige Äußerungen aus Rücksicht auf die Opposition und die Meinung eines Teils der Bevölkerung getan würden, so wirkten sie sich doch als Erwecken und später als ein Enttäuschen von Hoffnungen negativ aus.

Man sei sich einig in der positiven Einschätzung der Entwicklung und auch hinsichtlich der Unvermeidbarkeit von Rückschlägen. Zur Rede des Bundeskanzlers über die Lage der Nation[477] könne er nur sagen, wie man in den Wald hineinrufe, so schalle es

---

475 **Nr. 119**, Artikel 7. Vgl. oben S. 231.

476 Vgl. zu den Anfängen der „Zweistaatentheorie" **Nr. 82, 83** u. dort Anm. 352; vgl. auch **Nr. 118**.

477 Rede vor dem Deutschen Bundestag am 30. Januar 1975, in der Schmidt, an die Regierungserklärung Willy Brandts von 1969 (Auszug oben S. 223, Anm. 452) anknüpfend, das „Verhältnis

heraus. Die Rede habe aber den Kurs der DDR nicht geändert. Seine Seite sei dafür, daß die jetzige Koalition weiterhin an der Regierung bleibe und daß der Bundeskanzler Schmidt nach den Wahlen 1976[478] diese äußerst wichtige Arbeit weiterführen könne.

[...]

Der Bundeskanzler ging auf einige der Bemerkungen von Herrn Honecker ein:

Er habe Vorwürfe bekommen, weil er in seiner ersten Regierungserklärung[479] nichts über die Wiedervereinigung gesagt habe. Daher sei ein gewisser Nachholbedarf entstanden, den er mit der Rede im Januar 1975 abgedeckt habe. Aber auch er sehe keinen Sinn darin, Hoffnungen zu erwecken, die vielleicht nicht erfüllbar seien. Er wolle sich zu dieser Frage nicht äußern, denn niemand wisse, wie das 20. Jahrhundert enden werde.

Wie er über das Karlsruher Urteil[480] denke, habe er im Bundestag öffentlich gesagt. Als Regierungschef könne er sich aber nicht über das mit diesem Urteil gesetzte Recht hinwegsetzen.

[...]

123. Schlußakte der Konferenz für Sicherheit und Zusammenarbeit in Europa (KSZE), 1. August 1975

EUROPA, Dok. 77, S. 298–316, hier S. 299–303 (auszugsw.)

Gewaltverzicht – Unverletzbarkeit der Grenzen – Menschenrechte – Selbstbestimmungsrecht

[...]

I. Souveräne Gleichheit, Achtung der der Souveränität innewohnenden Rechte

Die Teilnehmerstaaten werden gegenseitig ihre souveräne Gleichheit und Individualität sowie alle ihrer Souveränität innewohnenden und von ihr umschlossenen Rechte achten, einschließlich insbesondere des Rechtes eines jeden Staates auf rechtliche Gleichheit, auf territoriale Integrität sowie auf Freiheit und politische Unabhängigkeit. Sie werden ebenfalls das Recht jedes anderen Teilnehmerstaates achten, sein politisches, soziales, wirtschaftliches und kulturelles System frei zu wählen und zu entwickeln sowie sein Recht, seine Gesetze und Verordnungen zu bestimmen.

[...]

II. Enthaltung von der Androhung oder Anwendung von Gewalt

Die Teilnehmerstaaten werden sich in ihren gegenseitigen Beziehungen sowie in ihren internationalen Beziehungen im allgemeinen der Androhung oder Anwendung von Gewalt, die gegen die territoriale Integrität oder politische Unabhängigkeit irgendeines

---

besonderer Art" zwischen beiden deutschen Staaten sowie das Staatsziel der Wiedervereinigung betont hatte.

478 Bundestagswahlen im Dezember 1976.

479 Am 17. Mai 1974.

480 Urteil des Bundesverfassungsgerichtes zum Grundlagenvertrag vom 31.7.1973 (Auszug oben S. 227, Anm. 458).

Staates gerichtet oder auf irgendeine andere Weise mit den Zielen der Vereinten Nationen und mit der vorliegenden Erklärung unvereinbar ist, enthalten. [...]

III. Unverletzlichkeit der Grenzen

Die Teilnehmerstaaten betrachten gegenseitig alle ihre Grenzen sowie die Grenzen aller Staaten in Europa als unverletzlich und werden deshalb jetzt und in der Zukunft keinen Anschlag auf diese Grenzen verüben.

Dementsprechend werden sie sich auch jeglicher Forderung oder Handlung enthalten, sich eines Teiles oder des gesamten Territoriums irgendeines Teilnehmerstaates zu bemächtigen.

IV. Territoriale Integrität der Staaten

Die Teilnehmerstaaten werden die territoriale Integrität eines jeden Teilnehmerstaates achten.

Dementsprechend werden sie sich jeder mit den Zielen und Grundsätzen der Charta der Vereinten Nationen unvereinbaren Handlung gegen die territoriale Integrität, politische Unabhängigkeit oder Einheit eines jeden Teilnehmerstaates enthalten, insbesondere jeder derartigen Handlung, die eine Androhung oder Anwendung von Gewalt darstellt.

Die Teilnehmerstaaten werden ebenso davon Abstand nehmen, das Territorium eines jeden anderen Teilnehmerstaates zum Gegenstand einer militärischen Besetzung oder anderer direkter oder indirekter Gewaltmaßnahmen unter Verletzung des Völkerrechts oder zum Gegenstand der Aneignung durch solche Maßnahmen oder deren Androhung zu machen. Keine solche Besetzung oder Aneignung wird als rechtmäßig anerkannt werden.

[...]

VI. Nichteinmischung in innere Angelegenheiten

Die Teilnehmerstaaten werden sich ungeachtet ihrer gegenseitigen Beziehungen jeder direkten oder indirekten, individuellen oder kollektiven Einmischung in die inneren oder äußeren Angelegenheiten enthalten, die in die innerstaatliche Zuständigkeit eines anderen Teilnehmerstaates fallen.

Sie werden sich dementsprechend jeder Form der bewaffneten Intervention oder der Androhung einer solchen Intervention gegen einen anderen Teilnehmerstaat enthalten.

[...]

Dementsprechend werden sie sich unter anderem der direkten oder indirekten Unterstützung terroristischer Tätigkeiten oder subversiver oder anderer Tätigkeiten enthalten, die auf den gewaltsamen Umsturz des Regimes eines anderen Teilnehmerstaates gerichtet sind.

VII. Achtung der Menschenrechte und Grundfreiheiten, einschließlich der Gedanken-, Gewissens-, Religions- oder Überzeugungsfreiheit.

Die Teilnehmerstaaten werden die Menschenrechte und Grundfreiheiten, einschließlich der Gedanken-, Gewissens-, Religions- oder Überzeugungsfreiheit für alle ohne Unterschied der Rasse, des Geschlechts, der Sprache oder der Religion achten.

Sie werden die wirksame Ausübung der zivilen, politischen, wirtschaftlichen, sozialen, kulturellen sowie der anderen Rechte und Freiheiten, die sich alle aus der dem

Menschen innewohnenden Würde ergeben und für seine freie und volle Entfaltung wesentlich sind, fördern und ermutigen.

In diesem Rahmen werden die Teilnehmerstaaten die Freiheit des Individuums anerkennen und achten, sich allein oder in Gemeinschaft mit anderen zu einer Religion oder einer Überzeugung in Übereinstimmung mit dem, was sein Gewissen ihm gebietet, zu bekennen und sie auszuüben.

[...]

VIII. Gleichberechtigung und Selbstbestimmungsrecht der Völker

Die Teilnehmerstaaten werden die Gleichberechtigung der Völker und ihr Selbstbestimmungsrecht achten, indem sie jederzeit in Übereinstimmung mit den Zielen und Grundsätzen der Charta der Vereinten Nationen und den einschlägigen Normen des Völkerrechts handeln, einschließlich jener, die sich auf die territoriale Integrität der Staaten beziehen.

Kraft des Prinzips der Gleichberechtigung und des Selbstbestimmungsrechtes der Völker haben alle Völker jederzeit das Recht, in voller Freiheit, wann und wie sie es wünschen, ihren inneren und äußeren politischen Status ohne äußere Einmischung zu bestimmen und ihre politische, wirtschaftliche, soziale und kulturelle Entwicklung nach eigenen Wünschen zu verfolgen.

[..]

IX. Zusammenarbeit zwischen den Staaten

Die Teilnehmerstaaten werden ihre Zusammenarbeit miteinander und mit allen Staaten in allen Bereichen gemäß den Zielen und Grundsätzen der Charta der Vereinten Nationen entwickeln. [...]

[...] Sie werden sich gleichermaßen bemühen, bei der Entwicklung ihrer Zusammenarbeit das Wohlergehen der Völker zu verbessern und zur Erfüllung ihrer Wünsche beizutragen, unter anderem durch die Vorteile, die sich aus größerer gegenseitiger Kenntnis sowie dem Fortschritt und den Leistungen im wirtschaftlichen, wissenschaftlichen, technischen, sozialen, kulturellen und humanitären Bereich ergeben. [...]

X. Erfüllung völkerrechtlicher Verpflichtungen nach Treu und Glauben

Die Teilnehmerstaaten werden ihre völkerrechtlichen Verpflichtungen nach Treu und Glauben erfüllen, und zwar jene Verpflichtungen, die sich aus den allgemein anerkannten Grundsätzen und Regeln des Völkerrechts ergeben, wie auch jene Verpflichtungen, die sich aus mit dem Völkerrecht übereinstimmenden Verträgen oder sonstigen Abkommen, deren Vertragspartei sie sind, ergeben.

Bei der Ausübung ihrer souveränen Rechte, einschließlich des Rechtes, ihre Gesetze und Verordnungen zu bestimmen, werden sie ihren rechtlichen Verpflichtungen aus dem Völkerrecht entsprechen; sie werden ferner die Bestimmungen der Schlußakte der Konferenz über Sicherheit und Zusammenarbeit in Europa gebührend berücksichtigen und durchführen.

Die Teilnehmerstaaten bestätigen, daß im Falle eines Widerspruchs zwischen den Verpflichtungen der Mitglieder der Vereinten Nationen aus der Charta der Vereinten Nationen und ihren Verpflichtungen aus irgendeinem Vertrag oder sonstigen internationalen Abkommen ihre Verpflichtungen aus der Charta der Vereinten Nationen gemäß ihrem Artikel 103 Vorrang haben.

Alle die vorstehend aufgeführten Prinzipien sind von grundlegender Bedeutung und werden folglich gleichermaßen und vorbehaltlos angewendet, wobei ein jedes von ihnen unter Beachtung der anderen ausgelegt wird.

[...]

124. Tabelle: Umfragen über die DDR im Sprachgebrauch (1966–1989)

Allensbach. – Archiv des IfD Allensbach nach GLAAB, Deutschlandpolitik, Tab. 6, S. 84; übrige Antworten sind hier nicht wiedergegeben

Frage: „[...][481] Wenn Sie vom anderen Teil Deutschlands so mit Ihren Bekannten sprechen – wie nennen Sie es, was sagen Sie da?" (offene Frage)

	1966	1968	1971	1980	1982	1985	1989
DDR	11	19	37	61	66	69	74
Ostzone	48	44	33	16	13	11	10
Ostdeutschland	12	12	13	6	8	8	6
Zone	9	7	4	3	2	1	2

125. Gespräch zwischen Gaus und Honecker, 3. November 1980

DDR-Protokoll; BONN UND OST-BERLIN, Dok. 49, S. 548–561, hier S. 558f.

Geraer Rede Honeckers[482] *– Abgrenzungspolitik der DDR*

[*Honecker:*] [...]

Vom Standpunkt der DDR möchte er sagen, es gebe zwar eine Sozialistische Einheitspartei Deutschlands, ein Neues Deutschland, eine Demokratische Bauernpartei Deutschlands, eine Deutsche Reichsbahn, aber es gebe kein Deutschland mehr[483]. Es gebe zwei Staaten auf deutschem Boden: die DDR und die BRD. Keiner der beiden sei entsprechend dem Vertragssystem, das in Europa geschaffen wurde, ebenso aufgrund der UNO-Zugehörigkeit, berechtigt, im Namen Deutschlands oder aller Deutschen zu sprechen[484]. Es dennoch zu tun, sei keine gute Politik, und die DDR werde dazu nicht schweigen. Die BRD müsse die DDR eindeutig als Völkerrechtssubjekt anerkennen und danach handeln.

Die Entspannung habe begonnen, als klar gewesen sei, daß man auf beiden Seiten von den Realitäten ausgehen müsse, sagte E. Honecker. Hier habe W. Brandt große

---

481 Vorlage einer Karte.

482 Vom 13.10.1980; auszugsweise in: DDR. DOKUMENTE, Nr. 216, S. 373f. – Vgl. oben S. 234.

483 Honecker lehnte sich, u. a. mit der vorstehenden Wendung, daß es Deutschland nicht mehr gebe, stark an die Inhalte eines Gespräches an, welches er am 20. August 1970 mit Breschnew (Nr. 117) geführt hatte.

484 Vgl. Nr. 119, Art. 4.

Verdienste, die von der DDR anerkannt würden. Er glaube nicht, daß das Interesse an der Entspannungspolitik erlösche, erklärte E. Honecker. Man sei ausgegangen von der realen Existenz zweier deutscher Staaten[485] mit unterschiedlicher Gesellschaftsordnung, die voneinander unabhängig und souverän in ihren innen- und außenpolitischen Entscheidungen sind und verschiedenen Bündnissystemen angehören.

[...]

Er stelle die Frage, was die BRD nach 8 Jahren Zusammenarbeit mit der DDR, bei der es sich darum handelte, den internationalen Spannungen die Spitze zu nehmen, veranlaßt habe, in der NATO einen Beschluß[486] über die „Wiedervereinigung Deutschlands" zu initiieren. Weder habe Washington noch Paris dazu gedrängt. Dies sei voll und ganz die Initiative der Bundesregierung gewesen, in deren Interesse die DDR alles getan habe, damit sie die Wahlrunde[487] mit Erfolg bestehe. Der erwähnte, von der BRD initiierte NATO-Beschluß sei eine Ohrfeige für die Beziehungen zwischen beiden deutschen Staaten.

Damit würden gefährliche Illusionen zu aktueller Politik hochstilisiert. Niemand solle glauben, die europäischen Nachkriegsgrenzen in Frage stellen zu können, ohne dabei Krieg zu riskieren. Man müsse endlich davon ausgehen, daß die DDR ein sozialistischer Staat sei, der sich im Bündnis mit den anderen Staaten des Warschauer Vertrages stabil entwickele. Wer davon träume, die BRD und die DDR zu einem Staat zu vereinigen, spiele mit dem Frieden. Das möchte er auch im Namen der Verbündeten sagen, erklärte E. Honecker.

Die Existenz zweier deutscher Staaten sei das Ergebnis des zweiten Weltkrieges und der Nachkriegsentwicklung. Der territoriale Status quo sei auch für sie in Helsinki und in vielen Verträgen völkerrechtlich bekräftigt worden. Also müsse die BRD den Gedanken der „Wiedervereinigung" endlich aufgeben und dürfe ihn vor allem nicht in die reale Politik einführen. Warum gerade jetzt, da es darum gehe, die Spannungen abzubauen, ein NATO-Beschluß über die „deutsche Wiedervereinigung" initiiert werde, sei unerklärlich. Bei noch soviel eurostrategischen Raketen des Westens lasse er sich sowieso nicht verwirklichen. Die sozialistischen Länder würden dem alles Nötige entgegenstellen.

[...]

G. Gaus dankte für die grundsätzlichen Klarstellungen. Auf seine Frage, ob die Geraer Rede eine grundsätzliche Veränderung der Politik der DDR bedeute, antwortete E. Honecker, von einem Kurswechsel könne keine Rede sein. In der Außenpolitik sei die wichtigste Aufgabe der DDR die Sicherung des Friedens. Dazu gehöre die Normalisierung der Beziehungen zwischen beiden deutschen Staaten. [...]

---

[485] Vgl. zu den Anfängen der „Zweistaatentheorie" Nr. 82, 83 u. dort Anm. 352; vgl. auch Nr. 118.

[486] Auf der NATO-Ratstagung in Ankara am 25./26. Juni 1980, wo das Recht des deutschen Volkes bekräftigt wurde, seine Einheit in freier Selbstbestimmung wiederherstellen zu können. Vgl. zum entsprechenden Passus in der Präambel des Grundgesetzes Nr. 126 [2].

[487] Bundestagswahlen im Oktober 1980. Die SPD/FDP-Koalition konnte ihre Mehrheit ausbauen.

126. Tabellen: Umfragen über die deutsche Nation und das Ziel der Einheit (1974/84, 1973–1989)

[1:] Emnid. Informationen Nr. 3–4 (1984), S. 8f. nach HORNUNG, Deutsche Frage, Tab. 4, S. 2; [2:] JAHRBUCH, Bd. 9, S. 434

[1] *Frage:* „Würden Sie sagen, daß die DDR und die Bundesrepublik eine deutsche Nation darstellen oder würden Sie sagen, daß beide Staaten nicht einer deutschen Nation angehören?" (Emnid)

%	Eine Nation		Nicht eine Nation		Keine Angabe	
	1974	1984	1974	1984	1974	1984
Altersgruppen (Jahre)						
16–19	64	26	36	71	1	3
20–29	65	34	34	61	1	5
30–49	68	39	31	56	1	4
50–64	74	50	25	42	1	8
über 65	77	60	22	37	1	3
Mittelwert	70	42	29	53	1	5

[2] *Frage:* „Hier steht ein Satz aus dem Grundgesetz[488] – wenn Sie ihn bitte einmal lesen: ‚Das gesamte deutsche Volk bleibt aufgefordert, in freier Selbstbestimmung die Einheit und Freiheit Deutschlands zu vollenden.' – Was meinen Sie: Soll dieser Satz auch weiterhin im Grundgesetz stehen, oder finden Sie, er sollte gestrichen werden?" (Allensbach)

%	1973 April	1976 Jan.	1978 Jan.	1979 Mai	1982 Juni	1982 Nov.	1985 März	1988 Juli	1989 Jan.
Weiterhin im Grundgesetz stehen	73	72	75	76	77	79	72	69	75
Sollte gestrichen werden	11	12	11	10	9	7	13	16	12
Unentschieden	16	16	14	14	14	14	15	15	13
	100	100	100	100	100	100	100	100	100

488 Präambel. Neu gefaßt bzw. Passus gestrichen am 31.8.1990.

127. Rede Richard von Weizsäckers auf dem evangelischen Kirchentag in Düsseldorf, 8. Juni 1985

MAIBAUM, Geschichte, S. 101 (auszugsw.)

Deutsche Identität

Die deutsche Geschichte hat noch nie den Deutschen allein gehört. Mehr als andere haben wir erfahren, daß Geschichte Wandel ist. Auf die Frage nach der politischen Gestalt der europäischen Mitte hat es bisher noch nie eine endgültige Antwort der Geschichte gegeben. Auch die heutige Gestalt dürfte nicht das letzte Wort der Geschichte sein. [...]

Besonders schwer lastet die Teilung auf uns. Vor allem die Menschen in der DDR tragen schwer an ihr. Sie leben in einem Staat und einem Bündnissystem des „real existierenden Sozialismus". Dies bestimmt ihre Erfahrung und ihr Leben existentiell.

Für uns in der Bundesrepublik bedeutet dies zunächst: Wir sollten mit Urteilen über das Leben, zumal das Leben von Christen in der DDR, vorsichtig sein und uns mit Ratschlägen aller Art zurückhalten. Für uns gibt es nichts besser zu wissen oder zu patronisieren. Aber wir haben allen Grund, uns mit Kopf und Herz den Menschen in der DDR zuzuwenden und verbunden zu fühlen. [...]

Aber auch für jeden, der sich hier bei uns öffentlich äußert, zählt es zur ständigen Aufgabe, sich stets darüber Rechenschaft abzulegen, ob er mit dem, was er sagt, vor den Deutschen in der DDR bestehen kann und nicht, ob er mit seinen Worten hier im eigenen Kreis Beifall findet. Man hört drüben sehr genau hin, was bei uns alles gesprochen wird, manchmal genauer als bei uns selbst. Man registriert mit feinen Antennen, ob hier bei uns zum Beispiel ein Politiker sich bemüht, sich in die Lage eines DDR-Bürgers zu versetzen, von ihm aus zu denken, oder ob er die Deutschlandpolitik primär als Instrument zum Schlagabtausch mit dem hiesigen innenpolitischen Gegner mißbraucht. [...]

Wir leben heute in zwei voneinander unabhängigen Staaten und in zwei unterschiedlichen Gesellschafts- und Bündnissystemen. Der Begriff „deutsch" ist wesentlich vom Schicksal der Teilung gezeichnet. Dennoch ist er der Teilung selbst nicht zum Opfer gefallen. Die Menschen in der DDR sind nicht nur Bürger ihres Staates, sondern sie sind zugleich auch Deutsche, Deutsche wie wir.

Mit dem Kriegsende kam die Aufteilung in Besatzungszonen, mit dem Ost-West-Konflikt die Spaltung Europas und die Teilung Deutschlands sowie seine Eingliederung in Machtblöcke unterschiedlicher Werte und Ziele. Deutschland geriet aus seiner historischen Mittelposition in eine doppelte Randlage. Die Grenze zwischen den beiden antagonistischen Blöcken deckt sich mit derjenigen zwischen den beiden deutschen Staaten.

Die Bundesrepublik Deutschland ist Osten des Westens geworden, die DDR der Westen des Ostens. Die Teilung Deutschlands zu beenden, setzt voraus, daß die Teilung Europas überwunden werden kann. Trotz doppelter Randlage bleibt Deutschland aber von den Bedingungen seiner Lage in der Mitte Europas geprägt. Zwar ist diese Mitte geteilt, aber sie bleibt Mitte. [...]

Diese doppelte Lage, die sich aus unserer eindeutigen Westbindung und unserem Willen zum Ausgleich mit dem Osten ergibt, wird oftmals unbequem empfunden, von

Deutschen ebenso wie von Nachbarn. Wahr ist, daß die Teilung den von ihr betroffenen Menschen schwere Lasten auferlegt und daß sie ihnen Menschenrechte vorenthält. Wahr ist auch, daß es eine deutsche Frage gibt, die unbequem ist. [...]

Aber Fragen verschwinden nicht einfach deshalb vom Erdboden, bloß weil man sie nicht beantworten kann. Das beweist die Geschichte immer wieder.

In Berlin habe ich eine Formulierung gehört, die jeder verstehen kann: Die deutsche Frage ist so lange offen, als das Brandenburger Tor zu ist.

128. Erklärung „Zehn Jahre Schlußakte von Helsinki“[489] der Kirchenleitungen der evangelischen Landeskirchen in der DDR, 6. Juli 1985

Veröffentlicht am 1.8.1985 im „Neuen Deutschland“; in: DDR. Dokumente, Nr. 233, S. 402

[...]

Vertrauen, Dialog und Gewaltverzicht müssen in den internationalen Beziehungen an die Stelle von Mißtrauen, Feindseligkeiten und Androhung von Gewalt treten.

Die Erfahrungen der letzten zehn Jahre, in denen es immer wieder zu Konfrontationen und Spannungen gekommen ist, zeigen, daß es keine sinnvolle Alternative zur Zusammenarbeit zwischen Staaten mit unterschiedlichen ökonomischen und politischen Systemen gibt. Mehr noch: Um der ständig wachsenden Notlage in den Entwicklungsländern zu begegnen, ist diese Zusammenarbeit zwingend notwendig. Der unlösbare Zusammenhang von Frieden und Gerechtigkeit erfordert im Sinne der Schlußakte von Helsinki auch die Fortsetzung der Bemühungen um Verbesserungen im humanitären Bereich. Wir bitten die Regierungen der beiden deutschen Staaten, alles zu tun, um ihrer besonderen Verantwortung für Frieden und Gerechtigkeit zu entsprechen. Die Initiativen von politischen Parteien gegen den Rüstungswettlauf – z.B. für eine chemiewaffenfreie Zone in Mitteleuropa[490] – sollten sorgfältig geprüft werden. Aber auch die Möglichkeiten der Begegnung der Menschen in den deutschen Staaten sollten nicht länger hinter international üblichen Regelungen zurückbleiben.

Wir bitten die Christen in unserem Lande, mit ihren Gebeten, ihrer Geduld und ihren friedlichen Anstößen den Weg von Helsinki weiter zu begleiten. Das Friedenszeugnis unserer Kirchen schließt die Bemühung jedes einzelnen ein, auch selbst immer wieder konkrete Schritte zum Friedenstiften zu wagen. Frieden ist das Schlüsselwort für menschliches Miteinander. Dieser Frieden ist immer konkret und braucht im Alltag unseres Lebens täglich seine Bewährung. Wir ermutigen alle, ihre christliche Überzeugung in unsere Gesellschaft hinein erkennen und wirken zu lassen. [...]

---

489 Nr. 123.

490 Eine der Forderungen der nach dem NATO-Doppelbeschluß von 1979 entstandenen west- wie ostdeutschen Friedensbewegung.

129. Bericht über den Honecker-Besuch in Bonn, September 1987[491]

DDR-Protokoll; Koalition der Vernunft, Nr. 41, S. 564–575, hier S. 569–571

Erster Staatsbesuch in der Bundesrepublik (7.–11.9.1987) – Anerkennung der DDR – deutsch-deutsche Beziehungen – Einheit der Nation

[...]

Eine bedeutsame Rolle in den Gesprächen spielten Stand und Entwicklung der bilateralen Beziehungen.

Genosse Erich Honecker hob hervor, daß die DDR die weitere Normalisierung der Beziehungen zwischen beiden deutschen Staaten als wichtigen Beitrag zur Entspannung betrachtet. Die DDR halte an der Vertragspolitik mit der BRD fest. Der Grundlagenvertrag und die Gemeinsame Erklärung vom 12. März 1985[492] würden dafür gute Voraussetzungen bieten. Es müsse von den Realitäten, von der Existenz zweier voneinander unabhängiger, souveräner deutscher Staaten mit unterschiedlicher Gesellschaftsordnung und Bündniszugehörigkeit ausgegangen werden. Alles andere seien Wunschträume.

Genosse Erich Honecker verwies auf die Fortschritte in den Beziehungen in den letzten Jahren, darunter auch im Reise- und Besucherverkehr. Bei Vernunft und gutem Willen könne man gut vorankommen.

Genosse Erich Honecker hob nachdrücklich die Notwendigkeit hervor, die noch offenen politischen Grundfragen[493] zu regeln. Er unterstrich die Bereitschaft der DDR, die politischen Beziehungen auszubauen, bei anstehenden Sachfragen zu gegenseitig annehmbaren Regelungen zu kommen und die Handels- und Wirtschaftsbeziehungen zum gegenseitigen Vorteil zu entwickeln.

Bundeskanzler Helmut Kohl erklärte im Hinblick auf die bilateralen Fragen, ungeachtet der Gegensätze in Grundsatzfragen solle die praktische Zusammenarbeit entwikkelt werden. Die BRD bekenne sich zum Grundlagenvertrag. Sie halte fest an der „Einheit der Nation"[494], sie wolle, daß „alle Deutschen in gemeinsamer Freiheit zueinander

---

[491] Genaues Datum nicht ermittelt; wahrscheinlich 11. September.

[492] Erklärung Kohls und Honeckers – beide waren am Rande der Trauerfeierlichkeiten für den verstorbenen Generalsekretär der KPdSU Tschernenko in Moskau erstmals persönlich zusammengetroffen –, in der die Ziele des Grundlagenvertrages (Nr. 119) und der beiderseitige Wille zum Frieden und zur weiteren Verbesserung der deutsch-deutschen Beziehungen bekräftigt wurden.

[493] Darunter die Anerkennung der DDR-Staatsbürgerschaft und das westdeutsche ‚Beharren auf der Nation'. Vgl. Anm. 494.

[494] Am 7. September 1987 hatte Helmut Kohl in einer Tischrede, die im Fernsehen übertragen und auch in der DDR empfangen werden konnte, insbesondere im Hinblick auf die Ostdeutschen den Einheitsgedanken demonstrativ betont: „Das Bewußtsein für die Einheit der Nation ist wach wie eh und je, und ungebrochen ist der Wille, sie zu bewahren. Diese Einheit findet Ausdruck in gemeinsamer Sprache, im gemeinsamen kulturellen Erbe, in einer langen, fortdauernden gemeinsamen Geschichte. So tut sich heute mancher schwer mit seinen Empfindungen und mit der Überlegung, wie sich dieses Treffen in der Kontinuität deutscher Geschichte einfüge. Unser Zusammentreffen in Bonn ist aber weder Schlußstrich noch Neubeginn. Es ist ein Schritt auf dem Weg einer schon lange währenden Entwicklung. Sie ist gekennzeichnet durch das Bemühen um ein geregeltes Miteinander. [...] An den unterschiedlichen Auffassungen der beiden Staaten zu grundsätzlichen Fragen, darunter zur nationalen Frage, kann und wird dieser Besuch nichts ändern. Für die Bundesregierung wiederhole

finden könnten". Die BRD bekenne sich zum Gewaltverzicht. Sie achte die bestehenden Grenzen, wolle aber die Teilung auf friedlichem Weg überwinden. An der „Grenze mitten durch Deutschland dürfe Androhung von Gewalt nicht länger ein Mittel der Politik sein". Wirklicher Friede sei nicht möglich ohne Gewährleistung der Menschenrechte[495]. Die BRD stehe zum Vierseitigen Abkommen[496]. Die Entwicklung der Bindungen „des westlichen Teils der Stadt [Berlin] an die BRD" sei unverzichtbar. Bei den Beziehungen zwischen der DDR und der BRD könne Westberlin nicht ausgeklammert werden. In den Beziehungen müsse man sich auf das Machbare konzentrieren und sich nicht überfordern. Für die BRD stünden Kontakte zwischen den Menschen im Vordergrund.

H. Kohl sprach sich für die Entwicklung der Wirtschaftsbeziehungen aus. Es gehe insgesamt um eine Entwicklung der Zusammenarbeit, wo immer dies möglich sei. [...]

Zusammenfassende Wertung:

1. Der erste offizielle Besuch des Genossen Erich Honecker in der BRD war ein bedeutender politischer Erfolg für die DDR, ein wichtiges Ergebnis ihrer Politik der Vernunft und des Realismus. Der Besuch ist das wichtigste Ereignis in den Beziehungen zwischen der DDR und der BRD seit Abschluß des Grundlagenvertrages. Er ist von weitreichender Wirkung und historischer Bedeutung. [...] Das Stattfinden des Besuches und die durchgesetzte politische und protokollarische Behandlung des Genossen Erich Honecker als Staatsoberhaupt eines anderen souveränen Staates dokumentierten vor aller Welt Unabhängigkeit und Gleichberechtigung beider deutscher Staaten, unterstrichen ihre Souveränität und den völkerrechtlichen Charakter ihrer Beziehungen. Damit wurde allen revanchistischen und „innerdeutschen" Bestrebungen ein schwerer Schlag versetzt. Das konnten auch Äußerungen von Kohl und anderen über „Rechtspositionen" und zur „Einheit der Nation"[497] nicht ändern.

Es ist bedeutungsvoll, daß gerade eine CDU/CSU-geführte Regierung gezwungen war, dem Besuch und seinem Ablauf in dieser Form zuzustimmen. Sie konnte nicht umhin, den Nachkriegsgegebenheiten in Europa und dem Willen der Mehrheit der BRD-Bevölkerung[498] für Frieden, Entspannung und normale Beziehungen zur DDR Rechnung zu tragen.

Verlauf und Ergebnisse des Besuches des Genossen Erich Honecker widerspiegeln das gestiegene Ansehen der DDR, die Kraft ihrer Friedenspolitik und ihre gewachsene internationale Ausstrahlung.

---

ich: Die Präambel unseres Grundgesetzes [vgl. **Nr.** 126 (2)] steht nicht zur Disposition, weil sie unserer Überzeugung entspricht. Sie will das vereinte Europa, und sie fordert das gesamte deutsche Volk auf, in freier Selbstbestimmung die Einheit und Freiheit Deutschlands zu vollenden. [...] Die Menschen in Deutschland leiden unter der Trennung. Sie leiden an einer Mauer [**Nr.** 94ff.], die ihnen buchstäblich im Wege steht und die sie abstößt. Wenn wir abbauen, was Menschen trennt, tragen wir dem unüberhörbaren Verlangen der Deutschen Rechnung: Sie wollen zueinander kommen können, weil sie zusammengehören. " (auszugsw. abgedr. in: MAIBAUM, Geschichte, S. 103).

495 Wie in der KSZE-Schlußakte vorgesehen (**Nr.** 123) und auch in der DDR vor allem von den Kirchen eingefordert (vgl. **Nr.** 129). – Vgl. zum DDR-Grenzregime **Nr.** 60, 102 [1], 115.

496 Viermächteabkommen über Berlin von 1971 (**Nr.** 114, Abschnitt II.B [Bindungen]).

497 Wie oben Anm. 494.

498 Vgl. die Umfrageergebnisse in **Nr.** 124, 126 u. 134.

2. Angesichts der komplizierten internationalen Lage hatten die Gespräche zwischen dem Generalsekretär des ZK[499] der SED und Vorsitzenden des Staatsrates der DDR, Genossen Erich Honecker, und dem Bundeskanzler der BRD, Helmut Kohl, sowie anderen führenden Persönlichkeiten der BRD großes Gewicht, um den Frieden zu festigen und der Gefahr eines nuklearen Infernos entgegenzuwirken.

Ausgehend von der Rolle der BRD bei der Friedenssicherung in Europa war der Besuch ein bedeutungsvoller Schritt, um die BRD weiter an den Prozeß der friedlichen Koexistenz zu binden. Der Konfrontationspolitik der USA wurde entgegengewirkt. Dabei wurde an Interessenunterschiede der BRD gegenüber den USA angeknüpft. Damit leistete die DDR einen wichtigen Beitrag zur praktischen Umsetzung der Friedenspolitik der sozialistischen Staaten, insbesondere der bedeutsamen Initiativen von M. Gorbatschow und der Berliner Gipfelkonferenz des Warschauer Vertrages[500].

Der Besuch hatte herausragendes internationales Gewicht. Er ist ein bedeutungsvoller Beitrag zur Verbesserung des Klimas in Europa sowie zur weiteren Festigung der internationalen Stellung der DDR; er stärkt die DDR als gleichberechtigten Partner in den Beziehungen zu anderen kapitalistischen Industrieländern.

3. Durch sein offensives Auftreten leistete Genosse Erich Honecker einen entscheidenden Beitrag, um die Politik des sozialistischen deutschen Staates und der sozialistischen Staaten zu den Fragen des Friedens, der Abrüstung und Entspannung umfassend und überzeugend darzulegen, die Position realistisch eingestellter Kräfte innerhalb der herrschenden Kreise der BRD zu stärken, eine Koalition der Vernunft und des Realismus zu fördern und den Differenzierungsprozeß in der Regierungskoalition bis in die CDU/CSU hinein zu verstärken.

[...]

B. Die DDR vor dem Mauerfall

130. Dienstbesprechung beim Minister für Staatssicherheit, 31. August 1989

BEFEHLE, Dok. 21, S. 113–138, hier S. 113f., 116–118; in d. Vorlage jeweils vor Beginn der Redebeiträge eingefügte Absätze wurden weggelassen

Gesamtlage in der DDR – Stimmung in der Bevölkerung – Botschaftsbesetzungen

[*Mielke:*] [...] Die Probleme, die wir behandeln wollen, sind Euch schriftlich mitgeteilt worden, mit der Aufforderung, Euch darauf vorzubereiten. In einer treffenden und klaren Antwort wollen wir zu diesen Fragen einen gemeinsamen Standpunkt erarbeiten. Die Situation ist sehr ernst, und komplizierte Fragen stehen vor uns. Wir werden versuchen, sie gemeinsam zu lösen. [...]

---

499 Zentralkomitee.

500 Konferenz der Teilnehmerstaaten des Warschauer Paktes in Ostberlin am 29./30. Mai 1987, auf der der defensive Charakter des Bündnisses hervorgehoben wurde.

Genosse Generalmajor Hähnel – Bezirksverwaltung Berlin: Genosse Minister!

Ich kann berichten, daß die Bezirksverwaltung Berlin sich aus Anlaß des Weltfriedenstages[501] und der gesellschaftlichen Höhepunkte am morgigen Tag gemeinsam mit den Kräften des Zusammenwirkens und der Berliner Parteiorganisation intensiv auf den Zeitraum vom 1. bis 3. September eingerichtet hat. [...]

Darüber hinaus kommen gesellschaftliche Kräfte zum Einsatz, die in der Lage sind, disziplinierend auf Teilnehmer der kirchlichen Veranstaltungen einzuwirken. Konkrete Hinweise auf feindlich-negative Aktivitäten im Zusammenhang mit den kirchlichen Veranstaltungen liegen uns nicht vor. In den Gesprächen mit den kirchenleitenden Vertretern ist die staatliche Erwartungshaltung klar dargelegt worden. Dabei wurde von den Kirchenvertretern betont, daß es sich um rein religiöse Veranstaltungen handelt, und zugesagt, daß keinerlei Provokation gegen den Staat beabsichtigt ist.

[...]

Genosse Minister: Und wie ist es in den Betrieben, wie sieht es in den Betrieben aus, wie ist die Stimmung?

Genosse Generalmajor Hähnel: Das ist natürlich eine ganz komplizierte Frage, Genosse Minister, im Augenblick.

Genosse Minister: Das ist eine sehr einfache Frage. Das ist eine Frage der Macht, weiter nichts.

Genosse Generalmajor Hähnel: Hauptschwerpunkt der Stimmung in der Bevölkerung sind die Vorgänge mit dem ungesetzlichen Verlassen über die Volksrepublik Ungarn und die Besetzung der diplomatischen Vertretung durch Bürger unseres Landes[502]. Viele Stimmen ehrlicher Besorgnis kommen hoch, die da sagen, was gedenkt die Führung des Staates zu unternehmen, um dieser Sache Einhalt zu gebieten. Man befürwortet vom Grund her ganz konkret und in vielen Stimmen unsere Haltung zu den Besetzungen in den Vertretungen, bejaht diese Haltung, sagt aber, die Inkonsequenz bestünde darin, daß man zwar Straffreiheit garantiert, das wird befürwortet, man aber diese Leute dann doch über kurz oder lang aus der Staatsbürgerschaft entläßt. Das ermutigt immer wieder Bürger zu solchen Handlungen, und solche Stimmen gibt es auch im Apparat Inneres, die sich ja mit den Kräften bei Genehmigungsangelegenheiten[503] auseinanderzusetzen haben.

Genosse Minister: Wie ist denn also, wenn Du das so sagst, was könnten denn die Mitarbeiter, Kollegen oder wie ich sie nennen will, oder Genossen tun, um darauf einzuwirken, daß es sich nicht wiederholt die Sache[504]?

Genosse Generalmajor Hähnel: Das ist eine komplizierte und schwierige Frage, Genosse Minister.

Genosse Minister: Das ist die Hauptfrage.

Genosse Generalmajor Hähnel: Ich muß Ihnen sagen, so objektiv wie sich das Bild abzeichnet, leider hört ein großer Teil der Bevölkerung die Mediennachrichten der

---

501 Am 1. September 1989.

502 Am 8. August mußte die Ständige Vertretung der Bundesrepublik in Ostberlin wegen Überfüllung geschlossen werden, am 13. und 22. des Monats auch die deutschen Botschaften in Budapest und Prag. Am 19. August waren rund 900 DDR-Bürger im Umfeld einer Veranstaltung der Paneuropa-Union über die ungarisch-österreichische Grenze geflohen.

503 Für Ausreiseanträge.

504 Vgl. oben Anm. 502 u. zum 17. Juni 1953 Nr. 64–69.

Westsender bzw. ist davon beeinflußt; [so] glaubt man leider auch den Motiven, die in Interviews die DDR-Bürger gegenüber dem Feind äußern, und die Auseinandersetzung ist sehr hart. Aber es gibt sogar bis zur Toleranzschwelle Meinungen unter der Bevölkerung, die sagen, na gut, also die Gründe, die der Mann angab für seine Handlungsweise[505], erscheinen uns verständlich angesichts bestimmter Mängel[506], die wir selber im Alltag feststellen. Natürlich bemüht sich die Parteiorganisation intensiv, dagegenzuhalten. Das ist unbestritten, und ich muß der Berliner Parteiorganisation hier wirklich eine Menge Aktivitäten nachsagen, aber das wird wahrscheinlich nicht erschöpfend sein. Und was wir auch feststellen, ist, daß wir zu wenig in der Agitation offensiv vorgehen und mit unseren positiven Pfunden wuchern.

Also für die ganzen sozialpolitischen Maßnahmen, unsere Ergebnisse auf dem Wohnungsbau, ökonomische Ergebnisse, die sich wirklich sehen lassen können. Die werden ungenügend gewürdigt aber auch z. T. als selbstverständlich angesehen von der Bevölkerung.

Genosse Minister: Warum, also sie anerkennen die Vorzüge des Sozialismus und alles, was der Sozialismus bietet an Vorzügen, aber trotzdem wollen sie dann weg, weil, das betrachten sie als Selbstverständlichkeit und gehen darüber hinweg und kommen dann mit allen möglichen anderen Gründen, die sie vorschieben; deshalb wollen sie weg. Wie ist da die Auswirkung, wie sind da die Auswirkungen unserer Arbeit? Ich meine nicht unserer Staatssicherheit bloß, sondern die politische Einwirkung. Wir wollen ja hier etwas finden und wollen suchen und finden, was wir vorschlagen können, was noch verbessert werden muß.

Genosse Generalmajor Hähnel: Das beschränkt sich im großen und ganzen auf ein paar Kernprobleme, wie wir das erarbeiten konnten, das ist vor allem die gesamte Palette der Versorgungsprobleme, das ist die Palette der Durchsetzung der Prinzipien der Leistungsgesellschaft, daß wirklich jeder gefordert wird und nur das bekommen sollte, was er wirklich ehrlich erarbeitet hat. Das ist die gesamte Palette der Mängel im Bereich der Dienstleistungen. Das sind zum Teil noch bestehende Ärgernisse bei der Lösung von Wohnungsproblemen, also ganz persönliche Anliegen und natürlich auch Querelen, was die Unkontinuität des Produktionsablaufes in den verschiedensten Bereichen der Industrie betrifft und wo nicht immer sofort eine Abhilfe möglich ist.

Und ein Problem stand natürlich auch noch im Vordergrund bei der Meinungsbildung der Bevölkerung: man ist doch erschreckt über die Masse der jungen Leute, die sich jetzt entschlossen haben, unser Land zu verlassen, und daß man Überlegungen dahingehend anstellt, wo bestehen denn die größten Defizite in der Bildungspolitik und in der politischen Ausprägung.

Genosse Minister: Da müßte die FDJ[507] aktiv werden, wenn so viel junge Leute weggehen; die sind doch, die stehen doch daneben. Es ist doch keine isolierte Masse, die da weggeht, die ist doch mittendrin in der Bevölkerung, geht aus der Bevölkerung raus[,] weg.

Naja, gut, danke. Es ist natürlich schwer.

[...]

---

505 Gemeint ist die Republikflucht.

506 Vgl. Nr. 131.

507 Freie Deutsche Jugend.

131. Bericht des Ministeriums für Staatssicherheit über Motive von Ausreisewilligen, 9. September 1989

BEFEHLE, Dok. 23, S. 141–147

Ideologische „Diversion" – Probleme der wirtschaftlichen und sozialen Lage – Bürokratie – Berichterstattung der DDR-Medien

Hinweise auf wesentliche motivbildende Faktoren im Zusammenhang mit Anträgen auf ständige Ausreise nach dem nichtsozialistischen Ausland und dem ungesetzlichen Verlassen der DDR[508]

Die zu diesem Komplex in den letzten Monaten zielgerichtet erarbeiteten Erkenntnisse beweisen erneut, daß die tatsächlichen Handlungsmotive zum Verlassen der DDR sowohl bei Antragstellungen auf ständige Ausreise als auch für das ungesetzliche Verlassen im wesentlichen identisch sind.

Sie haben sich in der Regel im Ergebnis eines längeren Prozesses der Entwicklung bestimmter Auffassungen und Haltungen und des Abwägens daraus abzuleitender persönlicher Schlußfolgerungen herausgebildet und sind häufig verfestigt. Im wesentlichen handelt es sich um ein ganzes Bündel im Komplex wirkender Faktoren.

Es zeigt sich, daß diese Faktoren unter dem Einfluß der ideologischen Diversion des Gegners, insbesondere über die Massenmedien, und durch andere westliche Einflüsse – zunehmend vor allem über Rückverbindungen von ehemaligen Bürgern der DDR, Besuchsaufenthalte von DDR-Bürgern im westlichen Ausland bzw. von Personen des nichtsozialistischen Auslandes in der DDR usw. – bei einer nicht unerheblichen Anzahl von Bürgern der DDR als Gründe/Anlässe sowohl für Bestrebungen zur ständigen Ausreise als auch des ungesetzlichen Verlassens der DDR genommen werden.

Die überwiegende Anzahl dieser Personen wertet Probleme und Mängel in der gesellschaftlichen Entwicklung, vor allem im persönlichen Umfeld, in den persönlichen Lebensbedingungen und bezogen auf die sogenannten täglichen Unzulänglichkeiten, im wesentlichen negativ und kommt, davon ausgehend insbesondere durch Vergleiche mit den Verhältnissen in der BRD und in Westberlin, zu einer negativen Bewertung der Entwicklung in der DDR.

Die Vorzüge des Sozialismus, wie z. B. soziale Sicherheit und Geborgenheit, werden zwar anerkannt, im Vergleich mit aufgetretenen Problemen und Mängeln jedoch als nicht mehr entscheidende Faktoren angesehen. Teilweise werden sie auch als Selbstverständlichkeiten betrachtet und deshalb in die Beurteilung überhaupt nicht mehr einbezogen oder gänzlich negiert. Es kommt zu Zweifeln bzw. zu Unglauben hinsichtlich der Realisierbarkeit der Ziele und der Richtigkeit der Politik von Partei und Regierung, insbesondere bezogen auf die innenpolitische Entwicklung, die Gewährleistung entsprechender Lebensbedingungen und die Befriedigung der persönlichen Bedürfnisse. Das geht einher mit Auffassungen, daß die Entwicklung keine spürbaren Verbesserungen für die Bürger bringt, sondern es auf den verschiedensten Gebieten der DDR schon einmal besser gewesen sei. Derartige Auffassungen zeigen sich besonders auch bei solchen Personen, die bisher gesellschaftlich aktiv waren, aus vorgenannten Gründen jedoch „müde" geworden seien, resigniert und schließlich kapituliert hätten.

---

[508] Vgl. zu Flucht und Übersiedlung aus der DDR Nr. 102 [2].

Es zeigt sich ein ungenügendes Verständnis für die Kompliziertheit des sozialistischen Aufbaus in seiner objektiven Widersprüchlichkeit, wobei aus ihrer Sicht nicht erreichte Ziele und Ergebnisse sowie vorhandene Probleme, Mängel und Mißstände dann als fehlerhafte Politik interpretiert und gewertet werden.

Diese Personen gelangen in einem längeren Prozeß zu der Auffassung, daß eine spürbare, schnelle und dauerhafte Veränderung ihrer Lebensbedingungen, vor allem bezogen auf die Befriedigung ihrer persönlichen Bedürfnisse, nur in der BRD oder Westberlin realisierbar sei.

[...]

Als wesentliche Gründe/Anlässe für Bestrebungen zur ständigen Ausreise bzw. das ungesetzliche Verlassen der DDR – die auch in Übereinstimmung mit einer Vielzahl Eingaben an zentrale und örtliche Organe/Einrichtungen stehen – werden angeführt:

- Unzufriedenheit über die Versorgungslage;
- Verärgerung über unzureichende Dienstleistungen;
- Unverständnis für Mängel in der medizinischen Betreuung und Versorgung;
- eingeschränkte Reisemöglichkeiten innerhalb der DDR und nach dem Ausland;
- unbefriedigende Arbeitsbedingungen und Diskontinuität im Produktionsablauf;
- Unzulänglichkeiten/Inkonsequenz bei der Anwendung/Durchsetzung des Leistungsprinzips sowie Unzufriedenheit über die Entwicklung der Löhne und Gehälter;
- Verärgerung über bürokratisches Verhalten von Leitern und Mitarbeitern staatlicher Organe, Betriebe und Einrichtungen sowie über Herzlosigkeit im Umgang mit den Bürgern;
- Unverständnis über die Medienpolitik der DDR.

Hierzu im einzelnen:

Unzufriedenheit über die Versorgungslage

Den größten Umfang im Motivationsgefüge nimmt die Kritik an der Versorgung der Bevölkerung ein. Auf Unverständnis stoßen vor allem anhaltende Mängel bei der kontinuierlichen Versorgung mit hochwertigen Konsumgütern (Pkw, Möbel, Textilien, Schuhe, Heimelektronik usw.) sowie Ersatzteilen, mit Baustoffen und Baumaterialien sowie mit bestimmten Waren des täglichen Bedarfs (z. B. hochwertige Lebensmittel, Frischobst, Gemüse, häufig wechselnde Artikel der „1000 kleinen Dinge").

Darin einbezogen sind die Warenstreuung, der Frischheitsgrad der Lebensmittel, Versorgungslücken, das fehlende durchgängige Angebot bis Ladenschluß und die damit im Zusammenhang stehenden Transportprobleme.

Die betreffenden Personen verweisen insbesondere auf das damit verbundene „Schlange stehen", das Herumlaufen und die Suche nach bestimmten Artikeln, das „Beschaffen und Organisieren" auch während der Arbeitszeit und den Erwerb bestimmter Waren nur über „Beziehungen", und resümieren, daß das alles nicht mehr zu ertragen sei.

Diese Argumentation erfährt ihre Zuspitzung durch den Verweis darauf, daß die Besitzer von Devisen (nicht nur im Intershop-Laden[509]) im wesentlichen alles erwerben könnten.

---

[509] Vgl. unten Anm. 510.

Es wird Kritik am sogenannten doppelten Währungssystem[510], an Intershops, Valutahotels und an „Privilegien“ für Devisenbesitzer geübt.

[...]

Eingeschränkte Reisemöglichkeiten innerhalb der DDR und nach dem Ausland

Bemängelt werden von den betreffenden Personenkreisen sowohl die ihrer Ansicht nach ungenügenden Reisemöglichkeiten innerhalb der DDR infolge fehlender Hotel- und Ferienplätze als auch die eingeschränkten Reisemöglichkeiten nach dem sozialistischen und nichtsozialistischen Ausland.

U. a. wird die z. T. fehlende Sauberkeit in Städten, Gemeinden, kommunalen u. a. Einrichtungen sowie öffentlichen Verkehrsmitteln kritisiert – oftmals unter Bezugnahme auf in der BRD und Westberlin diesbezüglich festgestellte gegensätzliche Erscheinungen. Wiederholt wird auch darauf hingewiesen, daß man Bürgern der DDR infolge fehlender Devisen im sozialistischen Ausland nicht die gebührende Achtung und Aufmerksamkeit entgegenbringt. [...]

Unbefriedigende Arbeitsbedingungen und Diskontinuität im Produktionsablauf

Häufig wird ein Widerspruch gesehen zwischen den Leistungsanforderungen und den die Planerfüllung nachhaltig negativ beeinflussenden Faktoren. Als derartige Faktoren werden insbesondere genannt:

- der physisch und moralisch verschlissene Zustand von Maschinen/Anlagen, Produktionsgebäuden, Stallgebäuden und Transporttechnik in Betrieben/Kombinaten und Produktionsgenossenschaften,
- Mängel in der Leitung und Organisation von Produktionsprozessen, insbesondere hinsichtlich der Diskontinuität der Produktion durch nicht ausreichende bzw. diskontinuierliche Bereitstellung von Materialien und Hilfsmitteln, und damit verbundene Auswirkungen auf die Werktätigen.

[...]

Das Arbeitsklima würde auch beeinträchtigt durch[:]

- gestörte Beziehungen zwischen Leitern und Kollektiven,
- Verärgerung über nichteingehaltene Zusicherungen bezüglich beruflicher Perspektive und Entwicklungsmöglichkeiten (wie Übernahme von Leitungsfunktionen) [...].

Das alles ist verbunden mit erheblichen Zweifeln an der positiven Veränderung dieser Situation und hat zu Ermüdungserscheinungen, Skepsis und Resignation unter dem betreffenden Personenkreis geführt.

Unzulänglichkeiten/Inkonsequenz bei der Anwendung/Durchsetzung des Leistungsprinzips sowie Unzufriedenheit über die Entwicklung der Löhne und Gehälter

Es wird auf Unzulänglichkeiten/Inkonsequenz bei der Anwendung und Durchsetzung des Leistungsprinzips auf allen Leitungsebenen hingewiesen. Tendenzen der Gleichma-

510 D. h. die eigenständigen Handelszweige (Intershops, Interhotels usw.), die ihre Waren ausschließlich gegen fremde Währungen (Valuta) veräußerten, der DDR somit Devisen einbrachten, aber nur einem begrenzten Personenkreis, vor allem DDR-Bürgern mit Verwandten in der Bundesrepublik, zugänglich waren.

cherei und der Bezahlung von nichterbrachten Leistungen würden immer mehr zunehmen. Der leistungsabhängige Lohnanteil insgesamt sei zu gering, um das Erbringen überdurchschnittlicher Arbeitsleistungen zu stimulieren. Das führe auch zum Rückgang der Arbeitsdisziplin.
Auch halte nach Meinung der betreffenden Personen die Entwicklung der Löhne und Gehälter den ständig wachsenden Preisen nicht stand. Dieses wirke sich immer stärker auch negativ auf die Erhaltung des erreichten Lebensniveaus aus.

[...]

Verärgerung über bürokratisches Verhalten von Leitern und Mitarbeitern staatlicher Organe, Betriebe und Einrichtungen sowie über Herzlosigkeit im Umgang mit Bürgern

[...]

Vor allem durch unbeherrschtes Auftreten, durch taktisch unkluges Verhalten entstehe beim Bürger häufig der Eindruck, daß
- seine eigenen Ideen und Gedanken nicht gefragt seien,
- er in der DDR überflüssig sei,
- seine Individualität und sein Handlungsspielraum eingeschränkt wären und
- sie nicht als mündige Bürger, die über ihre ureigensten Angelegenheiten selbst entscheiden wollen, behandelt würden.

Weiter wird häufig das Fehlen der geforderten Bürgernähe sowie des feinfühligen Umganges mit den Bürgern angesprochen. Das beziehe sich auf alle Bereiche des gesellschaftlichen Lebens.

Unverständnis über die Medienpolitik der DDR

[...]

In diesem Zusammenhang werden diesbezügliche Veröffentlichungen in den Medien der DDR, z. B. über die planmäßige Entwicklung der Volkswirtschaft und die Erhöhung des Warenumsatzes im Handel, vielfach als „Zweckpropaganda“ bezeichnet. Das wirkliche Leben sei ganz das Gegenteil von dem, was in den Massenmedien dargestellt wird. So würden den Veröffentlichungen in den Medien über erfüllte und übererfüllte Pläne im täglichen Leben eine Vielzahl nichterfüllter Wünsche gegenüberstehen, Planerfüllungen würden häufig nur auf der Grundlage von Planpräzisierungen, Plankorrekturen bzw. im Ergebnis von Planmanipulationen zustande kommen.

Abschließend wird darauf hingewiesen, daß die angeführten motivbildenden Faktoren z. T. verknüpft sind mit
- illusionären Vorstellungen über die „westliche“ Lebensweise, insbesondere der Erwartung eines Lebens mit „besserer“ materieller Sicherstellung und „besseren“ beruflichen Verdienstmöglichkeiten, von mehr „Freizügigkeit“ zur Verwirklichung eines eigenen Lebensstils auf der Grundlage eines egoistischen Konsum- und Besitzstrebens und
- Einstellungen, Auffassungen und Charaktereigenschaften wie Egoismus, Habsucht, Karrierismus, Unmoral, Selbstüberschätzung usw.

Im untrennbaren Zusammenhang damit wirken aktuelle Entwicklungstendenzen in anderen sozialistischen Staaten, insbesondere in der Ungarischen Volksrepublik, Volksrepublik Polen und der Sowjetunion, durch die in beachtlichem Umfang Zweifel an der Einheit, Geschlossenheit und damit der Stärke der sozialistischen Staatengemeinschaft entstanden sind, die zunehmend auch zu Zweifeln an der Perspektive und Sieghaftigkeit des Sozialismus überhaupt führen.

Weitere Motive zum Verlassen der DDR resultieren im geringen Umfang sowohl aus echten humanitären Gründen (z. B. Eheschließung, Familienzusammenführung), aus der „Lösung" von familiären oder persönlichen Konflikten, Abenteuerlust als auch aus Bestrebungen, sich der strafrechtlichen Verantwortlichkeit zu entziehen.

Bei der gesamten Einschätzung ist zu beachten, daß Antragsteller auf ständige Ausreise bzw. Personen, die mit dem ungesetzlichen Verlassen der DDR in Erscheinung treten, in der Regel politisch nichts mehr mit der DDR verbindet. [...]

C. Auf dem Weg zur Wiedervereinigung

132. Vorlage Teltschiks für Bundeskanzler Kohl (Anlage), 17. November 1989

DzD, Sonderedition, Deutsche Einheit, Nr. 94B, S. 546–548

Westmächte: „abgestufte Haltung" zur Wiedervereinigung – Viermächteverantwortung – Zerfall des Ostblocks – UdSSR und Deutsche Frage

Haltung der drei Westalliierten und der Sowjetunion zur deutschen Frage und zur Entwicklung in der DDR

[...]

1. Haltung der drei Westmächte zur Wiedervereinigung

1.1. Unter den drei Westmächten gibt es eine deutlich abgestufte Haltung zur Wiedervereinigung: am positivsten die USA, zurückhaltender Frankreich und gegenüber beiden deutlich abfallend Großbritannien (Zitate in Anlage[511]).

Der mögliche Prozeß einer Wiedervereinigung wird – soweit überhaupt angesprochen – als langsam, vorsichtig, demokratisch und evolutionär gewünscht, ebenso wie eine Einbettung in den europäischen Einigungsprozeß.

Die besondere Verantwortung (Deutschlandvertrag)[512] wird – wenn überhaupt – dann nur sehr zurückhaltend zum Ausdruck gebracht. Nur Mitterrand und Thatcher haben ausdrücklich auf die Verantwortung der Vier Mächte Bezug genommen.

1.2. Die USA haben sich insgesamt – wenn auch mit Nuancen – am deutlichsten für die Wiedervereinigung ausgesprochen. [...] Bemerkenswerterweise fehlen Hinweise auf die Viermächteverantwortung für Deutschland als Ganzes. Insgesamt wird deutlich, daß man sich unter Wiedervereinigung einen vorsichtigen, evolutionären, Zeit beanspruchenden Prozeß vorstellt[513], der auf westlichen Werten, auf Frieden und Freiheit beruhen muß. Die Verständigung mit wichtigen Partnern (USA, G[roß]B[ritannien] und

511 In der Vorlage nicht abgedruckt. Vgl. unten Anm. 514.
512 Nr. 52, Art. 7.
513 Welchen die Bundesregierung durch das Zehn-Punkte-Programm (Nr. 133) allerdings ihrerseits beschleunigte.

F[rankreich]) und die Einbettung in den europäischen Einigungsprozeß wird offensichtlich vorausgesetzt.

1.3. Reservierter klingt die französische Position, die das Streben nach Wiedervereinigung als legitim bezeichnet. Vor der Wiedervereinigung habe man „keine Angst". Sie liege in der „Logik der Geschichte".

Ein entsprechender Prozeß wird als schwierig und langwierig eingeschätzt und sollte nur friedlich, demokratisch und im Rahmen Europas erfolgen. [...] Eine aktive Unterstützung klingt da nicht an, sondern ein Gewährenlassen.

Präsident Mitterrand hat mehrfach die Viermächteverantwortung und das Erfordernis der Zustimmung der Nachbarn angesprochen, allerdings eher mit dem Anklang eines Mitbestimmungsrechtes denn dem einer Förderung (wie z. B. im Deutschlandvertrag enthalten).

1.4. Noch deutlicher wird die Zurückhaltung in britischen Äußerungen[514], wobei gerade P[remier]M[inisterin] Thatcher sich zur Wiedervereinigung direkt überhaupt nicht in den letzten Tagen geäußert hat. [...]

Inwieweit ein Hinweis von P[remier]M[inisterin] Thatcher im Juni im Unterhaus[515] auf den Artikel 7 des Deutschlandvertrages (Ziel: wiedervereinigtes Deutschland) und die Zusicherung, zu dieser Verpflichtung zu stehen, als wirkliche aktive Förderung verstanden werden kann, ist offen (unklar, ob Wortlaut Art. 7 zumindest teilweise zitiert oder lediglich auf ihn verwiesen wurde). Er könnte eher auf Beharren auf letztem Rest britischer Großmachtstellung deuten.

2. Haltung der drei Westmächte zur Entwicklung in der DDR

Hier wird übereinstimmend die Entwicklung in deutlicher Form begrüßt, die Reaktion der Bundesregierung gelobt und Hilfe bei Aufnahme der Übersiedler[516] angeboten (z. B. durch die jeweils stationierten Streitkräfte).

3. Haltung der Sowjetunion zur Wiedervereinigung und [zu] der Entwicklung in der DDR

3.1 Zur Frage der Wiedervereinigung – G[eneral]S[ekretär] Gorbatschow und A[ußen]M[inister] Schewardnadse äußerten sich erst relativ spät – wird klar darauf hingewiesen, daß sie jetzt nicht zur Debatte stehe und lediglich in einer fernen, nicht

---

514 In England rief v. a. aufgrund der traditionellen britischen Gleichgewichtspolitik in Europa die Option der Wiedervereinigung die größten Widerstände hervor, so M. Thatcher (–, Downing Street, S. 1095f.): „Es ist doch wahrscheinlich, daß Deutschland in einem solchen Gefüge [d. h. ein föderatives Europa] die Führungsrolle einnehmen würde, denn ein wiedervereinigtes Deutschland ist schlichtweg viel zu groß und zu mächtig, als daß es nur einer von vielen Mitstreitern auf dem europäischen Spielfeld wäre. Überdies hat Deutschland sich immer auch nach Osten hin orientiert [vgl. hierzu **Nr. 56, 70** u. **84**], nicht nur in Richtung Westen, obwohl die moderne Version solcher Tendenzen eher auf wirtschaftliche denn auf kriegerische territoriale Expansion abzielt. Daher ist Deutschland vom Wesen her eher eine destabilisierende als eine stabilisierende Kraft im europäischen Gefüge. Nur das militärische und politische Engagement der USA in Europa und die engen Beziehungen zwischen den beiden anderen starken, souveränen Staaten Europas, nämlich Großbritannien und Frankreich, können ein Gegengewicht zur Stärke der Deutschen bilden."

515 Am 6. Juni 1989.

516 Vgl. zu Flucht und Übersiedlung aus der DDR **Nr. 102** [2].

sehr konkret gesehenen Zukunft nur bei Auflösung der Militärpakte, Beachtung der bestehenden Grenzen und nicht in Form einer „Absorbierung" der DDR denkbar sei. Allerdings: Grundsätzlich und kategorisch wird eine Wiedervereinigung der beiden deutschen Staaten nicht abgelehnt.

3.2. Was die aktuelle Entwicklung in der DDR anbetrifft, so werden insbesondere folgende sowjetische Überlegungen deutlich:

- Reformprozeß als solcher wird unterstützt (nicht zuletzt auch als Einschwenken auf Entwicklungen wie in S[owjet]U[nion] selbst, in Polen und Ungarn) und als unumkehrbar bezeichnet.
- S[owjet]U[nion] hat große Besorgnis wegen möglicher Destabilisierung der Lage und steht deshalb z. B. mit USA in Kontakt (G[eneral]S[ekretär] Gorbatschow mit Botschaft an Präsident Bush[517]). [...]
- S[owjet]U[nion] kritisiert deutsche Forderungen nach freien Wahlen[518], weil diese Unumkehrbarkeit des Prozesses in der DDR verkennen würden, – sie äußert Sorge, die Bundesregierung könne ihre bisherige Zurückhaltung irgendwann einmal fallenlassen, und verweist auf „gewisse Kreise", die die Wiedervereinigung auf die Tagesordnung setzen und Wandlungsprozesse für sich nutzen wollten,
- S[owjet]U[nion] sieht auch das Problem, daß politische Entwicklung bei den mittel- und osteuropäischen Verbündeten den möglichen Ergebnissen einer konventionellen Abrüstungsvereinbarung in Wien[519] vorauseilen, d. h., daß ihre Truppenpräsenz in Frage gestellt werden könnte, bevor sie im gesichtswahrenden Weg einer Abrüstungsvereinbarung reduziert werden könnte.

[...]

133. Bundestagsrede von Helmut Kohl, 28. November 1989

VERHANDLUNGEN, Sten. Ber., 11. WP, Bd. 151, 177. Sitzung, S. 13510–13514

Zehn-Punkte-Programm zur Wiedervereinigung Deutschlands

Dr. Kohl, Bundeskanzler: [...]

Der Weg zur deutschen Einheit, das wissen wir alle, ist nicht vom grünen Tisch oder mit einem Terminkalender in der Hand zu planen. Abstrakte Modelle kann man vielleicht polemisch verwenden, aber sie helfen nicht weiter.

Aber wir können, wenn wir nur wollen, schon heute jene Etappen vorbereiten, die zu diesem Ziel hinführen. – (Dr. Vogel [SPD]: *Sehr gut*) – Ich möchte diese Ziele an Hand eines Zehn-Punkte-Programms erläutern.

---

517 Botschaft vom 10. November 1989 an die Regierungen der Vereinigten Staaten, Frankreichs und Großbritanniens.

518 So Bundeskanzler Kohl in dessen Bericht zur Lage der Nation am 8. November 1989 vor dem Deutschen Bundestag. Vgl. DzD, Sonderedition, Deutsche Einheit, S. 496, Anm. 6.

519 Seit Anfang März 1989 fanden in Wien die Verhandlungen über Konventionelle Streitkräfte in Europa (VKSE) der 35 Teilnehmerstaaten der Konferenz für Sicherheit und Zusammenarbeit in Europa (KSZE) statt.

Erstens. Zunächst sind Sofortmaßnahmen erforderlich, die sich aus den Ereignissen der letzen Wochen ergeben, insbesondere durch die Fluchtbewegung[520] und die neue Dimension des Reiseverkehrs. Die Bundesregierung ist zu sofortiger konkreter Hilfe dort bereit, wo diese Hilfe jetzt benötigt wird. Wir werden im humanitären Bereich und auch bei der medizinischen Versorgung helfen, soweit dies gewünscht wird und auch nützlich ist.

Wir wissen auch, daß das Begrüßungsgeld, das wir für jeden Besucher aus der DDR einmal jährlich zahlen[521], keine Lösung für die Finanzierung von Reisen sein kann. Letztlich muß die DDR selbst ihre Reisenden mit den nötigen Devisen ausstatten.

Wir sind aber bereit, für eine Übergangszeit einen Beitrag zu einem Devisenfonds zu leisten. Voraussetzung dafür ist allerdings, daß der Mindestumtausch bei Reisen in die DDR entfällt, Einreisen dorthin erheblich erleichtert werden und die DDR einen eigenen substantiellen Beitrag zu einem solchen Fonds leistet. – (*Beifall bei der CDU/CSU, der FDP und der SPD* – Frau Dr. Vollmer [Grüne]: *Und wieviel zahlen Sie?*) – Unser Ziel ist und bleibt ein möglichst ungehinderter Reiseverkehr in beide Richtungen. – (*Beifall bei der CDU/CSU, der FDP und der SPD*)

Zweitens. Die Bundesregierung wird wie bisher die Zusammenarbeit mit der DDR in allen Bereichen fortsetzen, die den Menschen auf beiden Seiten unmittelbar zugute kommt. Das gilt insbesondere für die wirtschaftliche, wissenschaftlich-technologische und kulturelle Zusammenarbeit. Besonders wichtig ist eine Intensivierung der Zusammenarbeit im Bereich des Umweltschutzes. Hier kann schon in aller Kürze, wie immer sonst die Entwicklung sein mag, über neue Projekte entschieden werden. – (*Beifall bei der CDU/CSU, der FDP und der SPD*) – Das gleiche gilt – der Bundespostminister [Schwarz-Schilling] hat die entsprechenden Gespräche eingeleitet – für einen möglichst baldigen umfassenden Ausbau der Fernsprechverbindungen mit der DDR und des Telefonnetzes der DDR. – (*Beifall bei der CDU/CSU, der FDP und der SPD*) – Über den Ausbau der Eisenbahnstrecke Hannover-Berlin wird weiter verhandelt. [...]

Drittens. Ich habe angeboten, unsere Hilfe und unsere Zusammenarbeit umfassend auszuweiten, wenn ein grundlegender Wandel des politischen und wirtschaftlichen Systems in der DDR verbindlich beschlossen und unumkehrbar in Gang gesetzt wird. „Unumkehrbar" heißt für uns und vor allem für mich, daß sich die DDR-Staatsführung mit den Oppositionsgruppen auf eine Verfassungsänderung und auf ein neues Wahlgesetz[522] verständigt.

Wir unterstützen die Forderung nach freien, gleichen und geheimen Wahlen in der DDR unter Beteiligung unabhängiger, das heißt selbstverständlich auch nichtsozialistischer, Parteien. Das Machtmonopol der SED muß aufgehoben werden. – (*Beifall bei der CDU/CSU, der FDP und der SPD sowie bei der Abgeordneten Frau Garbe [Grüne]*) – Die geforderte Einführung rechtsstaatlicher Verhältnisse bedeutet vor allem die Abschaffung des politischen Strafrechts und als Konsequenz die sofortige Freilassung aller politischen Gefangenen. – (*Beifall bei der CDU/CSU, der FDP und der SPD sowie bei der Abgeordneten Frau Garbe [Grüne] und der Abgeordneten Frau Eid [Grüne]* – Frau Oesterle-Schwerin [Grüne]: *In der Türkei sind Sie nicht so pingelig!*) – Daß

520 Vgl. Nr. 102 [2].

521 In Höhe von 100 DM.

522 Umgesetzt durch das Gesetz über die Wahlen zur Volkskammer vom 20. Februar 1990.

Sie, die Sie hier eingezogen sind, Zeichen des Friedens zu setzen, protestieren, wenn ich über die Freilassung politischer Gefangener spreche, entspricht der Entwicklung, die Sie genommen haben. – (*Beifall bei der CDU/CSU und der FDP*) – Herr Präsident, meine Damen und Herren, wirtschaftliche Hilfe kann nur dann wirksam werden, wenn grundlegende Reformen des Wirtschaftssystems erfolgen. Dies zeigen die Erfahrungen mit allen RGW-Staaten[523]; mit Belehrungen von unserer Seite hat das nichts zu tun. Die bürokratische Planwirtschaft muß abgebaut werden.

Wir wollen nicht unhaltbar gewordene Zustände stabilisieren. Wir wissen: Wirtschaftlichen Aufschwung kann es nur geben, wenn sich die DDR für westliche Investitionen öffnet, wenn sie marktwirtschaftliche Bedingungen schafft und privatwirtschaftliche Betätigungen ermöglicht. Wer in diesem Zusammenhang den Vorwurf der Bevormundung erhebt, den verstehe ich nicht. – (Dr. Rose [CDU/CSU]: *So ist es!*) – In Ungarn und in Polen gibt es jeden Tag Beispiele dafür, an denen sich doch die DDR – ebenfalls Mitgliedstaat des RGW – ohne weiteres orientieren kann. – (*Beifall bei der CDU/CSU und der FDP sowie des Abgeordneten Stahl [Kempen] [SPD]*) – Unser und mein dringender Wunsch ist es, daß es möglichst rasch zu einer solchen Gesetzgebung kommt. [...]

Viertens. Ministerpräsident Modrow hat in seiner Regierungserklärung[524] von einer Vertragsgemeinschaft gesprochen. Wir sind bereit, diesen Gedanken aufzugreifen. Denn die Nähe und der besondere Charakter der Beziehungen zwischen den beiden Staaten in Deutschland erfordern ein immer dichteres Netz von Vereinbarungen in allen Bereichen und auf allen Ebenen.

[...]

Fünftens. Wir sind aber auch bereit, noch einen entscheidenden Schritt weiterzugehen, nämlich konföderative Strukturen zwischen beiden Staaten in Deutschland zu entwickeln mit dem Ziel, eine Föderation, d.h. eine bundesstaatliche Ordnung, in Deutschland zu schaffen. Das setzt aber eine demokratisch legitimierte Regierung in der DDR zwingend voraus.

Dabei könnten wir uns schon bald nach freien Wahlen folgende Institutionen vorstellen: einen gemeinsamen Regierungsausschuß zur ständigen Konsultation und politischen Abstimmung, gemeinsame Fachausschüsse, ein gemeinsames parlamentarisches Gremium – und manches andere mehr angesichts einer völlig neuen Entwicklung.

Die bisherige Politik gegenüber der DDR mußte sich angesichts der Verhältnisse im wesentlichen auf kleine Schritte beschränken, mit denen wir vor allem versuchten, die Folgen der Teilung für die Menschen zu mildern und das Bewußtsein für die Einheit der Nation[525] wachzuhalten und zu schärfen. Wenn uns künftig eine demokratisch legitimierte, d.h. frei gewählte Regierung als Partner gegenübersteht, eröffnen sich völlig neue Perspektiven. [...]

Wie ein wiedervereinigtes Deutschland schließlich aussehen wird, das weiß heute niemand. Daß aber die Einheit kommen wird, wenn die Menschen in Deutschland sie wollen, dessen bin ich sicher. – (*Lebhafter Beifall bei der CDU/CSU und der FDP – Beifall bei der SPD*)

---

523 Rat für gegenseitige Wirtschaftshilfe, dem die DDR seit September 1950 angehörte.

524 Vom 17. November 1989. Vgl. unten S. 266, Anm. 531.

525 Vgl. die Umfrageergebnisse in Nr. 126 u. 134.

Sechstens. Die Entwicklung der innerdeutschen Beziehungen bleibt eingebettet in den gesamteuropäischen Prozeß, d.h. immer auch in die West-Ost-Beziehungen. Die künftige Architektur Deutschlands muß sich einfügen in die künftige Architektur Gesamteuropas. Hierfür hat der Westen mit seinem Konzept der dauerhaften und gerechten europäischen Friedensordnung Schrittmacherdienste geleistet.

Generalsekretär Gorbatschow und ich sprechen in der Gemeinsamen Erklärung vom Juni dieses Jahres[526] [...] von den Bauelementen eines „gemeinsamen europäischen Hauses". Ich nenne beispielhaft dafür die uneingeschränkte Achtung der Integrität und der Sicherheit jedes Staates. Jeder Staat hat das Recht, das eigene politische und soziale System frei zu wählen. Ich nenne die uneingeschränkte Achtung der Grundsätze und Normen des Völkerrechts, insbesondere Achtung des Selbstbestimmungsrechtes der Völker. Ich nenne die Verwirklichung der Menschenrechte. Ich nenne die Achtung und Pflege der geschichtlich gewachsenen Kulturen der Völker Europas. Mit alledem wollen wir – so haben es Generalsekretär Gorbatschow und ich festgeschrieben – an die geschichtlich gewachsenen europäischen Traditionen anknüpfen und zur Überwindung der Trennung Europas beitragen.

Siebtens. Die Anziehungs- und Ausstrahlungskraft der Europäischen Gemeinschaft ist und bleibt eine entscheidende Konstante der gesamteuropäischen Entwicklung. Wir wollen und müssen sie weiter stärken. Die Europäische Gemeinschaft ist jetzt gefordert, mit Offenheit und Flexibilität auf die reformorientierten Staaten Mittel-, Ost- und Südosteuropas zuzugehen. [...]

Hierbei ist die DDR selbstverständlich eingeschlossen. Die Bundesregierung befürwortet deshalb den baldigen Abschluß eines Handels- und Kooperationsabkommens mit der DDR, das den Zugang der DDR zum Gemeinsamen Markt erweitert, auch was die Perspektive 1992 betrifft. Wir können uns für die Zukunft sehr wohl bestimmte Formen der Assoziierung vorstellen, die die Volkswirtschaften der reformierten Staaten Mittel- und Südosteuropas an die EG heranführen und damit das wirtschaftliche und soziale Gefälle auf unserem Kontinent abbauen helfen. Das ist eine der ganz wichtigen Fragen, wenn das Europa von morgen ein gemeinsames Europa sein soll. – (*Beifall bei der CDU/CSU, der FDP und der SPD* – Dr. Vogel [SPD]: *Sehr gut!*)

[...]

Achtens. Der KSZE-Prozeß[527] ist ein Herzstück dieser gesamteuropäischen Architektur. Wir wollen ihn vorantreiben und die bevorstehenden Foren nutzen: die Menschenrechtskonferenzen in Kopenhagen 1990 und in Moskau 1991, die Konferenz über wirtschaftliche Zusammenarbeit in Bonn 1990, das Symposion über das kulturelle Erbe in Krakau 1991 und nicht zuletzt das nächste Folgetreffen in Helsinki. Dort sollten wir auch über neue institutionelle Formen der gesamteuropäischen Zusammenarbeit nachdenken. Wir können uns eine gemeinsame Institution zur Koordinierung der West-Ost-Wirtschaftszusammenarbeit sowie die Einrichtung eines gesamteuropäischen Umweltrates sehr gut vorstellen. – (*Beifall bei der CDU/CSU, der FDP und der SPD*)

Neuntens. Die Überwindung der Trennung Europas und der Teilung Deutschlands erfordern weitreichende und zügige Schritte in der Abrüstung und Rüstungskontrolle. Abrüstung und Rüstungskontrolle müssen mit der politischen Entwicklung Schritt hal-

---

526 Anläßlich des Staatsbesuches in Bonn vom 12. bis 15. Juni 1989.
527 Nr. 123.

ten und, wenn notwendig, beschleunigt werden. Dies gilt im besonderen für die Wiener Verhandlungen über den Abbau konventioneller Streitkräfte in Europa[528] und für die Vereinbarung vertrauensbildender Maßnahmen ebenso wie für das weltweite Verbot chemischer Waffen, das, wie ich hoffe, 1990 kommen wird. – (*Beifall bei der CDU/CSU und der FDP sowie bei Abgeordneten der SPD*) – Dies erfordert auch, daß auch die Nuklearpotentiale der Großmächte auf das strategisch erforderliche Minimum reduziert werden können.

Das bevorstehende Treffen zwischen Präsident Bush und Generalsekretär Gorbatschow[529] bietet eine gute Gelegenheit, den jetzt laufenden Verhandlungsrunden neue Schubkraft zu geben. Wir bemühen uns – auch in zweiseitigen Gesprächen mit den Staaten des Warschauer Paktes einschließlich der DDR –, diesen Prozeß zu unterstützen.

Zehntens. Mit dieser umfassenden Politik wirken wir auf einen Zustand des Friedens in Europa hin, in dem das deutsche Volk in freier Selbstbestimmung seine Einheit wiedererlangen kann. Die Wiedervereinigung, d.h. die Wiedergewinnung der staatlichen Einheit Deutschlands, bleibt das politische Ziel der Bundesregierung. – (*Lebhafter Beifall bei der CDU/CSU und der FDP – Beifall bei Abgeordneten der SPD*) – Wir sind dankbar, daß wir in der Erklärung des Brüsseler NATO-Gipfels vom Mai dieses Jahres[530] dafür erneut die Unterstützung unserer Freunde und Partner gefunden haben.

Meine Damen und Herren, wir sind uns bewußt, daß sich auf dem Weg zur deutschen Einheit viele schwierige Fragen stellen, auf die korrekterweise heute niemand eine abschließende Antwort geben kann. – (*Zuruf von den Grünen*) – Dazu gehört vor allem auch – ich betone das – die ebenso schwierige wie entscheidende Frage übergreifender Sicherheitsstrukturen in Europa.

Die Verknüpfung der deutschen Frage mit der gesamteuropäischen Entwicklung und den West-Ost-Beziehungen – wie ich sie soeben in zehn Punkten erläuterte – ermöglicht eine organische Entwicklung, die den Interessen aller Beteiligten Rechnung trägt und – dies ist unser Ziel – einer friedlichen und freiheitlichen Entwicklung in Europa den Weg bahnt. Nur miteinander und in einem Klima des wechselseitigen Vertrauens können wir die Teilung Europas, die immer auch die Teilung Deutschlands ist, friedlich überwinden.

[...]

Herr Präsident, meine Damen und Herren, in wenigen Wochen beginnt das letzte Jahrzehnt dieses Jahrhunderts, ein Jahrhundert, das so viel Elend, Blut und Leid sah. Es gibt heute viele hoffnungsvolle Zeichen dafür, daß die 90er Jahre die Chancen für mehr Frieden und mehr Freiheit in Europa und in Deutschland in sich tragen. Es kommt dabei – jeder spürt dies – entscheidend auch auf unseren, den deutschen Beitrag an. Wir alle sollten uns dieser Herausforderung der Geschichte stellen. – (*Anhaltender lebhafter Beifall bei der CDU/CSU und der FDP, Beifall bei der SPD – Die Abgeordneten der CDU/CSU erheben sich*)

---

528 Vgl. oben S. 261, Anm. 519.

529 Auf der „Maxim Gorki" am 2. Dezember 1989. Vgl. oben S. 239.

530 29./30. Mai 1989.

134. Tabelle: Umfragen über den Wunsch nach Wiedervereinigung (1986–1990)

Allensbach. – JAHRBUCH, Bd. 9, S. 437

Frage: „Mal ganz allgemein gefragt: Sind Sie für oder gegen die Wiedervereinigung?"

%	Alte Länder			Neue Länder	
	1986 Dez.	1987 Aug.	1989 Dez.	1990 Feb.	1990 Juli
Dafür	65	66	62	69	74
Dagegen	11	13	17	11	11
Unentschieden	24	21	21	15	15
	100	100	100	100	100

135. TASS-Mitteilung über das Treffen von Kohl und Gorbatschow in Moskau, 10. Februar 1990

BUNDESWEHR, Dok. 2, S. 88f. (auszugsw.)

Selbstbestimmungsrecht – Option der direkten Wiedervereinigung – Abrüstung

[...]

Gorbatschow stellte fest – und der Kanzler stimmte ihm zu –, daß es zur Zeit zwischen der UdSSR, der BRD und der DDR keine Meinungsverschiedenheiten darüber gebe, daß die Deutschen selbst die Frage der Einheit der deutschen Nation lösen und selbst ihre Wahl treffen müssen, in welchen Staatsformen, zu welchen Zeitpunkten, mit welchem Tempo und zu welchen Bedingungen sie diese Einheit realisieren werden. Hierbei bezog sich Gorbatschow auf sein jüngstes Gespräch mit dem Vorsitzenden des Ministerrats der DDR, Modrow[531]. Er betonte insbesondere, daß alle Deutschen, sowohl im Osten als auch im Westen, diese Einstellung der Sowjetunion kennen müßten. Bei der Lösung ihrer nationalen Frage müssen sie jedoch an die Realitäten denken: daß es einen Krieg gegeben hat und daß er, wie auch die Nachkriegszeit, ein Erbe hinterlassen hat. Im Moment überdenken wir all dies. Wir sind von der Konfrontation abgegangen, der europäische Prozeß entwickelt sich. Auch die deutsche Annäherung darf den hier schon erzielten positiven Resultaten und den Ost-West-Beziehungen insgesamt keinen Schaden zufügen und das europäische Gleichgewicht nicht zerstören. Im Ge-

[531] Am 1.2.1990 hatte DDR-Ministerpräsident Modrow in Moskau einen Stufenplan zur Wiedervereinigung vorgelegt (in: MODROW, Aufbruch, Nr. 6, S. 186–188), der auf eine Konföderation mit anschließender Neutralisierung Deutschlands hinauslief und dem Gorbatschow während Kohls Moskau-Besuch am 10./11. Februar bereits die Unterstützung versagte. So eröffnete Bundeskanzler Kohl Hans Modrow am 13. Februar: „Sein Zehn-Punkte-Plan [Nr. 133] sei bereits von der Entwicklung überholt worden. Er sehe jetzt keine Möglichkeit mehr für eine Vertragsgemeinschaft und für konföderative Strukturen [ebd., Punkt 5]. Die TASS-Mitteilung [Nr. 135] über sein Gespräch mit Generalsekretär Gorbatschow sei ein Beweis dafür." (DzD, Sonderedition, Deutsche Einheit, Nr. 177, S. 814–819, hier S. 818).

genteil, so Gorbatschow, sie kann und muß so verlaufen, daß sie für die konstruktive gesamteuropäische Entwicklung einen Beitrag leistet. Deshalb ist nur eine solche Politik annehmbar, die alle Realitäten und alle möglichen Folgen berücksichtigt: innen- und außenpolitische, wirtschaftliche und natürlich die psychologische Reaktion der Deutschen und anderer Länder, insbesondere jener, die am Krieg teilgenommen haben.

Die Lösung der Deutschen Frage ist nicht zu trennen vom Erfolg der Verhandlungen über Abrüstung in Europa, von der sich ändernden Rolle der beiden militärisch-politischen Bündnisse und von den Fragen, die mit der Anwesenheit ausländischer Truppen auf dem Territorium der europäischen Staaten zusammenhängen.

[...]

136. Vorlage Teltschiks für Bundeskanzler Kohl, 23. März 1990

DzD, Sonderedition, Deutsche Einheit, Nr. 228, S. 970–975, hier S. 971–974

UdSSR: „Schlüsselfrage" Sicherheitspolitik, „Verlust" der DDR als Prestigefrage

[...]

Die sicherheitspolitischen Aspekte bilden für die Sowjetunion die Schlüsselfrage des deutschen Einigungsprozesses. [...]

3. Endgültige Position der Sowjetunion

3.1. Wird die Sowjetunion letztlich auf ihrer ablehnenden Haltung beharren? Bei ihren Überlegungen dürften vorrangig u. a. eine Rolle spielen:

- die Sorge, einseitig einen Vorteil – d. h. die im Zweiten Weltkrieg errungene Position im eigenen Vorfeld – aufzugeben und in der Rivalität mit den USA in der globalen Machtbalance einen Nachteil zu erleiden.
  Neben diesem machtpolitischen Aspekt ist die Notwendigkeit zu sehen, vor der eigenen Öffentlichkeit den Verlust der „Kriegsbeute" zu rechtfertigen und in diese Richtung zielender harter Kritik im Obersten Sowjet und [in] dem Zentralkomitee [der KPdSU] zu begegnen.
  [...]
- verhandlungstaktische Überlegungen, wie z. B. Zeitgewinn und Schaffen von „Manövriermasse" für die Erringung von Zugeständnissen bei den „Zwei-plus-Vier"-Gesprächen.
- Überlegungen, den Westen insgesamt durch eine harte Haltung dazu zu veranlassen, sich stärker und schneller rechtsverbindlichen KSZE-Strukturen eines gesamteuropäischen Systems der Sicherheit zuzuwenden.
  [...]

4. Schlußfolgerungen für das deutsche Vorgehen

[...]

4.2. Besonders wichtig erscheint es, dem Gefühl des „Verlustes" – zudem einseitig zu Lasten der S[owjet]U[nion] – entgegenzuwirken, dem nicht nur in der sowjetischen Führung selbst, sondern auch in der Öffentlichkeit eine ausschlaggebende Wirkung zukommen dürfte.

In diesem Zusammenhang kommt zwar einerseits dem „Verlust des Bündnispartners DDR“ insoweit eine geringere Bedeutung zu, als der W[arschauer]P[akt] insgesamt – jedenfalls von den meisten seiner Mitglieder – als in Auflösung begriffen verstanden wird, ganz unabhängig vom Schicksal der DDR. Andererseits wirkt gerade gegenüber dem moribunden Warschauer Pakt eine fortbestehende, durch Gesamtdeutschland erweiterte NATO für die S[owjet]U[nion] besonders problematisch.

[...]

137. Fernschreiben von Präsident Bush an Bundeskanzler Kohl, 4. Juni 1990

DzD, Sonderedition, Deutsche Einheit, Nr. 299, S. 1178–1180

USA-Besuch Gorbatschows (30. Mai bis zum 3. Juni 1990) – NATO-Mitgliedschaft des vereinten Deutschland – Sicherheitsinteressen der Sowjetunion

Lieber Helmut,

lassen Sie mich im Anschluß an unsere Telefongespräche noch einige zusätzliche Bemerkungen zum Besuch Gorbatschows machen. [...]

Was die deutsche Vereinigung angeht, so lassen Sie mich lediglich meinen nachhaltigen Eindruck bestätigen, daß sich Gorbatschow mit dieser Frage immer noch abmüht und versucht, Verständnis für die sowjetische Position in Europa nach der Vereinigung zu erlangen. Es war ein Schritt nach vorne, daß er keine Einwände gegen meine Erklärung auf unserer Pressekonferenz am Sonntag[532] erhob, als ich sagte, daß er und ich uns zwar nicht darüber einig seien, daß das vereinte Deutschland volles Mitglied der NATO sein solle, wir jedoch darin übereinstimmten, daß die Frage der Bündniszugehörigkeit in Übereinstimmung mit der Schlußakte von Helsinki[533] von den Deutschen entschieden werden müsse. In dem Maße, wie wir den sowjetischen Sicherheitsinteressen außerhalb der 2+4-Gespräche[534] Rechnung tragen können – in unseren bilateralen Beziehungen, in Wien[535] und auf dem NATO-Gipfeltreffen[536] –, werden unsere Chancen steigen, daß wir Gorbatschow dazu bewegen können, ein vereinigtes Deutschland als volles Mitglied der NATO zu akzeptieren. Er muß wissen, daß die volle NATO-Mitgliedschaft nicht zur Disposition steht, wir ihm aber in anderer Weise helfen können. Der NATO-Gipfel wird von entscheidender Bedeutung sein: Wir müssen den Sowjets und den Osteuropäern und der Öffentlichkeit in unseren eigenen Ländern in diesem Zusammenhang zeigen, daß das Bündnis in einem neuen Europa ein verändertes Gesicht haben wird. Ich glaube, daß unsere Auffassungen dazu sehr dicht beieinanderliegen, und wir müssen im Vorfeld des 5. Juli zusammenarbeiten.

[...] Was die Position der Sowjetunion auf internationaler Ebene angeht, so scheint er [Gorbatschow] sich noch tastend seinen Weg durch die Auswirkungen all der Veränderungen des vergangenen Jahres zu suchen. Es spricht für ihn, daß er aufgeschlossen und

532 3. Juni 1990.
533 Nr. 123, Abschnitte I und VIII.
534 Die am 5. Mai begonnen hatten.
535 Vgl. oben S. 261, Anm. 519.
536 In London am 5./6. Juli 1990 (Nr. 138).

bereit ist, sich durch Schritte beruhigen zu lassen, die die westlichen Bündnispartner unternehmen könnten, um zu zeigen, daß die Veränderungen in einer Art und Weise zu bewältigen sind, die die sowjetische Sicherheit nicht bedroht. [...]

138. Erklärung der NATO-Tagung in London, 6. Juli 1990

BUNDESWEHR, Dok. 6, S. 102–107, hier S. 102f., 107f.

Anpassung der Militärstrategie – Ende des Kalten Krieges – Abrüstung – Konferenz für Sicherheit und Zusammenarbeit in Europa (KSZE)

1. Europa ist in eine neue, verheißungsvollere Ära eingetreten. Mittel- und Osteuropa gewinnt seine Freiheit. Die Sowjetunion hat den langen Weg zu einer freien Gesellschaft eingeschlagen. Die Mauern[537], die zuvor Menschen und Ideen trennten, fallen. Die Europäer bestimmen ihr eigenes Schicksal. Sie wählen Freiheit. Sie wählen wirtschaftliche Freiheit. Sie wählen Frieden. Sie wählen das eine und freie Europa. Das Bündnis muß und wird sich dieser Entwicklung anpassen.

[...]

3. Mit der Vereinigung Deutschlands wird auch die Teilung Europas überwunden. Das geeinte Deutschland im Atlantischen Bündnis freiheitlicher Demokratien und als Teil der wachsenden politischen und wirtschaftlichen Integration der Europäischen Gemeinschaft wird ein unentbehrlicher Stabilitätsfaktor sein, den Europa in seiner Mitte braucht. Die Entwicklung der Europäischen Gemeinschaft zu einer politischen Union, einschließlich des Entstehens einer europäischen Identität im Bereich der Sicherheit, wird auch zur atlantischen Solidarität und zur Schaffung einer gerechten und dauerhaften Friedensordnung in ganz Europa beitragen.

4. Wir wissen, daß in dem neuen Europa die Sicherheit eines jeden Staates untrennbar mit der Sicherheit seiner Nachbarn verbunden ist. Die NATO muß zu einem Forum werden, in dem Europäer, Kanadier und Amerikaner zusammenarbeiten, nicht nur zur gemeinsamen Verteidigung, sondern auch beim Aufbau einer neuen Partnerschaft mit allen Ländern Europas. Die Atlantische Gemeinschaft wendet sich den Ländern Mittel- und Osteuropas zu, die im Kalten Krieg unsere Gegner waren, und reicht ihnen die Hand zur Freundschaft.

5. Wir bleiben ein defensives Bündnis und werden das gesamte Gebiet aller unserer Mitglieder auch künftig schützen. Wir haben keinerlei aggressive Absichten und verpflichten uns zur friedlichen Lösung aller Streitigkeiten. Wir werden niemals und unter keinen Umständen als erste Gewalt anwenden.

6. Die Mitgliedstaaten des Nordatlantischen Bündnisses schlagen daher den Mitgliedstaaten der Warschauer Vertragsorganisation eine gemeinsame Erklärung vor, in der wir feierlich bekunden, daß wir uns nicht länger als Gegner betrachten, und in der wir unsere Absicht bekräftigen, uns der Androhung oder Anwendung von Gewalt zu enthalten, die gegen die territoriale Integrität oder politische Unabhängigkeit irgendeines Staates gerichtet oder auf irgendeine andere Weise mit den Zielen und Prinzipien

537 Vgl. zum Mauerbau Nr. 94ff.

der Charta der Vereinten Nationen und mit der KSZE-Schlußakte[538] unvereinbar ist. Wir fordern alle anderen KSZE-Mitgliedstaaten auf, sich uns in dieser Verpflichtung zum Nichtangriff anzuschließen.

[...]

20. Im Zusammenhang mit diesen revidierten Plänen für Verteidigung und Rüstungskontrolle und unter Mitwirkung der Militärbehörden der NATO und aller betroffenen Mitgliedstaaten wird die NATO eine neue Militärstrategie des Bündnisses ausarbeiten. Diese führt, wo dies angezeigt ist, von der „Vorneverteidigung" weg und hin zu verminderter Präsenz im vorderen Bereich; sie verändert die „flexible Erwiderung"[539], so daß sie eine verminderte Abstützung auf Nuklearwaffen widerspiegelt.

[...]

23. Mit dem heutigen Tage leitet unser Bündnis eine umfassende Neugestaltung ein. Wir sind entschlossen, in Zusammenarbeit mit allen Staaten Europas dauerhaften Frieden auf diesem Kontinent zu schaffen.

139. Zwei-plus-Vier-Vertrag[540], 12. September 1990

EUROPA, Dok. 100, S. 413–417, hier S. 413–416

Volle Souveränität des wiedervereinigten Deutschland

[Präambel:[541]]

Die Bundesrepublik Deutschland, die Deutsche Demokratische Republik, die Französische Republik, das Vereinigte Königreich Großbritannien und Nordirland, die Union der Sozialistischen Sowjetrepubliken und die Vereinigten Staaten von Amerika – in dem Bewußtsein, daß ihre Völker seit 1945 miteinander in Frieden leben, eingedenk der jüngsten historischen Veränderungen in Europa, die es ermöglichen, die Spaltung des Kontinents zu überwinden, unter Berücksichtigung der Rechte und Verantwortlichkeiten der Vier Mächte in bezug auf Berlin und Deutschland als Ganzes[542] und der entsprechenden Vereinbarungen und Beschlüsse der Vier Mächte aus der Kriegs- und Nachkriegszeit, [...] in Würdigung dessen, daß das deutsche Volk in freier Ausübung des Selbstbestimmungsrechts[543] seinen Willen bekundet hat, die staatliche Einheit Deutschlands herzustellen, um als gleichberechtigtes und souveränes Glied in einem vereinten Europa dem Frieden der Welt zu dienen, in der Überzeugung, daß die Vereinigung Deutschlands als Staat mit endgültigen Grenzen ein bedeutsamer Beitrag zu Frieden und Stabilität in Europa ist, mit dem Ziel, die abschließende Regelung in bezug

---

538 Nr. 123.

539 Seit Dezember 1967 gültige NATO-Militärstrategie („flexible response"), die im Falle eines Angriffs auf NATO-Gebiet einen atomaren Gegenschlag nicht zwingend vorsah.

540 Eigentlich: „Vertrag über die abschließende Regelung in bezug auf Deutschland". – Durch das Inkrafttreten des Zwei-plus-Vier-Vertrages am 15. März 1991 wurden die Pariser Verträge (seit Mai 1955 in Kraft; vgl. oben S. 158, Anm. 324) ersetzt.

541 Absätze in der Präambel weggelassen.

542 Vgl. oben S. 181, Anm. 375, S. 202f. u. Nr. 114 (Status Berlins) sowie Nr. 52, Artikel 7,2 (Deutschlandvertrag).

543 Vgl. dazu die KSZE-Schlußakte (Nr. 123, Abschnitte I und VIII).

auf Deutschland zu vereinbaren, in Anerkennung dessen, daß dadurch und mit der Vereinigung Deutschlands als einem demokratischen und friedlichen Staat die Rechte und Verantwortlichkeiten der Vier Mächte in bezug auf Berlin und Deutschland als Ganzes ihre Bedeutung verlieren, [...] sind wie folgt übereingekommen:

Artikel 1

(1) Das vereinte Deutschland wird die Gebiete der Bundesrepublik Deutschland, der Deutschen Demokratischen Republik und ganz Berlins umfassen. Seine Außengrenzen werden die Grenzen der Deutschen Demokratischen Republik und der Bundesrepublik Deutschland sein und werden am Tage des Inkrafttretens dieses Vertrags endgültig sein. Die Bestätigung des endgültigen Charakters der Grenzen des vereinten Deutschland ist ein wesentlicher Bestandteil der Friedensordnung in Europa.

(2) Das vereinte Deutschland und die Republik Polen bestätigen die zwischen ihnen bestehende Grenze in einem völkerrechtlich verbindlichen Vertrag[544].

(3) Das vereinte Deutschland hat keinerlei Gebietsansprüche gegen andere Staaten und wird solche auch nicht in Zukunft erheben.

(4) Die Regierungen der Bundesrepublik Deutschland und der Deutschen Demokratischen Republik werden sicherstellen, daß die Verfassung des vereinten Deutschland keinerlei Bestimmungen enthalten wird, die mit diesen Prinzipien unvereinbar sind. [...]

Artikel 2

Die Regierungen der Bundesrepublik Deutschland und der Deutschen Demokratischen Republik bekräftigen ihre Erklärungen, daß von deutschem Boden nur Frieden ausgehen wird. Nach der Verfassung des vereinten Deutschland sind Handlungen, die geeignet sind und in der Absicht vorgenommen werden, das friedliche Zusammenleben der Völker zu stören, insbesondere die Führung eines Angriffskrieges vorzubereiten, verfassungswidrig und strafbar. Die Regierungen der Bundesrepublik Deutschland und der Deutschen Demokratischen Republik erklären, daß das vereinte Deutschland keine seiner Waffen jemals einsetzen wird, es sei denn in Übereinstimmung mit seiner Verfassung und der Charta der Vereinten Nationen.

Artikel 3

(1) Die Regierungen der Bundesrepublik Deutschland und der Deutschen Demokratischen Republik bekräftigen ihren Verzicht auf Herstellung und Besitz von und auf Verfügungsgewalt über atomare, biologische und chemische Waffen. Sie erklären, daß auch das vereinte Deutschland sich an diese Verpflichtungen halten wird. Insbesondere gelten die Rechte und Verpflichtungen aus dem Vertrag über die Nichtverbreitung von Kernwaffen vom 1. Juli 1968 für das vereinte Deutschland fort.

[...][545]

Artikel 5

(1) Bis zum Abschluß des Abzugs der sowjetischen Streitkräfte vom Gebiet der heutigen Deutschen Demokratischen Republik und Berlins in Übereinstimmung mit Arti-

544 Deutsch-polnischer Grenzvertrag vom 14. November 1990.

545 Art. 3, Abs. 2–3 verpflichtet das wiedervereinigte Deutschland, die Personalstärke der Bundeswehr auf 370 000 zu reduzieren, und Art. 4 vereinbart den Abzug der sowjetischen Streitkräfte bis Ende 1994.

kel 4[546] dieses Vertrags werden auf diesem Gebiet als Streitkräfte des vereinten Deutschland ausschließlich deutsche Verbände der Territorialverteidigung stationiert sein, die nicht in die Bündnisstrukturen integriert sind, denen deutsche Streitkräfte auf dem übrigen deutschen Territorium zugeordnet sind. Unbeschadet der Regelung in Absatz 2 dieses Artikels werden während dieses Zeitraums Streitkräfte anderer Staaten auf diesem Gebiet nicht stationiert oder irgendwelche andere militärische Tätigkeiten dort ausüben.

(2) Für die Dauer des Aufenthalts sowjetischer Streitkräfte auf dem Gebiet der heutigen Deutschen Demokratischen Republik und Berlins werden auf deutschen Wunsch Streitkräfte der Französischen Republik, des Vereinigten Königreichs Großbritannien und Nordirland und der Vereinigten Staaten von Amerika auf der Grundlage entsprechender vertraglicher Vereinbarung zwischen der Regierung des vereinten Deutschland und den Regierungen der betreffenden Staaten in Berlin stationiert bleiben. Die Zahl aller nichtdeutschen in Berlin stationierten Streitkräfte und deren Ausrüstungsumfang werden nicht stärker sein als zum Zeitpunkt der Unterzeichnung dieses Vertrags. Neue Waffenkategorien werden von nichtdeutschen Streitkräften dort nicht eingeführt. Die Regierung des vereinten Deutschland wird mit den Regierungen der Staaten, die Streitkräfte in Berlin stationiert haben, Verträge zu gerechten Bedingungen unter Berücksichtigung der zu den betreffenden Staaten bestehenden Beziehungen abschließen.

(3) Nach dem Abschluß des Abzugs der sowjetischen Streitkräfte vom Gebiet der heutigen Deutschen Demokratischen Republik und Berlins können in diesem Teil Deutschlands auch deutsche Streitkräfteverbände stationiert werden, die in gleicher Weise militärischen Bündnisstrukturen zugeordnet sind wie diejenigen auf dem übrigen deutschen Hoheitsgebiet, allerdings ohne Kernwaffenträger. [...] Ausländische Streitkräfte und Atomwaffen oder deren Träger werden in diesem Teil Deutschlands weder stationiert noch dorthin verlegt.

Artikel 6

Das Recht des vereinten Deutschland, Bündnissen mit allen sich daraus ergebenden Rechten und Pflichten anzugehören, wird von diesem Vertrag nicht berührt.

Artikel 7

(1) Die Französische Republik, das Vereinigte Königreich Großbritannien und Nordirland, die Union der Sozialistischen Sowjetrepubliken und die Vereinigten Staaten von Amerika beenden hiermit ihre Rechte und Verantwortlichkeiten in bezug auf Berlin und Deutschland als Ganzes[547]. Als Ergebnis werden die entsprechenden, damit zusammenhängenden vierseitigen Vereinbarungen, Beschlüsse und Praktiken beendet und alle entsprechenden Einrichtungen der Vier Mächte aufgelöst.

(2) Das vereinte Deutschland hat demgemäß volle Souveränität über seine inneren und äußeren Angelegenheiten.

[...]

---

546 Wie oben Anm. 545.

547 Wie oben Anm. 542.

Quellen- und Literaturverzeichnis

Anmerkung: Bestimmte oder unbestimmte Artikel am Anfang eines Titels werden mit Kommata nachgestellt.

AAPD: *siehe* Akten zur Auswärtigen Politik der Bundesrepublik Deutschland

ADENAUER, Konrad: Briefe ... Hrsg. v. Rudolf Morsey u. Hans-Peter Schwarz. Bearb. v. Hans Peter Mensing. [Bd. 1:] ... 1945–1947. [Bd. 3:] ... 1949–1951. Berlin 1983–85 (= Rhöndorfer Ausgabe)

– DERS.: Teegespräche. Hrsg. v. Rudolf Morsey u. Hans-Peter Schwarz. Bearb. v. Jürgen Küsters [u. a.]. [Bd. 1:] ... 1950–1954. [Bd. 2:] ... 1955–1958. [Bd. 3:] ... 1959–1961. Berlin 1984–88 (= Rhöndorfer Ausgabe)

ADENAUER[, Konrad] – HEUSS[, Theodor]. Unter vier Augen. Gespräche aus den Gründerjahren 1949–1959. Bearb. v. Hans Peter Mensing. Berlin 1997 (= Rhöndorfer Ausgabe)

ADENAUER-ÄRA, Die —. Die Bundesrepublik Deutschland 1949–1963. Hrsg. v. Werner Bührer. München/Zürich 1993 (= Serie Piper 1744)

Akten zur Auswärtigen Politik der Bundesrepublik Deutschland [AAPD]. Hrsg. im Auftrag d. Auswärtigen Amts v. Institut für Zeitgeschichte. Hauptkrsg.: Hans-Peter Schwarz. Mithrsg.: Helga Haftendorn [u. a.]. Wiss. Leitung: Rainer A. Blasius. München
- 1953. Bd. 1. Bearb. v. Matthias Jarosch. 2001
- 1966. Bd. 2. Bearb. v. Matthias Peter u. Harald Rosenbach. 1997

AUFBAU und Neuorientierung. Die Geschichte der Bundesrepublik Deutschland 1950–1955. Hrsg. v. Jürgen Weber. Landsberg am Lech 1998 [= Geschichte der Bundesrepublik Deutschland Bd. IV]

BAUPLAN für die Republik, Der —. Das Jahr 1948 in der deutschen Nachkriegsgeschichte. Hrsg. v. Jürgen Weber. München/Landsberg am Lech 1996 [= Geschichte der Bundesrepublik Deutschland Bd. II]

[BEFEHLE:] Ich liebe euch doch alle! Befehle und Lageberichte des MfS. Januar – November 1989. Hrsg. v. Armin Mitter u. Stefan Wolle. Berlin 1990

BENDER, Peter: Die „Neue Ostpolitik" und ihre Folgen. Vom Mauerbau bis zur Vereinigung. München ^{4}1996 (= Deutsche Geschichte der neuesten Zeit vom 19. Jahrhundert bis zur Gegenwart)

BENZ, Wolfgang: Potsdam 1945. Besatzungsherrschaft und Neuaufbau im Vier-Zonen-Deutschland. München ^{3}1994 (= Deutsche Geschichte der neuesten Zeit vom 19. Jahrhundert bis zur Gegenwart)

BERGER, Siegfried: „Ich nehme das Urteil nicht an". Ein Berliner Streikführer des 17. Juni vor dem sowjetischen Militärtribunal. Berlin ^{3}2005 [zuerst 1998] (= Schriftenreihe des Berliner Landesbeauftragten für die Unterlagen des Staatssicherheitsdienstes der ehemaligen DDR 8)

BESSON, Waldemar: Die Außenpolitik der Bundesrepublik. Erfahrungen und Maßstäbe. München 1970

BLANKENHORN, Herbert: Verständnis und Verständigung. Blätter eines politischen Tagebuches 1949 bis 1979. Frankfurt a. M. 1980

BLOCH, Peter: Zwischen Hoffnung und Resignation. Als CDU-Politiker in Brandenburg 1945–1950. Hrsg. v. Siegfried Suckut. Mit e. Geleitwort v. ... Köln 1986

BONN UND OST-BERLIN 1969–1982. Dialog auf höchster Ebene und vertrauliche Kanäle. Darstellung und Dokumente. [Hrsg. v.] Heinrich Potthoff. Bonn 1997 (= Archiv für Sozialgeschichte Beiheft 18)

BULLETIN des Presse- und Informationsamtes der Bundesregierung Nr. 233 v. 13.12.1955: „Jede Anerkennung der ‚DDR' ein unfreundlicher Akt". Bonn 1955, S. 1993f.

BUNDESWEHR und europäische Sicherheitsordnung. Abschlußbericht der Unabhängigen Kommission für die künftigen Aufgaben der Bundeswehr. Hrsg. v. Hans-Adolf Jacobsen u. Hans-Jürgen Rautenberg. Bonn/Berlin 1991

CHURCHILL, Winston S.: Reden. Bd. 6: 1945. Endsieg. Zürich 1950

– DERS.: Der Zweite Weltkrieg. Bd. 6: Triumph und Tragödie. T. 2: Der eiserne Vorhang. Stuttgart [u. a.] 1954

DALLIN, David J.: Das Verbrechen und das Strafsystem. In: Handbuch des Weltkommunismus. In Zus.arb. mit zahlr. Gelehrten hrsg. v. Joseph M. Bocheński u. Gerhard Niemeyer. Freiburg/München 1958, S. 329–364

DDR. DOKUMENTE zur Geschichte der Deutschen Demokratischen Republik 1945–1985. Hrsg. v. Hermann Weber. München 1986 (= dtv 2953)

DDR-GESCHICHTE in Dokumenten. Beschlüsse, Berichte, interne Materialien und Alltagszeugnisse. Hrsg. v. Matthias Judt. Bonn 1998 (= Schriftenreihe [d. Bundeszentrale f. politische Bildung] 350)

DDR VOR DEM MAUERBAU, Die —. Dokumente zur Geschichte des anderen deutschen Staates 1949–1961. Hrsg. v. Dierk Hoffmann [u. a.]. München/Zürich 1993 (= Serie Piper Dokumentation 1799)

DEUTSCHE FRAGE 1952–1956, Die —. Notenwechsel und Konferenzdokumente der vier Mächte. Hrsg. v. Eberhard Jäckel. Frankfurt a. M./Berlin 1957 (= Dokumente ... 23)

DEUTSCHE PARLAMENTSDEBATTEN. Hrsg. v. Eberhard Jäckel [u. a.]. Bd. 3: 1949–1970. Hrsg. u. eingel. v. Eberhard Jäckel. Vorw. v. Günter Grass. Frankfurt a. M. 1971

DOKUMENTE DER [SED] Sozialistischen Einheitspartei Deutschlands. Beschlüsse und Erklärungen des Zentralkomitees sowie seines Politbüros und seines Sekretariats. Bd. 4. Berlin (O) 1954

DOKUMENTATION DER VERTREIBUNG der Deutschen aus Ost-Mitteleuropa. In Verb. mit Adolf Diestelkamp [u. a.] bearb. v. Theodor Schieder. Hrsg. v. Bundesministerium für Vertriebene, Flüchtlinge und Kriegsgeschädigte. Bd. 1,2: Die Vertreibung der deutschen Bevölkerung aus den Gebieten östlich der Oder-Nei[ß]e [Dokumente]. [o. O.] 1954 [= Bd. 2 d. faksim. Sonderausg. Augsburg 1995]

DOKUMENTE DES GETEILTEN DEUTSCHLAND. Quellentexte zur Rechtslage des Deutschen Reiches, der Bundesrepublik und der Deutschen Demokratischen Republik. Mit einer Einführung hrsg. v. Ingo von Münch [Bd. 2:] unter Mitarb. v. Ondolf Rojahn. Bd. [1]. Bd. 2: seit 1968. Stuttgart 1968–1974 (= Kröners Taschenausgabe 391–392)

DOKUMENTE ZU DEUTSCHLAND 1944–1994. Hrsg. v. Peter März. München/Landsberg am Lech 1996

Dokumente zur Deutschlandpolitik [DzD]. Hrsg. v. Bundesministerium des Innern unter Mitw. des Bundesarchivs. Wiss. Leitung: Alexander Fischer [u. a.]. München

Reihe II: 9. Mai 1945 bis 4. Mai 1955:

– Bd. 1: Die Konferenz von Potsdam. Bearb. v. Gisela Biewer. T.bd. 2. 1992
– Bd. 2: Die Konstituierung der Bundesrepublik Deutschland und der Deutschen Demokratischen Republik. 7. Dezember bis 31. Dezember 1949. [T.bd. 2:] Unveröffentlichte Dokumente. Bearb. v. Hanns Jürgen Küsters unter Mitarb. v. Daniel Hofmann. 1996
– Bd. 3: 1. Januar bis 31. Dezember 1950. Bearb. v. Hanns Jürgen Küsters u. Daniel Hofmann. [T.bd. 1:] Veröffentlichte Dokumente. 1997

Reihe III: 5. Mai 1955 bis 9. November 1958:

– Bd. 1: 5. Mai bis 31. Dezember 1955. Bearb. v. Ernst Deuerlein unter Mitarb. v. Hansjürgen Schierbaum. 1961

Reihe IV: 10. November 1958 bis 30. November 1966:
– Bd. 1: 10. November 1958 bis 9. Mai 1959. Bearb. v. Ernst Deuerlein u. Hannelore Nathan. T.bd. 1. 1971
– Bd. 6: 1. Januar bis 11. August 1961. [T.bd. 2] Bearb. v. Rainer Salzmann. 1975
– Bd. 7: 12. August bis 31. Dezember 1961. [T.bd. 1] Bearb. v. Gisela Biewer. 1976
– Bd. 12: 1. Januar bis 30. November 1966. [T.bd. 2]. Bearb. v. Gisela Oberländer. 1981
[Sonderedition außerhalb der Reihen:]
– Deutsche Einheit. Sonderedition aus den Akten des Bundeskanzleramtes 1989/90. Bearb. v. Hanns Jürgen Küsters u. Daniel Hofmann. 1998

DÖNHOFF, Marion: Im Wartesaal der Geschichte. Vom Kalten Krieg zur Wiedervereinigung. Beiträge und Kommentare aus fünf Jahrzehnten. Stuttgart 1993

DREI JAHRZEHNTE AUßENPOLITIK der DDR. Bestimmungsfaktoren, Instrumente, Aktionsfelder. Hrsg. v. Hans-Adolf Jacobsen [u. a.]. München/Wien 1979 (= Schriftenreihe des Forschungsinstituts der Deutschen Gesellschaft für Auswärtige Politik e. V., Bonn, Reihe: Internationale Politik und Wirtschaft 44)

DzD: *siehe* Dokumente zur Deutschlandpolitik

ECKARDT, Felix v.: Ein unordentliches Leben. Lebenserinnerungen. Düsseldorf/Wien 1967

ENTSCHEIDUNGEN der SED 1948. Aus den Stenographischen Niederschriften der 10. bis 15. Tagung des Parteivorstandes der SED. Hrsg. v. Thomas Friedrich [u. a.]. Berlin 1995

EUROPA von der Spaltung zur Einigung. Darstellung und Dokumentation 1945–2000. [Hrsg. v.] Kurt Gasteyger. Bonn 2001 (= Schriftenreihe [d. Bundeszentrale f. politische Bildung] 369)

FINGER, Evelyn: Wo viel Opfer, da viel Diktatur? Die Zählung der Grenztoten der DDR geht weiter. In: „Die Zeit" Nr. 34 v. 17.8.2006, S. 5

Foreign Relations of the United States [FRUS]. [Hrsg. v. Department of State, Historical Office, Bureau of Public Affairs]. Washington, D. C.
– [Special Series:] The Conference of Berlin (The Potsdam Conference) 1945. Bd. 1–2. 1960
– 1947, Bd. 1: General; The United Nations. 1973
– 1950, Bd. 4: Central and Eastern Europe; The Soviet Union. General Editors: S. Everett Gleason / Frederick Aandahl. Editors: Rogers P. Churchill [u. a.]. 1980

FRICKE, Karl Wilhelm: Die nationale Dimension des 17. Juni 1953. In: Aus Politik und Zeitgeschichte B 23 (2003), S. 5–10

FRIEDEL, Mathias: Der Volksbund für Frieden und Freiheit (VFF). Eine Teiluntersuchung über westdeutsche antikommunistische Propaganda im Kalten Krieg und deren Wurzeln im Nationalsozialismus. St. Augustin 2001 (= Publizistik im Gardez! 3)

FRUS: *siehe* Foreign Relations of the United States

GESPALTENE LAND, Das —. Leben in Deutschland 1945–1990. Text und Dokumente zur Sozialgeschichte. Hrsg. v. Christoph Kleßmann u. Georg Wagner. München 1993

GLAAB, Manuela: Deutschlandpolitik in der öffentlichen Meinung. Einstellungen und Regierungspolitik in der Bundesrepublik Deutschland 1949 bis 1990. Opladen 1999

GRUCHMANN, Lothar: Der Zweite Weltkrieg. Kriegführung und Politik. München ^{10}1995 (= dtv-Weltgeschichte des 20. Jahrhunderts)

GUTTMANN, Bernhard: Deutschlands künftige Grenzen. Überlegungen Weihnachten 1945. In: Die Vertreibung der Deutschen aus dem Osten. Ursachen, Ereignisse, Folgen. Mit Beitr. ... hrsg. v. Wolfgang Benz. Frankfurt a. M. 1995 (= Fischer Geschichte), S. 148–155

HENKE, Josef: Exodus aus Ostpreußen und Schlesien. Vier Erlebnisberichte. In: Die Vertreibung der Deutschen aus dem Osten. Ursachen, Ereignisse, Folgen. Mit Beitr. ... hrsg. v. Wolfgang Benz. Frankfurt a. M. 1995 (= Fischer Geschichte), S. 114–131

HERBST, Ludolf: Option für den Westen. Vom Marshallplan bis zum deutsch-französischen Vertrag. München ^{2}1996 (= Deutsche Geschichte der neuesten Zeit vom 19. Jahrhundert bis zur Gegenwart)

HORNUNG, Klaus: Die Deutsche Frage. Bonn 1990 (= Informationen zur politischen Bildung Nr. 203, Mai 1990)

JAHNTZ, Bernhard: Die juristische Aufarbeitung der SED-Herrschaft – eine vorläufige Bilanz. In: Stasi-Akten zwischen Politik und Zeitgeschichte. Eine Zwischenbilanz. Hrsg. v. Siegfried Suckut u. Jürgen Weber. München 2003, S. 309–335

JAHRBUCH der öffentlichen Meinung. Hrsg. v. Elisabeth Noelle-Neumann u. Erich Neumann. [Bd. 1:] 1947–1955; [Bd. 2:] 1956–1957; [Bd. 3:] 1958–1964; [Bd. 4:] 1965–1967; [Bd. 5:] 1968–1973. [Bd. 9:] 1984–1992. Allensbach [ab Bd. 3: Allensbach/Bonn] 1956–93

KABINETTSPROTOKOLLE, Die — der Bundesregierung. Hrsg. f. d. Bundesarchiv v. Hans Booms. Bd. 2–3: 1950. [Bd. 3:] Wortprotokolle [und Dokumente]. Bearb. v. Ulrich Enders u. Konrad Reiser. Bd. 5: 1952. Bearb. v. Kai v. Jena. Bd. 8: 1955. Bearb. v. Michael Hollmann u. Kai v. Jena. Boppard a. Rh. 1984–1997

[KAISER, Jakob:] Wir haben Brücke zu sein. Reden, Äußerungen und Aufsätze zur Deutschlandpolitik. Hrsg. v. Christian Hacke. Köln 1988

KENNAN, George F.: Memoiren eines Diplomaten. [Bd. 1:] 1925–1950. Stuttgart [3]1968

KENNEDY, John F.: Dämme gegen die Flut. Reden und Erklärungen. Hrsg. v. John W. Gardner. Frankfurt a. M./Hamburg 1964 (= Fischer Bücherei 620)

KLEßMANN, Christoph: Die doppelte Staatsgründung. Deutsche Geschichte 1945–1955. Bonn [5]1991 (= Schriftenreihe [d. Bundeszentrale f. politische Bildung] 298)

– DERS.: Zwei Staaten, eine Nation. Deutsche Geschichte 1955–1970. Bonn 1988 (= Schriftenreihe [d. Bundeszentrale f. politische Bildung] 265)

KLOTZBACH, Kurt: Der Weg zur Staatspartei. Programmatik, praktische Politik und Organisation der deutschen Sozialdemokratie 1945 bis 1965. Berlin/Bonn 1996 [Ndr. d. Ausg. 1982] (= Die deutsche Sozialdemokratie nach 1945 1)

„KOALITION DER VERNUNFT“, Die —. Deutschlandpolitik in den 80er Jahren [1982–1989]. [Hrsg.] v. Heinrich Potthoff. München 1995 (= dtv dokumente)

KOCH, Diether: Heinemann und die Deutschlandfrage. München 1972

KOOP, Volker: Der 17. Juni 1953. Legende und Wirklichkeit. Berlin 2003

KOSTHORST, Erich: Jakob Kaiser. Bundesminister für gesamtdeutsche Fragen 1949–1957. Stuttgart [u. a.] 1972

KROLL, Hans: Lebenserinnerungen eines Botschafters. Köln 1967

LAUFER, Jochen: Politik und Bilanz der sowjetischen Demontagen in der SBZ/DDR 1945–1950. In: Sowjetische Demontagen in Deutschland 1944–1949. Hintergründe, Ziele und Wirkungen. Unter Mitarb. v. Friederike Sattler hrsg. v. Rainer Karlsch u. Jochen Laufer. Berlin 2002 (= Zeitgeschichtliche Forschungen 17), S. 31–77

– DERS.: Die Ursprünge des Überwachungsstaates in Ostdeutschland. Zur Bildung der Deutschen Verwaltung des Innern in der Sowjetischen Besatzungszone (1946). In: Die Ohnmacht der Allmächtigen. Geheimdienste und politische Polizei in der modernen Gesellschaft. Hrsg. v. Bernd Florath [u. a.]. Berlin 1992, S. 146–168

LEBEGERN, Robert: Zur Geschichte der Sperranlagen an der innerdeutschen Grenze 1945–1990. Erfurt 2002

LEMKE, Michael: Einheit oder Sozialismus? Die Deutschlandpolitik der SED 1949–1961. Köln [u. a.] 2001 (= Zeithistorische Studien 17)

[LENZ, Otto:] Im Zentrum der Macht. Das Tagebuch von Staatssekretär Lenz 1951–1953. Bearb. v. Klaus Gotto [u. a.]. Düsseldorf 1989 (= Forschungen und Quellen zur Zeitgeschichte 11)

LOTH, Wilfried: Die Entstehung der „Stalin-Note“. Dokumente aus Moskauer Archiven. In: Die Stalin-Note vom 10. März 1952. Neue Quellen und Analysen. Mit Beitr. v. [...] hrsg. v. Jürgen Zarusky. München 2002 (= Schriftenreihe der Vierteljahrshefte für Zeitgeschichte 84), S. 19–115

– DERS.: Die Teilung der Welt. Geschichte des Kalten Krieges 1941–1955. München [7]1989 (= dtv-Weltgeschichte des 20. Jahrhunderts)

LOYALE DISTANZ? Katholizismus und Kirchenpolitik in SBZ und DDR. Ein historischer Überblick in Dokumenten. Hrsg. v. Martin Höllen. Bd. 1: 1945 bis 1955. Berlin 1994
MAIBAUM, Werner: Geschichte der Deutschlandpolitik. Bonn 1998 (= Deutsche ZeitBilder)
MODROW, Hans: Aufbruch und Ende. Hamburg ²1991
MONNET, Jean: Erinnerungen eines Europäers. München/Wien 1978
NOLTE, Ernst: Deutschland und der Kalte Krieg. Stuttgart ²1985
OSTPOLITIK im Kreuzfeuer. Hrsg. v. Hans Graf Huyn. Mit Beitr. v. ... Stuttgart 1971
PARLAMENTARISCHE RAT 1948–1949, Der —. Akten und Protokolle. Hrsg. v. Deutschen Bundestag u. v. Bundesarchiv. Bd. 1: Vorgeschichte. Bearb. v. Johannes Volker Wagner. Boppard a.Rh. 1975
PIECK, Wilhelm: Aufzeichnungen zur Deutschlandpolitik, 1945–1953. Hrsg. v. Rolf Badstübner u. Wilfried Loth. Berlin 1994
PÖTZSCH, Horst: Deutsche Geschichte von 1945 bis zur Gegenwart. Die Entwicklung der beiden deutschen Staaten. München 1998
PROTOKOLL der Verhandlungen ... Berlin (O)
– [1952:] ... der II. Parteikonferenz der Sozialistischen Einheitspartei Deutschlands. 9. bis 12. Juli 1952 [...]. 1952
– [1971:] ... des VIII. Parteitages der Sozialistischen Einheitspartei Deutschlands. 15. bis 19. Juni 1971 [...]. Bd. [1:] 1. bis 3. Beratungstag. 1971
[PROTOKOLLE, Bd. 2:] Adenauer: „Wir haben wirklich etwas geschaffen". Die Protokolle des CDU-Bundesvorstandes 1953–1957. Bearb. v. Günter Buchstab. Stuttgart [u.a.] 1990 (= Forschungen und Quellen zur Zeitgeschichte 16)
PUBLIC OPINION [Bd. 2:] in Semisovereign Germany. The HICOG Surveys, 1949–1955. Ed. by. Anna J. Merritt a. Richard L. Merritt. Forew. by ... Urbana [u.a.] 1980
PRZYBYLSKI, Peter: Tatort Politbüro. [Bd. 1:] Die Akte Honecker. Bd. 2: Honecker, Mittag und Schalck-Golodkowski. Berlin 1991–92
RUHRFRAGE 1945/46, Die — und die Entstehung des Landes Nordrhein-Westfalen. Britische, französische und amerikanische Akten. Eingel. u. bearb. v. Rolf Steininger. Düsseldorf 1988 (= Quellen zur Geschichte des Parlamentarismus und der politischen Parteien Reihe 4, Bd. 4)
RUPIEPER, Hermann-Josef: Die Berliner Außenministerkonferenz von 1954. Ein Höhepunkt der Ost-West-Propaganda oder die letzte Möglichkeit zur Schaffung der deutschen Einheit? In: Vierteljahrshefte für Zeitgeschichte Jg. 34 (1986) H. 3, S. 427–453
– DERS.: Verpaßte Chancen? Ein Rückblick auf die deutschlandpolitischen Verhandlungen 1952–1955. In: Die deutsche Frage in der Nachkriegszeit. Hrsg. v. Wilfried Loth. Berlin 1994, S. 194–213
SCHULZ, Albert: Erinnerungen eines Sozialdemokraten. Oldenburg 2000 (= Schriftenreihe des Fritz-Küster-Archivs)
SCHWARZ, Hans-Peter: Die Westdeutschen, die westliche Demokratie und die Westbindung im Licht von Meinungsumfragen. In: Die Bundesrepublik Deutschland und die Vereinigten Staaten von Amerika. Politische, soziale und wirtschaftliche Beziehungen im Wandel. Aus d. Amerikan. v. ... hrsg. v. James A. Cooney [u.a.]. Stuttgart 1985, S. 87–144
SICHERHEITSPOLITIK der Bundesrepublik Deutschland. Dokumentation 1945–1977. Hrsg. u. eingel. v. Klaus von Schubert. Bd. 1–2. Köln 1978
SOWJETUNION, Die — auf internationalen Konferenzen während des Großen Vaterländischen Krieges 1941–1945. Dokumentensammlung. [Hrsg. v.] Ministerium für Auswärtige Angelegenheiten der UdSSR. Bd. 4: Die Krim(Jalta)konferenz der höchsten Repräsentanten der drei alliierten Mächte – UdSSR, USA und Großbritannien (4.–11. Februar 1945). Moskau/Berlin (O) 1986
STEININGER, Rolf: 17. Juni 1953. Der Anfang vom langen Ende der DDR. München 2003
– DERS.: Deutsche Geschichte. Darstellung und Dokumente. Bd. 1: 1945–1947. Bd. 2: 1948–1955. Bd. 3: 1955–1974. Bd. 4: 1974 bis zur Gegenwart. Frankfurt a.M. 2002

– DERS.: Ein vereintes, unabhängiges Deutschland? Winston Churchill, der Kalte Krieg und die deutsche Frage im Jahre 1953. In: Militärgeschichtliche Mitteilungen Jg. 36 (1984) H. 2, S. 105–144

THATCHER, Margaret: Downing Street No. 10. Die Erinnerungen. Düsseldorf [u. a.] ^{3}1993

THEDIECK, Franz: Politik mit Geige, Feder und Fußball. Kulturpolitische Sirenenklänge aus der Sowjetzone – Eine Zersetzungs- und Infiltrationstaktik. In: Bulletin des Presse- und Informationsamtes der Bundesregierung Nr. 211, 9.11.1954, S. 1905f.

UdSSR UND DIE DEUTSCHE FRAGE, Die — 1941–1948. Dokumente aus dem Archiv für Außenpolitik der Russischen Föderation. Bearb. u. hrsg. v. Jochen P. Laufer u. Georgij P. Kynin unter Mitarb. v. Viktor Knoll. Bd. 3: 6. Oktober 1946 bis 15. Juni 1948. Berlin 2004

UPRISING IN EAST GERMANY 1953. The Cold War, the German Question, and the First Major Upheaval Behind the Iron Curtain. Comp. [...] by Christian F. Ostermann. Ed. coordin. by Malcolm Byrne. Budapest/New York 2001 (= Cold War Readers)

URSACHEN UND FOLGEN. Vom deutschen Zusammenbruch 1918 und 1945 bis zur staatlichen Neuordnung Deutschlands in der Gegenwart. Eine Urkunden- und Dokumentensammlung zur Zeitgeschichte. Hrsg. u. bearb. [v.] Herbert Michaelis u. Ernst Schraepler, unter Mitw. v. Günter Scheel. Berlin [= Reihe IV: Deutschland nach 1945]
- Bd. 25: Der Zerfall der alliierten Koalition. Die Errichtung der Bizone. Diskussion über die Frage der deutschen Einheit. Französische Saarpolitik. Die Stabilisierung des SED-Regimes in der sowjetischen Besatzungszone. Der Fehlschlag der Vier-Mächte-Verwaltung. 1977
- Bd. 26: Die staatliche Neuordnung Deutschlands. Die Berliner Blockade. Die Errichtung der Bundesrepublik Deutschland. Die Gründung der Deutschen Demokratischen Republik. 1978

VERHANDLUNGEN des Deutschen Bundestages. Stenographische Berichte [Sten. Ber.]. Bonn
- 1. Wahlperiode [WP] 1949. Bd. 1. 1950
- 2. Wahlperiode [WP] 1953. Bd. 26. 1955
- 5. Wahlperiode [WP] 1966, Bd. 63. 1967
- 7. Wahlperiode [WP] 1972. Bd. 81. 1973
- 11. Wahlperiode [WP] 1987. Bd. 151. 1989

VERTRAGSWERKE, Die — von Bonn und Paris vom Mai 1952. [...] mit einführ. Beitr. v. Johann Adolf Kielmansegg [u. a.]. Frankfurt a. M. 1952 (= Dokumente und Berichte des Europa-Archivs 10)

VERTRIEBENEN IN DER SBZ/DDR, Die —. Dokumente. Hrsg. u. eingel. v. Manfred Wille unter Mitarb. v. Steffi Kaltenborn [u. a.] Bd. 3: Parteien, Organisationen, Institutionen und die „Umsiedler“ 1945–1953. Wiesbaden 2003 (= Studien der Forschungsstelle Ostmitteleuropa ... 19,3)

WELT SEIT 1945, Die —. T. 1: Materialien für den Geschichtsunterricht. Hrsg. v. Herbert Krieger. Frankfurt a. M. [u. a.] 1983 (= Handbuch des Geschichtsunterrichts Bd. VI)

WESTINTEGRATION, Sicherheit und deutsche Frage. Quellen zur Außenpolitik in der Ära Adenauer 1949–1963. Hrsg. v. Klaus A. Maier u. Bruno Thoß. Darmstadt 1994 (= Ausgewählte Quellen zur deutschen Geschichte der Neuzeit. Freiherr vom Stein-Gedächtnisausgabe 42)

WOLKOW, Wladimir K.: Die deutsche Frage aus Stalins Sicht (1947–1952). In: Zeitschrift für Geschichtswissenschaft Jg. 48 (2000) H. 1, S. 20–49

ZWAHR, Hartmut: Umbruch durch Ausbruch und Aufbruch: Die DDR auf dem Höhepunkt der Staatskrise 1989. In: Sozialgeschichte der DDR. Hrsg. v. Hartmut Kaelble [u. a.]. Stuttgart 1994, S. 426–465

Personenregister

Anmerkung: Fett gesetzte Dokumentennummern verweisen auf Redebeiträge bzw. Zitate in wörtlicher Rede oder zeigen an, daß die genannte Person Verfasser des Schriftstückes ist, während steil gesetzte Nummern darauf hinweisen, daß die betreffende Person Empfänger eines Schriftstückes ist oder dort genannt bzw. sinngemäß referiert wird. Hochgestellte Ziffern verweisen auf Fußnoten. — *Häufig verwendete Abkürzungen:* dt. = deutsch, -e, -en, -er; Dt. = Deutschland, -s; MdB = Mitglied des Bundestages; Min. = Minister, Ministerium; Mitgl. = Mitglied; SBZ = Sowjetische Besatzungszone; SMAD = Sowjetische Militäradministration; Stellv., stellv. = Stellvertreter, stellvertretend, -e, -er; Vors. = Vorsitzende, -r; ZK = Zentralkomitee (der SED, der KPdSU).